浙江工商大学成人教育重点建设基金资助教材

公共关系原理与实务

Public Relations

主　编：胡洪力

副主编：沈　青　曲　亮

　　　　胡　钰　万　青

浙江工商大學出版社

ZHEJIANG GONGSHANG UNIVERSITY PRESS

图书在版编目(CIP)数据

公共关系原理与实务 / 胡洪力主编. — 杭州：浙
江工商大学出版社，2012.2(2023.1重印)
ISBN 978-7-81140-460-9

Ⅰ. ①公… Ⅱ. ①胡… Ⅲ. ①公共关系学－高等学校
－教材 Ⅳ. ①C912.3

中国版本图书馆 CIP 数据核字(2012)第 008190 号

公共关系原理与实务

胡洪力　主编

责任编辑	郑　建
封面设计	陈思思
责任校对	周敏燕
责任印制	包建辉
出版发行	浙江工商大学出版社
	（杭州市教工路 198 号　邮政编码 310012）
	（e-mail:zjgsupress@163.com）
	（网址:http://www.zjgsupress.com）
	电话:0571－88904980,88831806(传真)
排　　版	杭州朝曦图文设计有限公司
印　　刷	浙江全能工艺美术印刷有限公司
开　　本	787mm×960mm　1/16
印　　张	22.25
字　　数	424 千
版 印 次	2012 年 2 月第 1 版　2023 年 1 月第 9 次印刷
书　　号	ISBN 978-7-81140-460-9
定　　价	43.00 元

前　言

公共关系学是一门融合传播学、经济学、社会学、管理学、心理学等多个学科内容的现代科学，是研究组织与公众之间传播与沟通行为、规律和方法的一门学科。公共关系学作为一门综合性的应用学科，具有独立的理论体系和研究对象。公共关系学的研究内容，主要包括：研究社会组织如何在错综复杂的环境中，运用各种传播技术实现与目标公众的双向信息沟通；如何利用高质量的、有效的沟通手段，建立并维护自身的良好形象，营造社会组织生存与发展所需要的内、外部环境。在中国特定的环境背景下，公共关系的研究必须从中国的实际情况出发，形成具有中国特色的公共关系理论体系和实务方法，唯有如此，才能真正指导我国社会组织的公关活动。

根据上述理解，在多年教学经验的基础上，我们编写了这本教材。本书主要有以下特点：

第一，本教材着重突出公关理论研究和实践相结合的特点。本教材的主要受众，定位在普通高校和高职高专学生。教材力求从学生的实际出发，由浅入深、循序渐进，突出重点，适当增加案例内容，强化知识的应用性，着重培养学生创新精神和实践能力。

第二，在教材的结构体系上，本教材在采用经典的公共关系原理和实务体系的基础上，增加了能够反映当前公共关系热点、难点的章节，例如，公关礼仪、网络公关、国际公关。同时本编写组注重从问题入手，而不是从原理入手，力求用原理解释问题，而不是用问题去证实原理。

第三，在教材编排的形式上，本教材在系统、严谨的学术研究的基础上，采用了以问题导引（案例）、正文、复习思考题、案例为主的编排结构，尤其在每章的开头增强了问题导引和开篇案例，在中间增加了一些解释性的案例，增加了本教材的可读性。

第四，在学习辅助材料的提供上，本教材提供互联网的支持，提供相关的题库、课件下载等，使用本教材的高校可通过提供相应的证明与浙江工商大学出版社（http://www.zjgsupress.com/）或作者联系以获得上述电子资源，联系邮箱：hu-hl2010@sohu.com。

本书共十五章，分为三大板块。第一板块是绪论篇，包括第一章、第二章，分别介绍了公共关系的基本问题和发展历史;第二板块是原理篇,包括第三、四、五、六、七章,这部分沿用了一般教材的编写思路,包括公共关系功能、组织形象塑造、公共关系的三大要素(主体、客体、方法和手段)、公共关系传播,对公共关系的基本原理做了全面的阐释;第三板块是实务篇,包括第八、九、十、十一、十二、十三、十四、十五章,主要解析了公共关系的运作过程、公共关系的日常工作和专项活动,此外,还增加了公关礼仪、网络公关、国际公关等相关内容。

本书由胡洪力主编,各章节分别由浙江工商大学工商管理学院的胡洪力、曲亮、沈青老师,中州大学经济贸易学院的胡钰老师和皖西学院经济与管理学院万青老师共同编写。各章具体执笔如下:胡洪力:第一章、第二章、第三章、第四章;沈青:第五章、第六章、第十章、第十三章;曲亮:第七章、第十五章;胡钰:第八章、第九章、第十四章;万青:第十一章、第十二章。此外,浙江工商大学企业管理专业硕士生谢蕾蕾、李晓也参与了相关章节的资料收集和校对工作。

本书得到了浙江工商大学成人教育重点建设教材基金的资助。本书在编写过程中,还得到了浙江工商大学继续教育学院、工商管理学院、MBA 学院、教育部人文社科重点研究基地浙江工商大学现代商贸研究中心、浙江省人文社科重点研究基地浙江工商大学浙商研究中心的各位领导的大力支持,在此一并表示感谢。同时要感谢浙江工商大学出版社鲍观明社长、郑建编辑对本书出版给予的大力支持。

在本书的编写过程中,我们借鉴、吸收了国内外许多学者的研究成果,并引用了其中的一些资料,在此谨向有关作者表示诚挚的谢意!限于我们的水平,书中难免有不妥或疏漏之处,敬请广大读者和同行专家给予批评指正。

浙江工商大学　胡洪力
2011 年 11 月于西子湖畔

目　　录

第一篇　绪论篇

第二篇　原理篇

第三篇　实务篇

第一章 公共关系导论

学习目标

1. 掌握公共关系的概念和构成要素
2. 掌握公共关系的特征和本质属性
3. 了解公共关系的内涵
4. 了解公共关系作为一门学科的研究范畴和体系

引 例

蒙伊之战与公关公司的黑手

中国乳品行业多年以来,几乎就没有摆脱过负面形象。"三鹿事件"发生时,涉及的公司不仅仅是三鹿一家,乳品行业内大部分公司的产品均被检测出含有三聚氰胺,但那一次,风口上的三鹿成了行业的替罪羊。在稍得喘息不久,2010 年 10 月,中国乳品行业再起波澜,多家大公司的"诽谤事件",又令中国乳业多了几分"内伤"。

先是一则"蒙牛策划圣元'性早熟'事件"的传闻震惊业界,紧接着蒙牛员工因策划攻击伊利 QQ 星儿童奶而被警方刑拘,参与此事的蒙牛公关公司有 3 名员工被拘,另一家参与此事的营销公司有 2 人在逃。随后,伊利公司对外证实,QQ 星事件确实为蒙牛员工及其公关公司策划,伊利已向公安机关报案,上述几人确已被警方拘留。

压力之下,蒙牛公开承认旗下儿童奶事业部经理安勇策划了攻击伊利 QQ 星的计划,并撇清了与安勇的关系,认为安勇此举乃个人行为,并未报请蒙牛公司高管同意,蒙牛已将安勇除名。蒙牛同时因此事向有关方面致歉。

但致歉之余,蒙牛不忘提及数年前的"未晚事件",指出未晚传播公司曾在伊利授意下对蒙牛产品开展恶性口碑营销,伊利为此付出了总额高达 592 万余元的公关费用。蒙牛公司督促警方尽快彻查此案。

至此,中国乳业两巨头蒙牛和伊利都被卷入了一场"黑公关"事件。业内人士表示,中国乳品界相互抹黑早已不是新闻,乳品业乱象由此可见一斑。若蒙牛和伊利这场"诽谤之战"继续打下去,恐将牵出更多公司,揭出更多内幕。

中国商界,一向不缺乏邪门歪道之举,公关手段五花八门,除乳品界恶性口碑营销外,此前的康师傅水源门、霸王洗发水事件、杀毒软件行业纠纷等,均有人提及"同行陷害"。

伴随企业营销活动的频繁,中国企业的商业行为中,开始越来越多地出现公关公司的身影。为客户提供服务是公关企业的天职,但逐利也是企业本能之一。在客户有需求时,或对服务效果有硬性指标时,难免会使出些超常规手段,有时甚至不论其是否合乎道德与法律。公关行业属于专业性较强的行业,采用投机取巧或者非常规服务方式去赚钱,必然是短期的,也是危险的,不可能有长远的发展。公关公司应该不断提升自身的专业水平、整合各方资源,为客户提供更加优质的服务,同时也需强化法律法规意识,这才是正道。

而对于公关公司为之服务的企业客户来说,此类毫无底线的恶斗,最终伤害的将是整个行业的信誉,同样受伤的还有各自的忠实消费者。每个行业的竞争都是很激烈的,企业都希望巩固领先地位,或者脱颖而出赶超对手。但是,企业还是应该通过技术的升级、产品的创新、服务的优化等努力来赢得市场,而不是采取道德缺失,触犯法律的不正当竞争行为。国际上可口可乐与百事可乐、麦当劳与肯德基等大品牌,已经相互竞争超过百年,尽管针锋相对的商业行为不断,但鲜有人使出"黑手"。国内企业需要进一步进行自身的反思,以企业内部管理、外部服务相结合为基础,建立品牌及市场信誉,而不是相互倾轧、诽谤。

随着社会的发展,公关公司越来越多,公关手段越来越丰富。成功的公共关系活动,有利于企业树立良好的企业形象,获得更多的支持和信赖,有利于企业更快更好的长期发展。本章我们将重点介绍公共关系的概念和内涵等公共关系的基本概况。

（案例来源:吕斌.蒙伊之战与公关公司的黑手,http://pr.brandcn.com/al/201011/262358.html）

第一节　公共关系概述

公共关系是"Public Relations"的中文译称,缩写符号为 PR,简称公关。"Public"既可以译为"公共的"，又可以译为"公众的"。因此，"Public Relations"中文表述既可称为"公共关系"，也可称为"公众关系"。但国内使用语言的习惯，似乎更乐于接受"公共关系"一词，所以一般教科书都采用"公共关系"的译法。

一、公共关系的定义

从公共关系诞生之日起，人们对"什么是公共关系"的理解就五花八门。国内外的学术界已从不同角度、不同层次对公共关系这一概念进行了界定。

(一) 国外关于公共关系的主要定义

1. 权威词典的定义

在公认的国外权威教材中，《韦伯斯特二十世纪新辞典》关于公共关系的定义是经常被引用的。该辞典 1976 年第二版把公共关系定义为：通过宣传与一般公众建立的关系；公司、组织或军事机构等向公众报告它的活动、政策等情况，企图建立有利的公众舆论的职能。

《大英百科全书》定义公共关系为"旨在传递个人、公司、政府机构或其他组织的信息，以改善公众对他们的态度的政策和活动"。

2. 各国公共关系学会、协会的定义

美国公关研究和教育基金会在 1975 年发起了历史上规模最大的一次寻求公关通用定义的运动，共有 65 位公关领域的领导人士参与了这项研究，他们对 472 个不同的定义进行了具体分析，然后提出了：公关关系是一项独特的管理职能，它帮助组织建立、保持与公众间的相互沟通、理解、接受和合作关系；参与对问题或议题的处理；帮助管理层了解公众意见，并及时做出回应；界定和强调管理层对公众利益所负的责任；协助管理层紧跟形势的变化并充分利用这些变化；扮演早期的预警系统来协助对未来趋势做出预测；运用研究及正确且呵护伦理道德的沟通技巧作为主要工具。

美国公共关系协会征询了 2000 多名公共关系专家的意见，从中选出 4 条定义：(1) 公共关系是企业管理机构经过自我检讨与改进后，将其态度公诸社会，借以获得顾客、员工及社会的好感和了解这样一种经常不断的工作；(2) 公共关系是一个人或一个组织为获取大众的信任与好感，借以迎合大众兴趣而调整其政策与服务方针的一种经常不断的工作，同时也是将此种已调整的政策与服务方针加以说明，以获取大众了解与欢迎的一种工作；(3) 公共关系是一种技术，此种技术在于激发大众对于任何一个人或一个组织的了解而对之产生信任；(4) 公共关系是工商管理机构用以检测大众态度，检查本企业的政策与服务方针是否得到大众的了解和欢迎的一种职能。

1988 年，美国公关协会正式采用了下面这一公共关系的定义："公共关系帮助组织与它所面对的公众互相适应。"

英国公共关系学会给公共关系所作的定义:"公共关系是一个机构与其公众之间为获得并保持相互之间的了解与沟通而进行的经审慎研究的、有计划的持续努力。"

国际公共关系协会于 1978 年 8 月发表的《墨西哥宣言》中定义公共关系为:"公共关系是我们所从事的各种活动、所发生的各种关系的通称,这些活动与关系都是公众性的,并且都有其社会意义。"

3. 著名学者的定义

现代公共关系工作的先驱者之一、美国著名的公共关系学家爱德华·伯纳斯认为:"公共关系是处理一个团体与公众(决定该团体活力的公众)之间关系的职业。"

1976 年,美国公共关系研究和教育基金会资助莱克斯·哈罗(Rexl Harlow, 1976)在收集和分析了 472 种定义后对公共关系所下的定义是:"公共关系是一种特殊的管理职能。它帮助一个组织建立并保持与公众之间的交流、理解、认可与合作;它参与处理各种问题与事件;它帮助管理部门了解民意,并对之做出反应;它确定并强调企业为公众利益服务的责任;它作为社会趋势的监测者,帮助企业保持与社会同步;它使用有效的传播技能和研究方法作为基本工具。"

美国著名公共关系权威卡特利普和森特(Cutlip & Center,1988)一致认为: "公共关系是这样一种管理功能,它确定、建立和维持一个组织与决定其成败的各类公众之间的互益关系。"

英国著名公共关系学者弗兰卡·杰夫金斯(Frank Jefkins,1977)指出:"公共关系就是一个组织为了达到与它的公众之间相互了解的确定目标,而有计划地采用一切向内和向外的传播沟通方式的总和。"

法国学者路易·萨勒隆认为:"公共关系是企业为了在自己的员工内部,在与之交往的各阶层中,而通称是在公众中,建立一种信任气氛所采取的手段总和,其目的在于获得他们的支持并促进业务的发展。目的达到后,企业便成为产生于一种正直和实事求是气氛中的经济活动的社会关系的和谐整体。"

美国普林斯顿大学的哈伍德·L·蔡尔滋(Harwood L. Childs,1940)则认为: "公共关系是我们所从事的各种活动、所发生的各种关系的统称——这些活动与关系都是公众性的,并且都有其社会意义。""公共关系是为了公众的利益,协调和修正我们个人和企业那些具有社会意义的行为。"

此外,关于公共关系的定义其他世界研究公共关系的学者,如美国著名公关学者康菲尔德(B. R Canfield,1964),日本电通广告公司田中寅次郎等也都有实质相同论述。

（二）国内关于公共关系的主要定义

20多年来，我国国内学者也根据自己的理解和实践，提出了不少公共关系的定义，其中较有代表性的定义有如下几种：

内地出版的首部公共关系学著作，由明安香等（1991）下的定义是："所谓公共关系，就是一个企业或组织为了增进内部及社会公众的信任与支持，为自身事业发展创造最佳的社会环境，在分析和处理自身面临的各种内部外部关系时，采取的一系列政策与行动。"

王乐夫等人（1994）认为："公共关系是一种内求团结、外求发展的经营管理艺术。它运用合理的原则和方法，通过有计划而持久的努力，协调和改善组织机构的对内对外关系，使本组织机构的各项政策和活动符合于广大公众的需求，在公众中树立起良好形象，以谋求公众对本组织机构的了解、信任、好感和合作，并获得共同利益。"

居延安等人（2001）将公共关系表述为"是一个社会组织在运行中，为使自己与公众相互了解、相互合作而进行的传播活动和采取的行为规范"。

余明阳（1999）的定义是："公共关系是社会组织为了塑造组织形象，通过传播、沟通手段来影响公众的科学和艺术。"

翟向东（1994）表述："如果把中国公共关系的含义作广义的概括，即中国的公共关系是在建设有中国特色的社会主义理论指导下，社会组织（党的组织、政府、企业和事业单位、团体等）通过沟通信息、协调利益、化解矛盾，理顺和改善人际、社际、国际间在经济、政治、文化、科技等方面的关系，调动一切积极因素，促进社会主义物质文明和精神文明建设的一门科学。"

李道平等（2002）主张："公共关系是社会组织为了赢得支持与合作、实现自身的生存和发展，通过一定的媒体与方式，同相关公众结成的一种社会关系。它包括政府与社会各界的关系、企业与消费者及有关客户的关系、领导与员工的关系，等等。"

谢俊贵等（1998）将公共关系定义为"是一定社会组织在优化自身行为的基础上，借助各种信息传播媒介，塑造自身良好社会形象，增进自身与其相关公众之间的相互了解、理解、合作与支持的一种自觉行动，也是一门研究社会组织与其相关公众之间的社会信息交流关系的发生、发展规律的一门学科。"

陶应虎等（2006）认为："公共关系是一个组织为了生存发展，运用合理的原则和方法传播信息、塑造形象、协调和改善组织的内外部关系，以取得理解、支持和合作的一种思想、政策和管理职能。"

中国台湾学者祝振华在其著作中指出："五伦以外的人类关系，谓之公共关系。"

公共关系从理论到实践均是一门正在发展中的学科,而且又设计不同的学科领域和不同的实践领域。因此,对公共关系的定义有不同的表述是正常的。以上国内外各种公共关系的定义从不同角度去解释了公共关系的本质属性,都有其合理性。这些不同的定义之间并不矛盾,只是侧重点不同。这样,则更有利于我们去把握公共关系的真正含义。

综上所述,我们认为公共关系是一个组织在运行过程中,为了获取公众支持与合作、塑造良好社会形象、实现自身的生存和发展,所进行的一系列传播活动和相应措施的管理活动。

二、公共关系的基本要素

公共关系的基本结构由三大要素构成:主体、客体和手段。社会组织作为公共关系的主体,是公共关系的实施者、操作者和承担者。公共关系的客体是公众,它是公共关系主体实施公共关系活动的对象和承担者。传播是进行公共关系活动的手段,是帮助机构在运行过程中争取与公众相互了解、相互合作而采取的行为规范和进行的传播行为。这三个基本要素的关系可以用下图来表示:

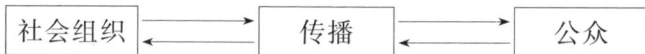

社会组织 ⟷ 传播 ⟷ 公众

图 1-1　公共关系三大要素的关系

(一) 公共关系主体——社会组织

社会组织是指人们基于一定的社会需要和利益要求,为实现共同目标而有计划、有系统地建立起来并从事一定活动的社会机构。社会组织是公共关系的主体。

社会组织是公共关系活动的策划者、实施者,是公关活动的行为主体。公共关系活动制定的是组织的目标与策略,处理的是组织的关系与舆论,完善的是组织的生存状态与社会形象。总之,公共关系的活动、事务与技巧,是构建在组织层面而不是个人层面上的。

公共关系又是把社会组织作为传播沟通的主体来研究的。在公共关系活动中,任何组织都是传播沟通的主体,都具有与公众进行传播沟通的行为与职能。各种不同的组织在与各种不同的公众进行传播沟通的过程中既有共性,也各有不相同的个性特征。从传播主体的角度看,公共关系是一种有计划、受控制的活动。任何组织要建立起与各种不同公众的关系状态、舆论状态,就必须建立起自己完善的管理机制与控制系统,配置必要的公关职能机构和专业人员。

(二) 公共关系客体——公众

正如前面定义中提到的,公共关系实际上就是公众关系。在公共关系结构中,公众是客体，是组织传播沟通的对象。对于公共关系而言，相互影响、相互作用的双方是组织与公众。因此，从这个角度来说，公共关系就是公众(与组织)的关系。

公众总是与某个特定的公共关系主体有关，与这个特定主体的传播沟通行为有关，因此，组织与公众之间总是相互影响、相互作用的。组织的决策和行动会影响到公众的态度和行为，同样，公众的态度和行为也会影响到组织的决策和行动。这种相互制约的关系就决定了在公共关系的主体与客体之间，必须相互适应，才能共同发展。

公众虽然是客体，但一个组织的社会形象是由公众来评定的，所以它并不是处在完全被动的位置上。公众又是一个复杂多变的整体，具有不同的形态。各类不同的公众在不同的时期都会有不同的愿望、态度和行为。公众可以随时表达自己的意愿和要求，主动对公关主体的政策、行为等做出各类反应，从而对公关主体形成舆论压力和外部动力。公众拥有一个最有效的权利——"用脚投票"。当公众产生不满意时，公众可能不会当面抗议、大吵大闹，但他们会采取抛售组织股票，不再购买组织的产品和服务等方式，用"脚"投出反对票。因此，任何组织想要建立起自己良好的社会形象并获得公众的充分肯定，就必须具有强烈的现代公众意识，认清自己的公众对象，分析研究自己的公众对象，并根据公众对象的特点及变化趋势去制定和调整公关政策与实施行动实施，以赢得公众的支持。

公共关系是从传播沟通的角度来研究公众的，所以除了要理解公众的概念、分类及公众的总体特征和各类目标公众的具体特点外，还要把握公众的文化、心理因素，使对公众的传播沟通工作更有针对性和科学性，从而达到更好的公关效果。

(三) 公共关系手段——传播

传播的基本含义是指人类社会中信息的传递、接收、交流和分享。人类社会就是通过信息的传播沟通形成各种社会关系的。在现代信息社会，要形成和发展良好的公共关系，是离不开传播的。公共关系中的传播，是指组织通过各种传播媒介向公众进行信息的传递和交流。这是一个观念、知识或信息的共享过程，其目的是通过双向的交流和沟通，促进组织和公众之间的了解与认识。

公共关系特指组织与公众之间的传播关系。组织在其运行的过程中，要向各种不同的公众群体宣传自己的目标和理念，塑造自己良好的社会形象，争取公众的认同、好感与合作，与公众建立有效的联系和交流。这一过程就是组织与公众进行双向传播沟通的过程。

传播也是公共关系活动的手段。人际传播、组织传播、大众传播等形式是公共关系传播的具体手段。没有这些传播与沟通的手段，就没有公共关系活动可言，也就不可能建立和完善组织与公众之间的良好关系。

有学者强调公共关系的传播这一要素的重要性，认为对传播过程和模式的研究是公共关系的主要内容,甚至觉得离开了传播、沟通就无法界定公共关系。这种观点当然有一定的道理,但当我们把公共关系作为一个整体、一个系统来看待时,就会发现传播和公众、组织一样,都只是公共关系这个大系统中的一个要素,传播只是使组织和公众之间建立关系的一种手段,传播媒介则是实现这种手段的工具。只有这两者有机结合、共同作用,才能使组织的公共关系活动得以顺利开展,使组织得以在公众面前建立和维持良好的公共关系形象。

案 例 1-1

小燕子的一封信

日本奈良市小区有一家旅馆,外部环境优美,招待客人热情,很吸引顾客。但是美中不足的是每年春季,许多燕子争相光临,在房檐下营巢安家,排泄的粪便弄脏了玻璃窗和走廊,服务员擦不胜擦,使得旅客有点不快。旅馆主人爱鸟,不忍心把燕子赶走,但又难以把燕子粪便及时、彻底地清除,很是苦恼。

一天,旅馆经理忽然想出了一条妙计。他提笔写道:

女士们,先生们:

我们是刚从南方赶到这里过春天的小燕子,在没有征得主人的同意下,就在这里安家了,还要生儿育女。我们的小宝贝年幼无知,我们的习惯也不是很好,常常弄脏您的玻璃和走廊,使您感到不愉快。对此,我们很过意不去,请女士们和先生们多多原谅!

还有一事恳求女士们和先生们,请千万不要埋怨服务员,他们是经常打扫的。只是我们在打扫过后又弄脏了,十分抱歉。请您稍等片刻,他们马上就来了。

您的朋友:小燕子

这显然是以小燕子的名义写的向旅客们解释和道歉的信。旅馆经理把它张贴在显眼的地方。客人们看到了这封公开信之后,都被逗乐了。他们不仅不再提意见,而且还对这家旅馆更感亲切,并留下了美好的印象。

这个案例说明了主体与客体可以通过适当的沟通方式联系到一起,消除误解,赢得公众的理解和支持,并树立组织的良好形象。

(案例来源:张岩松,王艳洁,郭兆平.公共关系案例精选精析[M].北京:经济管理出版社,2003)

三、公共关系的特征

公共关系是社会关系的一种表现形态,它不同于一般的人际关系,作为一种传播过程,它又与其他传播形式如广告、推销、宣传等有着本质的区别。科学形态的公共关系有其自身的特征,概括起来有六个方面。

(一) 以社会公众为工作对象

公共关系特指一定的组织机构和与其相关的社会公众之间的相互关系。公共关系与一般的人际关系不同,它是以组织为支点,是组织与其公众结成的网状关系。卡特里普认为,各类公众是决定公共关系活动成败的关键。因此,组织的生存和发展、成功与失败都取决于公众对组织的认可和支持程度。组织必须坚持着眼于自己的公众,发展与他们的良好关系,才能顺利生存和发展。公共关系活动的策划者和实施者均应始终确认公众是自己的工作对象。

⯈ **案 例 1-2**

海尔洗"衣"机

海尔集团有两个口号:一是"用户永远是对的"。这是海尔人的真正信仰,不是谦虚的客套话。二是"决不向市场说'不'",并把它变成海尔人的实际行动。

1996 年 10 月,张瑞敏在四川出差时,有人向他抱怨说:"海尔洗衣机质量不太好,排水管经常堵塞。"这是用户有针对性的直接抱怨。张瑞敏立即派人向用户作深入了解。原来,四川的一些农民把洗衣机买回去后,不是专门用来洗衣服的,而是经常用来洗地瓜的。面对这种情况,张瑞敏认为:"我们不能因此责怪老农,说你怎么能用专门洗衣服的洗衣机来洗地瓜呢? 这只能说明市场有了这种需求。"于是,他向有关部门下达指令——开发出能洗地瓜的洗衣机。没过多久,一种能洗地瓜、土豆等多种农产品的洗衣机被海尔人开发出来了。一个全新细分的市场——"农村多用途洗衣机"市场就这样被海尔人创造出来了。

(案例来源:陶应虎.公共关系原理与实务[M].北京:清华大学出版社,2010)

(二) 以塑造形象为工作目标

在公众中塑造、建立和维护组织的良好形象是公共关系的核心问题,是公共关系活动追求的根本目的。良好的形象是社会组织最大的财富,是组织生产和发展的出发点和归宿。社会组织的一切工作都是为了相关公众展开的,失去了社会公众的支持与理解,组织也就没有存在的必要了。这就要求组织必须有合理的经营决策机制、正确的经营理念和创新精神,并根据公众、社会的需要及变化,及时调整和修正自己的行为,不断改进产品和服务,以便在公众面前树立良好的形象,赢得组织的良好声誉。

⟆ 案 例 1-3

惠普公司"蟑螂门"

2010年"3·15"晚会上,央视对两款惠普笔记本电脑的质量问题进行了报道,其 DV2000、V3000 系列笔记本存在严重质量问题。其后,惠普客户体验管理专员袁明称,惠普笔记本发生故障原因是"中国学生宿舍的蟑螂太恐怖"。

在此后,惠普于 2010 年 3 月 17 日开紧急新闻发布会,承诺将在今后的 30 天中展开综合整顿计划,但对于惠普客服人员将电脑发热归罪于蟑螂的说法未直接回应。而整个发布会也只用了 20 分钟左右便匆匆收场。

其实早在 2008 年 2 月,惠普就发现其所使用的芯片厂商英伟达(Nvidia)显卡存在问题,可能导致部分笔记本产品在使用过程中出现大规模的闪屏故障和过热现象。为此,惠普曾在全球(包括中国市场)出台了两年的提供延长保修期特别服务。但这个曾经的延保服务在中国市场并没有得到很好的执行。面对这个质量问题,惠普的应对,不仅迟缓,而且"傲慢"。他们甚至把罪责推卸给蟑螂。"我们谁都解决不了的,是中国学生宿舍的蟑螂,那是非常恐怖的。"惠普客户体验管理专员袁明在央视的暗访中表述。此番言论在央视"3·15"晚会上一经播出,立即引起各方热议。由此,被多方关注的惠普"质量门"事件演化为"蟑螂门"。在当时这一系列言论,使惠普深陷舆论漩涡,品牌形象也受到很大影响。

产品质量问题是各个品牌都头疼的问题,但惠普却用最低级的公关手段来处理与消费者产生的最大问题。于是,"蟑螂门"彻底将惠普拖入深渊,产品销量急骤下降,品牌形象一落千丈,以公关的名义召开的新闻发布会成了一场公关秀。藐视公关和消费者的品牌最终会自食其果。

(案例来源:改编自:http://teeh.163.com/10/0329/10/62VFE66500093870. html)

(三) 以传播沟通为工作手段

以传播沟通作为工作手段是公共关系有别于其他工作的显著特点。且公共关系活动的过程实质上就是社会组织与公众之间实现信息双向交流的过程。在社会组织与公众之间,一方面,社会组织应及时、准确、真实地向相关公众传播其所采取的行为和政策,使公众知晓,以得到公众的了解、理解、支持和合作;另一方面,社会组织要了解公众的需求,吸取舆论民意,以调整、改善自身来更好地为公众服务。正是通过这种双向交流和信息共享过程,才能使组织与公众在交流沟通、共享信息的基础上增进了解、理解与合作,形成组织与公众之间的共同利益和互动关系,将公共关系活动落到实处。

➭ **案 例 1-4**

凡客诚品的公关传播

2010 年 6 月,凡客诚品高调邀请作家韩寒、演员王珞丹出任品牌代言,在北京、上海等一线城市的公交、地铁投入巨量的平面广告。人气王韩寒、王珞丹作为 80 后的标签,拥有大批的年轻追随者,这让凡客诚品的"快时尚"品牌形象迸发活力。随之,"凡客体"文案,伴随着两位 80 后偶像演绎的平面时装大片,风靡全民。

凡客诚品通过此次的公关传播,可谓是掀起了一股凡客体的传播热潮。无论是广告形象的代言,还是凡客体的火爆,其背后的公关传播力完全超出了想象。在公关力量的推动下,凡客的品牌也迅速提升,随之而来的是产品销售和品牌的顺势崛起。在这里,广告成为公关的一个工具,公关再次爆发了其神奇魅力。

(资料来源:品牌中国网,2010 年十大公关事件,http://pr. brandcn. com/al/ 201104/279064_2. html)

(四) 以互惠互利为工作原则

公共关系是在商品经济的基础上产生的,是以一定的利益关系为前提的。然而,不能认为公共关系就是社会组织与公众之间的利益关系,而没有情感上的交流和道义上的帮助。恰恰相反,公共关系正是要建立一种情感融洽、富有职业道德的相互了解、相互合作的关系,并由此与公众一道获取共同利益,达到一种双赢的结果。只有这样,组织与公众才能长久合作。社会组织的任何暴利行为、短期行为、"杀鸡取卵"行为都是不可取的。

➭ **案 例 1-5**

互惠互利带来国际大单

宏宝集团的五金产品远销世界 75 个国家。"做生意如果做到买卖双方都有赚头这一步,那就好做多了","自己吃肉,绝不能让别人只啃骨头",集团负责人朱玉宝就是抱定了这个观点。他在盘算自家的利润的同时,也为对方扳扳指头,看人家有没有利润,能赚到多少,而不是只顾自己,不顾别人的死活,更不会去坑害对方。因而,他在国际五金行业口碑甚好。2001 年,美国代理商史密斯从宏宝进了 3000 打羊毛剪刀空运至澳大利亚出售。但是,史密斯看错了行情,把剪刀的型号搞错了,在市场上根本销售不动,要损失数十万美元。朱玉宝在得知这个消息后,深感不安,主动联系史密斯,让他把那批货退回来。然后,朱玉宝重新发货,空运费用由朱玉宝公司承担。新型号的剪刀投放市场后,销售很乐观。这笔生意朱玉宝只赚了一点点,却挽救了一家大客户。史密斯感激涕零,向远在欧洲的朋友们介绍了朱玉宝经商的美德,一下子为朱玉宝带来了 1700 万美元的订单。

(资料来源:何燕子,欧邵华.公共关系学[M].合肥:合肥工业大学出版社,2006)

(五) 以真实诚恳、遵纪守法为工作信条

公共关系要求社会组织在公众中为自己树立一个真实、诚信的形象,只有这样才能取信于公众。因此,社会组织在与公众进行传播沟通时必须传播真实的消息,对公众的态度应当是真诚的,组织的各项活动也必须诚心诚意。只有真诚才能取信于众,只有真诚才能赢得合作。此外,社会组织在开展公共关系活动时,必须遵守国家的相关法律,并符合社会的各种道德规范,使自己的活动始终在法律规定和社会道德的范围内进行,切实保护公众的合法利益。反之,则最终会伤害组织自身的形象。

(六) 以注重长远为工作方针

良好的公共关系的形成和企业形象的塑造,不是一朝一夕建立起来的。即使建立起来,也还需要加以维护、调整和发展,需要长期不懈的努力。"宜未雨而绸缪,毋临渴而掘井",这是公共关系的基本方针。短视和急功近利等行为是公共关系的大敌,结果只会适得其反。

以上六个方面综合地、立体地构成完整的公共关系的基本特征。对这些基本特征的了解和把握,有助于深化对公共关系含义的认识。

四、公共关系的本质属性

公共关系的本质是指能揭示出公共关系最核心、最基本的东西。它既能说明公共关系与其他同类事物的区别,又能界定公共关系的内涵,并且从不同角度去看公共关系。

组织与公众之间的传播是公共关系的本质属性,这是考虑到公共关系活动的三大基本要素及其联系所得出的。公共关系活动的三大基本要素是社会组织、公众和传播。三大要素中,社会组织和公众分别是公共关系的实施者和承担者,即主体和客体。二者是通过传播这一手段进行相互作用的。因此,可以说传播是连接主体与客体的桥梁,是公共关系活动的灵魂,是公共关系存在的根本。此外,公共关系研究的是组织的传播沟通能力和机制,并从传播沟通的对象的角度来分析公众的特征和行为规律。公共关系实务的其他方面研究都是组织与公众之间传播沟通活动的一个侧面、一个部分。

所以说,组织与公众之间的传播是贯穿于整个公共关系的主线,是现代公共关

系理论的精髓,是公共关系的本质属性,是准确理解公共关系的关键。公共关系的本质属性主要表现为以下三个方面:

(一)"关系"属性

公共关系作为一种社会关系,是组织与公众之间的传播与沟通的关系,也是组织与公众环境之间的信息交流关系。

任何组织与社会环境之间必然存在着各种不同性质的社会关系,如:文化关系、法律关系、经济关系、政治关系等。公共关系与这些具体的社会关系不同,它不能代替组织的其他具体社会关系。因为公共关系本身并不是组织的经济行为、政治行为或者其他行为的直接产物,而是组织的传播行为的直接产物。组织的传播沟通行为相应形成传播沟通的关系,即通过传播与沟通活动建立组织与公众之间的双向的信息交流,促进组织与公众相互之间的了解、认同,达成相互之间的共识、理解与信任。这一过程就是"公共关系"。

公共关系不同于其他具体的社会关系,但是又渗透于其中,与组织具体的社会关系相随。各种社会关系的活动,都存在着与公众环境之间进行传播和沟通的问题,都需要获得公众和舆论的理解和支持,都有赖于通过良好的公共关系去达到某种社会目标。因此,无论何种类型的社会组织或组织活动,都存在着公共关系的问题。公共关系只是渗透在组织其他具体的社会关系中的一种信息的传播与沟通的关系。

(二)"职能"属性

公共关系作为一种管理职能,是对组织与社会公众之间传播沟通的目标、资源、对象、手段、过程和效果等基本要素的管理,是对组织信息的收集和反馈的管理,是争取被管理者理解、信任和支持的"传播管理"。这种管理是以优化环境、树立组织形象为管理目标的。

公共关系的对象、手段和目标都不同于组织的其他管理的职能,是一种独特的管理领域。公共关系的管理对象不是产品、资金、技术或市场网络等组织的有形资产或组织的"硬性指标",而是信息、关系、舆论、形象等无形资产或组织的"软性指标"。管理手段不是政治、经济、法律、行政等硬性手段,而是通过传播沟通实现吸引环境的软性手段。公共关系的管理目标不是直接的提高产量、增加利润等,而是调整组织与社会环境之间的关系,提升组织的无形资产的价值,从而使组织的整体资产增值。

(三)"学科"属性

公共关系作为一门综合性的应用学科,是一门以传播学和管理学为主要依托的传播管理学或组织传播学。它既是现代传播学发展的一个应用分支,也是现代管理学的一个构成部分。它是现代传播学在组织行政管理和经营管理中的应用和发展。

公共关系是用现代传播学的理论和方法来研究和处理组织与公众关系和公众形象的问题。传播学的基本理论在公共关系学中得到专门的阐述和应用,传播学所研究的不同层次的传播行为和方式在公共关系学中都有具体体现,传播学的应用分支也都是公共关系实务的重要内容。

从以上三个方面可以理解和确定公共关系的本质属性是传播沟通,公共关系是一种组织的"传播沟通关系",是一种组织的"传播职能",是一门组织的"传播管理学科"。

第二节　公共关系的含义

公共关系的定义揭示了公共关系的本质属性,但从更广阔的视野去分析,公共关系拥有着丰富的内涵。公共关系定义的多样性,在很大程度上就是由公共关系内涵的丰富性所造成的。经过长期的发展和演变,公共关系的内涵可以多层次的包括以下五个方面。

一、公共关系状态

公共关系是一种相对特殊的社会关系形态,本身是一种客观存在。自从人类历史上出现了社会组织以来,组织与公众的关系实际上也随之产生了。古往今来,不管社会组织、公众及其相互关系在属性上发生了什么变化,也不管人们是否认识到这种关系的存在及其作用,或采用什么手段去影响它,公共关系本身的存在却绝不以人的意志为转移。因为公共关系是一种客观存在,其必然有自身的状态,并产生客观的影响。因此,公共关系状态是客观存在的,不管你承认与否,意识到与否,任何组织或个人都处在一定的公共关系状态之中。

公共关系状态是指一个社会组织与其相关公众的关系状态和舆论状态,即该组织在公众心目中的现实形象的总和,具体包括组织的社会关系状态和公众舆论状态两个方面。社会关系状态是指组织机构与其相关的公众对象之间相互交往和共处的情形与状况,如"密切还是疏远"、"融洽还是紧张"、"合作还是竞争"、"友好还是敌对"等。公众舆论状态是指公众舆论对组织机构的反映和评价的情况与状态,如对组织的政策、行为或产品的评价和态度是"热烈还是冷淡"、"赞扬还是批评"、"喜欢还是讨厌"等。

公共关系状态是与公共关系活动紧密地联系在一起的。一个组织为了改善或发展公共关系状态,必定要开展一系列的公共关系活动。现有的公共关系状态是组织开展公共关系活动的基础,而公共关系活动的结果,又必然会形成新的公共关系状态。

一般说来公共关系有四种状态：第一种是高知名度、高美誉度，这是组织最理想的状态；第二种是高知名度、低美誉度，这是最不理想的状态，是组织所处的一种危机状态；第三种是低知名度、低美誉度，这是组织的原始状态；第四种是低知名度、高美誉度，这是组织的一种较为稳定和安全的状态，说明组织处于发展阶段，有很好的发展前景。任何组织都会有一种公共关系状态，且属于这四种状态的一种。

任何组织都必须正视自己与公众的公共关系状态，因为它制约着组织的生存与发展。良好的公共关系状态构成了组织的一种无形资产，能够为组织创造有利的环境，有益于组织的生存和发展。良好的公共关系状态，可以使公众对组织产生肯定性评价和积极态度；反之，则必然会使公众形成否定性评价和消极态度。正是如此，组织才需要进行公共关系活动，来影响和改变公共关系状态，改善组织环境，增加组织的无形资产。

二、公共关系活动

公共关系活动指一个组织为创造良好的社会环境，争取公众舆论支持而采取的政策、行动和活动，主要包括协调、传播、沟通等手段，即以创造良好的公共关系状态为目的的一种信息沟通活动。当人们意识到公众、公共关系的存在和作用，并采取行动去影响公众，改善与公众的关系时，人们实际上也就是在进行着类似于公共关系的活动。

从一般意义上来说，朴素自发的公共关系活动自古就有。而在现代社会中，现代公共关系活动已经从被动应急转变为自发自觉，从无意识转变为有意识，从盲目转变为有计划，从零散转变为系统，从纯经验转变为科学。首先，组织和工作的关系在现代社会中是平等的，双方都享有各自的权利和自由，并得到现代法律、制度的承认和保护。而组织之间激烈的竞争，迫使社会组织必须更加重视与公众的关系，并且通过沟通、协调等方式来维护和改善这种关系。其次，现代公共关系的性质要求组织在进行公关活动时，必须有较强的自觉性和现代公共关系意识，有长远的目标和计划，进行长期和系统的工作。最后，现代公共关系活动具有相应的理论指导，运用科学、先进的方法和手段，可以有效地同大范围的公众进行信息的双向交流，从而使公共关系活动本身更为合理，更为有效。这三个特定的要求使现代公共关系活动有更强的科学性和合理性，更具有现代意义。

当一个组织有意识地采取措施去改善自己的公共关系状态时，就是在从事公共关系活动。组织的公共关系活动是一个组织长期进行社会交往、沟通信息、树立自身良好形象的过程，它表现为日常公共关系活动和专题公共关系活动两大类。前者是社会组织有意识或无意识地为改善公共关系状态，人人都可以做到的日常活动,如诚实待人、谦虚有礼、游说鼓动等。后者是社会组织有计划、有步骤、系统地运用有关技术达到公共关系目的的专门性的活动,如新闻发布会、社会公益事业、为扩大组织知名度和提高组织美誉度的活动等。通过公共关系活动争取对企业有利的宣传报道,帮助企业与有关各界公众建立和保持良好关系,树立和保持良好的企业形象,以及消除和处理对企业不利的谣言、传说和事件。

通过长期的实践,公共关系活动的内容日渐丰富,已形成相对系统、规范的运作机制和专业化的机构与分工,包括调查、咨询、策划、传播等服务工作,问题管理、环境管理、关系管理、信息管理、形象管理及其他各种特别活动。

⮕ 案 例 1-6

扬州领带丁的起死回生

改革开放初期,扬州的奚也频在看到西服已经被封闭多年的中国人所认识并接受时,发现了一个重要的市场机会——制作领带。于是他刻苦钻研,创建了一种手工编织真丝领带,取名琼花牌。在招聘工人、组织生产后,产品出来了。但是,卖出去才是生产的目的,才能获得利润。于是,奚也频招聘了 16 名业务员,进行培训后,每人带着样品奔赴全国各大中小城市去推销琼花牌领带。半年过去了,业务员们都空手而归,一份合同也没有签成。企业被迫停产放假,仅留下一个人看管仓库。

国庆前夕,奚也频无意中在报纸上看到北京将举办乡镇企业产品展销会的消息。于是,他决定去参加这次展销会。但是,较理想的展位租不起,能租得起的展位位置太偏,没有太大的用处。在展销会已经开始的情况下,奚也频面对自己手中的领带又急又烦。于是,他干脆把领带送给了展销会的工作人员,但是要求他们在展销会工作时必须佩戴琼花牌领带。这个提议,得到了全体工作人员的一致拥护。这样一来,在这次展销会上,全体工作人员包括应邀前来的嘉宾和记者佩戴的都是清一色的琼花牌手工编织真丝领带,成为此次展销会的一个亮点。这个亮点引起了与会各地客商的注意和好奇,当客商与工作人员交流时,有意无意都要谈一下这个领带。工作人员也出于一种回报的心理主动将许多客商介绍给奚也频。当初,奚也频的这一举动只是为了卸掉一个包袱,却不料得到了许多供销合同。在展销会结束后,奚也频马上赶回扬州,召回工人,继续生产,立即发货。

奚也频在思考了前面业务员推销但无果和后面展销会的情况,悟出了一个道理。他马上二次进京,找到中央电视台,找到那次展销会上认识的记者作为"引见大使",承包了中央电视台当时晚间黄金时段的"为您服务"节目一个月的时间。在此节目中,奚也频自己主讲西装文化,讲西装、衬衫、领带的搭配等。当然,奚也频在节目中使用的道具都是他自己制造的琼花牌手工编织真丝领带。就这样,扬州领带厂不但起死回生,而且发展很快。

（资料来源:袁凯锋,刘敏.公共关系学［M］.沈阳:东北大学出版社,2004,第 4
－5 页.）

三、公共关系意识

公共关系也是一种意识、观念,是现代组织及其人员对公共关系客观状态的自
觉认识和理解,是对公共关系活动经验的能动反应和概括。公共关系意识来源于
公共关系实践活动,因而对后者有明显的依赖性。

公共关系意识一经形成,就具有相对的独立性和能动性,从而对公共关系实践
活动具有指导意义。对任何组织来说,构建良好的公共关系状态,必须开展有效的
公共关系活动,而这些活动又必然是在一定的公共关系意识指导下进行的。公共
关系意识影响和指导着个人或组织决策与行为的价值取向,从而反作用于人们的
公共关系活动,并间接影响实际的公共关系状态。可以说,公共关系意识是自觉构
建良好的公共关系状态的思想基础和开展有效的公共关系活动的行动指南,是现
代组织及其人员的必备素质。

现代公共关系意识包含丰富的内容,结合当前中国社会的实际和公共关系方
面的迫切需要,公共关系意识主要有感恩意识、责任意识、服务意识、沟通意识、形
象意识、诚信意识。此外,公共关系观念还包括公众意识、传播意识、协调意识、互
惠意识、团队意识、创新意识、社会意识等。

公共关系意识是现代文明的产物。它的出现不仅成为现代公共关系的灵魂与
标志,而且为人们在现代市场经济竞争、开放的条件下,更好地处理各种复杂关系
提供了启示。树立公共关系意识,既是从事公关工作的前提,也是任何组织人员所
应有的素质和现代意识。不同的社会组织及人员有无自觉的和正确的公共关系意
识,其行为确有天壤之别,而且其结果也大不一样。人们谈论公共关系,往往津津
乐道于各种独具匠心的手段和技巧,而忽视其中包含的公共关系意识和思想,这是
公共关系不能上层次、上水平的关键所在。

在公共关系工作日趋职业化、专业化的同时,有感恩之心、诚信之意及勇于负
责、善于沟通、强调互利等的公关精神和意识,变成市场经济条件下人们的一种处
世准则和生活理念。这对于净化社会环境,确立新型关系,减少人为矛盾,重建社
会信任,构建和谐社会等都大有裨益。

⤷ **案例 1-6**

花旗银行的公共关系意识

花旗银行是世界上最大的银行之一,每天的营业额高达数亿美元,业务十分繁

忙。一天,一位陌生的顾客走进豪华的美国花旗银行的营业大厅,仅要求换一张崭新的100美元钞票,准备作为当天下午的礼品。银行职员微笑着听完他的要求之后,立即先在一叠叠钞票中寻找,又拨了两次电话,15分钟后终于找到了一张这样的钞票,并把它放进一个小盒子里递给这位顾客,同时附上一张名片,上面写着"谢谢您想到了我们银行"。事隔不久,这位偶然光顾的陌生顾客又回来了,并在这家银行开设账户。在以后的几个月中,这位顾客所在的那家律师事务所在花旗银行存款25万美元。

正是花旗银行员工强烈的服务意识、责任意识等公关意识,使员工能够急顾客之所急、想顾客之所想,全心全意为顾客服务,将正确的公关意识融入了平时工作的一点一滴中,才最终造就了花旗银行这艘金融界的巨轮。

(案例来源:百度文库,http://wenku.baidu.com/view/eeafc62558fb770bf78a55e7.html)

四、公共关系学科

人们常说的"公共关系"这一概念也可以指公共关系学科。公共关系学是以公共关系的客观现象和活动规律为研究对象的一门综合性的应用学科;或者说,公共关系学是研究组织与公众之间传播与沟通的行为、规律和方法的一门学科。其研究的内容主要包括:公共关系的基本概念与含义,公共关系产生和发展的历史,公共关系的行为主体及其功能,公共关系的对象,公共关系的媒介,公共关系的管理程序,公共关系的实务活动,公共关系的职业道德和法律制约,以及公共关系的发展趋势和面临的各种新问题等。公共关系史、公共关系原理和公共关系实务共同构成公共关系学的理论体系。

公共关系的学科归属问题,一直是人们争论不休的问题。有人主张,公关活动本身是组织与公众之间的传播沟通的行为,所以应该属于传播学的一个分支。也有人认为,公共关系属于组织的经营管理活动,应该归属于管理科学的范畴。但是确切地说,公共关系具有综合、交叉的软科学的特点,它不仅是传播学与管理学的结合,而且也广泛吸收了与组织无形资产及其管理有关的社会学、心理学、广告学、美学、营销学等众多学科的理论、知识和方法。正如美国公关学者所说:未来的公共关系不仅是一门科学,或者一门艺术,它是所有这些学科的结合。

由于公共关系的研究对象本身是错综复杂的社会事物和社会现象,无法纯粹地用某一学科的理论、方法去解释,而必须汇聚众多相关学科的理论和方法,形成新的理论架构和方法体系。

对于公共关系这一应用学科,应该建立能较好地体现其特殊性的评价标准和体系,更多地关注其理论、方法的适用与创新,而不必在其学科归属、理论的深刻和系统等问题上作过多的争论。实践证明,要从事公共关系工作,仅仅满足于掌握该学科的理论、方法是远远不够的,还必须不断学习和掌握众多相关学科的知识、理论、方法和各种传播沟通的工具、技巧,并与自身的工作实际和经验紧密结合,才能够在实际工作中达到得心应手、左右逢源的效果。

五、公共关系职业

20世纪以来,公共关系在许多国家已成为一种社会职业、专业工作。很多受过公共关系专业训练和正规教育、掌握公共工作技能、具备公关素质和专业经验的人们在各类社会组织或专业的公共关系公司从事着专门的公共关系工作。公共关系职业指专门提供公共关系方面的服务而获取报酬的职业。其任务是协调社会组织同公众的关系,塑造组织良好的社会形象,以促进组织不断发展和完善。

公共关系职业产生于1903年,人们通常把美国的新闻记者艾维·李尊称为"现代公共关系之父"。事实上,这里的"公共关系"主要是指公共关系职业。正是由于艾维·李在1903年创办了一家公共关系咨询事务所,公开对外营业,才使社会上出现了公共关系职业。

中国港台地区的公共关系职业始于20世纪60年代,内地的公共关系职业开始于改革开放以后。20世纪80年代初,深圳、珠海等地一些三资企业中的宾馆、酒店按照国外的管理模式建立了公共关系部,从此引进了公共关系的职能与职业。1999年,公关人员被正式列入《中华人民共和国职业分类大典》,并在次年末开始进行每年一次的国家公关职业资格认证考试。这标志着国家和社会已正式承认公共关系这一行业。

公共关系的职业化,已遍及服务行业、各类企业与事业单位。无论是在国外还是国内,公共关系都被视为一项充满智慧与充满活力的事业。在我国,作为一种新兴的职业,更被誉为"朝阳产业"。随着公关实践的深化与公关业务的拓展,一批受过高等教育,具有良好理论素质、业务素质与心理素质的中青年成为公关事业的中坚,而公关职业也将会在社会上受到更大的关注而具有更强的吸引力。

公共关系状态,公共关系活动,公共关系意识,公共关系学科,公共关系职业构成了人们常说的"公共关系"。它们既相互联系,不可分割,又各有侧重,不能混同。

第三节　公共关系学科范畴与体系

公共关系学是一门以公共关系的客观现实和活动规律为研究对象的,新兴的综合性的应用学科,是研究社会组织与相关公众相互作用、相互协调、彼此合作的规律和工作方法的学科。1923年,美国的爱德华·伯内斯完成了《公众舆论之凝结》一书,并在纽约大学首次开设了公共关系课程,这标志着公共关系学的正式产生。公共关系经过一百年来的发展,已经成为一门日臻成熟的独立的学科。了解和把握公共关系学的研究对象、研究内容及学科性质等方面,是学习理解公共关系学的基础。

一、公关关系学的研究对象

公共关系学的研究对象是社会组织与公众相互关系的活动与发展规律。简单来说,公共关系学就是研究什么是公共关系,为什么要进行公共关系,由什么人去运作公共关系以及公共关系的组织、机构、职能,公共关系的历史、现状等。具体地讲,它包括以下四方面内容:

第一,研究各种具体的"公众"关系,如员工关系、股东关系、政府关系、媒介关系、顾客关系、社区关系等。

第二,研究社会组织与公众之间的信息传播规律,如研究信息传播的原理、信息传播的形式、信息传播的机构及传播的技巧、信息传播体系等。

第三,研究公共关系作为社会组织的管理职能,如帮助组织建立并维护与公众之间的交流、理解、认可、合作,帮助管理部门了解民意,使公共关系工作本身具有目的性、计划性、连续性等。

第四,研究公共关系活动及其策划、实施的艺术方法,如确立公共关系目标、制定公共关系工作的程序、进行公共关系谈判、策划公共关系广告、撰写新闻稿等。

二、公关关系学的研究内容

公共关系学研究的主要内容可以分成三个方面。

(一) 公共关系的历史

公共关系的历史主要是研究公共关系的发生、发展的过程,从历史的角度阐述了公共关系的形成、发展概况、产生的社会历史条件。目的是从历史的变迁中,了解公共关系是如何随着社会的进步、环境的变化,而改变自己的工作内容、工作重心和工作策略的;探索、掌握公共关系的发展规律,帮助人们明确和认识在现代社会条件下,开展自觉而有效的公共关系活动的必要性,并为我们提供必要的历史借鉴。同时也横向推及不同国情、社会背景下,人们对公共关系有不同程度的依赖与展开的合理性,启发人们展望公关前景。公共关系历史的主要内容有公共关系实践发展史、公共关系理论发展史。

(二) 公共关系的理论

公共关系的理论是公共关系学的核心和灵魂,其理论研究是系统阐述公共关系社会现象和活动规律,可分为基础理论研究和核心内容研究。它的目的是为现实的公共关系的实践活动提供理论依据,并用于指导现实的公共关系实践。公共关系基本理论是由公共关系的基本概念、范畴及规律等构成的,还包括对公共关系构成要素、形成条件、基本属性、主客体特征等的研究。

公共关系理论包括宏观和微观两个部分。宏观理论部分主要考察公共关系在现代公众社会中的地位和作用,以及如何发挥公共关系在现代公众社会中的作用,尤其要研究市场经济和近年来兴起的关系经济与公共关系的必然联系和相互促进作用。微观理论部分主要对公共关系的三个构成要素的学科考察和综合概念阐述。三要素中,对于社会组织,要研究它的特点、运行过程及由此导出的公关需求和组织的公关目标;对于公众,要探讨它的特点、分类,尤其要分析公众的心理,进而引出公关操作原理;对于传播,要研究它的一般过程,传播的渠道,传播机制及其规律等。公共关系理论从上述的分析中综合形成公关原理,为公关实务提供理论准备。

(三) 公共关系实务

公共关系实务,是构成公共关系学的重要内容,是公共关系学理论研究的出发点和归宿。它是对公共关系的各种实务与具体操作的方式、方法的研究,其目的是为策划实施各种公共关系活动提供必要的技术手段。具体来说,公共关系实务主要包括:根据组织的总体目标来确定公共关系的具体目标;收集和处理与组织相关的各种信息;编制工作程序和制定工作计划;选择媒介,组织各种形式的传播活动;对公关活动结果进行评估;公共关系机构的建设与公共关系人员的职业培训。这部分内涵丰富,更有无限的展开、发挥的前景。

从这三大部分内容可以发现,公共关系学是一个复杂的系统工程。理论是实务的基础,实务的展开又能充实和发展理论,而理论又依赖历史过程的总结。但是从目前情况看,公共关系学三部分的发展并不平衡。一般说来,公共关系史的研究比较落后,至今还没有一部完整的公共关系史的专著。公共关系理论的研究相对薄弱,特别是核心理论部分还不够完善。公共关系实务则比较活跃充实。对公共关系学的内容不可有所偏废,需要的是在相互联系中把握整体。

三、公关关系学的学科体系

公共关系学是一门新学科,这门学科的历史至今只有几十年。北美和欧洲的学者们的研究较早,形成了很多影响较大的著述。20世纪80年代初,公共关系学被引进中国内地,经过20世纪90年代到21世纪近30年的发展,结合中国国情和中国公共关系的实践经验,公共关系理论和实践都获得了长足的发展,已形成了具有中国特色的公共关系学。期间如明安香等人编写的《塑造形象的艺术——公共关系学概论》,王乐夫和廖为建等人编著的《公共关系学》,居延安等人编著的《公共关系学》,翟向东等人撰写的《中国公共关系教程》,李道平主编的《公共关系学》,陶应虎等编著的《公共关系原理与实务》等一批教材都对公共关系学的理论体系做了有益的探讨。进一步调整和丰富公共关系学的学科体系是一项非常重要的工作,这对于探索和发展公共关系理论,提高公共关系工作的社会地位,明确公共关系学的学科定位,改善公共关系学的教学,增强公共关系理论对实践的正确指导等具有重要的意义。

想要形成公认的学科体系不是短期内可以做到的。尤其是公共关系学科具有边缘性、交叉性、广泛性的特点,这使其很难在短期内形成完整的、公认的学科体系,需要学者们不断去探索、去尝试。

四、公关关系学的学习方法

公共关系是一门科学,也是一门艺术,既需要科学的指导思想与策划理论,又需要巧妙的策划技巧。在研究过程中,应立足于公共关系策划需要,不断吸收、引进相关学科的理论知识,以科学的理论来指导公共关系策划,如此才能增强公共关系活动的科学性和实效性,提高公共关系工作的艺术水平。对公共关系学的研究与学习应特别强调以下几点:

第一,全面、系统地学习公共关系理论知识。首先,要能够准确记忆并正确表述有关的名词、概念和原理。其次,在记忆的基础上,能够全面理解和掌握基本概念、原理、方法,并了解它们之间的联系和区别,以把握学科的本质和主要特征。最后,要能够运用基本概念、原理和方法,具体分析和解决相关的理论问题和实际问题,从而具备基本的公共关系实际操作能力。

第二,坚持从实际出发,以辩证唯物主义和历史唯物主义的研究方法,克服形而上学、机械、静止、孤立的研究方法。要用全面的和历史的观点,依时间、地点、条件为转移,去观察、研究公共关系工作的实践与理论,反对脱离具体的条件,机械地、孤立地、静止地去研究和阐述各种公共关系方法和方式。

第三,理论联系实际。强调公共关系的实践性就是要在实践中学习,把理论研究和调查研究结合起来。公共关系学不是一门纯理论性的学科,而是一门实用性的学科。因此,要注意充分联系实际来学习公共关系这门学科。一方面,注意联系实际去理解和思考公共关系学的主要概念和原理。另一方面,在正确理解公共关系的概念和原理的基础上,重点掌握公共关系的实际操作内容。

第四,要借鉴西方公共关系学的经验,做到洋为中用。我们要实事求是、择善而从,吸收合乎科学的有用东西,并结合中国的实际情况,加以融合、消化和提炼。

第五,注重多学科的借鉴与综合,注意从其他学科的角度考察公共关系的问题。引进市场营销学理论,加强公共关系的实效性。引进文化学理论,提升公共关系活动的文化品位。引进心理策划方法,加强对公共关系心理效能的解决。引进预测学方法,加强对公共关系未知领域的调查与分析。引进设计美学方法,加强对公共关系宣传作品的设计。引进全球化思维方法,增强公共关系的国际化机制。

本 章 小 结

本章介绍了公共关系的定义、构成要素、特征、内涵等基本概念。在现实社会中,公共关系是由各种不同类型的社会组织为主体来负责实施,以各种传播技术为工作手段,来培养公众这一客体对组织的好感,建立融洽的公众关系,使公众理解、信任、支持社会组织的各项工作。当然,公共关系作为一种客观存在,有其自身的特征、本质属性和内涵。不同的社会组织在开展公共关系活动的过程中要充分把握这些基本内容。

公共关系学作为一门科学、一门艺术,是以社会组织与公众相互关系的运动与发展规律为研究对象,以公共关系的历史、公共关系的理论和公共关系实务为研究内容的。在学习过程中,要理解公共关系学的体系,并掌握相应的学习方法。

复习思考题

一、简答题

1. 公共关系的特征是什么?
2. 公共关系学的研究对象都有哪些?
3. 试概述公共关系学的研究内容?

二、案例分析题

霸王"致癌门"公关

2010年7月14日,香港《壹周刊》报道,霸王旗下中草药洗发露、首乌黑亮洗发露以及追风中草药洗发水,经过香港公证所化验后,均含有被美国列为致癌物质二恶烷。霸王集团股价受此影响,早盘放量大跌15.14%。

7月14日13:23,霸王集团在官网上发布《关于香港壹周刊失实报道的严正声明》表示,指产品所含的微量二恶烷远低于世界安全指引,绝对不会对人体健康构成影响;集团对《壹周刊》该篇失实报导及其所带来的影响保留采取进一步法律行动的权利。

7月14日13:33,霸王在新浪开通微博,短短两小时,霸王洗发水发布了15条微博消息,从不同角度对二恶烷进行了知识普及。

7月14日17:25,霸王微博称,霸王集团已将样品送交第三方检验机构进行检验。并预告明日霸王集团将可能组织媒体发布会,进行事实澄清和信息发布。

截至 2010 年 7 月 14 日 20:15,在新浪网上的一项调查显示,在参与投票的 35,367 名网友中,73.6%选择不会继续购买霸王洗发水,12.6%则表示仍会购买。

7 月 15 日 00:17,霸王微博称原定于 15 日的新闻发布会推迟,考虑到媒体、地区等因素,将会在确定时间地点后,发布信息。

7 月 15 日 9:30,港交所恢复交易。

7 月 15 日 10:00,霸王《致消费者的一封信》,继续强调公司所有产品都是安全可靠的,其含量远低于欧盟及美国地区含量标准。

7 月 15 日 14:36,霸王微博对外公布:7 月 16 日下午于广州将有一个行业协会的新闻说明会。并说明,因为检测时间问题,检测结果公布时间可能有变。此时将新闻发布会改成了行业说明会。

7 月 15 日,成龙、王菲经纪公司称信任产品。

7 月 16 日下午 3 点 30 分,由广东省日化商会、广东省轻工业协会主办的日化行业新闻说明会在广州市亚洲国际大酒店举行。

7 月 16 日晚,国家食品药品监督管理局通报:经过抽检,霸王(广州)有限公司制售的洗发水中,二噁(恶)烷含量不会危害健康。

7 月 17 日,霸王因而扭转一连 4 日的跌势,昨日收报 4.87 港元,升 7.27%。

7 月 19 日,霸王国际集团就《壹周刊》诋毁公司产品发表声明称:对《壹周刊》的恶意报道,集团决定对《壹周刊》的恶意报道进行法律起诉,以维护自身权利,以及社会的公平正义。

7 月 21 日,国家食品药品监督管理局通报化妆品含二噁烷检测数据结果显示,霸王样品中二噁烷的最高含量为 6.4ppm。

(案例来源:霸王"致癌门"危机公关点评,http://pr.brandcn.com/al/201007/251049.html)

▷ 思 考 题

1. 案例中的公关主体和客体各是谁? 主要运用了哪些传播手段?

2. 结合公共关系的特征,说说霸王在此次"致癌门"事件中的公共关系活动。你认为还有什么好的建议和方法?

第二章　公共关系的起源与发展

⮚ 学 习 目 标

1. 了解公共关系产生的历史条件
2. 理解公共关系的不同发展时期及其特点
3. 掌握公共关系在国内外的发展现状和趋势

⮚ 引　例

古代公共关系

早在古埃及、古巴比伦、古希腊、古罗马时代,统治者就用武力和舆论手段来控制社会,处理民众关系,具有强烈的"公关意识"。古罗马独裁者儒略·凯撒是一位精通沟通技术的大师,善于对自己的功德业绩和才能大肆吹捧和赞扬,以争取民众的支持,以便能登上独裁者的宝座。他创办发行了世界上最早的日报——《每日记闻》,他还专门写了一本记载其功绩的纪实性著作——《高卢战记》,这本书曾被西方一些著名的公共关系专家称为"第一流的公共关系著作"。

在中国,统治者的"公共关系"活动在商代就已产生,部落首领已认识到民意和利用民意的重要性。商汤建立商朝以后的 300 年中,都城一共搬迁了 5 次。这是因为王族内部成员争夺王位,发生内乱;再加上黄河下游常闹水灾。有一次发大水,把都城全淹了,就不得不搬家。可是,大多数贵族贪图安逸,都不愿意搬迁,甚至还有些贵族煽动平民反对搬迁。盘庚面对强大的反对势力,并没有动摇。他把反对迁都的贵族找来,耐心地劝说:"我要你们搬迁是为了安定我们的国家。你们不但不谅解我的苦心,反而产生无谓的恐慌。你们想要改变我的主意,这是办不到的。"由于盘庚顺民意、得民心,办事向民众说明原因,终于在他的坚持下,迁都到殷。在那里安排商朝的政治,使衰落的商朝出现了复兴的局面。以后的 200 年,商一直没有迁都。

公共关系作为一种客观存在着的社会关系和社会现象,有着悠久的历史;作为一门实践性艺术,其实际操作远远早于人们有意识的公共关系理论的建立。但是,作为一种专门化的社会职业,形成一门较为系统完整的学科体系,至今则不过近百年的时间;而社会公众公共关系意识的普遍觉醒,则是现代民主政治、市场经济和高科技发展等多种社会因素综合催生的时代产物。研究公共关系的起源及其发展现状,以了解公共关系产生的背景和条件,透视公共关系在社会发展中的地位和作用,明晰公共关系在不同历史时期的特征和目的,使公共关系的社会价值得以充分的挖掘和更好的利用。

(资料来源:李泓欣,冀鸿,冯春华.公共关系理论与实务[M].北京:北京大学出版社,2011)

第一节　公共关系产生的动因

现代意义上的"公共关系"一词第一次正式使用是在 1897 年美国铁路协会编写的《铁路文献年鉴》上。这个概念真正作为科学用语而流传和普及则要归功于美国著名公共关系专家爱德华·伯内斯。1923 年,他完成了世界上第一部公共关系学专著《公众舆论之凝结》,并在纽约大学开设公共关系课程,使公共关系逐渐发展成为一门新的学科。所以,从比较严格的意义上讲,现代公共关系产生于 19 世纪末 20 世纪初的美国。当时资本主义由自由竞争向垄断过渡,劳资矛盾激化,严重阻碍了生产力的发展。社会迫切需要改善劳资关系,以提高社会生产力,公共关系正是适应这种需要而产生的。公共关系的产生与当时美国的社会政治、经济、文化、科技等方面的社会条件密切相关,有其历史必然性。

一、民主政治取代专制政治:公共关系发展的制度保障

从人类社会的制度发展来看,公共关系的产生是社会民主化发展的必然产物。在商品经济之前的自然经济社会,广大民众自然分散,实行自给自足的生产。由于社会化程度低,社会联系松散、缺乏统一组织,公众的力量分散,共同意识薄弱,民众的政治参与程度很低。加上严厉的封建专制和独裁统治,使民众百姓成了"百依百顺,逆来顺受"的"顺民",官民之间、上下级之间只有绝对服从的关系,社会政治生活的特征表现为"民怕官"。在这种统治者依靠高压政策、愚民政策来实施统治的专制政治条件下,民众既无须关心政治运作,亦无法干预政治运作,舆论不可能对社会进程产生重要影响,在这样的社会环境中毫无公共关系可言。

文艺复兴和宗教改革,使欧洲从长达数千年愚昧宗教统治的"黑暗时代"中解放出来。随着经济关系的变化,资本主义的民主政体代替了封建专制政体。虽然资本主义的民主制仍存在着虚伪的一面,但它比起专制的封建制度来毕竟是大大进步了。政党要执政就得想办法争取社会舆论和选民的支持,就得靠竞选的胜利。即使当政,还得千方百计与选民保持良好的关系。在这一社会民主化的进程中,公民的参与意识不断提高,对各种社会重大问题,特别是关系到自己切身利益的问

题,都要通过各种渠道来表达自己的意见。在这种情况下,公众的意愿第一次成为竞选者和执政者不能不加以认真考虑的问题。资产阶级政府、政党及各利益集团不得不注意与社会各界公众搞好关系,重视舆情民意,接受公众的监督,甚至千方百计地取悦选民和纳税者,争得民心,赢得选票,保住官位。为此,必须努力通过传播媒介来促进双边沟通及对话交流。在这种民主政治的社会氛围中,政府机关、社会公共组织与其公众之间,除了服从关系外,还有民主协商、民主对话、民主监督。

民主政治取代专制政治,必然促进公共关系的产生。它极大地提高了公众的地位、作用和自主意识,为强调传播管理公众关系的公共关系的产生提出了需要,也提供了实践的舞台和条件。

二、商品经济的发展与市场经济的兴起:公共关系发展的现实土壤

在封建社会里,其经济模式是自给自足的小农经济,生产组织方式是以一家一户为基本单位,一村一乡为界限。其社会联系也就脱离不了这种以家庭、村落为支点的血缘、地缘、姻缘等人缘关系。这种关系一是非常狭隘,二是相当固定,三是极端封闭。直至资本主义社会前期,大工业尚不十分发达,受经济水平的限制,人们的社会联系仍然是相当狭隘的。商品交换基本上用不着广为宣传,更没有必要花大力气去开展公共关系活动。

随着时代发展,特别是工业革命之后,经济突飞猛进地发展,工业社会代替了农业社会。大工业的市场经济突破了时空和血亲的局限,形成以市场为轴心的极广泛的社会分工协作。任何社会组织均需得到社会广泛承认,获得社会整体的支持,才能生存和发展。所以,市场经济势必需要公共关系。在市场经济的发展过程中,市场形式经历了由"卖方市场"向"买方市场"的逐步转变。在买方市场条件下,消费者具有更多的优势,可以根据销售者的产品质量、价格、服务、品牌以及人情关系等条件,灵活地决定向哪一个"卖家"去购买所需商品。为此,必须通过发展良好的相互感情关系方能更有效地维护交换关系,维持市场发展。这样,构建公共关系,增进相互理解与感情,提升组织形象和声誉就越来越显得迫切与重要。

此外,随着市场经济的发展,消费者的消费水平也随着商品的不断丰富而不断提高,从初始的满足温饱、安全等千篇一律的"基本需要",而逐步转向满足消费者的挑选商品的个性、情感等各不相同的"选择需要"。生产者、销售者必须对消费者多样的、多变的选择需求有及时、深入而全面的了解与掌握,以便能提供适销对路的商品,这就需要公共关系工作来促进双边沟通和相互了解。在市场经济的背景下,企业能否与市场对接,能否争取顾客,赢得市场,争取广大社会公众的支持,成为企业生死攸关的课题,这就直接促成了公共关系的兴起。

如果说政治民主仅仅造就政府和民众的公共关系的话,经济发展所形成的公共关系就涉及更多的公众。经济组织不仅要考虑内部员工和消费者、顾客的需要,还要考虑与媒介、社区、政府以及同行公众的关系。来自任何方的批评都不能置若罔闻,谁忽视公众,公众必将抛弃它。经济组织涉及范围广泛的公众关系。

三、文化心理由"理性"转向"人性":公共关系发展的精神源泉

美国是个移民国家,它的文化体系中有三个突出的特性:个人主义、英雄主义、理性主义。个人主义使美国人富于自由浪漫的色彩;英雄主义使美国人崇拜巨头伟人,富于竞争的精神;理性主义使他们注重严密的法规,崇尚教条、数据和实效。

管理科学的鼻祖泰罗的思想及其制度,便是理性主义的典型代表。泰罗制的核心是通过"时间和动作分析",强调对一切作业活动的计量定额,强调严格的操作程序,甚至连手足动作幅度、次数等都要计算限定,"人是机器"是这一时期最典型的代表性口号。它将人视为机器的一部分,颠倒了人与机器的关系,使手段异化为目的。这种机械唯理主义的管理,虽然短期内取得了显赫的高效率,但同时也促使阶级矛盾与劳资矛盾日趋尖锐激化,孕育着社会危机与动荡不安,也孕育着社会文化意识的嬗变。

正是在严峻的现实面前,人们逐渐意识到纯理性文化的局限,人文主义重新抬头,在管理中注重人性、注重个人的文化观念迅速地获得人们的认同。20世纪20年代,哈佛大学教授梅奥在著名的"霍桑实验"中提出的"人群关系理论"、"行为科学",便是人性文化逐渐抬头的有力体现。此外,大众传播的发展、社会化大生产的发展,对美国传统文化形成冲击,使社会生活、社会交往更趋开明化、开放化。这种尊重人性的、尊重个人感情和尊严的、人文的、开放的文化,正是公共关系得以滋生及成长的土壤。

四、科学技术的进步与传播媒介的力量:公共关系发展的技术支持

在自然经济社会中,经济水平不发达,科技水平落后。落后的经济生活与科技水平,只能产生落后的沟通传播工具。而由于受落后的沟通传播手段的限制,社会公众交往的广度和深度是极其有限的。如依赖驿站传递等极为简陋落后的传播方式不仅传播速度极慢,传播范围相当狭小,而且信息失真率极高。

而在资本主义大工业时代,日益精细的社会化大分工,使人们之间、组织之间的纵横关系与相互沟通与依赖重要并日趋加强,成为社会组织生存发展的基本条件。各种形式的传播沟通技术与理论也就在这样的社会背景下迅速地发展起来了。印刷技术日益普及与提高,报刊媒介遍及千家万户;电子技术不断进步,带来

广播、电视、电影、电话等电子传播媒介的普及;在微电脑、人造通讯卫星、互联网全球普及的现代信息社会,具有极高的传播广度、速度、深度和高保真度,并且有费用低廉且崭新的传媒方式迅猛发展,世界日益成为"天涯若比邻"的"地球村"。瞬息万变的信息同时也就"瞬息可悉"。各种大众传媒的迅速而广泛的发展,"地球村"的出现,为人们进行大规模的交往提供了可能性,并为公共关系的产生提供了必要的技术与方法。

这种"地球村"的发展趋势,使一个多空间、多层次、多元化的传播体制逐渐在全世界形成,使得言论自由、新闻自由的理想能进一步实现,使得社会舆论的力量、公众意见的表达越来越具有影响力。19世纪中叶后,报纸已经大量发行,新闻工作成为一种社会职业。随着科学技术的发展,新闻传播媒介组织在社会上发挥着越来越重要的作用。如美国官方无线电广播电台1906年首次播音后,使新闻跨出地区、越过天空,产生了巨大的影响,也使公共关系借助传播媒介得到迅猛发展。当时在社会舆论的倾向性方面握有很大主动性的是一些进步报刊和广播,他们敢于揭露社会的阴暗面,为最低层的人们呼吁,因而颇得人心。一些资本家虽因其丑恶嘴脸被新闻界曝光贪婪本性被揭露而恼恨,但毕竟慑服于新闻舆论的声势和力量。因而促使他们谨慎地把握自己的行为,使之尽量与社会及公众的利益相吻合。并且,还必须正确地对待社会舆论,想方设法使自己的行动和目标获得社会及公众舆论的支持和赞赏,以便取悦公众、缓和冲突。正是在这样的社会基础上,公共关系进一步受到了重视。

通过科技进步的支持和传播媒介的力量,公众对社会组织机构政策、制度和管理实施的实际干预能力大大增强。这种干预力量又不以人们的意志为转移地向社会各管理层渗透,政府和企业界不考虑公众意愿的管理方法已行不通。摆在管理阶层面前唯一的出路就是尽快地学会有效地驾驭新的传播手段和传播技术,与自己的公众建立起一种新的有利于相互了解、相互协调的沟通关系。

总之,现代公共关系产生于20世纪初期的美国并不是偶然的,它是当时美国资本主义社会的基本矛盾,以及经济、政治、科学技术和文化等社会历史条件综合作用的结果,并且有其形成的必然过程和特点。

第二节　现代公共关系的发展历程

一、现代公共关系的发展阶段

现代公共关系起源于美国,而美国的公共关系则起源于美国的独立战争。现代公共关系作为一种新思想、新科学,伴随着美国社会的经济、政治、文化的变迁,在近现代经历了以下四个不同的发展阶段：

(一) 萌芽时期——巴纳姆时期

现代公共关系的萌芽可以以 19 世纪中叶美国的"报刊宣传运动"为标志，它是指某公司、某组织所雇用的人员为了本公司、本组织的利益在报刊上进行的宣传活动。"便士报运动"和费尼斯·巴纳姆(Phineos Barnum)正是这一时期公共关系发展的标志性事件和人物。

在 19 世纪 20 年代，由于蒸汽机广泛应用于印刷行业，报纸的成本大幅度降低，使报业得以迅速发展。1833 年 9 月，本杰明·戴伊首先创办了第一张面向人民大众的通俗化报纸《纽约太阳报》，从而掀起了以不同百姓为读者对象的"便士报运动"。"便士报运动"使报纸完成了大众化、通俗化的飞跃。由于便士报价格低廉，普通百姓买得起，使报纸的发行量迅速增长，广告费也随即上涨。一些急欲宣传自己企业或公司的人，为了达到不花广告费就能争取消费者的目的，便乘机雇人在报刊上制造能扩大自己影响的新闻。但其中有些新闻则是编造的谎言、怪诞的故事和神话，而报刊为了迎合下层读者的心理，也乐于采用。两者相互配合，于是便出现了当时的报刊宣传活动。

当时许多企业的报刊宣传员，编造了大量离奇的新闻，以引起公众对自己及他们所代表的组织的关注。而最具有代表性的宣传员就是受雇于纽约一家马戏团的费尼斯·巴纳姆，故将这一时期的公共关系发展史称为巴纳姆时期。他一改常规的方式，不是直接去宣传马戏团的演出如何精彩，而是说马戏团有一名黑人女仆海斯已经 160 多岁，并曾经养育过美国第一任总统华盛顿。在报纸发表了这一耸人听闻的"新闻"以后，他又借用不同的笔名向其他报刊寄去许多"读者来信"：有的说，人不能活到 160 岁，巴纳姆是个骗子；有的说巴纳姆发现了海斯是一大功劳。人为地炒热这一"新闻"的结果，就是引起公众的好奇心，为马戏团引来大量的顾客。巴纳姆作为策划者，每周从那些希望一睹海斯风采的美国人那里获得 1500 美元的门票收入，大大获利。不久海斯去世了，医生对她进行了尸体解剖，确定她最多不超过 80 岁。一时舆论哗然，人们纷纷谴责巴纳姆是个骗子。但是，巴纳姆却厚颜无耻地说"凡宣传皆是好事"，只要别把他的名字拼错了。

从"巴纳姆事件"可以看出，报刊宣传运动时期的显著特点是报刊宣传员为了使自己和公司扬名，置公共利益于不顾，任意编造谎言和神话，利用新闻媒介愚弄公众。从思想实质上来看，这时期实际上是一个反公众、反公共关系的时期。不过，巴纳姆等人运用报刊等大众传播媒介为组织进行宣传，已经具备了现代公共关系活动的萌芽。

这种不择手段为自己制造神话、欺骗工作的做法与公共关系职业的基本道德要求相差甚远，因此，巴纳姆时期在公关史上又被称为"公众受愚弄时期"。而由于这个时期的公共关系主要是以报刊宣传员自我吹嘘为主,有些学者也将这个时期的公共关系称为"单向吹嘘式的公共关系"。

(二) 产生时期——艾维·李时期

19 世纪末至 20 世纪初,以美国为首的西方资本主义国家相继进入了垄断阶段。以美国为例,占人口 1%的资本家却控制了国家全部财富的 54%。由于垄断资本家不择手段地榨取剩余价值,采取欺诈、愚弄的手段攫取高额利润,不仅使广大工人阶级受到残酷的压迫和剥削,也使数量可观的中小企业和资本家在垄断财团的疯狂兼并活动中惶惶不可终日。垄断资本家的强取豪夺极大地激化了劳资关系和社会矛盾,社会危机日益加深。一方面表现为一浪高过一浪的工人运动,另一方面则引起了大批具有社会良知的知识分子利用新闻媒介对垄断资本家进行强烈的抨击,掀起了一场旷日持久的"揭丑运动"。

在以揭露工商企业丑闻和阴暗面为主题的新闻揭丑运动中,严厉谴责和抨击资本家丑行的文章、漫画和社论在报刊上大量发表。仅在 1903—1912 年间,这样的文章就达到 2000 多篇,使一些大公司声名狼藉,极为难堪,同时还出现了专门从事揭丑的新闻记者。对此,垄断资本家试图用高额广告费来收买新闻界,以平息社会舆论的批评,但无济于事。于是又采用付给高额酬金的办法,聘请新闻代理人为他们辩解和宣传。但新闻代理人炮制的大吹大擂、搪塞应付的文章最终也只能是弄巧成拙,欲盖弥彰。结果适得其反,社会公众对垄断财团的敌意反而与日俱增。于是一些开明的工商界人士终于认识到了社会舆论的力量,他们纷纷向新闻界求教,希望帮助企业宣传形象,改善企业与公众之间的关系。于是,以"说真话"、"讲实情"来获得公众信任的主张被提出来,艾维·李(Lvy Lee)就是"说真话"的社会思潮的主要代表人物。

艾维·李毕业于普林斯顿大学,曾就读于哈佛大学法学院,曾在《纽约日报》、《纽约时报》和《纽约世界报》当记者。1903 年,艾维·李创办的"新闻宣传事务所"是当时最有影响的公共关系顾问公司。艾维·李本人成为向客户提供服务而收取费用的第一个职业公共关系人员。他认为,一个企业、一个组织,要想获得良好的声誉,不能依靠向公众封锁消息或者以欺骗来愚弄公众,而必须把真实情况披露于世,把与公众利益相关的所有情况告诉公众,以此来争取公众对组织的信任。一旦披露真实情况确实对组织不利的话,那就应该调整公司或组织的行为,而不是竭力遮盖真实情况。艾维·李在处理公共关系时的指导思想是:"说真话"和"公众必须被告知"。

1904 年底,被社会公众称为"强盗大王"的洛克菲勒财团由于没有妥善处理好科罗拉多燃料公司和钢铁公司的罢工运动,受到社会舆论的猛烈攻击。为了改变这种恶化的关系,平息工人的罢工,洛克菲勒聘请艾维·李为私人顾问,处理劳资纠纷和与新闻界的关系。艾维·李劝告洛克菲勒应认真调查导致这次事故的具体原因,将真相公之于众;建议请工人代表参与解决劳资纠纷。此外,他还建议洛克菲勒多从事社会慈善事业(如医院、博物馆、学校等),提高工人薪金和福利,救济贫困,为儿童度假提供方便等。其后,洛克菲勒财团在社会公众中的不良形象果然转变了。艾维·李的巨大成功,使他被许多著名的大公司聘请为公共关系代理人。

1906年,艾维·李在处理美国无烟煤矿业的工人罢工危机中,首先提出了两个先决条件:一是必须有权参加行业最高决策者的相关会议,二是在必要时有权向社会公开全部事实真相。在这两条的基础上,艾维·李公布了具有里程碑性质的《原则宣言》。在宣言中明确阐述了公共关系公司工作的基本目标:"我们的计划是代表企业和公共事务机构,向新闻界和美国的公众提供需要了解的、有关公众利益和价值的资料,并保证其准确性、迅速性。"他认为,公众需要了解与他们利益有关的情况是合乎情理的,向报界提供有关情况以供发表,则是他的责任。在《原则宣言》中,他还呼吁企业不要唯利是图,应实现企业人格化,并倡导公共关系工作应进入企业最高管理层次。这一处理企业与公众关系的"公开管理原则",彻底改变了过去企业宣传愚弄公众、欺骗新闻界的传统,为日后公共关系的进一步发展奠定了良好的基础。《原则宣言》的提出,标志着公共关系进入了一个新的阶段,是现代公共关系真正的开端。正是由于艾维·李在公关理论和实践方面的卓越建树,他被认为是"现代公共关系学之父"。

☞ 资料连接 2-1

艾维·李的《原则宣言》(Declaration of Principles)

这不是一个秘密的新闻处,我们的全部工作都是开诚布公的,我们的目标是提供新闻。这不是一个广告公司,如果你认为我们送到你们企业办公室的文件资料有任何不准确的话,请不要用它。我们的文件资料务求准确。我们将尽快提供有关任何受到处理的主题的进一步细节,而且,任何主编在直接核对任何事实的陈述方面都将愉快地得到我们的帮助……简而言之,我们的计划是代表企业公司和公共机构坦率地并且公开地向美利坚合众国的新闻界和公众提供迅速和准确的信息,这些信息涉及公众感到值得和有兴趣知晓的有关主题。

(案例来源:[美]卡特里普.明安香,译.公共关系教程[M].北京:华夏出版社,2001)

艾维·李不仅首创了"公共关系"这一专门职业,而且也提出了"说真话"、"公众必须被告知"的命题,将"公共利益与诚实"带进了公共关系领域,使公共关系这门学科从简单问题的探讨上升为探求带有某些规律性的原则和方法,大大推动了这门学科的发展,使公共关系进入到了"单向传播式的公共关系阶段"。这一阶段是职业公共关系开创的时期,其主导思想是组织对公众必须坦率和公开,特点是组织为自身利益单向性地向社会公众传输信息。

(三) 发展时期——伯纳斯时期

艾维·李是现代公共关系的创始人,他的公共关系实践被认为是"只有艺术,无科学"。虽然他有丰富的公共关系实践经验,但没有提出系统而科学的公共关系理论。真正为公共关系奠定理论基础,使现代公共关系科学化的人是被称为现代公共关系先驱的美国著名公共关系学者爱德华·伯内斯内斯(Edward. L. Bernays)。

伯纳斯生于奥地利的维也纳,著名的精神分析学家西格蒙特·弗洛伊德的外甥,从小随父母移居美国。1912 年大学毕业后从事新闻工作,1913 年他被聘为福特汽车公司的公共关系部经理。在职期间,他推动了一系列员工福利和社会服务计划,开创了企业承担社会责任的先河。第一次世界大战期间,他参加了"美国公共资讯委员会",主要负责向国内外新闻媒体提供有关美国参战情况的背景和解释性材料的工作。

第一次世界大战后,伯纳斯开始致力于公共关系理论的研究,并于 1919 年和夫人在纽约开办了一家公共关系公司。1923 年,伯纳斯出版了被称为公共关系理论发展史上的"第一个里程碑"的专著《舆论明鉴》。在这本书里他首次提出并阐述了"公共关系咨询"这一概念,并提出了公共关系的原则、实务方法和职业道德守则等。同时,他将艾维·李的活动与 1897 年美国《铁路文献年鉴》中出现的"公共关系"一词结合起来,使这一词语具有了科学的含义,并在社会上流行开来。从此,公共关系正式从新闻领域分离出来,成为一门独立而又系统的管理科学。同年,美国纽约大学在教育界中首次开设公共关系课程,并聘请伯纳斯主讲,这标志着公共关系作为一门学科已经产生。1928 年,他出版了《舆论》一书,1952 年编纂了教材《公共关系学》,从理论上对 20 世纪上半叶美国的公共关系实践进行了概括和总结,使之成果化、学科化,从而使公共关系的原理和方法成为一个较为完整的体系。

伯纳斯公共关系思想的重要内容是:第一,公共关系的职责是既要向社会做宣传,又要向组织提供符合社会利益的政策。为此,他提出了从计划到反馈最后到重新评估等公共关系活动的八大程序。第二,他提出了"投公众所好"的主张,这也是该思想的核心。他认为,以公众为中心,了解公众的喜好,掌握公众对组织的期待、要求和态度,确定公众的价值观念应该是公共关系的基础工作,然后按照公众的意愿进行宣传工作,才能做好公共关系工作。因此,有些学者也把这一时期称为"投公众所好"时期,将这个时期的公共关系称为"双向沟通式的公共关系"。

伯纳斯在注重理论研究的同时,也积极把理论成果运用于实践。他的公共关系咨询公司,为政界、工商界及法律机构的领导人提供了大量的建议,成功地帮助了好几位美国总统和众多企业家塑造了形象。伯纳斯通过大量实践在理论上做出的贡献,使公共关系成为完整的学科。

伯纳斯的主要贡献在于,他把公共关系学理论从新闻传播领域中分离出来,并对公共关系的原理和方法进行较为系统的研究,使之系统化、完整化,最终成为一门独立完整的新兴学科,并对公共关系教育的发展做出了重要贡献,使公共关系活动职业化。爱德华·伯纳斯也成为公共关系历史上具有划时代意义的人物,被誉为"公共关系先驱者"。

案例 2-1

罗斯福"炉边谈话"公关活动

据史料记载,罗斯福总统在任期间,借助美国广播公司、哥伦比亚广播公司以及其他广播公司等大众传播媒介,做过 30 次"炉边谈话"。这些谈话,在内政方面涉及拯救金融和恢复工业等重大方针政策,在外交与军事方面涉及 20 世纪最大的人类战争——第二次世界大战。借助私营媒体表达政府观点这种方式,是从未拥有媒体控制权的美国政府与民众直接沟通的一个开创性做法。

1940 年 12 月 31 日,罗斯福总统明确向美国国会呼吁:在世界和平与自由受到严重威胁的时候,"我们的国家将成为我们人民曾经期待的那种国家民主的军火库"。这篇极为著名的讲话也是通过媒体,以"炉边谈话"的形式对全美民众发表的。对人类社会产生影响深远的著名的"四大自由"讲话,也是罗斯福总统在"炉边谈话"中向全美民众公布的。1941 年 5 月 27 日,罗斯福总统在白宫接待室装了扩音器的壁炉旁边,通过美国广播电台向全美民众表达他支持中国抗日和全球反抗侵略奴役的决心。他宣告说:"我们不会接受由希特勒主宰世界。我们也不会接受1920 年第一次世界大战后那样的地球……我们唯一能接受的世界是尊重言论自由、人人能够信奉自己宗教的自由,免于匮乏的自由和免于恐惧的自由。"

罗斯福的"炉边谈话"是这个民众言论极为自由、权力集团绝无话语霸权的国家所创造的一种政府与民众沟通的独特方式,也是政府在重大内政、外交战略方针的行为上寻求民众理解与合作的一种卓有成效的方式。

(资料来源:李泓欣,冀鸿,冯春华.公共关系理论与实务[M].北京:北京大学出版社,2011)

(四) 成熟时期——斯科特·卡特里普时期

1955 年 5 月,国际公共关系协会在伦敦成立。1992 年,该协会的会员已发展了五大洲 62 个国家 919 名会员。这标志着公共关系已经作为一门世界性的行业而独立存在。

20 世纪 50 年代以来，以萨姆·布莱克（Sam black）、斯科特·卡特里普（Scottn Cutlip）、阿伦·森特（Auen Center）、杰夫金斯（Jefkins）和格鲁尼格（Gruning）等代表的一大批公共关系大师在理论和实践上把公共关系推向了一个全新的现代发展时期。而其中，美国著名学者斯科特·卡特里普和阿伦·森特做出了尤为重要的贡献。

1952 年，他们合作出版了一本公共关系学方面的权威著作——《有效的公共关系》。在这本书中，他们提出了"双向对称"的公关模式和"四步工作法"。这种双向对称的公关模式比伯纳斯的思想又进了一步，因为它把公共关系看成了组织与公众之间的一个互动的过程，这才是现代公共关系的真正本质。它强调公共关系的最终目的是要在组织与公众之间建立一种和谐而良好的关系。因此，一方面必须把组织的想法和信息传播给公众，另一方面又必须把公众的想法和信息反馈给组织。只有这样，一个组织才能求得双向沟通和对称平衡的最佳生存发展环境。四步工作法是指公共关系活动的一般程序和过程，包括公关调查、公关策划、公关实施和公关评估。它已经成为公共关系工作中最重要的工作流程。至此，现代公共关系学的理论框架基本构成，进入了它的成熟阶段。此后，公共关系的技巧虽然不断发展，但体系基本稳定下来。卡特里普和他的学生们，根据全世界公共关系的发展，不断对此书进行修订，使之成为公共关系领域最具权威性的教科书，被誉为"公共关系学的圣经"。至此，公共关系正式进入学科化阶段。

现代公共关系理论与传统的公共关系理论的区别主要考虑两个方面：一是把公共关系看做封闭系统还是开放系统，二是把公共关系看做一种"工作"，还是一种"职能"。传统的公共关系理论认为，公共关系无论其科学发展的理论深度如何，在公共关系实践中，它都是作为"一项具体工作"表现出来的，这类工作只注重将有关组织的信息扩散到组织环境中，而忽视将有关环境的信息传递给组织。这种理论实质上是把公共关系的组织系统看成是"封闭系统"。而现代公共关系首先是作为一种职能出现，它要求以"开放系统"的思想方法去分析公共关系，即组织与公众关系的维持建立在"产出—反馈—调整"各个环节相互作用的基础上。因此，双向对称的公共关系模式表明，沟通是双向的，而且信息交流改变着组织和公众关系的双方。

"双向对称"的公关模式的提出，把公共关系实践活动的本质予以理论抽象，并将公共关系理论的知识体系发展到战略性的高度，使公共关系在很大程度上达到了专业水平。因此，该时期又被称为"双向对称"时期。双向对称式的公共关系是当代公共关系发展的高级阶段，它强调"双向沟通、双向平衡、公众参与"。

(五) 公共关系在不同时期的对比

现代公共关系从无到有,经历了一系列变化。在这段发展历程中,公共关系在不同阶段表现出了不同的姿态,下面我们将分别比较:

表 2-1　现代公共关系发展过程

类型	时期	代表人物	主导思想
单向吹嘘式公关	职业公关的萌芽	费尼斯·巴纳姆	公众要被愚弄
单向传播式公关	职业公关的产生	艾维·李	公众要被告知
双向沟通式公关	公关从艺术走向科学	爱德华·伯纳斯	投公众之所好
双向对称式公关	公关发展的高级阶段	斯科特·卡特里普	公众可以参与决策

1. 各种公共关系对公众的态度不同

在单向吹嘘式的公共关系中,认为公众要被愚弄,凡是宣传皆是好事。单向传播式的公共关系则发展到要求公众要被告知。双向沟通式的公共关系中的公众地位得到了更大的提升,坚持要投公众之所好,公众占据了有利位置。双向对称式的公共关系进而提出"公众意愿可以参与到决策中来",公众拥有更多的权利。

2. 各种公共关系的原则不同

单向吹嘘式的公共关系坚持"凡是宣传皆好事",根本不顾公众的利益。单向传播式的公共关系坚持"事实公开"、"讲真话"的原则,增加公众对组织的信任感。双向沟通式的公共关系坚持让组织了解公众,也让公众了解组织,"增加双方的透明度"。双向对称式的公共关系坚持组织与公众双方在目的、利益和传播上要双向对称、双向平衡。

3. 各种公共关系所采取的方法不同

单向吹嘘式的公共关系采用的方法是编造"神话"、制造新闻,以此来欺骗公众。单向传播式的公共关系采取的是向公众提供准确而有价值的信息的方法。双向沟通式的公共关系采取的是调查研究、双向传播的方法。双向对称式的公共关系采取的是监测—发布—反馈—调适—双向平衡的方法。

4. 各种公共关系所要达到的目的不同

单向吹嘘式的公共关系目的是为了扩大自身影响而玩弄公众。单向传播式的公共关系目的是寻求公众的理解、认同与接纳。双向沟通式的公共关系是为了赢得公众的支持而取悦公众。双向对称式的公共关系是为了双方的利益,和谐拓展。

二、现代公共关系在世界的发展

20 世纪 30 年代,尤其是第二次世界大战期间及战后,公共关系受到了人们普遍的关注,公共关系的发展达到了一个新的高潮。1955 年,国际公共关系协会在英国伦敦正式成立,由来自欧、美、亚、非各大洲的 20 多个国家和地区的第一批会员组成。这标志着公共关系已经作为一门世界性的行业而独立存在。

(一) 美国公共关系的发展

美国是现代公共关系的诞生地,也是公共关系发展的中心。20 世纪 30 年代以后,公共关系在美国获得了高速发展。可以说,在现代的美国,任何一个组织离开了公共关系都将寸步难行。美国公共关系的新发展具体表现为以下几个方面:

1. 公共关系教育逐渐普及

1937 年,美国公共关系协会的创始人之一雷克斯·哈罗在斯坦福大学开设公共关系专业课程,首次比较系统地讲授公共关系学。据《有效公共关系》介绍,1946年,被调查的 59 个主要高等院校中有 30 个开设了公共关系课程。10 年后,美国公共关系协会调查结果表明,开设公共关系课程的学院增加了 3 倍,653 个学院与公共关系协会保持联系。

1947 年,波士顿大学开办公共关系学院,并设立公共关系硕士和博士学位,公共关系学作为一门正式学科登上大学讲坛。1956 年,全美公共关系教育委员会设立了公共关系教育与研究基金。一年后,美国公共关系协会又成立教育咨询委员会。这些都成为推动建立学术团体、支持公共关系教育与学术研究、促进公共关系领域朝着专业化发展的重要力量。1978 年,美国已有 292 所大学开设公共关系专业。其中 10 所大学设博士学位,23 所设硕士学位,93 所设学士学位。到 20 世纪90 年代初,美国开设公共关系课程的高校增至 400 所以上。公共关系教育目前注重理论研究与具体实践活动的结合,强调公共关系的可操作性,如公关谈判、公关策划、危机公关等。

2. 各种公共关系协会纷纷成立

1948 年,由美国公共关系理事会与国家公共关系顾问协会合并成立了全美最大的公共关系人员组织——美国公共关系协会(PRSA),哈罗博士出任第一届主席。截至 2007 年底,该会已拥有 2 万名会员,有 116 个地方分支机构。PRSA 的目的是促进美国公共关系事业的发展。1954 年,PRSA 制定了《公共关系人员职责规范守则》作为维护公共关系信誉和职业道德的“行业法律”。1968 年,美国公共关系国家理事会(NCPR)成立。1976 年,人类沟通委员会(NCCHS)与美国公共关系协会合并,成立了世界上最大的职业公共关系组织。除了全国性的综合协会外,美国还出现不少全国性的专业协会,如美国公共关系学生会、农业关系协会、美国医院公共关系协会、银行业务协会、国家卫生福利事业公共关系协会、铁路公共关系协会、宗教团体公共关系协会等。

3. 公共关系职业化程度越来越高

由于美国的公共关系已经在各行各业中显示出神奇的功效,因而逐渐从行业、管理与行政职能中逐步分化出来,成为一种独立而热门的职业。1937 年,美国共有公共关系人员 5000 人。到 2007 年,美国公共关系从业人员已超过 30 万人。公共关系公司也从 1937 年的 250 家,发展到 1985 年的 2000 多家。1937 年,全美大企业中只有 20%设立了公共关系部或者外聘公共关系顾问,1960 年提高到 75%,1985 年达到 85%。公共关系活动已经深入到美国社会绝大部分领域。

(二) 欧洲公共关系的发展

20 世纪 20 年代以后,公共关系传入欧洲。但是由于受到经济上的垄断和传统经营管理思想的阻碍,公共关系活动在欧洲发展缓慢。很长一段时间里,欧洲的新闻界对公关抱怀疑态度,他们认为公关活动是欺骗报刊、诈取免费广告的伎俩。许多报刊拒绝在报道中提及企业的名称,广告购买上有很多限制。但是,随着美国公共关系实践的成功,逐渐打破了欧洲各国的偏见。欧洲企业界和新闻界态度的转变使欧洲的公共关系事业在 20 世纪 40 年代迅速发展起来。

1924 年,被称为"政府公共关系部的原型"的英国交易局开始利用大规模宣传来促进贸易。1926 年,英国成立了第一个正式的官方公共关系机构——"皇家营销部"。为弥补经济萧条的重大损失,皇家营销部竭尽全力组织了一场声势浩大的公关活动,支持首相"买英国货"的号召,这次大规模的成功的公共关系活动,使人们认识到公共关系能创造社会价值与经济价值。但公共关系在英国真正得到推广,则是在 1948 年英国公共关系协会成立(IPR)之后。该协会在伦敦成立,现已发展成为欧洲最大的职业公共关系组织,拥有来自世界 50 多个国家和地区的 2500 多名会员。

1946 年,公共关系在法国迅速普及。法国人民在经济重建中认识到,企业离开封闭的"象牙之塔",走向社会和公众敞开的"玻璃之屋",建设现代开明的企业,既能收到良好的经济效益,又能在社会中树立良好的形象。为了适应企业与社会之间的新变化,许多企业积极开展多方面的公共关系工作,例如,向社会公众开放工厂,注意加强社区联系等。法国在发展公共关系时,就将公共关系视为一门科学,并在大专院校设立公共关系专业,培养高素质的公共关系人才。1955 年,法国公共关系协会成立。自此,现代公共关系在法国得到迅速发展。

与此同时,挪威、意大利、比利时、瑞典、芬兰、联邦法国等国家也纷纷成立了公共关系协会。到 20 世纪 70 年代中期,各种公共关系机构在英国约有 5400 个,法国约有 2000 个,联邦德国约有 1000 个,意大利约有 850 个。此外,英、法、意等国也都先后设置公共关系的高等教育课程或专业。1959 年,在比利时成立了由比利时、英国、希腊、荷兰、联邦德国参与的欧洲公共关系联盟(CEPR)。它是目前欧洲公共关系组织的中心,已拥有 142 个以上的集体会员和数百名个人会员。

(三) 亚洲公共关系的发展

公共关系传入亚洲是从日本开始的。1931 年,日本出兵侵占中国的东北三省,受到世界各国的谴责而退出国际联盟。日本为争取国际舆论支持派人四处宣传,为其侵略行径开脱。但是派往美国活动的是外务省的三等秘书福岛圣太郎。在旧金山,福岛希望美国最大的广告公司汤逊公司及两家最好的公司能帮助日本宣传,但都遭到拒绝。最后,此时由一家叫高尔德的公司承接,并代为制定公共关系计划。福岛电告日本国内 PR 计划实现。自此,"Public Relations"一词在日本传开。日本在国内正式推行公共关系管理是在第二次世界大战之后。日本在驻日美军总部的建议下,开始在军中设立"广报科",宣传美国的政治。同时,民间企业也设置公共关系机构。随后,日本电通广告公司首任公共关系部长田中宽次郎搜集了有关公共关系的资料加以研究,把公共关系灵活运用于广告宣传,从而成为日本最早推广公共关系的人。1950 年,由共同社开办"广告大学讲座",系统地介绍公共关系学知识,聘请公共关系专家到日本指导工作。公共关系作为一种独立的行业在日本发展起来,是在 1957 年以后。当时,日本企业兴起了海外贸易的热潮,企业的经营管理人员认识到公共关系在争取公众支持公司工作和接受产品方面的作用。于是,由日本人自己开办的公共关系公司陆续诞生。日本的电通公司于 1957 年成立了日本首家的公共关系公司。日本国际公共关系公司与世界 38 个国家的公共关系组织保持联络,并在纽约、巴黎设立办事处。1964 年,日本成立了公共关系协会。许多学者认为,战后由美国引入日本的公共关系,是促使日本经济快速发展的一个重要因素。

19 世纪 50 年代初,中国香港政府设立了公共关系部,一些企业也纷纷效仿,使公共关系成为政府、企业经营过程中的重要管理方式。20 世纪 50 年代末 60 年代初,中国台湾全面推行公共关系管理,各级县政府建立公共关系部,并通过了《公共关系管理规则》。20 世纪 80 年代,中国大陆也引进了公共关系管理。

(四) 国际性公共关系组织的成立

国际公共关系协会(IPRA)是目前唯一的世界性的国际公关组织,是联合国教科文组织的二级咨询机构。1950 年,英国、法国、美国、挪威等国的公关代表在荷兰召开会议,决定组建临时性的国际公共关系委员会,每年定期在伦敦开会。1955 年,在伦敦正式成立国际公共关系协会。当时只有来自 16 个国家的数百名公共关系专家参加了协会。目前,国际公共关系协会共有 100 多个成员国,中国是 20 世纪 80 年代末加入该协会的。国际公共关系协会在 1961 年和 1965 年的世界大会上分别制定并通过了《国际公共关系行为规则》、《国际公共关系协会世界大会行为规则》,指导着各国和会员的公共关系活动。此外,国际公共关系协会设立"金纸奖"和"总统奖",出版了不定期的《国际公共关系协会通讯》和季刊《国际公共关系协会评论》。该协会在世界各地积极开展工作,为世界公共关系事业的发展做出了巨大的贡献。

1959 年,泛美公共关系联盟在墨西哥城成立,美国和大多数的拉丁美洲国家的代表出席了大会。1966 年,泛美公共关系协会在南美洲成立,其成员是来自南美各个国家的公共关系组织。

1967 年,印度、菲律宾、韩国、新加坡和我国的香港、台湾地区建立了泛亚公共关系协会。1967 年,泛亚太平洋地区公共关系联盟于夏威夷的檀香山成立。这个联盟拥有来自澳大利亚、中国台湾、印度、日本、新西兰、菲律宾等国家和地区的公关组织和来自夏威夷、中国香港、印度尼西亚、韩国、新加坡、泰国、澳大利亚、中国台湾、印度、日本、新西兰、菲律宾等国家和地区的会员。

1975 年,非洲公共关系协会联盟成立,成员来自埃及、肯尼亚、尼日利亚、赞比亚、加纳和南非等国的公共关系组织。同年,在国际公共关系协会的赞助下,在肯尼亚首都内罗毕举行了第一届全非公共关系工作会议。至此,全球的公共关系事业已蔚为大观。

第三节　公共关系在中国

一、公共关系在我国兴起和发展的历史必然性

20 世纪 60 年代,香港和台湾地区引进了现代公共关系思想和公共关系实践,开启了公共关系进入中国的历程。到 20 世纪 80 年代初,中国大陆实行对外开放政策,公共关系作为一种新的经营管理思想和技术全方位落户中国。党的十一届三中全会以后,我国进入了社会主义现代化建设的新时期,经济工作成为一切工作的中心,实行改革开放、发展市场经济需要公共关系,而市场经济的发展、改革开放的深入进行,也为公共关系的兴起和发展提供了充分的条件和必要的保证。所以,公共关系在我国各地兴起是有其历史必然性的。

(一) 实行改革开放政策的需要

党的十一届三中全会上,提出了党在社会主义初级阶段必须坚持的基本路线,改革开放成为党的基本路线的重要组成部分。这为公共关系在我国的传播和发展提供了可能,各方面的改革开放都迫切需要公共关系的参与。

在经济体制改革方面,企业要转变经营机制,改善管理,增强活力,提高效益,需要公共关系的协调。在政治体制改革方面,需要引进公共关系帮助正确处理和

协调各种不同的社会关系，化解矛盾，促进合作，加强监督，减少失误，改善党群关系，促进安定团结。

(二) 发展社会主义市场经济的需要

改革开放使企业开始参与市场经济的竞争，有了更大的自主权。《企业法》生效后，企业作为一个独立的经济实体、一个开放系统，丧失了原有的简单的生存条件，面临着巨大的挑战：企业再也不能仅仅为完成国家计划而生产，而要为满足消费者的需要而生产；企业再也不能单纯地根据上级的指示进行决策，而要根据瞬息万变的市场信息，根据消费者的需求和愿望来进行决策；企业再也不能只是坐等国家计划调拨的原材料，也再不能依赖于国家的所谓统购统销来推销自己的产品，而要靠自己去开拓原材料和产品的供销渠道与市场营销网络；企业再也不能继续摆官商的架子，而要通过营销、广告、宣传以及各种社会活动来与公众保持广泛的联系。因此，企业必须协调好与内部公众、消费者、供应商、股东、协作者、政府部门、宣传媒介、社会环境、竞争对手等一系列群体的复杂关系，所有的这一切都需要公共关系。

同时，企业还必须面对全方位的竞争。在市场经济下，企业不仅要进行产品的质优价廉这一基本竞争，而且还要面临售后服务、企业与产品的知名度、美誉度、品牌、形象、CIS战略等一系列无形资产的较量和一系列的"软竞争"。如果企业没有进行公共关系活动，这场竞争就输在了起跑线上。

随着社会主义市场经济的建立，"卖方市场"朝着"买方市场"转变，都给公共关系带来无限生机与活力。

(三) 建设社会主义精神文明的需要

随着科技和信息技术的发展，公共关系通过报纸、电视等舆论方式迅速传播开来，这为全方位建设我国社会主义精神文明发挥了重要作用。

首先，通过公共关系调整心态，优化社会环境，扭转社会风气，推动社会组织，尊重社会整体利益，做到经济效益与社会效益一致，处理好组织内部与外部的关系、组织发展与生态平衡的关系，赞助社会上有关的文化、教育、福利事业，倡导新型的人际关系，遵纪守法，尊重公德。

其次，公共关系还有一个重要的作用，就是要参与遏制腐败的斗争。党和政府正在加强党风建设和廉政建设，反腐倡廉，应通过公共关系功能，加强舆论监督，揭丑曝光，惩恶扬善，净化灵魂，净化社会，维护社会发展的正常秩序。

(四) 进行国际交流与合作的需要

当今世界，任何一个国家都已不能孤立地存在，处于封闭状态。中国实行改革开放以来，国际间的交往、交流、合作日渐增多，市场经济的进一步发展，与国际市场接轨,将增加这种交往、交流与合作。改革开放使我国与国外的文化、思想、科技、学术交流与日俱增,国人大开眼界。人们真正看到,在这个"地球村"生存的不同文化的人越来越分不开了。借助开展公共关系活动可以加强国际间的交往,了解国际上的信息,改善我国的投资环境,增强竞争实力,促进我国的社会与经济发展与繁荣。

二、现代公共关系在中国的发展历程

20世纪80年代初,中国大陆实行对外开放政策,公共关系作为一种经营管理方法和一门学科步入中国大地,在理论上被认可,在实践中被加以系统运用,并呈现出由南向北、由东向西,由服务行业向工业企业,由外资企业向国有企业,由企业组织向政府组织逐步发展的格局。现代公共关系在中国的发展主要分为以下三个阶段。

(一) 导入时期:20世纪80年代

20世纪80年代初,随着改革开放的进行,中国在引进资金、技术的同时也引进了先进的管理经验。公共关系作为一种理论和职业,开始引起了中国人的广泛关注。这个时期的公共关系的特征可以概括为:改革开放后经济特区的设立为公共关系的引进铺平了道路;公共关系随西方管理经验首先进入合资企业;大陆掀起了学习公关知识的热潮;国营企业纷纷设立公共关系部门;国际公关公司随跨国公司进入中国市场;公共关系协会相继成立;专业媒体产生。

1980年,我国设立了深圳、珠海、汕头3个经济特区。后来,又设立了厦门经济特区,开放了沿海14个城市。一些中外合资企业和外商独资企业开始按照西方资本主义国家的管理模式,设立了公共关系部,引来了现代公关之风。从此,"公共关系"这个新鲜名词随着改革开放的大潮,从沿海向内地流传。

1980年,与香港企业合资的深圳蛇口华森建筑设计顾问公司率先成立我国第一个公共关系性质的专业公司,它主要是适应特区建设的需要,提供经验与技术。1982年,深圳竹园宾馆成立公共关系部,开展以招徕顾客、扩大影响的服务性公共关系活动。1983年,中外合资的北京长城饭店成立公共关系部,并因成功策划接待当时的美国总统里根访华而名扬海内外。1984年,广州中国大酒店等宾馆、酒家和服务部门设立公共关系部。后来,广东电视台以宾馆、酒楼的公共关系活动为题材,拍摄了中国第一部反映公共关系理论与实践的电视连续剧《公关小姐》,使公共关系为亿万中国人所知晓。

1984年8月,广州白云山制药厂率先成立了国内第一家工业企业的公共关系部,并决定每年拨出总产值1%的资金作为公共关系专项费用,主要用于"信誉投资"、用于社会、服务于体育赞助。公关人员通过举办"文化沙龙"等活动,在调节领导者与员工、员工与员工之间的关系,增强企业凝聚力等方面取得了突出成绩。此举引起了社会各界的关注,它不仅带动了一大批国有企业设立公关部,而且促使人们了解公关、学习公关、增强公关意识。1984 年底,《经济日报》第一版发表了长篇通讯《如虎添翼——记广州白云山制药厂的公共关系工作》,并发表了《认真研究社会主义公共关系》的社论,对公共关系的引进和发展阐述了原则性的看法和指导性的意见。这标志着现代公共关系在中国已得到确立,并由此揭开了国内公共关系研究与著述的序幕。1986 年 11 月,中国社科院编著的《塑造形象的艺术——公共关系学概论》正式出版;同年 12 月,王乐夫、廖为建等人的公共关系专著问世。弗兰卡·杰夫金斯著《公共关系》、斯科特·卡特里普等著《有效公共关系》等国外公共关系著作在中国内地翻译出版。据不完全统计,在这一时期,公共关系专著、译著、教材公开出版发行近 100 部。

⇨ 案 例 2-2

白云山制药厂的早期公关

1984 年,广州的白云山制药厂,一家国有大型企业率先挂出了国内第一块国有企业公共关系部的招牌,并注资 120 万元,开展公共关系活动。实际上在 1983 年,广州的白云山制药厂已拨出年产值 1% 作为"信誉投资"。这是一个敢为人先的大手笔。在世界范围内,人们认为的卓越公共关系管理的"信誉投资"也就是 0.8% 的概念。随后,白云制药厂一发不可收,举办了广州"白云杯"城市国际足球邀请赛,广州歌舞团也收为白云麾下。白云制药厂的声名也随着足球队和歌舞团的南征北战而威名远扬。1984 年 12 月 26 日《经济日报》刊载了题为《如虎添翼》的长篇通讯,报道了白云山制药厂的公共关系工作,并编发了"认真研究社会主义公共关系"的社论。接着《文汇报》、《北京日报》、《世界经济导报》、《广州日报》等 35 家报纸杂志先后载文报道或评论公共关系,阐述评析了公共关系在中国兴起发展的必然性和必要性。

(案例来源:何春晖.中国公关的回顾与瞻望,http://academic. mediachina. net/article. php? id=893)

在这期间,我国公共关系学科化也迈出了新的步伐。1985 年,深圳总工会举办全国第一期公关培训班,普及公关知识,培训公关人才。同年 5 月,中山大学成立了国内第一个公共关系研究会。8 月,第一个官方机构——珠海市应用传播研究所成立,并设立分支机构,专门研究公关工作。9 月,深圳大学首先设立了公共关系专业,开设公关的必修与选修课程。此后,中山大学、复旦大学、南京大学、兰州大学等百余所大学相继开设了公共关系课程,创办了部分专科公关专业。1987 年 2 月,原国家教委提出在经济、管理、旅游等类本、专科专业开设公共关系课。

1989 年 12 月,由中山大学、复旦大学、深圳大学和兰州大学等发起的第一届全国高校公关教学研讨会在深圳召开,有来自 23 个省市自治区的 47 所学校代表出席。这次会议对此后的公共关系事业,尤其是公共关系教育的发展都具有重要意义。

同时,我国公共关系事业的发展很快引起了国外一些跨国公共关系公司的注意。1984 年 10 月,世界第二大公关公司——希尔诺顿公司在北京设立办事处,成为第一家进入中国市场的外国公关公司。紧随其后,美国的博雅、阿尔纽萨姆等公关公司也在北京设立办事处,开展公关咨询和代理业务。1985 年,美国最大的国际性公关公司——伟达公司也在北京设立了办事处,而美国博雅公司则与新华社下属的中国新闻发展公司合作,在 1986 年成立了我国内地第一家专业公关企业——中国环球公关公司。"环球"的宗旨是:"为国内的企业、社会团体和本公司树立良好的形象,为振兴我国经济服务。"公司成立以来,为国内 100 多个企业团体和政府机构提供了服务。

随着各种公关公司的成立和公共关系理论的发展,各级公共关系协会纷纷成立,形成几乎覆盖全国的组织网络。1986 年 1 月,在著名经济学家于光远的呼吁下,我国第一个公共关系民间团体——广州地区公共关系俱乐部成立。同年 11 月,上海成立了全国第一家省级公共关系协会。1987 年 5 月,在全国许多省市已建立公共关系协会的基础上,全国性的中国公共关系协会在北京成立。从 1988 年起,全国公共关系组织联席会议相继在杭州、西安、广州等地召开,讨论了公共关系发展的方向和问题,并通过了《中国公共关系职业道德准则(草案)》,对我国的公关组织和公关人员进行了职业约束。

同时,各类杂志报纸等专业媒体也兴起了。1988 年 1 月,我国第一家公共关系专业报纸——《公共关系报》在杭州创刊。随后,青岛又一份专业报纸——《公共关系导报》问世。1989 年 1 月,全国第一份向国内外公开发行的公共关系杂志——《公共关系》在西安创刊。

这个时期的公共关系主要是把国外的公共关系运作模式、运作程序、管理经验及具体做法引入我国。在第一次"公共关系潮"时期,虽然仍有机械模仿、层次较低、鱼龙混杂等情况,但在理论上和实践上的"百家争鸣、百花齐放"的局面,却为下一时期的公共关系的发展打下了较好的基础。

(二) 迅速发展时期:20 世纪 90 年代初至中期

1989 年后,我国经济进入治理整顿阶段,克服经济过热带来的一些问题。伴随着经济一起发展的公共关系事业,也在"一阵热"以后冷静下来。公共关系的发展要求人们进行分析总结,提出发展的新对策。这一阶段的公共关系主要特征是:公关服务市场开始形成,公关顾问实务引进并得到实践;市场经济体制逐渐确立,为中国市场注入了活力;大批国际公关公司进入中国市场;IT 业迅猛发展,第一代公关顾问职业人诞生。

公共关系作为来自国外的、并与市场经济紧密结合的新鲜事物，总是被人们怀有某种疑虑。而它在实践过程中出现的某些问题和偏差，更是引来了一些人的误解，有人甚至将之与自由化和不正之风联系起来。因此，为公共关系"正名"，使人们走出对公共关系认识的误区是十分重要的。1990年，中国公共关系协会在河北新城召开了全国第一届公共关系理论研讨会，围绕"公共关系与社会发展"的主题，鲜明地提出要着重研究符合中国国情的公共关系模式。1991年4月，中国国际公共关系协会成立，促进了中国公共关系的国际化，推动了国内公共关系事业的进一步发展。1991年5月，中国公共关系协会在北京召开全国公共关系工作会议，对我国改革开放以来的公共关系工作进行了全面的总结。党和国家领导人李瑞环、薄一波同志在贺词中充分肯定了我国公共关系事业取得的成绩，明确指出了公共关系事业的发展方向和根本任务。这在当时是对公关事业的一个巨大推动。1991年和1992年，中国公共关系协会在上海、福建分别以"公共关系与改革开放"、"公共关系与经济建设"为主题，召开了第二届、第三届全国公共关系理论研讨会，深入探讨和研究中国特色的社会主义公共关系理论。期间，在武汉召开的第四届全国省、市公共关系组织联席会议，正式通过了《中国公共关系职业道德标准》。

在这段时期，公关的队伍和组织都迅速增长。在上世纪90年代前期，有更多的社会组织新建或扩充原有的公关机构，全国各大中城市都涌现出许多不同类型的公关策划、咨询公司等专业化经营实体。据不完全统计，到90年代中期，国内各类公关从业人员已超过10万人。同时，公共关系协会、学会等各级各类组织也更广泛地建立起来。在该时期，公关队伍和组织不仅规模扩大、数量增多，而且在专业素质上也有了一定的改善，一些受过高等教育的专业人才加盟其中，比较多的从业者也分别接受了各种不同形式的专业培训。这使得各地的公关工作水平都有了一定的提高。

1992年初，邓小平的"南方讲话"发表以后，再次引发了公共关系热潮。各种类型的组织通过不同的形式开展公共关系活动，赞助体育、教育、文化和社会福利事业等成为企业公关的热点。与此同时，我国公共关系的教育也得到了空前的发展。1993年，财政部所属的中南财经大学经主管部门批准，在全国第一个开设以"公共关系"命名的本科专业。次年，教育部委托中山大学开展公共关系本科招生试点，同时开始招收公共关系方向的研究生。这填补了中国大陆公关专业本科和硕士研究生学历的空白。自1985年深圳大学设立第一个公共关系专业以来，我国开设公共关系课程的高校已超过300所，有20多所学校开办了公关专科教育。一些地方还办起了公关学院、公关职业学校等。各地的公关专业培训班也日趋规范，并开设了一些较高层次的专题研究班，取得了明显的效果。

在公共关系理论和实务研究方面,在各大协会和杂志等的推进下也取得了不小的成果。1993年8月,中国大陆最大一部公关著作,550万字的《中国公共关系大辞典》出版。这期间,《当代国际公关》、《中国优秀公共关系案例选评》、《危机公关》等一批海内外专业公关书籍陆续出版发行。据不完全统计,到90年代中期,国内已出版公共关系专著、教材、译著、论文集和工具书等近400种。此外,各地创办的《公共关系报》、《公共关系》等20多种专业报刊,既为专家学者们交流工作经验、发表研究成果提供了园地,又面向社会公众广泛传播和普及公关知识。同时,由各协会和杂志推出的各种公共关系实务案例大赛和研讨会也逐渐的火热。1991年1月,由中国公关协会、北京公关协会、深圳大学大众传播系、《公共关系》杂志、《公共关系导报》、《北京公关报》、《公共关系报》联合举办"中国十大杰出企业公关评优活动",树立了一些成功的典型,总结出一批行之有效的经验。1993年11月,由中国国际公共关系协会主办的"首届中国最佳公共关系案例大赛"举行,由此开始了每两年一届的中国最佳公共关系案例大赛。1994年9月,中国国际公共关系协会与中国环球公关公司合作举办了"中国公共关系市场高级研讨会"。1996年,首届中国国际公共关系大会在北京举行,由此开始了每两年一次的全国性最具权威、最具规模的行业交流活动。

总之,该时期的公共关系事业无论是在深度还是在广度上,都有了较大的发展,其进步是明显的,成就是巨大的。

(三) 成熟稳定发展时期:20世纪90年代中后期至今

20世纪90年代中后期,随着买方市场的形成和市场竞争的加剧,公共关系的作用越来越明显,这就亟需对公共关系进行社会认可,并规范相应的发展。这一阶段的公关主要特征是:中国公关市场逐渐向职业化、专业化、规范化发展;公共关系职业得到政府认可。

其中,公共关系这一行业在得到规范发展,并受到社会和政府的认可的主要标志性事件有如下:

1997年11月,全国公关职业审定委员会在北京宣告成立,开始了中国公关从业人员的职业标准论证工作。

1997年12月,首次进行了年度中国公关业行业调查,采用问卷调查和访谈调查相结合的手段,对北京、上海、广州三地市场进行样本抽样调查,以获取行业发展基本数据。1998年12月,"中国公共关系业工作会议"召开,并发布1998年度中国公关业调查报告。这一会议此后每年2月或3月举办一次,成为中国公关业的年度行业工作会议。根据2010年度的中国公共关系业调查报告显示,整个市场的年营业规模约为210亿元人民币左右,汽车、IT、快速消费、医疗保健和金融位列2010年度公共关系服务市场的前五位,市场份额分别为24.3%、16.2%、14.8%、

8.3%和4.1%。

1999年1月,国家劳动和社会保障部批准成立国家职业资格工作委员会公关专业委员会,制定公关员职业标准并编撰职业资格培训教材,推动全国公共关系人员的职业资格认证工作;同年5月,"公关员"作为一种新兴职业正式列入《国家职业分类大典》,标志着经过近20年的发展,公共关系职业终于获得了社会的认可。

2000年12月3日,我国在全国范围内开始推广公共关系人员上岗资格考试,公关员与律师、会计师、医师一样,走上了职业化和专业化的道路。

2001年,中国国际公共关系协会开始起草并制定《会员行为准则》,2002年12月6日经协会第三次会员代表大会审议通过,并于2003年1月1日起正式实施。这一准则原则性地规定了公共关系从业人员的行为规范,成为中国首部较为完善并付诸实施的职业行为准则。

2002年12月,中国国际公共关系协会第三届理事会成立,提出全面推动中国公共关系业的职业化、专业化、规范化发展,将向行业组织迈进并建立中国公共关系行业作为自己的奋斗目标和使命。

2003年,中国国际公共关系协会宣布,把每年的12月20日定为"中国公关节"。

2004年6月,由中国国际公共关系协会公关公司工作委员会起草的《公关咨询业服务规范》(指导意见)正式颁布实施。它的颁布预示着中国的公关顾问业有了行业服务标准,对于规范公关服务市场和从业人员行为以及促进行业的持续、健康发展具有重大的历史意义。

2005年底,深圳市政府办公厅成立公共关系处,这是中国大陆政府部门第一个专门的公共关系部门。

2007年初,《中国公共关系发展报告(2005-2006)》(即中国公关蓝皮书)正式出版,这是中国大陆第一本公共关系年鉴类专著。

在公共关系实务方面,工商企业界以新颖的构思、高超的策划手法谱写了一个又一个成功的公共关系事例。目前,我国已基本形成了较完整的公共关系理论体系和一套公共关系实务运作规范,特别是近百家公共关系咨询公司的有序发展,更意味着我国公共关系已步入了正常化发展的轨道。在新时期,中国公关业进行了一场大洗牌,许多有名无实的公关公司纷纷消失,而少数真正有实力的中外公关公司发展势头强劲,吸引更多的中外企业成为自己的稳定客户。那些老牌的外资公关公司,凭借自己雄厚的实力和丰富的经验,在中国市场的业务量稳步增长。如博雅公关已在北京、上海、广州成立了分公司,为客户提供公共关系、数字和社交媒体、公共事务和政府关系等方面的服务。2011年8月,博雅公关又在深圳设立了办事处,为公司提供市场调研和业务联络。而在京、沪、深等发达地区,一批专业的中国本土公关咨询服务公司也表现出良好的发展势头。2003 年,嘉利公关顾问公司收购博能公关公司,中国本土第一公共关系并购案诞生。

在公共关系人才培养方面,中国的公共关系教育已经走向正规化、系统化、多层次化,形成了从中专、大专(高职)、本科到硕士、博士的规范的学历教育,与证书教育并行发展的格局。有高层次的"公关"学士和研究公共关系方向的硕士、博士、博士后,也有培养公共关系专业人员的自学考试、夜大、电大培训等形式;有公共关系专职培训、资格证书培训,也有内部厂长、经理、党政干部与公共关系师培训。目前,中国已有 1000 多所高校开设公共关系课,几十所高校开设公共关系专业。

中国公共关系走过了 30 年的风风雨雨,有过成功,也有过低潮,还存在着一些问题和不足,但这 30 年,中国公共关系得到了迅速的发展,成绩斐然,无论是理论研究、公共关系实务,还是公共关系教育,都令世界刮目相看。随着 21 世纪我国经济的快速发展,特别是随着我国加入 WTO 和经济体制改革的深化,中国公共关系事业会以稳健的步伐向专业化、学科化、规范化、国际化的方向迈进,公共关系在我国必将进入一个更高的发展阶段,并为我国的经济发展、社会进步,尤其是和谐社会建设,做出自己的积极贡献。

第四节　现代公共关系的发展趋势

纵观公共关系的发展历程及全球的经济、政治、文化、环境、技术的发展,21 世纪的公共关系将是激动人心的,其发展趋势主要表现为以下五个方面。

一、公共关系活动范围的全球化

早期的公共关系活动主要存在于企业等社会组织中,随着全球化浪潮的推进,公共关系活动的范围在扩大,公共关系工作领域在拓展,公共关系的地位因社会需要而得到提升。20 世纪 90 年代以后,信息革命和信息经济的大潮加速了全球化的进程。而市场经济的全球化和信息传播的全球化,是全球化时代的重要标志。跨国公司在经济全球化的趋势下,不断地扩张,并形成了国际市场。跨国公司的发展是经济活动全球化的主要推动力量和活动条件。目前,世界上的大公司都相继成了跨国公司,它们在某一个国家名义上的基地所占的资产和利润率已越来越少。它们将数以万计的产品分布在全球各个国家和地区生产和销售,它构建的公共关系已成为跨国并实施全球化的公共关系。同时,如国际公共关系协会、欧洲公共关系协会等国际性的公共关系组织不断地建立和扩张。这些都是公共关系范围全球化趋势的重要促进因素。

除了企业公关以外,越来越多的政府机构也开始意识到公共关系的重要性。

各国政府为适应这一形势需要,都加强了政府管理体制改革,正试图从原来的统治者、控制者向协调者、服务者的角色转换。正是基于这样的目的,世界上掀起了全球化政府公共关系活动的热潮,各国政府首脑及主要官员的外交活动都开始把扩大对外贸易、推销本国产品、寻求合作伙伴、拓展投资领域、签订经贸合同作为重点内容,这也是公共关系在政府行为领域中的新突破、新开拓。据有关统计,美国政府公共关系的支出,每年达十几亿美元。而日本,单是为了在华盛顿寻找盟友,每年的公共关系投入就得数亿美元。据美国《国会》周报的消息说,连巴哈马和开曼群岛这样的小国,在 1997 年上半年用于在美国进行游说和公共关系活动的费用也高达数百万美元。

显而易见,不论是贫穷的小国还是富裕的大国,都在不惜人力、物力、财力努力开发"院外"和"院内"的公共关系活动。这一转变打破了人们原来的"小公共关系"的认识,人们不再认为实施的公共关系活动是局部的、单项的。随着全球化的信息交流,跨国公司的持续发展,公共关系范围在扩大,公共关系领域在拓展,实施大公共关系的宏观条件已经具备,开展全球化公共关系的趋势也已在逐渐形成气候。

二、公共关系实施主体职业化和品牌化

随着人们对公共关系理解深入,公共关系的职责正在发生蜕变,由纯粹的接待应酬发展到以协调关系、塑造形象为核心的复合型职责。

据资料显示,公共关系职业仍然是 21 世纪 20 种热门职业之一。公共关系行业的逐步成熟带来了公共关系实施主体的职业化,这就必然导致了竞争的发生。而竞争则又促进了公共关系策划主体的品牌化。复杂的竞争态势,势必对公共关系从业者提出了更高的要求。分散的、个人的智慧与技能已不能满足大社会、大市场的需要。公共关系人员素质要提高,操作手段与技术要现代化,思想观念要符合新潮流,具体工作要富有创造性。所以,公共关系以职业化为基础,而在竞争中形成品牌化服务,则成为历史的必然。未来的公共关系要立足国内面向世界,必须借助高科技和高智能,在重大社会关系的处理与均衡、组织形象设计、连锁活动的策划与规划、市场流向的把握与公众行为心态的捕捉等方面,进行广泛的调查研究,利用现代人的智慧、谋略、胆识,创造性地开展工作。因此,公共关系实施主体便走向职业化,继而走向品牌化。

三、公共关系传播渠道网络化

随着信息时代的到来,作为数字信息化的必然结果,世界正以极快的速度,以极短的时间实现全球的网络化。网络化时代的互为补充、互为依托建立在主动进取之上的合作,它的公共关系事务活动将成为推动整个世界加速运转的不可或缺

的技术力量。互联网的迅速发展,必然地为公共关系提供了新的传播渠道,公共关系网络化随之出现。据有关资料,英国、法国、西班牙、意大利的公共关系公司建立跨国界网络的比例分别是20.5%、23.3%、43.8%和50%。[①]

网上公共关系业务的出现和发展已成为大势所趋。网络化公共关系与传统的公共关系相比有较多优势。第一,由于网络互动的特点,传者与受众的界限变得模糊不清了。只要进入网络,传者与受众是互动的,既可以是传者,也可以是受众。这样,使整个社会的信息来源大大丰富了,信息量也大大增加,公众有可能了解更多的信息,有更多的机会发表自己的意见,参与社会互动或传播。第二,网络传播渠道的多元化。网络技术的发展使得公共关系的传播渠道不断推陈出新,不仅有常见的网络论坛、BBS、新闻组、Email 直接发布组织新闻,更有 3G 手机、QQ、MSN、微博等新颖的公共关系传播工具。合理地使用这些传播手段,必然能更好地为组织公共关系沟通服务。第三,网络传播的及时性和互动性。在网上可以全天 24 小时随时发布新闻,消息一有更新即可播出,且具有良好的互动性,更具有亲和力。

⯈ **案 例 2-3**

新浪微博在企业公关中发挥作用

2010 年 12 月,新浪微博用户已达到 5000 万,平均每天发布微博超过 25000 万条。2011 年 3 月 3 日,新浪宣布至 2 月底微博注册用户数量超过 1 亿。如此庞大的受众数量为企业进行有效的信息传播提供了可能,微博成为具有广泛影响力的重要媒体。

厦门航空在微博上以提供航空信息为主,发布出行航班信息、购票信息、打折信息、相关航空资讯等。由于更新及时、信息丰富、内容亲民,截至 2010 年 12 月 31 日,厦门航空的微博数量虽然只有 800 多条,但粉丝超过 36 万人,远超其他航空公司,排名第一。

艺龙旅游网,其转发微博赠送奖品活动十分频繁,且奖品多以高端产品为主:Zippo 黑冰链打火机、免费往返机票+四晚星级酒店、32G 超豪华 iPad 等。在活动过程中,艺龙旅游网只要求转发微博内容并成为艺龙旅游网的粉丝,同时抽奖过程由北京东方公证处进行公证,保证了过程的公开公正性。这使得艺龙旅游网的粉丝数量节节攀升,截至 2010 年 11 月 27 日的粉丝数量已超过 15 万,11 月 3 日的iPad 抽奖微博更是创下了超过 17 万的转发量。赠送奖品活动所带来的关注度为艺龙旅游网的形象塑造提供了巨大的机会和空间。

---

① 张雷. 数字化时代的公共关系[J]. 公关世界,1998 第 6 期,第 23 页。

微博在企业网络公共方面的应用虽然刚崭露头角,但是微博的亲民性、互动广泛性、反馈及时性都使得其展示出强大的传播效果和巨大的公关潜力。如何挖掘微博的传播特性,根据不同受众的需求来制定信息策略,是企业在今后利用微博进行公关之时需要考虑的重要问题。

（案例来源:谢婧.论微博在企业网络公关中的应用[J].新闻世界,2011(04):第79—80页.）

四、公共关系实务运作整合化

自20世纪90年代初以来,中国公共关系的发展进入了开拓创新时期,创新的标志是公共关系向策划业进军。公共关系策划从单一的活动策划转到全方位的整体策划,打开了公共关系理论建设的新视角,既深化了公共关系理论内涵,又扩展了公共关系学科的外延,开拓了公共关系发展空间。

公共关系实践显示:公共关系在组织中能够发挥它的各种主要职能,而不能偏重某一个方面。它的主要职能应包括收集信息、分析环境、决策咨询、研究计划、传播设计、形象工程、协调沟通、宣传推广、策划活动、教育引导、辅助服务、危机管理等。各种职能不应"各自为政"、"各自为战",而应该相互协调与整合。

公共关系实务运作整合化,必然对公共关系理论的发展提出新要求。公共关系理论是一门系统科学,时代的发展将不断赋予公共关系理论系统更加丰富的内涵。作为一门不断获得新生和发展的科学,公共关系吸纳了诸多社会科学、人文科学,乃至自然科学的最新成果,具有多学科交叉整合的特征。

五、公共关系文化思想立体化

公共关系自诞生以来,就不断吸纳、融合诸多社会科学和人文科学的最新成果,具有多学科交叉综合的特征。公共关系理论在趋于丰富中,形成了一种立体化的文化思想。

在高层面上,公共关系的理论思想将成为国际组织、各国政府协调国际关系、实施民主政治、优化人间生存环境、推进社会文明的最重要的思想武器。在中间层面,公共关系优化组织行为、塑造组织行为、协调组织的内外部环境等功能,也促使各组织的管理者把原来视为临时抱佛脚的"小玩具"、"小技巧"、"小点子"看做经营管理必不可少的管理哲学,赋予其组织运作战略思想的色彩。随着欧美的一些企业已实现了"公共关系进入董事会"的重大转变,公共关系的作用从参与决策提高到成为决策的一部分。这标志着21世纪的组织管理,一定意义上就是公共关系思想文化的管理。在基础层面,公共关系作为一种现代人的基本意识与能力,而在全民中得到普及。由于公共关系运用的普遍性,它将无所不在,甚至将淡化自身的学科性,而成为浑然无迹的社会文化。任何一个现代人,若无公共关系的文化知识与相应的素质能力,他将无法与他人相处合作,也就无法生存发展。如此,公共关系真正成为一种普及性的文化思想。

⇨ 本章小结

　　本章介绍了公共关系产生和发展的历程,公共关系的产生是有条件的:在经济上是市场经济取代小农经济,在政治上是民主政治取代专制政治,在文化上是由"理性"转向"人性",在技术上是大众传播超越个体传播。

　　美国式现代公共关系的发源地,经历了四个时期。在二战后,公共关系由美国普及到了世界各地。中国在20世纪80年代,全面开始引进公共关系。经过30年的发展,公共关系理论和实务在我国不断完善和发展,且在新时期,现代公共关系被广泛运用,在世界上将呈现出全新的发展状态。

⇨ 复习思考题

一、简答题

　　1. 现代公共关系学与传统公共关系学的区别在哪里?

　　2. 现代公共关系将有如何的发展趋势?

　　3. 现代公共关系的发展分为哪几个阶段?

二、论述题

　　1. 试论述公共关系发展在不同时期的对比。

　　2. 试论述公共关系在中国发展的必然性。

三、案例分析题

淘宝商城全新广告打造"从不打烊"的品牌形象

　　淘宝商城日前展开全新大规模品牌宣传攻势,通过电视、户外及在线广告进行品牌推广。

　　活动主打淘宝商城作为国内网购市场领头羊的品牌地位,旨在突破购物时间限制和传统购物习惯,全力打造"从不打烊"的品牌形象。

　　活动创意由睿狮中国操刀,其于去年赢得淘宝商城的创意业务。睿狮中国总裁兼首席执行官伦洁莹(Kitty Lun)解释说,平面及户外广告旨在进一步推广淘宝商城的全新域名,同时鼓励消费者将其作为直接消费目的地。电视广告的目标是树立品牌形象,帮助消费者将传统的购物习惯转变为网上购物。

　　睿狮中国诚邀来自香港 Off—Lo—High 制作公司的著名导演林明(Nick Lim)执导电视广告,赋予创作国际水准的美学和艺术表现力。

第一轮时长 15 秒、30 秒和 60 秒的电视广告今日正式上线,将持续至今年年底。淘宝商城斥资出击中央电视台,势必拉动 11 月 11 日店庆回馈活动的人气。去年店庆期间,淘宝商城创造了单日销售额 1.41 亿美元的纪录。

林明称客户要求凸显淘宝商城为消费者提供的顶级网购体验,因此整个作品更在"概念"创意上大做文章,为观众呈现出都会、时尚、高品位的意境。

聚会后朋友们互道晚安,一位女士路过一家家商店,在五彩缤纷的橱窗前驻足流连。令人失望的是,"停止营业"的牌子赫然眼前,购物的欲望戛然而止。广告的口号为:让欲望不再失望,淘宝商城从不打烊。

这支电视广告融入普拉达、古驰、迪奥、欧莱雅、兰蔻、博柏丽、苹果、巴黎世家等国际知名品牌的身影,旨在突出高端网购的品牌定位。

这部《欲望篇》品牌广告是去年第一部《空城篇》的延续,当时的广告主题是:"没人上街不一定没人逛街"。

伦洁莹说:"许多人都对品牌和名牌充满渴望,我们的任务是通过凸显淘宝商城网购的吸引力——从不打烊——来打破传统的购物习惯。"

在电视广告上线之前,淘宝商城曾于 9 月份通过户外和平面媒介展开宣传攻势。淘宝商城投入 150 万美元用以品牌推广,这次活动覆盖北京、上海、广州等城市,将一直持续到 12 月份。

(资料来源:淘宝商城全新广告打造"从不打烊"的品牌形象,http://pr.brand-cn.com/pp/201110/299097.html)

⇨ 思 考 题

1. 淘宝此举体现了现代公共关系发展的什么趋势?
2. 你对淘宝此举有什么看法?

第二篇
原 理 篇

第三章 公共关系功能

⇨ 学习目标

1. 掌握公共关系传播性功能
2. 掌握公共关系管理性功能
3. 掌握公共关系直接功能
4. 掌握公共关系间接功能

⇨ 引　例

《十面埋伏》首映阵势唬人 导演解密庆典

2004年6月7日,《十面埋伏》总导演亚宁、唐婉仪(香港)在接受记者采访时说:"《十面埋伏》的全球首映庆典,是导演和制片人张伟平交给我们的一篇'命题作文',是在以演唱会为包装和载体的形式下举办的一次超大型晚会,它的核心是电影。在这个大的格局里,有四个方面的创新,即形式、内容、包装和规模上的创新。"

一、电视墙牡丹坊

形式上的创新。既相对于歌星演唱会,又相对于电影首映礼。人们以往见到的电影首映礼,无外乎导演带着主创人员与观众见面,简单地回答一些问题,然后放映电影。而《十面埋伏》首映庆典却采用演唱会的形式包装。从时间上考虑,首映庆典放在2004年7月10日,影片上映日期是7月16日,中间有一周的间隔。首映庆典就是让所有参与者对《十面埋伏》有一个大致的了解,从而引发观众观看影片的兴趣。其实包括好莱坞在内的电影发行商们都会想出各种各样新奇的方法来为影片的首映造势,如《指环王3》,曾在新西兰搞过大型游行活动。《十面埋伏》首映庆典之所以选择演唱会的形式,还因为三位主演都多才多艺。他们不仅是演员,在其他艺术领域也有很高的造诣,通过首映庆典来展示他们表演之外的艺术才能。相对于演唱会而言,创新在于它的核心是电影,在首映庆典上,不但会把演员的服装、影片的道具做一个有机的展示,同时也会把电影中的重要场景"牡丹坊"整个复原到晚会现场,但并非简单地把原景照搬到舞台上,而是根据演出现场的具体条件和演唱会的要求重新设计,总体上达到一种恢弘的气势,比电影中的场景更辉煌,电影中的"牡丹坊"是写实的、平面的,而舞台上的"牡丹坊"要做成立体的,影壁也要改造成"电视墙",提供给观众一个可以展示各种信息的平台和变幻的空间。

二、绝密镜头

内容上的创新。庆典晚会的很多内容都是跟《十面埋伏》紧密相连的,可以说是电影中某些场景的再现。创作人员对这些场景包括武术、舞蹈、音乐,重新进行艺术加工。在庆典晚会上不会播放整部影片,但大家看到很多电影以外却又跟电影相关的东西,比如许许多多的拍摄花絮,这在其他电影首映典礼上是看不到的,它是电影后面的东西,是一些绝密的内容,还有一些拍坏的镜头,一些拍得很好但被导演忍痛割爱剪掉的画面,只有参加庆典的人才可以看到,这就增加了它的神秘感,给观众一种期待。庆典活动将不设主持人,而是通过表演嘉宾以及主创人员的对话,带出整个电影的相关内容。晚会最主要的是音乐部分,除了嘉宾歌手演唱自己的歌曲外,整个贯穿的音乐,以及一些小的节目,全部用的是电影中的音乐。庆典活动结束后,观众不仅听到了他们熟悉的歌手演唱的歌曲,同时更会牢牢记住《十面埋伏》的主题音乐。在首映庆典的最后,将播放 10 分钟《十面埋伏》的精彩片段,而且采用的是 24 米×12 米的超大银幕放映,能给观众巨大的视觉冲击。

三、观众的红地毯

包装上的创新。北京工人体育馆曾经举办过太多的大型演唱会,每一次观众都是进到场内欣赏。但这次的首映庆典却把整个体育馆从里到外都进行了包装,特别是它的北门,即正门,除了一个巨大的电视墙和巨幅海报外,还将通过电脑灯绘制出蝴蝶戏牡丹等精彩画面,体育馆的上空还会打出探照灯编织的奇妙图案,使 7 月 10 号的北京工人体育馆成为全市影迷瞩目的地方。走进工人体育馆内,观众会感觉进入了一个《十面埋伏》的缤纷世界,有许多的道具、很多的海波,装点着圆形的走廊,营造出一片浓郁的氛围。尤其是延伸到大门口的红地毯,准备迎接来自四面八方的观众。既然观众是上帝,那么,走在红地毯上的就应该是广大关注和支持中国电影的人们。

四、视听盛宴

规模上的创新。一般的演唱会观众最多3000人,而《十面埋伏》首映庆典主会场将达到 6000 人,加上上海、广州、深圳、杭州、厦门、永川等 6~7 个分会场,观众将会超过 3 万人。这一长达 3 小时 15 分钟的首映庆典,还将通过各种媒介如电视、广播、互联网等传递千家万户,仅电视的受众人群就会超过6亿人,规模空前。女子十二乐坊、中国爱乐团等,不仅组成了超强的演出阵容,而且也照顾到了各个年龄层的观众。灯光、音响、特效以及整个制作班子都是国际化的,如灯光是北京历届演唱会上数量最多、等级最高的,也是从来没有在国内舞台上使用过的。三套不同的音响,将工人体育馆打造成一个有环绕音场的超大影院,让观众尽情享受一次视觉和听觉上的盛宴。

(案例来源:陈先红.公共关系案例研究[M].武昌:武汉大学出版社.2009)

公共关系每一个侧面每一个层面的公共关系活动都有其相对独立的作用,但同时又彼此联系,相互渗透,共同发挥着公共关系的整体性作用,这种整体性作用就是公共关系活动的基本功能。

第一节 传播性功能

公共关系具有传播性功能,即通过各种传播媒介,将组织的有关信息及时、准确、有效地传播出去,争取公众对组织的了解和理解,提高组织及其产品、人员的知名度和美誉度,为组织创造良好的社会环境。

一、传播性功能的作用

(一) 向公众提供组织的有关信息

一般来说,对一个事物是否熟悉和了解,是能否喜欢这个事物的前提。例如,在日常生活中,人们在购买东西时明显表现出愿意选择自己熟悉的厂家或牌子的东西。社会组织要争取公众对自己的工作、行为、目标进行支持,要使组织在公众中建立起良好的形象,其根本前提就是要让公众对组织的行为、目标有所了解。这就要求公共关系人员必须借助于最有效的传播和沟通手段,经常地向公众提供及时、准确和有说服力的关于组织的最新信息和情况。同时,要向人们提供有关组织的准确信息,还必须借助沟通渠道了解公众对组织的有关信息关切的程度,以便使公共关系传播向公众提供的信息更有针对性和说服力。

(二) 影响和改变公众对组织的态度

所谓"态度",是指人们对事物或人所特有的带有稳定性的反应倾向。社会组织自身形象的好坏直接体现在公众对组织持有的态度之中。公众态度可以分为正态度和负态度,前者是对组织的肯定性评价,后者则是对组织的否定性评价。虽然人们的态度一旦形成就会具有相对稳定的特征,但是随着信息的不断交流和外界条件的变化,人们的态度也是可以转变的。公共关系传播活动就是运用各种传播手段和媒介来促使公众对组织产生好感,由负态度转变为正态度。

(三) 引导社会组织所期待的公众行为

公共关系传播功能除了向公众提供信息,改变公众的态度之外,更主要的是促使公众对组织采取理解和支持的行为,人们有了一定的态度并非就有一定的行为。比如,人们尽管对某一企业组织很有好感,但并不一定就会购买该企业的产品。人们的态度和行为之间还有一系列的中间环节,如人们的需要、动机、外部环境的压力等,这就需要组织进行公共关系传播,对公众予以启发和引导。

总之,公共关系传播的功能就在于要社会组织适应公众环境,要公众环境适应社会组织,从而使社会组织同公众之间达到完美、和谐的统一。

二、传播性功能的特点

(一) 双向性

传播性功能指的是组织与公众之间共享信息的活动,是双向性的信息沟通,是交流双方建立共知、共识、共感的过程。组织不是单方面向外界发布信息,而且注意搜集、反馈外界的信息,以便监测环境,并对外界的变化随时做出反应。例如杉杉服装集团把广告登在报纸上,这是传播,但不是传播的全部意义。传播既包括传送品牌、服装信息给社会大众,同时也要接收社会公众的各种反应,以便及时根据市场做出战略调整。

(二) 广泛性

当今社会,一个组织如果不尽最大的努力让尽可能多的公众了解自己、支持自己,那就意味着自己把组织封闭起来。因此,任何一个社会组织,在它的宗旨、政策、产品、服务等刚刚推出,社会大众还不是很了解的时候,就应该开展传播工作,通过新闻媒介进行广泛的宣传活动,这样才能帮助企业产品打开新局面和新市场,并最终获得效益。例如近年来新出现的证券交易所,其业务内容是大多数人所不熟悉的,但通过新闻媒介传播以后很快就被社会大众熟知了。

(三) 及时性

社会组织与其内部、外部公众始终是处在既对立又统一的状态中。公共关系不是谋求无矛盾的境界,而是致力于化解矛盾、协调关系。通过双向沟通达到平衡。如目前企业普遍进行人事、用工分配制度的改革,必然会影响到一部分人的切身利益,引起矛盾,这时组织者的及时宣传教育就显得必要。一方面他们要把组织的政策向员工解释,理顺员工的情绪;另一方面又要把员工合理的意见和要求反馈给决策层,对现行政策进行必要的调整与修改,这时传播的及时性就显得很重要。如果忽视了及时沟通,只能使矛盾升级,影响全局。在组织危机公关中,对影响组织声誉和根本利益的重大事件或重大事故,传播的及时性尤其显得至关重要。

⇨ 案例 3-1

富士:"走私"丑闻

2003 年关于"富士走私和富士施乐走私"的传闻在民间流传,而后关于"富士走私"新闻不断地被传媒曝光,问题的焦点又更多地集中在珠海真科身上。富士一直以沉默作答,仅有的一份"与自己无关"的声明更显示出其大有逃避中国媒体和舆论的监督,企图蒙混过关之意。在媒体公关上,富士更多的是"义正词严",试图使媒体屈服。

富士"走私"丑闻更是遭到同行的诟病。柯达全球副总裁叶莺对外宣称:柯达对珠海真科的"灰色行为"早就有所耳闻,珠海真科以前的"不规则运作"伤害了柯达。乐凯也表达了"极为不满"的情绪,并早就收集了有关真科的"违规资料",并上报国家经贸委。"在我们看来,富士与中港照相本来就是一家。""中港照相参与走私,富士难脱干系!"富士成为众矢之的。

对富士涉嫌走私事件,富士(中国)副总经理小泉雅士称,无论是富士总部还是富士分部,都从来没有给珠海真科投过一分钱。实际上珠海真科只与富士总社的代理商有关,有关"走私"的传闻与富士公司无任何瓜葛。

可经过调查表明,在中港照相的旗下,竟有十几家"富士"名号的公司。富士本该紧急采取危机公关策略,力争平息危机,将危机可能带来的损害降低到最低限度,以保持自己苦心经营多年的中国市场,可令人遗憾的是,在其涉嫌走私已经是公开的秘密的前提下,富士居然未采取任何的危机公关策略,而是在珠海真科东窗事发后,干脆把自己推了个一干二净。

(案例来源:http://www.gdpx.com.cn/news/200630299_2.shtm)

三、传播性功能的方式

(一) 人际传播

人际传播也叫"人际沟通",它指的是个体与个体之间的一切信息交流和传播活动,是相对于自然界的传播信息而言。所谓"公共关系人际传播"不是指作为一般个体的人与人之间的信息交流,而是指代表组织利益和要求的组织成员与个体公众、群体公众之间的有目的、有计划的信息互动活动。

人际传播方式的优点是:第一,公共关系人际传播比公众场合更有利于感情的交流,更易于达到以情动人的效果。第二,信息真实,说服力强。人们常用"亲眼所见""耳闻目睹"来强调信息的可靠性。第三,信息反馈及时。公共关系人际传播是一种信息反馈最强的交流形式,信息传递和反馈的间隔时间最短,甚至能同步进行。双方能根据对方的反应及时调整自己的传播内容和方式,并且可以对传播速度和方向进行调整和控制。第四,传播符号多样。人际传播的交流符号多样化,不仅有语言、文字、图像等,还有眼神、表情、动作等,所传递的信息意义比其他形式的传播更为丰富和复杂。

任何组织都应该充分利用人际传播这种方式,直接与广大公众沟通,其沟通的方式是多种多样的,例如:对话活动。可以就公众关切的问题,组织有关人员直接征询公众的意见,回答公众的问题,解释有关政策和行为,寻求共识;举办开放日活动。即组织机构定期向公众开放,接待公众的参观、咨询、投诉、来访等,增进相互了解;此外还有信访和热线电话、互访活动、会议交流等。

(二) 组织传播

公共关系组织传播指组织和其成员、组织和其所处环境之间因存在共同的目的、利益、价值观念,进而同步协力完成与环境有关的特定任务所开展的传播活动。我们每个人都生活在组织之中,组织内部成员的关系和谐与否,组织与组织之间的关系和谐与否,关系到组织的健康发展。组织的形成本身就有赖于传播活动,没有传播,就无法形成组织。组织传播一般有三种形式:即上行传播、下行传播与平行传播。

1. 上行传播

上行传播是自下而上的传播形式,是下级人员向上级表达意见与态度的程序。上级领导主动搜集信息、征求意见、听取汇报也属于上行传播。上行传播最好采用"直通"方式,以减少间接的传递,避免出现失真和误时等现象。良好的上行传播能向决策层及时传递具体工作中的各项问题;同时,良好的下情上达也是与良好的上情下达相辅相成的。

2. 下行传播

下行传播是自上而下的传播形式,是指通过组织的层级,上层将信息往下传达的过程。是上级领导将政策、决议等传达给下级,可采用口头、书面等直接或间接的传播方式。有效地下行传播可以使职工准确、及时地完成上级布置的任务,并使职工认识其工作价值,激发荣誉感,消除对上级的疑虑和恐怖。反之,下达信息就会遭到曲解或冷遇。

3. 平行传播

平行传播是同级之间的一种沟通形式,是组织内外的同级机构或同级人员之间,为了相互配合、彼此支持、消除误会、避免扯皮、消除冲突的重要方式。平行传播最重要的任务是协调组织内部各单位间、各职员间以合作一致的态度去完成共同的目标。平行传播具有以下效益:弥补上行传播和下行传播的不足;简化办事手续、节省时间、提高工作效率;培养组织的团队精神和员工间的友谊,并满足彼此间的需求。

▷ **案 例 3-2**

用友软件集团的用友"千禧之旅"

一、活动内容

1. "网络财务 世纪风潮"全国巡展:1999 年 11 月 8 号至 12 月 10 号。活动期间,以北京为龙头,中央媒体加大力度,集中对用友品牌进行全景式回顾。

为全方位、深入广泛地传播用友品牌、网络财务概念和本次活动,需要公关宣传、广告、数据库营销和现场布展多种传播手段相配合。给目标受众在不同时段、不同场合以最恰当、最适度的刺激和影响,最后在展示会当日达到高潮。这不仅要求每种手段都得到充分发挥,更要使整体组合效果最优化。

使客户最终下决心购买的因素是品牌和产品质量,所以讲座和现场展示宣传是核心部分。现场分为主体演讲、产品讲座、微软 SQL 数据库讲座、行业应用方案讲座、分行业数据演示五部分。所有讲座均贯穿"网络财务"主题,后面的讲座要提及"千禧之旅"促销方案。

2. "千禧之旅"促销活动:1999 年 11 月 8 日至 12 月 31 日,"用友"世纪回报用户,12 月底和 2000 年 1 月第一周掀起高潮,在活动结束后将有几个相当篇幅的现场特写,强化用友品牌,给岁末画上漂亮的句号。

二、效果总结

大多数来宾是抱着对用友公司及其产品的进一步了解来参会的。因此可以说,整个活动在主题定位上是相当成功的,适应了整个市场的发展和消费者的需求。这次活动在全国财务软件行业掀起了"网络财务"热潮,将用友品牌及其"网络财务"概念的推广和传播推向高潮,使用友企业形象广为人知,深入人心。活动使整个年度的宣传热点聚集在"网络财务"上。继 1998 用友的"ERP"年后,用友以"网络财务"再次领导了财务软件行业的发展。

活动期间对用友品牌、网络财务的传播力度是空前的。本次活动覆盖中央媒体 100 多家,发表文章 20 多万字,地方媒体 250 多家。共发表深度报道 28 篇,活动侧记 7 篇,专访 8 篇。用户访问 5 篇,新闻稿 200 多篇,全国 20 多家电台、电视台对此次活动进行了报道。市场部会后电话调查显示,99% 以上的来宾对这次活动印象最深的就是用友的"网络财务"概念。

(资料来源:高凌.用友长江论道[J].每周电脑报,2000,(4))

(三) 大众传播

大众传播是现代社会最发达的传播形式,它是以大众媒体为基本载体,面向社会公众的传播方式,是专业性的信息传播组织和机构通过媒介向为数众多、范围广大、互不联系的社会公众传播信息的过程。大众传播媒介一般有报纸、杂志、广播、电视、书籍及电影等。

1. 大众传播的特点

（1）公众的广泛性和异质性

大众传播拥有人际传播无法比拟的广大的社会公众,接受传播内容的人数可以从几百到成千上万乃至数以亿计,他们处于不同的社会群体中,因而具有异质性。如 1969 年美国阿波罗登月时观看电视传播的公众达 5 亿人,而现在每届奥运会的电视直播受众则达几十亿之多。

（2）传播者是专业性的传播机构。大众传播同其他几种传播形式的一个很大的区别就是传播者是一个拥有现代化传播媒介的组织机构,大众传播的信息由职业传播者（编辑、记者）及其组织发布。因此,信息传播是有组织的,目的性、针对性强,意图、倾向、观点明确。

（3）信息传递具有即时性和超越性

由于信息传播的公开化、社会化,影响面大而深,这就要求传播的信息真实而又准确,否则,负面影响极大。

（4）间接性,反馈较慢。由于传播方式基本上是单向传播,受众不确定,具有无限性,大众传播来自受众的反馈是有限的,并且需要一个周转过程,时间上滞后一步。并且大众传播具有特定的议程、程序,传播周期长,费用大,成本高。

四、传播的具体类型

公共关系的传播功能的目的就是要使社会公众对组织由不知到了解,由疏远到亲切,由对立到一致,由误解到理解……的过程,按照公共关系的目标,可以将传播功能具体分为传播信息型、联络感情型、改变态度型和引起行为型四种。

(一) 传播信息型

传播信息型是组织最基本的公共关系目标。不少组织在一段时间内,大量的公共关系工作就是围绕传播信息这一目标展开的。

▷ **案例 3-3**

"琼花牌"的传播策略

1984 年,扬州市领带厂仿照唐代编织工艺设计制作了一种真丝手工编织领带,取名琼花牌。开始投产后,销售局面打不开,厂家面临倒闭的危险。这时恰逢江苏省组织全省乡镇产品到北京参加展销,厂长决定抓住这一时机,让"琼花牌"

打入北京市场。他找到负责展销的工作人员,提出免费赠送展销会工作人员每人一条领带,条件是工作人员必须系该领带上柜台。结果,"琼花牌"领带在展览会上正式亮相,受到各方的普遍注意。中央电视台在采访时,了解到这一情况,特地邀请该厂厂长在"为您服务"节目中介绍了"琼花牌"领带的优点。从此以后,"琼花牌"领带在全国各地都有了一定的市场。

(案例来源:http://www.guangzhou.gov.cn/files/zjyc/shjy/sjgg/031.htm)

(二) 联络感情型

联络感情型是指组织通过感情投资,以获得公众对组织的信任与爱戴。良好的感情都是在人与人的接触和交谈中逐渐建立起来的,如各种招待会、座谈会、宴会等,都是联络感情的很好的方式和途径。其中,联络感情型的作用特别明显地表现在服务性行业。服务人员一个甜甜的微笑,一声热情的问候,顾客就有可能产生购买物品的愿望或者意愿,增加对该组织的好感,进而为组织树立良好的形象打下基础。

➪ 案例 3-4

"半瓶酒"引客

香港有家五星级酒店,在其餐厅大门旁边,特意摆了一个金碧辉煌的橱柜,里面陈列着来自世界各地的名酒,有大半瓶的,也有小半瓶的,就是没有一瓶原装酒。另外,在每个酒瓶上还挂着一块精美的卡片,上面写着某先生或某夫人的名字。后来经过了解,这些酒都是顾客喝剩下的酒。

那么这些"半瓶酒"陈列在橱柜里有什么作用呢?原来这是酒店吸引顾客的高招。一般到这家酒店用餐的顾客,饮的酒大都是价格昂贵的名酒,有时喝了以后剩下小半瓶,要带走却嫌麻烦或显得寒酸,但丢掉又觉得可惜。于是,酒店便在餐厅门口设了一个大橱柜,存放顾客喝剩的半瓶酒,并在一张卡片写上该顾客的名字,待顾客下次来就餐时接着饮用。

这一新招就像一块无形的磁铁,吸引着顾客常常来这家酒店,当然,"回头客"越来越多,生意也越来越兴旺。另外,代保管半瓶酒也收到了一种意外的收获,那就是高档酒越来越好卖。因为人都是要面子的,那橱柜摆在大堂里面,高档名贵的酒瓶上挂着自己的名字,就给人一种满足和荣耀感。

(案例来源:吴鸣."半瓶酒"引客[J].金融经济,2006年第1期,第64页。)

(三) 改变态度型

改变态度型是指组织通过传播活动以改变公众对组织的原有态度,重新建立一种新的态度。要想改变公众对某一组织的态度就需要通过一定的传播沟通活动,不仅要强化公众对组织的信任、赞许的态度,而且还要将公众对组织的轻视、偏见、冷漠、反对的态度改变为认可、关注、支持和赞许的态度。从而为引发公众对组织的积极行为奠定基础。

⇨ **案 例 3-5**

大亚湾核电站建设中的成功公关策略

"七五"期间,我国政府决定在深圳大亚湾建一核电站。但由于1985年前苏联切尔诺贝利核电站发生泄漏后,许多人对核电产生误解,认为核电将给人类带来灾难。我国香港报界也报道了此事。我国香港一位著名人士组织"地球之友"反核机构,发起一百万人的签名活动,反对在大亚湾建核电站,并组成请愿团赴北京,向国务院请愿。我国政府经研究,决定采用公共关系方法解决问题。通过调查了解到:苏联切尔诺贝利核电站泄漏事故使香港人对核电站产生了莫大的恐惧,而误认为在大亚湾建核电站,是为了万一出现核泄漏事故时不会危及内地。从恐惧到误会直至抵制,都是因为我国政府没有及时地进行核知识的宣传造成的。于是,我国政府针对香港地区公众心理状况做了大量的信息传播沟通工作:通过新闻媒介讲清情况,派核专家到香港宣传核电知识,请香港著名人士参观大亚湾核电站,政府高级领导与请愿团的代表会谈,进行信息和情感两方面的沟通。不利舆论很快平息了,许多人从反对向中立转变,甚至转向赞许、支持。

(案例来源:http://wenku.baidu.com/view/09018ff3f90f76c661371ad1.html)

(四)引起行为型

引起行为型是在传播信息、联络感情、改变公众态度的基础上进一步追求的目标。因此,它应该是组织的最高目标。有人说:"公共关系目标越高,公共关系工作人员责任就越重,他们的工作成绩也就越容易检验。"一个企业推出一种新产品,渴望能尽快地打开市场,因此可以通过新闻发布会、各类广告等形式开展传播活动。如果公共关系传播活动效果好,就能吸引更多的消费者前来购买,从而引起消费者行为的公共关系目标;如果公共关系传播活动效果不好,该产品就打不开销路,因此也就没有达到攻关目标。

第二节　管理性功能

一、信息搜集

公共关系以建立对社会组织的良好形象为目标。要达到此目标,在激烈的市场竞争中,需要通过各种调查研究的方法,搜集信息,整理信息,以帮助组织对各种环境保持高度的敏感性,维持组织与整个社会环境之间的动态平衡。

(一) 公共关系信息搜集的内容

信息是组织预测与决策的基础,组织与公众环境之间存在大量的信息交换行为,因此,组织应全面掌握其面临的环境信息。公共关系信息搜集的内容主要包括以下几个方面:

1. 组织形象信息[①]

组织形象信息是指与组织形象有关的信息,它包括公众对组织的方针政策、管理水平、产品质量、服务质量、人员素质等方面的印象和评价。组织形象是组织生存与发展的关键,它直接影响组织的资金筹措、市场占领、产品销售及人才招聘等方面,甚至决定组织的盈亏。

组织形象信息主要包括组织的知名度和美誉度信息。

(1)组织的知名度信息

组织的知名度信息除了产品的品牌商标的社会认知率之外,还包括企业名称和标志的社会认知率,企业主要领导人的社会知名度,对企业历史与现状的了解程度,对组织的政策和行为的知晓程度等。有的企业生产的产品广为人知,但由于不注意宣传企业,或由于产品品牌与企业名称脱节,因为企业本身缺乏相应的知名度,公众并不了解生产这些产品的企业,或者容易混同于其他企业。而某一种具体产品在市场上是会更新换代的,随着产品变更或退出市场,如果没有必要的知名度,新的产品就无法借助于企业的市场影响力而较快进入市场,开拓新产品的市场传播费用就比较高。所以,对于产品更新换代比较快,产品市场生命周期比较短的企业,要注意自己在市场上的企业知名度。对于那些没有产品的组织,或其产品不直接面对消费者的企业来说,组织的知名度就更加重要。了解和掌握公众对组织认知、了解程度的信息,是组织做决策的重要依据。

(2)组织的美誉度信息

组织的美誉度指公众对组织依赖、支持、拥护的程度。包括组织的有关方针政策、组织的活动和行为,组织的领导及其人员,等等,在社会公众中是否"得人心,受欢迎"。公众对组织的支持率是一个很重要的信号,它标志着组织在公众心目中的地位:高还是低,重要还是不重要,正面形象还是反面形象,可信赖还是不可信赖,喜欢还是不喜欢,得到拥护还是遭到反对,等等,它预示着民心所向。只有得人心的政策和活动,方能得到公众的拥护和支持,因此组织在制定政策或举办活动之前,要注意了解组织在公众中的美誉度情况,分析组织可能获得的公众支持率(采

---

① 郎群秀.公共关系学[M].北京:科学出版社,2007 年,第 43—44 页.

取支持行为的"行动公众"在"知晓公众"中所占的比率），以此来制定相应的公共关系策略。

2. 产品形象的信息

产品形象是一个组织的产品或服务在公众及在顾客心目中的印象和评价，是评判组织形象优劣的一项重要指标。产品形象是组织形象的客观基础，只有产品被接受、被欢迎，企业存在的价值才能得到社会的认可。公众对产品的反映和评价是多方面的，包括产品的价格、质量、功能、款式及包装的反映和评价；对服务态度、方式、水平的反映和评价等。组织公共关系工作，需要根据这些评价和反映为组织提供决策建议，以不断改进旧产品与开发新产品。

一般来说，产品越符合公众的喜好，被公众知晓的程度越高，产品的美誉度就越高，产品的形象就越好。这在市场上除了表现为产品的市场占有率高之外，还反映为产品销售过程中的"商标知名率"（即顾客购买某类产品时指明商标购买的比率）较高和"商标统一率"（即顾客对某一商标品牌的偏爱程度）较高。

3. 组织环境中的社会信息

任何社会组织都处于一定的社会环境中，组织与环境之间存在着交互作用，对于与组织相关的社会环境变化的各种信息，也是公共关系工作中必须注意搜集的。公共关系的信息功能包括宏观性和社会性，包括政府决策信息、法律法规信息、科技文化信息、舆论信息、市场信息、竞争对手信息等，组织应从宏观上把握各种动态，审时度势，充分利用环境的有利因素，避免不利因素，使组织在复杂多变的社会环境中拥有高度的敏感性和应变能力。

4. 组织整体形象信息

公众对组织形象的评价不仅反映在组织的产品和服务上，还反映在对组织在运行中所显示的行为特征和精神风貌的评价方面。收集这类信息能帮助组织及时地发现问题和纠正问题，保证组织正常、健康地发展。组织整体形象方面的信息包括以下内容：公众对组织的方针、政策、管理水平的评价；公众对组织机构的评价；公众对组织人员素质的评价。

(二) 公共关系信息搜集的渠道

为了搜集信息，公共关系工作必须经过通过各种渠道，以获得制约和影响组织生存和发展的重要信息。公共关系工作所需要的信息就包括内源信息和外源信息两个渠道。

1. 内源信息渠道

内源信息主要是指组织内部各方面的信息和动态，其中又包括正式的信息渠道和非正式的信息渠道。

（1）正式的信息渠道

正式的信息渠道指按照正式的组织层级系统传递信息的渠道,是组织内部程式化、规范化的沟通渠道。任何组织为了达到有效管理的目的,都必须在组织内部建立有效的信息传播制度,如组织每周都要开的例会,在例会上既有决策层发表的决策意见,又有具体职能部门的工作汇报,这样公司上下就可以信息畅通,而且搜集和了解这些正式渠道的信息,对于公共关系部掌握组织的整体情况,了解公司上下的动态是非常必要的。

(2)非正式的信息渠道

非正式的信息渠道是指通过非组织的人际传播传递信息的渠道。在组织内部,除了包括正式的渠道信息获得的信息来源,还存在着非正式沟通渠道,就是组织内部人际关系活动的结果。组织成员的许多意见和建议,都可以通过非正式渠道来交换,并对组织产生一定的影响力。

2. 外源信息渠道

外源信息指组织所处的外部环境的信息动态,外部环境的复杂性决定了公共关系需要建立广泛的社会信息网络。其中,外源信息渠道包括公开的信息渠道和非公开的信息渠道。

(1)公开的信息渠道

公开的信息渠道主要包括大众传媒及其他传媒方式公开发布的信息资料来源。当今世界信息公开化程度越来越高,对社会和大众有价值的信息,媒体都会争相报道。人们可以通过报纸、杂志、广播、电视来获取所需的信息。公共关系部门的主要责任就是从传媒发布的各种信息分辨出对组织来说有用的信息,为组织做出适应性的调整提供信息和决策的依据。

(2)非公开的信息渠道

从公开的信息渠道获得的信息往往都是第二手、第三手的资料,而大量第一手资料的信息往往是从非公开的渠道获得的。这就需要从关系渠道来获得,关系越多,信息的来源就越多,获得信息的准确性就越高。所以组织势必要通过这些非公开渠道获得信息来保持组织信息资源获取的通畅性。

(三) 公共关系信息搜集的方法

由于信息搜集的渠道很多,如果没有一定的方法来帮助采集信息,势必会对信息搜集造成障碍。我们主要通过以下几个方面来进行信息采集:

1. 文献资料法。这种调查方式的基本做法是,通过阅读一些内部资料、政府出版物、期刊和书籍及一些商业资料来获得信息。

2. 访谈调查法。这种调查方式的基本做法是由公共关系工作人员直接与访谈对象见面,当面访问,或举行座谈会,从而搜集信息,取得数据。

3. 问卷调查法。这种调查方式首先需要根据调查目的来拟定好提纲,制定出简明易填的调查问卷。将设计好的问卷交给或邮寄给被调查者,请其填完后交回。

⊏⟶ **案例 3-6**

一张照片背后的巨额利润——公共关系的信息管理职能

1964 年,《中国画报》的封面刊出这样一张照片:大庆油田的"铁人"王进喜头戴大狗皮帽,身穿厚棉袄,顶着鹅毛大雪,手握钻机刹把,眺望远方,在他背影远处错落的矗立着星星点点的高大井架。

当时,由于各种原因,大庆油田的具体情况是保密的。然而,上述由官方对外公开播发的极其普通的旨在宣传中国工人阶级伟大精神的照片,在日本三菱重工财团信息专家手里变成了极为重要的经济信息,揭开了大庆油田的秘密。其一,根据对照片的分析,可以断定大庆油田的大致位置在中国东北的北部,其依据是:唯有中国东北的北部寒冷地区,采油工人才必须戴大狗皮帽和穿厚棉袄;又根据有关"铁人"的事迹介绍,王进喜和工人们用肩膀将百吨设备运到油田,表明油田离铁路线不远。据此,他们便轻而易举地标出了大庆油田的大致方位。其二,根据对照片的分析,可以推断出大庆油田的大致储量和产量,其依据是:可以从照片中王进喜所站的站台的钻台手柄的架势,推算出油井的直径是多少;王进喜所站的钻台油井背后隐藏的油井之间的距离和密度,又可基本推算出油田的大致产量和储量;又根据新闻报道王进喜出席了第三届全国人民代表大会,可以肯定油田已出油。其三,根据中国当时的技术水准和能力及中国对石油的需求,中国必定大量引进采油设备。

于是,日本三菱重工财团迅速集中有关专家和人员,在对所获信息进行剖析和处理之后,设计出适合大庆油田的采油设备,做好充分的夺标准备。果然,中国政府不久就向全世界市场寻求石油开采设备,三菱重工财团以最快的速度和最符合中国所要求的设备获得巨额订货,赚了一笔巨额利润。此时,西方石油工业巨头都目瞪口呆,一时回不过神来。

(资料来源:杨加陆.公共关系学教程[M].上海:复旦大学出版社,2007.)

二、咨询建议、辅助决策

公共关系作为一项管理职能,主要体现在其对经营管理决策所发挥的参谋作用上。在这个意义上,公共关系部门就是组织的智囊机构,公关人员则参与组织决策的全过程。所谓咨询建议,是指公共关系人员向决策管理部门提供有关公共关系方面的情况和意见。它是从社会公众的角度、组织形象的角度和传播沟通的角度为决策提供咨询服务的。公共关系的咨询建议与信息沟通是密切相连的。获取信息是咨询建议的前提,没有足够的信息沟通,一切咨询建议都只是空谈,信息沟通只有通过向组织提供咨询和建议,才能发挥其参谋职能,实现其价值。

(一) 咨询建议的内容

咨询建议是指公共关系专业人员向组织领导提供有关公众方面的可靠情况说明和意见。按英国有关专家杰夫金斯的说法。咨询建议是"专门性的创造性的服务"。

1. 为确立决策目标提供咨询建议

决策的第一步是确立决策的目标,公共关系的咨询参谋作用首先表现在制定目标提供咨询建议。这种参谋的作用不同于技术、财务、人事等专业角度,而是从社会的角度去评价决策目标的社会制约因素和社会影响效果,努力地使决策目标与公众利益和环境因素相互协调,从而提升组织决策的科学性。

2. 提供关于市场动态和公众意向的预测咨询

在科技和商品经济飞速发展的现代社会中,市场变化日新月异,公众的心理状态及其发展趋势也在不断变化。能否迅速预测、把握市场变化动态和公众意向的变化趋势,决定着一个组织的生存和发展。因此,对组织生存环境的有关发展变化和社会公众心理及其变化趋势进行科学的预测和咨询,使组织决策者拥有一套乃至几套可以选择的方案,以适应这些变化。

3. 提供关于社会组织形象的咨询

提供有关组织知名度和美誉度方面的咨询,同时对本组织公共关系战略、经营销售战略和广告宣传战略、CI 战略、组织文化提供咨询意见,使原本分由几个部门负责的工作发展成为一个系统,并制定出科学的实施方案供决策者参考。

(二) 咨询建议的形式

公共关系在为组织决策提供辅助性功能时,需要通过一定的形式表现出来,以达到咨询建议的目的。

1. 成立咨询服务部

咨询服务部是组织的智囊团,其主要任务是向组织提供各种咨询建议,为领导科学决策发挥参谋作用。如广东对外经济贸易总公司曾为广州人民造纸厂引进一套造纸设备进行咨询。通过认真比较,分析国际市场行情价格,结果使这一项目为国家节约外汇 100 万美元。

2. 帮助组织选择决策方案和活动的时机[①]

公共关系的咨询作用表现在运用公共关系手段,为决策者评价、选择和实施有

---

① 潘红梅.公共关系学［M］.北京:科学出版社,2009 年,第 33 页.

关的决策,特别应关注决策方案在经济效益和社会效益方面的统一和协调,敦促决策者重视决策行为的社会影响和社会效果。同时,调动公共关系手段,广泛咨询各类公众对象的意见,促进决策过程的民主化和科学化。

组织要提高知名度,就必须多参加和举办各种各样的公共关系活动,如举办记者招待会、商品展销会、博览会、策划新闻稿件等。公共关系人员可根据自己的实践经验,为组织选择适当的时间、地点和方式参与这些活动。通过活动,使组织广结良缘,提高声誉。

3. 参与决策[①]

公关人员不仅要向组织提出一般的咨询建议,而且要尽可能参与决策,为领导决策提供必要的信息建议,直接影响决策过程,这才是公共关系咨询建议的最高形式。公共关系人员要努力开展工作,在决策之前,要广泛征询内外公众意见,获取全面信息。以供参考者参考,使决策方案具有较强的社会适应性和应变弹性,并争取以决策方案中较完整地反映出公共关系人员的工作成绩及其思想而引起领导层的重视,为公共关系人员更多地参与决策活动提供机会。

▷ **案 例 3-7**

松屋百货公司起死为生

日本 1968 年成立的 PAOS 公司,就曾为不少濒临破产的公司更新了"公司整体形象",使这些公司恢复了生机。几年前松屋百货公司因为经营不善而不大景气,于是求助于 PAOS 公司。PAOS 公司经过调查研究,发现该百货公司的顾客大多数为年轻人,于是便根据年轻人爱美求新的心理,建议松屋把重点销售场所加以美化,摆上新鲜蔬菜和水果以招待年轻人。PAOS 公司还注意到,顾客来松屋购买东西主要是为了送礼,于是特别设计出一种精致漂亮的包装纸,使许多顾客着迷。PAOS 公司还进一步为松屋公司设计各种新奇的宣传广告,一时轰动了当地市场。松屋从此名声大振,经营业务蒸蒸日上,度过了濒临破产的危机。

(资料来源:周安华,苗晋平.公共关系理论、实务与技巧[M].北京:中国人民大学出版社,2010)

三、协调沟通

公共关系是组织与社会环境之间的一种协调沟通机制,构建美好组织形象的基础是组织生存环境的和谐。公共关系工作通过有效的信息沟通和交流,可以更

---

① 潘红梅.公共关系学[M].北京:科学出版社,2009 年,第 33 页。

好地协调组织与外部环境以及与内部员工之间的关系。达到组织与环境相适应，以便实现其共同的目的，组织只有不断协调其内外部环境，才能发展壮大。

(一) 组织与内部的协调沟通

一个组织的内部关系状态直接反映着组织的内部凝聚力。管理阶层与全体员工之间的关系，组织内部各个职能部门之间的关系，是组织内部形象的试金石，组织内部关系和谐，意味着组织认可度高，信赖度高。所以组织内部进行协调沟通就显得非常重要，直接影响一个组织的凝聚力。所以我们需要做到以下几个方面：

1. 协调好组织内部上下级关系

任何社会组织关系结构都是上小下大的金字塔形式，下级总占据多数。组织内部上下级关系的好坏，直接关系到员工的积极性、主动性、创造性的发挥和领导者职责的实现，也关系到组织全体职工能否形成良好的团结奋斗精神和产生有效的协调作用。如果上下级关系不协调，就会使组织产生重心不稳的现象。因此，组织公共关系人员应用科学的方法，经常向职工宣传本组织的方针政策，并对方针政策进行讲解，使职工了解组织的计划和决策，并将这些情况及时地传达给领导，保证领导与职工的关系和谐发展。

2. 协调好组织内部各部门以及内部员工之间的关系

在组织内部，各部门之间往往缺乏全局观念，造成的结果是各部门之间沟通不畅，很容易产生纠纷，影响组织的发展与运作。所以要通过协调沟通，加强部门之间的联系和了解，使之相互支持、相互信任、相互谅解，提高组织业绩，实现组织目标。

由于部门之间的隔阂，导致的结果是部门之间员工的关系不和谐，因此，协调好组织内部员工之间的关系，促进人际关系的和谐，是公共关系协调沟通的重要职能。

(二) 组织与外部的协调沟通

协调组织外部关系是公共关系协调沟通职能中最重要的一点。而且任何组织的发展都离不开社会各方面的配合与支持。所以组织首先要处理好各类直接的业务往来关系，其次要妥善处理好组织与各种权力制约部门之间的关系。如果因某种原因发生了矛盾和冲突，公共关系部门就应及时了解情况，如果是组织自身工作出现了问题，危及了公众利益，公共关系部门要根据关系状态的现状，改进自身的运行机制，同时把自己的改进情况尽力向社会做出通报，以期扭转被动局面；如果是外部公众的原因，是因为公众的误解或是他人的陷害造成了对组织形象的损害，公共关系部门首先应该自检，检查组织本身有没有工作漏洞，然后再向社会公众进行必要的解释，以澄清误解。

(三) 协调沟通的方法

1. 反馈调节法。反馈调节即根据信息的反馈适当调整组织的行动,以协调关系。在反馈调节过程中,公共关系人员要把组织的政策、计划情况以及其他信息告之内外公众。同时还要把执行情况以及内外公众的看法及时反馈给组织的决策层,以填补漏洞或进一步修正计划。

2. 自律法。组织与公众之间有时因关系处理不当而引发种种矛盾,如组织内的干群矛盾、部门之间的矛盾,组织外部与社区矛盾、与政府有关部门的矛盾等。这时,组织要善于自律,进行自我检查、自我监督,严于律己,发现问题主动纠正。

3. 感情疏通法。人是有感情的,组织与公众之间也有感情关系。如果双方感情好,任何事情都好办;感情不合,就会造成阻力。因此,公共关系人员要重视心理情感的协调,善于运用感情疏通法拉近公众与组织的心理距离。

(四) 协调沟通的目标

公共关系协调沟通不仅表现在防止问题的形成和产生,也表现在矛盾和摩擦发生之后,及时地阻止矛盾的发展和扩大,最大限度地减少摩擦和纠纷给组织带来的危害和损失。具体包括:

1. 减少摩擦。由于作为公关主体的组织和公关对象的公众处于不同的地位,它们之间必然会存在利益的种种差异和矛盾。又由于他们在信息的掌握上总是不对称的,因此,摩擦在所难免。这就要求组织充分运用公共关系,努力减少摩擦,协调内外关系。

2. 化解冲突。组织的社会关系越多越广泛,产生矛盾和摩擦的机会就越多。对于社会组织来说,有冲突并不是什么坏事,但有了冲突而不思化解、不求改进就是不可原谅的。发生了冲突,公共关系便可充分发挥其协调功能,运用各种有效的交际手段和沟通方式,化干戈为玉帛,化解冲突于无形。

3. 平衡关系。在公共关系发展过程中,不平衡模式一直占据主要岗位。现代公关理论认为,组织和公众都是公共关系的主体,双方都有自己的利益,两者同样重要。当双方利益出现分歧和矛盾时,组织既不能牺牲公众利益,也不要一味地牺牲自己利益,而应通过平等的对话、协商,使双方达成共识,双方都必须做出必要的让步和妥协。因此,公关的任务便是在双方利益得到维护的前提下,实现利益平衡下的新的合作。

⇨ 案 例 3-8

陶器工厂重建事件

美国俄亥俄州一个小镇上有一家陶器工厂,一夜之间被一场大火吞没。由于某种原因,该厂没有在保险公司投保。看来,这个小镇将失去这家工厂了。

然而,就在失火的第二天清晨,人们看到了不可思议的情景:工厂的员工、镇上的太太们、茶馆和酒店的老板、商人和小摊贩以及镇上的其他人,其中还有一位牧师,都不约而同地聚集到废墟上,清理残垣断壁。尔后,在短短的两个月的时间里,大家出钱出力,竟在废墟上重新建起了一座崭新的工厂,并很快恢复了生产。

看到这个事例,谁都会说,这家工厂的人缘好。这说明一个企业始终处于社会利益的联系之中,客户、社会等公众构成了企业的外部环境要素,社会舆论对其形象好坏是至关重要的。因此,广告的内容必须实事求是,要坦白、公正和诚实,把真情告诉群众,以诚恳的态度去争取人们的信任,避免自我吹嘘和哗众取宠。

(案例来源:http://blog.163.com/yguanhong@126/blog/static/ 8609580200611291020233 9/)

第三节 直接功能

一、导向作用[①]

市场经济要求组织迅速完成转轨变性,公共关系的导向作用能加速这一过程的实现:

(一) 组织观念导向

公共关系为组织设计并培养独特的企业精神、组织文化、组织理会和组织方针,使组织能顺应形势,在竞争中有精神支柱,发挥组织的整体实力和优势。

(二) 组织政策导向

组织关系理论的导入,为组织制定经营政策、质量标准以及多种有效措施增添了新鲜内容,使之更有生命力。

(三) 组织行为导向

公共关系对组织的员工素质提出了新的要求,对组织自身整体行为也提出了新的要求,这对于改善组织的经营作风、工作效率,提高组织的工作质量与服务质量都很有意义,有利于为组织赢得良好的信誉。

(四) 组织形象导向

公共关系的主要任务是为组织塑造形象。公共关系将争取公众的活动变成一项自觉、科学的系统工程。

① 郎群秀.公共关系学[M].北京:科学出版社,2007 年,第 60—61 页.

(五) 组织舆论导向

公共关系将组织放在信息社会之中去考虑它的生存与发展,利用各种传播媒介与手段来传播组织形象,传播组织的观念与政策,赢得公众的理解与支持。

在社会主义市场经济条件下,公共关系的五种导向作用相辅相成,构成一个完整的导向系统。它对于组织在发展中创造良好环境,减少前进阻力、适应社会环境有着不可估量的作用。在竞争中通过导向作用去最大限度地争取社会公众的这种公共关系功能,是其他管理手段和功能所无法比拟的。

二、塑造组织形象

组织形象是指某一客观事物在公众心目中造成的总体印象。公众对接触到、感受到或观察到的客观事物必定会在头脑中留下痕迹,依据以往既得的经验和认知体系,对这些痕迹和印象进行分类,形成较为完整和系统的总体印象,即为公共关系组织形象。良好的组织形象对任何社会组织来说,都是一笔无形财富和无价之宝。社会组织一旦在公众心目中树立起自身良好的形象,就能获得公众的支持和合作,取得事业成功。

(一) 塑造组织形象的原则

1. 有效性原则。有效性是指通过开展公共关系活动,力求取得预期最佳效果。

2. 总体性原则,也称整体性原则。总体性原则是指把组织分散的、不连续的公共关系工作系统化、统一化和科学化。

3. 符号化原则。符号化是指通过设计简洁、鲜明、形象的组织和产品标记,使组织和产品形象易于传播,便于记忆。如商标、厂名、厂徽、厂服是组织的重要标记。

(二) 树立组织形象的意义

1. 组织形象是组织的无形资产。良好的组织形象会给组织带来特定的价值。

2. 良好的组织形象能够激励士气。良好的组织形象使组织内部员工产生一种愉悦感和自豪感,鼓舞员工团结进取、奋发向上,促使其加倍努力工作;同时,还可以吸引组织外部的人才。

3. 良好的组织形象,还有利于营造和谐的组织社区环境。

(三) 树立组织形象的评价指标

知名度和美誉度是组织形象评价的两个基本标准。知名度即社会组织被公众认知、了解的程度;美誉度即社会组织被公众信任、赞誉的程度。知名度表现的是公众舆论评价的"量"的大小,而美誉度体现公众舆论评价的"质"的好坏。所以组织要想在公众心目中有高美誉度和高知名度,就要发挥公共关系部门塑造组织形

象的功能,具体可以从以下两方面着手:

1. 扩大影响,提高组织知名度

所谓"酒香也怕巷子深",一个组织无论它的设施多么豪华,服务多么热情周到,无人知道,无人光顾,企业的生存和发展都会受到影响。而且组织知名度的建立不是一蹴而就的,必须作为长期的战略任务来抓,使组织知名度持续向良好方向发展,通过不懈努力,实现长期稳定的形象目标。组织影响的扩大,知名度的提高,和组织充分发挥公共关系的作用是密不可分的。

2. 树立形象,增进组织美誉度

美誉度是指一个组织获得公众信任、赞许的程度,是这个组织的社会影响好坏的程度。它是评价一个组织社会影响好坏程度的指标,对于一个组织具有决定性的意义。无论是 CI 设计还是危机公关处理,树立形象,增进组织美誉度是组织公共关系所不遗余力追求的重点。

所以要注意组织形象在公众心目中的宣传,使公众了解组织,在公众心目中留下好的印象,组织的美誉度也会随之提高。

知名度和美誉度密切相关,但两者并不是必然对等,高知名度不一定意味着高美誉度,低知名度不等价于低美誉度。好的组织形象是高知名度与高美誉度的有机结合。

⇨ 案例 3-9

IBM 公司"金环庆典"活动

美国 IBM 公司每年都要举行一次规模隆重的庆功会,对那些在一年中做出过突出贡献的销售人员进行表彰。这种活动常常是在风光旖旎的地方进行。对 3% 做出了突出贡献的人进行表彰,被称作"金环庆典"。在庆典中,IBM 公司的最高层管理人员始终在场,并主持盛大、隆重的颁奖酒宴,然后放映由公司自己制作的表现那些做出了突出贡献的销售人员工作情况、家庭情况,乃至业余爱好的影片。在被邀请参加庆典的人中,不仅有股东代表、工人代表、社会名流,还有那些做出了突出贡献的销售人员的家属和亲友。整个庆典活动自始至终都被录制成电视(或电影)片,然后被拿到 IBM 公司的每一个单位去放映。

IBM 公司每年一度的"金环庆典"活动,一方面是为了表彰有功人员,另一方面也是同企业职工联络感情,增进友情的一种手段。在这种庆典活动中,公司的主管同那些常年忙碌、难得一见的销售人员聚集在一起,彼此毫无拘束地谈天说地,在交流中,无形地加深了心灵的沟通,尤其是公司主管那些表示关心的语言,常常能使那些在一线工作的销售人员"受宠若惊"。正是在这个过程中,销售人员更增强了对企业的"亲密感"和责任感。

（资料来源：曾琳智.新编公关案例教程［M］.上海：复旦大学出版社，2010）

三、教育引导，提供服务

教育引导就是教育本组织的员工重视本组织的形象和声誉，时时刻刻注意维护本组织的形象。同时组织的目的就是服务大众，以实际行动获取公众的理解和好评，建立组织良好形象的公共关系活动，就是公共关系提供服务这一功能的体现。因此，公共关系人员需要教育和引导组织内部的每一个成员，提高公共关系意识，加强公共关系能力，执行组织的各项政策，自觉维护组织的声誉。

具体而言，公共关系教育引导，提供服务的功能主要包括以下几方面的工作：

(一) 对组织内部公众实施教育引导工作

一个有远见的组织领导者常常不会把公共关系活动仅仅看成是公关部门的事，而看成是组织整体的事，认为开展公共关系，树立公关观念、塑造组织形象与组织所有成员都有密切关系。因此，组织往往对其内部公众实施教育引导，使他们认识到公共关系的重要性，明白树立组织的良好形象必须从每个人的具体工作做起，公关部门对员工的教育引导工作主要包括两个方面：

1. 教育引导员工树立公关意识，提高组织成员凝聚力

公共关系人员应经常教育引导本组织的员工认识公共关系的重要性，培养员工的公共关系意识，使组织成员重视本组织的形象和声誉。使每个人都懂得，企业的形象和声誉同大家的切身利益紧密相关，企业形象的好坏足以使本企业兴旺发达或是破产倒闭。

公共关系人员通过建立和完善组织内部的各种传播沟通渠道和协调机制，促进组织内部信息交流，使得组织上下信息交流畅通，从而营造出良好的内部人事气氛，使组织的各项政策得以贯彻，这样就会促进组织员工思想和行动保持一致，提高组织的向心力和凝聚力，最终使组织的力量被统一到组织管理目标上。

2. 在员工中开展公关知识培训

企业员工仅有为组织增光的良好愿望是不够的，还应掌握一些基本的公关知识和技能，以确保公共关系工作能够落到实处，以便在公众面前树立一个良好的形象。为此，公共关系人员应当面向员工切实开展公共关系的业务培训，进行公共关系技术和实务的训练，使员工掌握从事公共关系工作的各种实际本领和技能。

(二) 对组织外部公众实施教育引导工作

1. 开展培训，引导公众对组织的认同

人们常说"公众永远是对的"，这是从服务的角度将"正确"让给对方，但客观地

讲,公众不可能永远正确,而是需要加以引导。尤其随着科技的突飞猛进、产品的极大丰富,更需要公共关系来培育市场。因为公众不可能了解那么多的新产品,需要不断对其进行商品知识、消费知识、安全保险等方面的教育和引导,使消费群体认同组织。

2. 教育培训,提高知名度和美誉度

向社会提供教育、服务社会是组织树立良好形象的一个途径。例如广州钢琴厂为提高自己的知名度和美誉度,进而扩大产品的销售量,每年都举办少年儿童钢琴夏令营,在广州、北京、武汉等地分别设营。通过这种活动,为社会培养了许多优秀琴师,在社会上树立起了该厂的良好形象,使珠江牌钢琴的销售量一跃而达到全国之首。

四、危机处理[①]

组织危机是指组织与公众发生冲突,或出现冲突事件,使公众舆论反应激烈,组织形象受到严重损害而陷入困境的状况。危机处理包括常见的公关纠纷处理和恶性突发事件的处理。无论是一般纠纷还是恶性突发事件,都会影响组织的形象和信誉,甚至危及组织的生存。因此,处理好危机事件是公共关系的一项很重要的功能。

英国公关专家弗兰克·杰夫金斯曾经谈到:"灾难发生时人们应该怎么办? 今天我们生活在化学、核能、电气外加恐怖危机中,出现的危险还往往不止这些,必须承认,如不采取措施防止最大可能的因素——要像消防站那样,电话铃一响立即组织起来,投入战斗,这就是说要讲现实主义而不是唯心主义。这是公关的一个特殊的领域,它要求具备阻止、准备及预防方面的管理技能,而不只是召开记者招待会的才能。"弗兰克认为:"做事后诸葛亮是容易的,说什么如果我们怎么怎么办,这种事便不会发生。由于管理不善发生事故太平常了。在日常生活中,事故每日每时都在发生。"由此可以看到,隐患随时存在,危机经常可以发生,为此要对危机做好准备。这就是公共关系的危机处理能力,我们一般称作危机公关。

第四节　间接功能

公共关系活动除了对塑造组织形象和进行教育培训等直接功能外,还对个人和社会有间接功能。

---

① 周安华,苗晋平.公共关系理论、实务与技巧[M].北京:中国人民大学出版社,2010 年,第 62—63 页.

一、优化社会环境

公共关系的全部活动和职能,最终是为了树立和创造社会组织的良好形象。社会组织设立公共关系部的目的就是为了使组织通过公共关系而协调起来。虽然公共关系的工作范围和职能很广,但其核心人物是建立社会组织的信誉,创造其良好的形象。

公共关系活动可以促使社会环境优化,主要包括社会互动环境优化、社会心理环境优化、社会经济环境优化和社会政治环境优化等。

(一) 优化社会互动环境

社会互动是指社会的横向关系,指社会上人与人、群体与群体之间的交往和相互作用。公共关系对社会互动环境的优化通过沟通社会信息、协调社会行为、净化社会风气来实现。公共关系对社会互动环境的优化主要表现在:有了沟通,就有了社会互动,通过社会互动行为,向社会灌输强烈的环境意识、高度的责任感,增进社会交往、促进团体合作等来实现社会互动。通过公平、公开、互惠互利的公共关系活动,组织已经完全可以达到目标,人们当然没有必要再去用那些不正当的手段和有违法律和道德的手段。这样,公共关系就在无形中起到了净化社会风气、调控社会行为的作用。

⇨ 案 例 3-10

与社区团结共荣
——政府公众的意义

第二汽车制造厂是一家大型的中央企业,二汽所处的十堰市则是湖北省的一个小市。过去,二汽与十堰市之间常闹摩擦。二汽人常以自己规模大、级别高而自居,不把十堰市放在眼里。十堰市则认为自己是一级政府,企业再大也是在我的地盘上。双方互不买账,互相掣肘,也使各自的利益受到了损害。1989 年以后,二汽和十堰市的领导者,都认真反思,总结教训。他们感到,过去眼光狭隘,相互争斗,造成两败俱伤,现在该是清醒的时候了。只要和睦相处,相互尊重,团结奋斗,才能有利于双方的共同进步和社会生产力的发展。基于这种共识,双方自觉做到不争名、不争权、不争利,彼此互相帮忙和互相支持。

二汽人自觉接受十堰市政府的领导和管理。凡十堰市环保部门对二汽污染的处理,工商部门对二汽厂区集贸市场的管理,公安部门对汽车出售临时牌照的发放和对农转非户口的审批等,二汽相关部门都积极支持和配合。对于十堰市政府关于精神文明建设和人员普查等工作的布置,二汽也都认真照办。二汽为了支持和帮助十堰市的城市建设,每年拿出 300 万～500 万元的城建费,并且积极支持地方工业建设,向其扩散产品,输送技术骨干,还将汽车以优惠价出售给十堰市。

十堰市也尊重二汽,大力支持二汽的生产和销售。市政府凡制定重大决策,事先都征求二汽的意见,在二汽受到市场疲软的困扰时,地方政府积极为二汽筹措资金,帮助东风汽车打开销路。1990 年 5 月,十堰市政府专门组织工商、保险、交通、公安等 8 个部门为促销东风汽车提供"一条龙"服务,使用户在一个办公地点,不用半天就办完过去需奔波三五天才能办完的购车手续。

(资料来源:http://wiki.pinggu.org/doc-view-21720.html)

(二) 优化社会心理环境

任何个人都有合群的需要、情感的需要、交往的需要,如果这些需要得不到满足,就会导致个人心理失调。公共关系恰好可以提供给社会这样一种良好的关系氛围,它用真诚广泛的社会交往帮助人们摆脱孤独和隔阂,帮助人们获得一种心理自控能力和心理释放能力,从而营造一种良好的社会心理环境。

正如美国黑人运动领袖马丁·路德·金所说,人之所以会互相仇视,是因为他们之间害怕;他们之所以害怕,是因为他们互相不了解;他们之所以互相不了解,是因为他们互相不能交流;他们之所以互相不能交流,是因为彼此隔离。因此,接触、对话、交流这些公共关系的基本概念,是优化社会心理环境的绝妙良药。

(三) 优化社会经济环境[①]

经济繁荣是社会现代化的基础,经济环境是社会环境的主要方面。公共关系有助于营利性组织争取最好的经济效益,从而促使整个社会经济繁荣。

优化经济环境不只表现在促使经济增长方面,还体现在促使所有社会成员消除贫困,使广大人民群众的教育、医疗、卫生、社会福利等条件不断得到改善。公共关系加强了社会各部门、各团体之间联系,促使其齐心合力承担各种社会义务,改善经济环境,消除经济环境中薄弱、落后的部分。

(四) 优化社会政治环境

公共关系既是民主政治的产物,反过来又促进民主政治的建设。公共关系主要从两个方面促进民主政治的建设:一是树立以民为本思想,增强社会管理人员的公仆意识和人民群众的主人翁意识,同时也使他们自觉地深入民众之中,关心他们的需求,倾听他们的呼声,帮助他们解决问题;二是满足人民群众参与社会公共事务决策和管理的愿望,从而大大激发了他们的主人翁意识,这些对政治环境的优化是十分有益的。

---

① 郑逸芳,纪新青.公共关系学[M].北京:中国农业出版社,2007 年,第 55—56 页.

二、提高个人素质

公共关系活动对于提高个人素质,使其适应现代社会发展有着积极的作用,这种作用主要体现在促使个人观念的更新和个人能力的提高上。

(一) 公共关系促使个人观念更新

1. 注重个人形象的观念

公共关系是塑造组织形象的艺术,它灌输给每一个人有关形象的意识,使人们由注重组织形象进而到注重个人形象。从个人形象的组成因素来看,它既包括内在形象也包括外在形象。内在形象是个人形象中最重要的,它包括一个人的社会责任感和道德感,包括一个人的学识修养、个人心理特征等。外在形象对个人来说也十分重要。我们常常说,爱美之心,人皆有之。但事实上,总有些人对自己的形象并不是很在意,在言谈举止上、姿势动作及穿着打扮方面表现得漫不经心。组织会通过公关活动向人们灌输形象意识,它甚至会要求个人在公共场合和社交场合要尽量地修饰自己的外表和仪态,保持得体的形象和风度。

2. 尊重他人的观念

公共关系强调"顾客第一""公众至上",以尊重公众的意愿,满足公众的需求为己任。特别是与人交往和沟通过程中,我们特别强调要尊重他人。在企业看来,消费者是衣食父母、是上帝,当然要尊重;在党派领袖看来,选民是水,他们是舟,水能载舟,亦能覆舟,不尊重选民,自己就得下台。其实我们从人际交往的角度来看,尊重他人就是尊重自己,你尊重他人,他人才会尊重你。所以,在公共关系活动中,应该培养人们学会尊重他人的观念。

3. 交往合作的观念

社会分工和专业化不仅需要人们交往、沟通,更需要人们进行合作。而且人与人的合作也正变成一种社会要求,是否具备合作精神或合作观念,甚至成了某些组织录取员工的一个重要标准。此外,组织为了营建一个良好的环境,在公共关系活动中需要广结人缘,带给人们一种现代交际观念。而在提倡合作观念方面,公共关系可以说是不遗余力的。因此,公共关系确实有助于人们树立合作观念。

(二) 公共关系有助于个人能力的提高

公共关系作为一门实用性、操作性很强的学科。其中有相当一部分内容是关于实务技巧的传授和训练,因此,公共关系除了促使个人观念更新外,还有助于个人能力的提高。

1. 创造能力的提高

与急剧变化的社会相一致的是人们求新求异心理的日益增强。为了树立组织形象,公共关系常以其独特新颖、别具一格、出奇制胜的专题活动吸引公众。这种创造性的劳动能够培养和提高人的创造能力。

2. 交际能力的提高

在从事公关活动中,公关人员的交际能力和水平往往会对公关活动效果产生很大影响,有时甚至是决定性的。而现实中的公众和环境都是比较复杂的,并且会时刻发生变化,根据变化的环境做出正确决策就是公关人员的必修课。公共关系活动可以培养个人出色的交际能力。比如在新中国成立之初,周恩来总理就以其卓越的交际能力在国际政治舞台上纵横捭阖,为新生的人民共和国创造了良好的外部环境。这种交际能力包括:掌握各种交际规范和礼仪;善于进行各种沟通协调工作;有广泛的社交范围等。

3. 自我调节能力的提高

在公共关系活动中,公关人员常常要和不同的组织和个人打交道,经常要和各种矛盾、冲突打交道,要处理各种突发事件,其自身的心理状态也会随时发生变化。但工作不能不做,而且必须要做好,这就促使公关人员随时调整自己的心态,摆正自己的位置,不管在任何情况下都能以职业态度和乐观心情去面对工作和生活。这样,个人的自我调节能力可以得到很大的提高。

总之,无论是优化社会环境还是提高个人能力,公共关系都有着重要的作用,这些作用不但是公共关系成为科学的深层社会基础,而且是公共关系成为热门话题的直接社会背景。

(三) 增进社会整体效益

公共关系职业的日益兴起,与国际上愈来愈重视企业、公司等社会组织对社会整体的效益有关。任何社会组织,如果它的发展是以损害社会利益为代价的,那么这种发展绝不可能持久,必然会受到公众的谴责。首先公共关系人员实际上是起着权衡社会组织整体效益的功能,从而促进整个社会发展。其次,公共关系有助于建立和维护地区、国家良好的经济环境,为该地区、国家内的企业提供良好的发展条件,也有利于吸引更多的外部资源(如投资、技术、人才)进入该地区,从而促进该地区整体经济的发展。第三,公共关系活动的进行还可促进现代社会中信息的共享和交流,大大降低市场交易成本,使经济活动变得更为规范和有序,使社会资源得到更为有效的利用。

⇨ 本 章 小 结

本章主要介绍了公共关系功能,其中有传播性功能、管理性功能、直接功能和间接功能。

传播性功能主要是通过各种传播媒介,将组织的有关信息及时、准确、有效地传播出去,争取公众对组织的了解和理解,提高组织及其产品、人员的知名度和美誉度,为组织创造良好的社会环境,树立良好的组织环境。

　　管理性功能主要包括搜集信息、咨询决策、协调沟通等管理型功能,在进行公共关系活动中,对社会组织所起到的指导和导向作用。在直接功能中,主要有公共关系的导向、塑造组织形象、教育引导、危机公关的功能。在间接功能中,主要指公共关系对个人和社会组织所起到的作用。

⇨ 复习思考题

一、简答题

　　1. 优化社会环境功能主要包括哪几方面的内容?

　　2. 公共关系功能大致上可以分为哪几种功能?

　　3. 协调沟通功能的目标是什么?

　　4. 公共关系功能从哪些方面促进个人能力的提高?

二、论述题

　　1. 试论述公共关系教育引导、提供服务的功能主要包括哪些方面的工作?

　　2. 公共关系是如何促使个人观念更新的?

三、案例分析题

顾客因争座被殴打投诉肯德基

　　2000 年 8 月,江西第一家肯德基餐厅落户南昌,开张数周,一直非常火爆。不想一月未到,即有顾客因争座被殴打而向报社投诉肯德基,造成一场不小的风波。

　　事件经过大致如下:一位女顾客用所携带物品占座后去排队购买套餐,后因座位被一位男顾客占座而发生争执。这两位顾客因占座发生的口角,尽管已引起其他顾客的注意,但都未太在意。此时肯德基的员工并未及时平息两人的争端。接着两人由争执上升到大声争吵,店内所有顾客都开始关注事态:邻座顾客停止用餐,离座回避;带小孩的家长担心事态危险和小孩受到粗话影响,开始带领小孩离店。最后二人由争吵上升到斗殴,男顾客大打出手,打伤女顾客后离店,别的顾客也纷纷离座外逃和远远地看热闹。

　　女顾客非常气愤,当即要求肯德基餐厅对此事负责,并加以赔偿。但餐厅经理表示"这是顾客之间的事情,肯德基不应该负责",拒绝了女顾客的要求。女顾客气愤之下,马上打电话向《南昌晚报》和《江西都市报》两报投诉。两报立即派出记者到场采访。女顾客陈述了事件经过并坚持自己的要求,而餐厅经理在接受采访时对女顾客被殴表示同情和遗憾,但认为餐厅没有责任,不能做出道歉和赔偿。两报很快对此事做了专门报道,结果引起众多市民的议论和有关法律专家的关注。

　　事后,根据消费者权益保护法,肯德基被认为对此事负有部分责任,向女顾客公开道歉,并赔偿了部分医药费,两报对此也都做了后续报道,在社会上引起很大反响。

　　(案例来源:曹洪珍.公共关系学[M].北京:中国科学技术出版社,2010)

▷ 思 考 题

　　1. 肯德基餐厅应该发挥哪些公共关系功能来挽回本次事件带来的负面影响?

　　2. 肯德基餐厅应该采取哪些措施来避免类似事件的发生?

第四章　组织形象塑造

▷ 学习目标

1. 了解组织形象的内涵及意义
2. 掌握组织形象定位的方法
3. 了解组织形象设计的流程
4. 掌握 CI 的含义、内容和结构
5. 了解 CI 设计及导入过程

▷ 引　例

21世纪杜邦公司"创造科学奇迹"新形象

杜邦公司,1802 年创办于美国的特拉华州。近 200 年不断的科技发展,使杜邦从创业初期的一种产品——黑色火药及 36000 美元的资产发展成为如今世界上历史悠久、业务最多元化的跨国科技企业之一,总营业额达 400 多亿美元,在财富全球 500 强大企业中名列前茅,并位居化工行业榜首。

如今,杜邦及其附属机构在全球拥有 92000 多名员工,180 余家子公司,生产设施遍布近 70 个国家和地区,服务于全球市场的食物和营养、健康保健、农业、服装和服饰、家居及建筑、电子和运输等领域,为提高人类的生活品质而提供科学的解决之道。

但杜邦近些年在人们心中仍是一家以发明原材料、生产传统化学品为主要业务的"化学公司"。而在 1935 年就一直使用的企业口号"生产优质产品,开创美好生活",也只是专注于杜邦的产品,对杜邦企业精神的强调并不突出。随着 21 世纪的来临,科学在各个方面都日益成为人们日常生活的一部分。杜邦在科学研究方面有相当长的历史,我们的调查资料显示,杜邦是为数不多的被公众认为是具有科学实力的公司之一,而且目前杜邦正在将自己发展成为一个增长更快、知识含量更高的公司。

杜邦意识到,一个能独特地表述公司精髓的新企业定位,对于加快公司发展进程极为重要。为了更好地反映杜邦公司今后发展的方向,杜邦公司决定对其企业的定位进行调整,使其能反映出企业发展策略的转移以及企业形象的改变。因此做了大量的市场调查,并提出了相应的建议。

杜邦公司充分认识到,企业的重新定位不仅仅是一个新的企业口号或一个新的广告运动。最后,"创造科学奇迹"这一口号脱颖而出。"创造科学奇迹"这个新定位是一个长期努力,它独特地描述了公司进一步发展的方向,是杜邦公司进行企业改革的一个重要部分。

(资料来源:李祚,张东. 公共关系学[M]. 北京:中国劳动社会保障出版社,2007)

第一节　组织形象的内涵与意义

组织形象是企业最重要的无形资产,树立良好的组织形象对组织的生存和发展至关重要,良好的组织形象能使公众认可、支持和合作。任何一个社会组织都应该非常重视自身形象的塑造,如著名的肯德基公司、IBM、可口可乐以及日本的松下公司,中国内地的海尔、联想集团都非常注重自身形象的塑造。

一、组织形象的内涵

(一) 组织形象的定义

关于组织形象的定义有很多种,但是综合起来,组织形象是指在某种特定文化背景和环境下,社会公众对某个组织综合认识后所形成的整体印象和综合评价。因此,树立良好的组织形象对组织来说至关重要,是组织公共关系工作的努力目标。

可以从三个方面理解和把握组织形象的含义。第一,组织形象作为一种总体评价,是各种具体评价的总和。第二,组织形象的评定者是社会公众。第三,社会公众对于组织形象的评价不是凭空产生的,而是源于组织的各个方面的表现以及这些表现在社会公众心目中的印象。

(二) 组织形象的特征

1. 客观性

组织形象是客观存在的。因为形象形成的基础是组织自身状况及其行为的表现,脱离了组织的客观表现,就无法评价一个组织的形象,而且组织形象的优劣,不该由该组织对于自身的评价来决定,而应由组织的产品或服务体现出来,并在公众的心目中产生某种影响和印象,从而客观地反映出来。

2. 相对稳定性

组织形象一旦形成,当影响形象的因素不发生变化时,不论是它的理念还是外在形象,都会在一定时空条件下,在一定的公众心目中形成一种心理定势,因而组织形象具有一定的稳定性。但这种相对的稳定性,并不是绝对的不变性。反之,若影响形象的某一因素发生变化或开展某项公共关系活动后,组织形象也会发生某些变化,甚至发生根本变化。所以对组织而言,塑造良好的组织形象就应设法使公众对组织持认可和赞许的态度,使组织形象在某种程度上保持相对的稳定。

3. 传播性

组织形象的塑造离不开传播。传播是连接组织与公众的桥梁。组织要在公众中树立良好的形象,必须借助于传播这一渠道和手段。群众对组织形象的了解,主要是通过各种渠道的信息得来的。组织形象的塑造得到公众的认同时,说明组织在塑造形象的过程中的传播是成功的。如果组织的实际形象与公众心目中的形象不一致,甚至相反,说明传播是不成功的。由于信息量的巨大和信息渠道的多元化,公众在接受信息的时候往往具有极强的选择性,所以,充分重视并成功地利用大众传媒和其他传播方式,是在公众中建立良好的组织形象的一个极为重要的问题。

4. 整体性

组织形象是一个有机整体,本身是由复杂的因素组成的。有社会公众容易了解的产品的质量、功能、包装、品牌等外在组织形象;还有一些看不见的、公众不容易感知的组织文化、宗旨和精神等要素,这些要素相互依存,相互联系,共同构成了组织形象的有机整体。当然,对于有些组织而言,可以会因某一方面的形象比较突出,进而掩盖其他方面的宣传,导致组织形象不完整。这是因为组织的宣传有侧重点,公众不可能全面了解组织的所有情况。这就要求组织认真地对待每一个方面,从而形成在公众心目中良好的组织形象。

(三) 组织形象的构成要素

1. 产品形象

组织的产品形象是企业形象存在的物质性基础,是公众对组织提供的产品或服务所形成的认知和评价,它是组织形象的基本要素和客观基础。公众直接通过产品了解一个组织,组织也直接运用产品去争取公众,产品形象是整个组织形象的客观基础。产品形象的基本要素包括产品的名称、质量、性能、包装、品牌商标等。除了企业的产品外,政府的公共政策、电视台的节目、餐馆的菜肴、宾馆的客房、银行的服务项目甚至是学校培养出来的学生等,都是产品的特殊形象,形成企业的特定形象。

2. 人员形象

人员形象也是组织形象的一个重要方面。人员形象,是指通过组织成员的品行、素质、作风、能力、态度、仪表等所体现出来的形象,组织的人员是最活跃的形象载体,通过组织成员所展现出来的组织形象,一般包括组织领导人的形象、管理人员的形象和全体员工的形象。组织领导人的战略眼光、创新能力、组织能力、交际能力等,无时不在显示着组织的形象,决定公众对公司组织形象的认知。一个人才济济、阵容整齐的组织,会使组织的形象倍增光彩。人才形象主要包括人才阵容、科技水平、管理水平等。

3. 文化形象

文化形象是通过组织的"软文化"所体现出来的形象,是组织形象的精髓所在。组织的文化形象主要包括组织使命、组织精神、组织价值观和组织目标。组织的文化形象决定组织的发展方向和形象风格,任何一个组织都应该有一个基本信念和目标宗旨,用以维系、动员、激励全体内部公众,充分调动他们的积极性、主动性和创造性,这就凸显了组织文化形象的重要性。当然,除了以上要素体现组织文化形象外,组织的历史传统、职业道德、礼仪规范以及各种宣传品也形象体现了组织的文化形象。

4. 环境形象

环境形象是指通过组织的相关环境设施所展现的形象,它对组织起着烘托和装饰的作用,是组织形象的硬件部分。包括企业的地理位置、建筑设施、门面招牌、展览室、会客室、生产场地等,这些都属于组织的硬件设施,其中,独特的广告招牌会加深公众对于组织的印象,如阿里巴巴公司的广告牌采用一致的橘色,与阿里巴巴公司的标准同一个色系,看到阿里巴巴的广告就会让公众想到其独特的标识。特定的地理位置也算是公司的活广告,同样阿里巴巴的公司就建在钱江四桥旁边,去杭州滨江区的车辆只要过了桥,就会发现醒目的阿里巴巴,这无疑为公司组织形象提供了无形的帮助。

二、塑造组织形象的意义

现代组织之间的竞争越来越归结为组织形象的竞争,组织形象已成为组织的无形资产,全面地塑造组织形象对于组织的发展具有重要的意义。

(一) 塑造组织形象可以提高组织的效益

组织的生存依赖于社会大众,而组织形象就是组织生命力的表现。组织的知名度和美誉度越高,组织的生命力就越强。组织形象的优劣,在竞争中已经成为至关重要的因素,甚至是具有决定性意义的因素。良好的组织形象可以让公众从众多的厂家、产品中选择他们认为放心,值得信赖的厂家和产品,这些被选择的组织就会获得公众的信任和好感,这样就可能提高组织产品和服务的市场占有率,从而提高组织活动的生存能力与竞争能力,提高组织活动的效益。

(二) 塑造组织形象可以增加企业的无形资产

无形资产是组织资产的重要组成部分,日本丰田汽车公司就很注意其无形资产的保护,以此来不断完善组织形象。在丰田汽车维修中心,汽车修好后,维修中心都会把汽车加满油后再开回用户家中。这种服务态度,为丰田汽车树立了良好的组织形象,使公司的无形资产备增。可见,无形资产的作用、价值可以远远超过有形资产。无形资产具有如此大的魅力是因为它代表组织在公众心目中的良好形象,组织形象的好坏决定了无形资产价值的高低。世界上很多著名的组织都有很高的无形资产的价值,比如大家所熟知的可口可乐、微软、诺基亚、迪士尼、肯德基,都是世界上排名很靠前的知名品牌。这些企业一直都在不断地发展,塑造组织良好的形象,增加企业的无形资产。

(三) 塑造组织形象可以提升组织生存发展的精神资源

组织的生存发展依赖于组织形象的塑造,良好的价值观和行为规范加以确立,为组织自身的生存和发展树立了一面旗帜,向全体员工发出了一种号召,这种号召将组织的全体成员紧紧地凝聚在一起,提高整个组织的默契度。良好的组织形象也可以使组织内部的员工产生一种自豪感,刺激员工的工作热情和积极性。此外,良好组织形象的建立,不仅对内有着极大的凝聚、规范、号召、激励作用,而且能对外辐射、扩散,在一定范围内对其他的组织乃至整个社会产生重大影响。

(四) 塑造组织形象可以使组织获得更好的发展机会

良好的组织形象一旦确立,组织的声誉就会大大提高,不仅在效益上有所提高,还可以使组织得到政府决策上的支持和倾斜,使股东乐意做战略性投资,保险公司愿为其分担经营风险,经销商尽力构筑便捷、通畅的供销渠道与网络渠道,使组织在激烈的市场竞争中立于不败之地。使组织获得更好的发展环境和发展条件。

第二节　组织形象的定位与设计

一、组织形象的定位

组织形象的定位是指组织在有计划地开展公共关系工作时,根据组织的实际形象和目标公众的特殊要求,选择自己的经营目标和经营理念。为确保形象的定位准确,必须正确地了解和把握目标公众及其特殊需求。

美国著名营销专家菲利普·科特勒(philip kotler)指出,定位就是树立企业形象,设计有价值的产品和行为,以便使细分市场的顾客了解和理解企业与竞争者的差异。如果企业没有统一的组织形象定位,就无法开发企业的形象资源,而准确的组织形象定位,就为组织的成功奠定了基础。

(一) 组织形象定位归因

在现代社会中,多数组织为了塑造自身的形象,大都采用了公共关系、广告等宣传手段,但由于广告及公共关系活动数量的暴增,导致了对公众的影响力相对降低。再加上产品和服务的趋同化趋势和"过度"传播,使公众更难在眼花缭乱的市场中确认某一组织。此时,最有效的识辨方法就是明确独特的组织形象定位。只有这样,才能使组织形象的信息深入人心,让他们在消费者心目中扎下根。IBM 并不是电脑的发明人,而是由兰德(Sperry－Rand)公司发明的,从这一点讲,IBM 在电脑方面的主体个性肯定不是优势。但是 IBM 确实运用有效的传达方式使人们将电脑与 IBM 联系起来,并以优良的服务,建立起"IBM,意味着最佳服务"的形象定位。从营销角度讲,IBM 在售前、售中和售后服务上确立了自己的特色:快捷、便利、放心使用、保证维修。所有一切,使其确立了企业形象的地位。

(二) 组织形象定位的方法

1. 个性定位法

个性的定位法主要是指充分表现组织独特的信仰、精神、目标与价值观等。它不易被人模仿,是自我个性的具体表现。这既是组织形象区别于他人的根本点,又是公众认知的辨识点。因此,组织形象定位时一定要注意把这种具有个性特征的组织哲学思想表现出来。这种形象可以是整体性的,也可以是局部性的,如组织的人员个性、产品个性、外观个性、规范个性,等等。

2. 优势定位法

公众对组织形象的认识实质上是对其优势性的个性形象的认识。实际上这也是组织突出自我个性的另一种方法,即突出组织的优势。企业给予公众这种优势性形象的定位,才能赢得公众的好感和信赖。不同特色的组织都有不同特色的优势,只要抓住其优势特色进行定位,就可以很好地发挥作用。比如中国的丝绸和陶瓷是我国历史留下的宝贵资产,也是别的国家所没有的特色产品,我国完全可以通过这个方面突出自己的优势。

3. 层次定位法

层次定位法可以从表层形象与深层形象来进行定位。

(1)表层形象定位

表层形象定位是指构成组织形象外部直观部分的定位,比如厂房、设备、环境、厂徽、厂服、厂名、吉祥物、色彩、产品造型等的直接定位。例如"可口可乐"那鲜红底色上潇洒动感的白色标准字就体现出了"世界第一可乐饮料"的大家风范。

（2）深层形象定位

深层形象定位主要是根据企业内部的信仰、精神、价值观等企业哲学的本质来进行定位的。例如美国通用公司的"以提供高品质的产品与服务为目标，满足顾客需要，成果共享，利益均沾"的定位即为深层形象定位。

4. 公众引导定位法

企业通过对公众感性上、理性上、感性与理性相结合上的引导来树立组织形象的定位方法。即我们传统所说的晓之以理，动之以情。

（1）感性引导定位法

感性引导定位法主要是指企业对其公众采取情感性的引导方法，向公众诉之以情，以求消费者能够和企业在情感上产生共鸣，进而获得理性上的共识。比如"百事可乐，新一代的选择"，就是针对新崛起的年轻一代而定的；海尔集团的"真诚到永远"则以打动人心的感情形象扎根于公众心目中。

（2）理性引导定位法

理性引导定位法主要指对消费者采取理性说服方式，用客观、真实的企业优点或长处让顾客自我做出判断进而获得理性的共识。比如艾维斯出租车公司的"我们仅是第二，我们更为卖力"，就表现出公司对公众的真诚、坦率；苹果电脑那只被挖了一块的苹果，让公众清楚地知道公司仍然存在不足，并非完美，但他们会不断努力。这种理性的引导公众的定位更有利于培养起公众对企业的信任。

（3）感性与理性相结合的引导定位

感性与理性相结合的引导定位综合了感性与理性的双重优势，可以做"情"与"理"的有机结合，在对公众"晓之以理"、"动之以情"的过程中完成形象定位。麦当劳以其干净、快捷、热情、优质而组成的"开心无价，麦当劳"为其组织形象定位，充分表现了公司愿让每一位顾客都享受到"高兴而来，满意而归"的宗旨。这种既表现出企业的价值观又带有人情味的形象定位，能适应不同消费者心理的多方面需求，更能赢得公众的青睐。

5. 形象定位法

形象定位主要从内部形象定位和外部形象定位来分析。

（1）内部形象定位

内部形象定位主要指企业家、管理人员、科技人员以及全体员工的管理水平、管理风格的定位。如喜来登酒店的"在喜来登小事不小"，昆仑饭店的"深疼、厚爱、严抓、狠抓"，都是其管理风格的真实写照。

（2）外部形象定位

外部形象定位是指企业外部的经营决策、经营战略策略、经营方式与方法等方面的特点与风格的定位，如今日集团的"一切为了国人的健康"，长安汽车的"点燃强国动力,承载富民希望"等,都是属于外部形象定位的方式。

⯈ **案例 4-1**

日本尼西索公司的形象定位

日本尼西索公司在第二次世界大战结束时只有三十多名职工,却生产雨衣、游泳帽、卫生带、尿垫等多种产品,品种驳杂,缺乏明显的形象定位,生产经营极不稳定。战后的经济恢复和发展给企业带来了契机。有一次,尼西索公司的董事长多川博在考虑市场定位时看到一个日本的人口普查报告,得知日本每年大约出生250万个婴儿。多川博想,如果每个婴儿用两条尿垫,一年就需 500 万条。如果能够出口,市场就更大了。于是尼西索公司把企业及产品定位于"尿垫大王"上,放弃一切与尿垫无关的产品,最后靠它明确的形象定位占得日本 70% 以上的婴儿尿布市场,成为名副其实的"尿垫大王"。由此可见,在当今产品、宣传都先进的时代,组织形象要得到公众的认可,首先必须进行准确的定位。

(资料来源:任正臣.公共关系学[M].北京:北京大学出版社,2011)

二、组织形象的设计

在经济全球化的今天,市场机制日趋成熟,市场的产品、服务差异日渐缩小,组织间的竞争已发展到了组织形象的竞争。于是,如何树立个性化的组织形象,成为现代组织中的重要课题。

(一) 组织形象的内在基础[①]

组织形象的设计必须首先从它的内在基础开始,这是组织形象相互有所区别的根本,其中主要包括组织事业领域的确定、组织目标的确定和组织理念的确定三个方面。

1. 组织事业领域的确定

组织的事业领域与生产领域有很大的差别。生产领域是组织生存的基础,事业领域则是组织面向未来的总体方面,是组织发展的长远意图,作为组织行为的总纲领,组织事业领域能够并且应该使每个员工都清楚并参与到以后的组织活动中来,确定各自的责任范围,在工作中获得自我的成长机会,并为组织今后的资源分配和利用指明方向。如雅马哈是人们熟知的日本公司,它本以生产钢琴为主,后来发展到电子琴、射箭用具、滑雪设备、游船、网球拍和游乐场,这实际上就是根据企业的事业定位——娱乐工业进行开发的。

---

① 李道平.公共关系学[M].北京:高等教育出版社,2010 年,第 157—159 页.

事业领域的内容主要包括四个方面:组织历来的"业务"是什么? 组织的总目标是什么? 组织的未来该如何? 组织怎样才能在不断变化的环境中稳步发展? 一般而言,对组织事业领域的表达,必须包括核心产品或服务、基本市场、主要技术、组织性质等四个因素,才能为组织的发展确定一个基础的范围。

组织在确定事业领域时,必须充分考虑技术发展的未来趋势,使组织的形象定位能为组织的发展提供相当大的空间;同时,组织的定位还要充分考虑消费者心态的变化趋势,既要谨慎,保持经营内容的连续性;又不可过于死板,丧失了灵活性和可变性。实际上,组织要繁荣兴旺,就必须对自己的任务进行不断地审查,并在必要时加以改变。

2. 组织目标的确定

组织的事业领域只是描述了组织的发展前景、希望,它并不是详细的量化指标,要使它真正落实还必须设定相应的目标。

组织目标分为总目标和阶段目标。任何一种目标的确立都必须遵循下列原则:

(1)一致性原则。总目标的确定必须与组织确定的事业领域保持一致,是组织事业领域的量化指标;阶段目标必须与总目标一致,是总目标的分解。

(2)可行性原则。组织确定的目标必须既富于挑战性,又符合客观发展规律,是最终能够实现的。

(3)可衡量性原则。目标必须是明确的,应侧重定量化和便于计量。目标定得越明确具体,越具有可行性。

(4)优先性原则。总目标的确定往往要经过相当长的时期,因此,必须根据阶段目标对总目标的重要性进行排序,将其中最重要的、具有决定性的阶段目标优先实行,保证其实现。

3. 组织理念的确定

组织理念特指带有个性的组织经营活动的思想或观念,其作用如同空气对于生命,虽然看不见、摸不着,但足以影响组织的兴衰成败。IBM 公司的创始人在谈到组织信念时说:"任何一个组织要想生存、成功,首先必须拥有一套完整的信念,作为一切政策和行动的最高准则;其次必须遵循那些信念。处于千变万化的世界里,要迎接挑战,就必须自我改变,而唯一不变的就是组织信念。换句话说,组织的成功主要是跟它的基本哲学、精神和驱策动机有关。信念的重要性远远超过技术经济资源、组织结构、创新和时效。"由此可见,组织理念是组织生命力和创造力综合的整体反映,是一切组织形象的出发点和归宿点。

(二) 组织形象的外在条件

组织形象的设计除了注重内在基础的建立之外,还需要与外在条件相配合,才能使组织形象在市场竞争中保持优胜的状态。组织形象的外在条件可分为市场环境中的条件和未来发展中的条件。

1. 市场环境中的条件

社会进入高度成熟的消费时代后，公众需要的，不只是量的满足、质的追求，他们更强调"感性"的需要，也就是说，消费者要求有一种被关心、被理解、被诱引、被个性化服务的感觉。面对如此"挑剔"的消费者，组织只有通过具有个性化的形象战略，赋予组织独特的魅力，才能接受消费者的挑战。如三菱公司的"诚实、和睦、公私分明、顾客第一"的定位；美能达的"通过以光为中心的视觉器材，来提高信息的质量，使人人都能享受并实现创造的梦境"的定位；美国兰铃公司"优质与服务"的组织形象定位，都是各自整体组织的文化特征在为公众服务中的集中表现。正如畅销世界的《成功之路——美国优秀公司的管理经验》一书中所说到的："不管是不是都像弗里托公司、国际商业机器公司或迪斯尼公司那样醉心于服务，所有的优秀公司看来都充满着强大的服务精神。我们的一个重要结论是：不管这些公司的业务是金属加工、高级技术，还是汉堡包，它们始终都把自己定位为服务性企业。"所以，从创立良好组织形象的本质上讲，创造满足公众需要的、具有文化内涵的一流服务是其形象的基础。

市场环境中的条件的另一个方面就是组织形象必须与同行组织之间保持差异性。这样才能在复杂的市场中独树一帜。组织形象的差异性不仅表现在组织的标志、商标、标准字和标准色等不同于其他组织，还表现在组织的经营哲学、企业文化、市场定位、产品定位、营销手段、组织机构设置等不同于其他组织。同时，这种差异性还表现在国与国之间的民族差异上。由于各个国家在政治环境、文化背景、社会特征、组织形态、国民心态等方面存在差异，使组织形象的内涵及形成的运用规律、具体模式都具有不同的社会性和民族性。因此，在设计组织形象时必须重视其形象的差异性。

2. 未来发展中的条件

在设计组织形象时，不仅要考虑到现在的定位，而且还考虑到如何在公众心目中立于不败之地，如何继续发展组织形象的问题。因此，必须注意到组织形象的统一性和动态性，这对组织形象在未来的发展中起着重要的作用。

(1)统一性。组织形象设计的基本内容就是形成统一的组织形象系统，使组织形象在各个层面上得到有效的统一。它是突出组织个性、强化组织形象的最有利的武器，是组织形象可持续发展的基本保证。组织形象的统一性具体表现在企业理念行为及视听传达的协调性，产品形象、员工形象与组织整体形象的一致性，组织的经营方针与其精神文化的和谐性等方面。各要素之间的系统一致性就像奔流不息的同一脉流水，互相导引，互相照应。因此，组织在形象设计时，一方面要把组织形象灌输在经营管理思想和经营管理活动之中,不仅要注意通过厂徽、建筑物等外表形状,而且还要通过组织的优质产品和优质服务以及组织文化活动来体现组织的完整形象;另一方面则要调动组织员工塑造组织形象的积极性,教育和要求组织每个员工充分认识到自己所处的地位和作用,用组织形象规定的价值观和准则来约束自己。只有这样,组织形象才有可能在未来发展中不会被人所忽视。

(2)动态性。组织形象的设计和导入是一项复杂的系统工程,它牵涉到组织经营的方方面面,既是组织外在"形象"的更新,也是组织内部"灵魂"的革命。因此,组织形象的树立不是一次性的短期行为,而是一项长期的工作。在这一期间,组织的内外环境,如经营战略、经营方式、市场定位、产品定位及机构设置等都可能发生变化。因而,组织的形象设计也不可能是固定不变的,它应随着组织内外环境而不断进行调整。组织形象的设计和推广应是一个只有起点而永无终点的螺旋上升过程,这才是保证组织形象可持续发展的重要条件。

(三) 组织形象设计的作业流程

组织形象的设计是一项周密、复杂、系统的长期发展规划,作为一项系统工程,必须按照一定的准则,循序渐进地展开工作,才能达到预期的目标。

就整体而言,组织要一次性完成所有的组织形象设计并使之统一化,并不是轻而易举的。这不仅需要投入大量的资金,更需要大量的人力和时间。因此,组织可以根据自身的需要和状况,有秩序、有选择地逐步进行。

第三节 组织形象的建立与推广

一、组织形象的建立

对于一个组织而言,组织形象的建立一般有三个步骤:

(一) 组织现有形象的调查

在这一步骤中重点在于把握组织的经营现状、外界认知、设计现状,客观地分析组织现有形象的优劣,它是组织形象建立的依据。对组织现有形象的调查可以通过内部调查、外部调查和组织综合指数调查。

1. 内部调查

内部调查主要是通过对组织经营理念、行为准则、营运机制、生产管理水平、技术及人才储备、产品结构、员工状况、产品开发策略、财务、信息传达方式、现存组织形象等方面的内部检讨、研究和分析,整理出组织形象的问题点。内部调查应从与高层主管访谈、与员工访谈、文案调查、情报视觉审查等四个方面入手。

2. 外部调查

外部调查可分为两个层面:一是宏观层面,它包括经济、政治、社会、科研等几个方面;二是微观方面,它包括竞争对手、市场调研等方面。外部调查可以了解和掌握组织面临的外在状况,为准确、顺利建立组织形象提供重要的依据。

3. 组织综合指数调查

它主要是调查公众对本组织的认识、态度和印象。这是一个受综合因素影响作用的结果。其中主要包括组织文化、组织精神、组织的产品质量、质量态度、组织认知度、组织美誉度、组织和谐度等方面,它直接影响着组织的整体形象。特别是认知度、美誉度、和谐度这三个指数更是调查的基本内容。为了有的放矢地建立或改善组织形象,必须围绕关键公众(员工、消费者、新闻媒介、融资界等)对组织的意见和态度展开调查。这是组织形象调查的重要因素。

(二) 组织形象框架的设定

这一阶段主要是以组织形象的调查评估为基础,对组织未来形象建立构筑理念、行为和识别系统,提出具体可行的形象塑造方案。组织形象是否能扩大、是否能成功,与这一阶段的工作成果有很大的联系。组织形象的框架设定主要从以下三个方面来进行。

1. 组织理念的确定

组织理念是组织形象的灵魂。能够与时俱进、充满时代精神的组织理念才会受到人们的普遍欢迎和青睐。它为组织的发展指明方向,使组织的价值观念、最高追求连为一体。组织理念在一定程度上对员工起到教育、激励、塑造英雄、增强凝聚力的作用。当然,组织理念只有以具体的形式渗透到员工之间,渗透到整个组织之中,才能树立起有个性的组织形象。通常决定组织理念构建的有三个方面,它们是:本组织是什么组织;本组织将是什么组织;本组织应是什么组织。通过对这些问题的认识、检讨,可设计出自己的理念。其具体的表现形式为:口号、标语、守则、歌曲、警语、座右铭等。

世界上许多大企业在确定自身理念时可谓煞费苦心。他们都希望借助理念取信公众,树立良好形象,争取顾客,谋求自身的繁荣。

⇨ **案 例 4-2**

海尔集团经营管理理念形象

海尔定律(即斜坡球体论),企业如同爬坡的一个球,受到来自市场竞争和内部职工惰性而形成的压力,如果没有一个制动力它就会下滑,这个制动力就是基础管理。以这一理念为依据,海尔集团创造了"OEC 管理",即海尔模式。在此基础上,海尔倡导"敬业报国,追求卓越"的企业精神和"迅速反映,马上行动"的工作作风,坚持"用户永远是对的"服务理念,并把"创中国的世界名牌"作为海尔发展目标,矢志不渝,这些理念使海尔逐渐形成了个性鲜明的组织形象。

（资料来源:陆季春,田玉军.公共关系事务教程[M].北京:经济科学出版社,2008）

2.行为规范的确立

组织形象的塑造是要靠组织实实在在的行动创造的,它是靠组织员工行为规范的一致性来实现的。组织的行为主要包括五个方面的规范化管理。

（1）指挥系统的规范化管理。即通过章程等形式建立和完善领导制度,合理设计机构和人员,明确组织各部门的责任和权力,保证组织机制正常运行。

（2）组织决策的规范化管理。即根据问题的大小、分类制定决策原则、决策标准、决策程序,明确决策层次、决策机构乃至决策人,力求使每一个问题都得到正确及时的解决。

（3）产品流转的规范化管理。即通过一系列规章制度,明确各环节的任务、标准、程序,使各环节运转自如,环节之间配合默契。

（4）专业工作的规范化管理。即对计划、财务、业务、信息等专业工作进行规范,并以此作为日常活动的依据和准则,使组织各项工作有章可循,顺利开展。

（5）部门工作与岗位工作的规范化管理。即通过责任制等形式,让各部门明确自己的基本职能、工作范围、工作标准、权力和责任,以及与其他部门的关系等,使组织紧张有序地运转。通过规范化管理、规范组织的一切活动和全体员工的行为,使本组织从意识到行为达成完全统一,从而有效地塑造和提升组织形象。

3.识别系统的确立

识别系统是组织形象外在的硬件表现。这一系统所包括的内容,清晰可见,非常明确,具有极强的感染力和传播力。识别系统的设计必须遵循以组织理念为核心的原则,美学原则、动情原则、习惯原则、法律原则、民族个性设计原则,化繁为简、化静为动的设计原则,才能使识别系统具有很强的冲击力与识别性。

一个完整的识别系统包括以下内容:

（1）基本要素:包括组织标志/产品商标、组织名称、标准字（中、英文）、应用标准字、标准色、组织造型/吉祥图案、组织辅助图案。

（2）应用要素:包括办公事务用品、产品包装、广告传播、建筑环境、车辆标识、服装制式、展示规划、接待用品、环境标识、规范手册。

（3）基本要素组合规范:包括基本要素组合规定、基本要素组合系统的变体设计等。

组织形象框架在经过组织理念的确立、行为规范的制定和识别系统的设计之后,已基本建成。但其框架是否正确、是否可行。则需要经过专家们认真、周密的论证。

(三) 组织形象方案的论证

组织形象框架确立之后,必须经过多次反复的论证,才能得出切实可行的行动方案。论证的主体是专家。因此,组织在选择专家时不仅要注意选择本部门、同行中造诣高的专家,而且还要注意各门学科,比如社会学、心理学、经济学、管理学、文化学、传播学等方面的专家共同为组织形象的可行性加以论证,才能保证方案的全面合理。

经过组织形象的调查、框架的设立、方案的论证,组织形象的建立就基本完成,下面要做的就是怎样让公众了解组织形象,即组织形象的推广。

二、组织形象的推广

组织形象的推广,必须要经过周密的策划,拟定详尽的推广计划,通过对内宣传和对外推广,使崭新的组织形象能够尽快得到社会公众的认同,完成组织形象建立的目的。

(一) 组织形象对内的宣传

组织形象对内的宣传是组织形象推广的第一步。对内宣传的主要对象就是全体员工,因为员工是组织形象的创造者和传播者,组织的形象要靠全体员工去维护、去努力得到的。员工的一言一行都会直接或间接地影响组织的形象。所以,在组织向外推广形象之前,首先要对组织的员工做一次详细的宣传。

1. 对内宣传的主要内容

前面提到,对内宣传是组织形象推广的第一步,那对内宣传的第一步就是对组织员工进行宣传。对内宣传主要向员工传播传递两个方面的信息:一是组织的前景如何,二是组织如何进行变革。

(1)组织的前景如何

向员工传递组织的前景的消息是为了让员工了解组织的目标,让员工看到组织未来的形象,使员工有努力的方向。组织前景的宣传不必长篇大论,但必须铿锵有力、直言不讳、富有感染力,它的焦点在如何运作上,对员工起到指导作用。它包含了可测的目标,可不时检查进度。它揭示未来产业变化的趋势与机会,甚至可以彻底改变产生竞争的规则。当然,对员工的前景宣传在组织形象的推广中可以多次反复使用,提醒员工牢牢记住组织的目标,以此来激励员工不断奋进。

(2)组织如何进行变革

在告知员工如何进行变革时,首先要让员工了解组织目前的处境。要让员工了解,组织必须经过变革,才能建立、推广和修正组织的形象,使组织在市场竞争中更有竞争力。然后在宣传中,要强调组织的变革是和员工的利益直接挂钩的。最后的目的就是让员工动起来,要向员工讲述抵达未来的方法,并带有一定的指导性。其语言应简洁明了,并具有强制性。一旦发布了这一消息,就要求员工必须按照规章执行,不能只是纸上谈兵。

2. 对内宣传的方式

向员工进行前景的宣传要讲究一定的技巧,要有一定的宣传方式。

(1)注重自上而下的宣传

要对组织员工进行前景的宣传,首先要对组织高层主管进行培训,再依靠组织内的等级结构,对组织员工进行宣传。可以召开组织形象宣传大会,由董事长宣讲"前景宣言",再由各职能部门主管具体向本部员工介绍组织理念、行为规范和组织视觉识别,并制成说明书,要求全体员工遵照执行。自上而下的宣传方式具有很强的号召性,一般应用于对内宣传的初期。

(2)强调自下而上的反馈

在组织形象的推广中,仅靠行政手段这种强制性的方式进行宣传是远远不够的,还必须讲求一定的方式方法,对组织员工进行宣传培训,充分调动组织员工的主动性和积极性,如员工意向调查、征文比赛、宣传标语等,都是员工自下而上的信息反馈。如松下的员工每隔一个月至少要在他所属的团体中进行10分钟的演讲,表明他对公司的精神、公司的使命以及行为方式等的看法,以便公司收集意见,加以修正。

(3)深化横向沟通方式

横向沟通主要是通过组织召开的各种会议来进行的,在会议中,组织员工可以就组织目前的问题进行讨论,在讨论中落实组织的形象方针和实施计划。此外,在员工中间也可以开展团体活动,让员工讨论关于组织形象推广的问题,通过这些问题,员工可以进一步了解公司,并说明自己应当为公司做些什么,应当怎样做才能使自己的观念、行为和公司的规范要求协调一致。还可以利用公司内的宣传海报、墙报、公司会报、员工手册、幻灯片等媒体传递消息和提示说明。

组织形象建立最根本的作用是改革意识、改善内部素质,以此来显示良好组织形象的内涵,而不单纯是变更公司招牌、标志等。正因为如此,组织形象对内的宣传教育才显得至关重要,不可缺少。

(二) 组织形象对外的推广

组织形象建立的总目标,就是通过周密、系统的策划,从复杂的内外关系中整理出秩序,从而建立一个统一而独特的组织形象,因此,在对外推广组织形象时,必须针对组织不同的关系对象,选择与之相适应的传播媒体和手段。

1. 人际传播

人际传播是人类社会进行交流和传递信息的一种最普遍、最常用、最直接的传播方式,是指人与人、人与群体之间的直接传播。它对于组织形象的推广,特别是组织美誉度、和谐度的建立,具有极大的作用。

(1)认知度、美誉度的建立

由于公众认为大量广告是在吹牛,是故意夸大。因此消费者判断组织形象的好坏时,只有亲自使用其产品,享受其服务或听信其他使用者三种方式。调查数据显示,公众对其他使用者介绍的产品品牌的质量、性能、文化特征的相信程度,是广告宣传的18倍。其中公众相信其他使用者介绍的产品优点的人数比例为92%,而消费者相信广告上宣传的优点的比例数只有5%。因此,组织形象中所包含的美誉度要素,主要靠人际传播取得。另一方面,人际传播在传播组织形象美誉度的同时,也逐渐地积累提高了组织形象的知名度。作为大众传播的补充,人际传播在组织形象的二级传播和多级传播中,是必不可少的。有时候,公众通过二级传播(人际传播)所获得的组织形象的知名度,甚至超过一级传播(媒体传播)。

(2)和谐度的建立

人际传播有助于增加公众对组织的和谐度,其和谐度表现在对品牌的忠诚度上。消费者行为的研究者通过调查发现,每个消费者在购买和使用某个品牌或某个商号的服务后,一般评价很好或很坏,满意或不满意,觉得受骗上当还是觉得合算,受虐待还是受到善待,都会向他周围的亲友、同事们诉说,他们传播对这个品牌的评价信息,这种"一传十,十传百"的方式会让很多人去购买这个评价很好的品牌。就像大家都熟知的淘宝网和各种购物网站,大家在购买一种商品之前,除了要看衣服的图片外,还有很重要的一项工作是看购物者的评价,如果都是好评的话,购买者就会很放心的付款;如果有很多差的评价的话,购买者就会犹豫,那么不买的可能性就会大很多。

2. 大众传播

在现代社会,对于组织形象的推广,大众传播是最快捷、最有利的手段。它是通过一定的传播媒介,向公众进行的组织形象的宣传。具有如下的特征:一是由报纸、杂志、广播、电视进行的间接传播;二是受众多,范围广;三是传播速度快;四是无直接反馈。

大众传播对组织形象的推广主要有两种方式:广告和形象推广活动。

(1)广告。广告算是对组织形象宣传最直接、最有效的手段。现代高速发展的传播媒体显示了人际传播无法比拟的巨大威力。在现代社会,广告是让消费者了解产品、了解组织的最快速的方法。所以企业不惜以重金去争夺广告段位,为的就是要利用传播来推广、宣传企业产品、企业形象,让组织形象能深入人心。

（2）形象推广活动。形象推广活动是由组织向各种传媒提供真实的信息以便于宣传组织的一种方式。可以通过庆典活动、社区活动、促销活动等来提高组织的知名度和美誉度。形象推广活动是个低投入、高产出的传播方式。它被有识之士认为是免费或省钱的广告宣传，它是一种巧妙地传播企业和产品品牌的方式。很多知名品牌都很注重品牌形象推广，像百事可乐、肯德基等企业均通过品牌形象来提升知名度、美誉度与和谐度。

⇨ 案 例 4-3

东航 20 元特价机票

2010 年 1 月 8 日，东航官方网站上显示：南昌到厦门头等舱票价只要 20 元。经济舱 10 元；多条航线甚至出现了 0.2 折的惊人"跳楼价"，其中南昌至北京全价 1950 元的头等舱机票只要 60 元。对于这种从天而降的"大馅饼"，网上订票者自然蜂拥而至，赶快下单预定，并且这一卖就是 300 张。当得知这样的"好事"是由于一名工作人员在输入机票价格时误标价格，经过一定的折扣折算，导致票价低的离谱，而东航有关部门未能立即发现信息出现错误，特价机票信息经由各机票网站转载后，大量特价机票出票成功，很多订票成功的顾客都有些忐忑不安，不知道东航会不会反悔，是否还能如愿登机。但东航董事长刘绍勇的表态给他们吃了一颗"定心丸"，他说："这一事件公司内部将会做出处理，但不能因为操作失误损害顾客的利益。对于买到特价机票的旅客，东航将承认机票的效力，并一如既往地提供优质服务。"

表面看来。东航是损失了近 30 万元，但俗话说"失之东隅，收之桑榆"，东航收获的必将比失去的多得多。正是因为勇于担责，我们看到了它的内涵和品质；正是因为有这样"开弓没有回头箭"的服务意识，才能赢得更多顾客的满意和尊敬。这种满意和尊敬，就是卖出 3000 张、30000 张机票都赚不回的。这有利于树立企业的良好形象，提升企业的品牌价值，拓展企业的市场前景，为企业的腾飞贡献力量。

（资料来源：曹洪珍.公共关系学［M］.北京：中国科学技术出版社，2010）

三、组织形象的巩固与矫正

组织形象在对内宣传得到了员工的理解和支持、对外推行得到了公众的认同和拥护之后，可以说得到了很好的树立和推行。但是组织要想在公众心目中一直保持良好的形象，就需要不断地巩固和矫正。

（一）组织形象的巩固

巩固是从管理上严格把关，对自己承诺的服务、质量要兑现，就是守信誉。巩固的另一个方面是不断推陈出新。这种推陈出新既包括产品或服务内在的品质的更新,也包括产品和服务的外观的更新。

1. 组织形象内在的更新

组织形象内在的更新是通过内在组织理念、领导者观念、员工素质、质量水准等方面的更新提高来完成的。

(1)组织理念的更新

组织形象是以组织理念为内涵而建立的。组织理念要随着组织的发展、进步而不断地加以调整、修正,以创造出最能体现组织精神、组织价值观、组织目标的组织观念,最能征服公众的组织形象。虽然对组织理念的丰富、补充过程是十分艰辛的,但组织理念的更新带给形象的升级,对组织形象的重塑,意义重大。因此,组织理念的丰富是组织形象更新的基础。

⇨ **案 例 4-4**

康佳集团的理念

康佳集团因其不断更新的组织理念使企业不断有新的活力,使企业不断向前发展。20世纪80年代初,康佳提出了"爱厂爱国、遵纪守法、团结协作、好学上进"的企业理念;1986年,康佳对其理念进行了更新,提出了"质量第一、信誉为本;团结开拓、求实创新;员工至亲、客户至尊"的理念文化,增强了员工的归属感,调动了员工的积极性和创造性;到1995年,康佳再次更新了其理念,提出"康乐人生,佳品纷呈",成功地完成了企业转型。

面对新世纪,新千年,康佳豪情万丈,志在千里。未来十年,康佳将本着"创新生活每一天"的全新理念。2011年,康佳提出其核心理念:创造卓越 成就梦想。

(资料来源:http://www.konka.com/cn/AboutPage.aspx? type＝about_qy-wh,编者根据相关资料整理而成)

(2)领导者观念的更新

新时代的发展,要求组织领导人根据组织内部和外部环境的变化,不断更新自己的观念,做到与时俱进。约翰·奈斯比特在他所著的《亚洲大趋势》中指出:"当代亚洲的强大与崛起,将造就一代企业巨人。他们将重塑现代人灵魂,在唤醒个性意识、树立坚定信念和倡导苦干与献身精神方面,他们将以先驱者的姿态出现。"这些"巨人"就是现代企业朝气蓬勃,不断奋进,具有新思想、新观念的领导者。他们就是组织形象更新的核心主宰,他们决定着组织形象更新的方向和前途。因此,他们是否具有新的观念,是否从旧文化中脱胎换骨都直接影响着组织形象的更新。

(3)员工素质的提高

员工素质的提高首先要注重对其思想观念的引导和更新。"一切美好从今日开始"是广东今日集团的主体理念。这个理念引导了今日人致力于阳光下的事业——为孩子们生产、开发各种不同的饮品,以他们的健康为己任,以他们的快乐为回报,以此发展自己独特的企业形象,使组织形象不断更新。提高员工素质的另一个重要方面就是员工素质的提高。过硬的质量是名牌延伸的前提,只有员工良好的专业素养,才能保证企业形象的质量。许多国际知名的大企业十分重视人才的培养,将其看成是企业发展、文化延伸的保障。

被世界企业界誉为"经营大王"、"企业家之圣"的松下幸之助在总结其经营文化精华时说,"事业的成败取决于人","没有人就没有企业"。日本顾客在评价松下时提出:"别家公司输给松下电器公司,输在人才的运用上。"可见,企业的人才——高素质的员工是企业发展、企业组织形象更新的主要推动力。因为一个人的能力是有限的,如果只靠领导者一个人的智慧指挥一切,即使一时取得惊人的发展,也肯定会有行不通的一天。所以,发挥全体员工的智慧,运用全体员工的力量才是组织形象永葆青春的根本。

(4)质量水准的提高

组织形象以质量为依托,如果质量水准难以提高,其形象迟早会落伍。因为组织形象的巩固、更新是以企业产品不断推陈出新、不断进步为前提的。这就需要保证产品的质量水准的提高与创新。组织形象要巩固、更新,其产品必须建立在一定的档次之上。上海名牌奶糖"大白兔",早在10年前就进入美日市场,但渐渐地,"大白兔"不受欢迎了,在琳琅满目的糖果市场上消失了。因为10年来一成不变的老配方、老味道、老形象、老包装根本无法跟上市场的变化和产品换代的需要。产品质量的创新,不仅可为组织带来滚滚的财源,而且也可巩固自身的形象,加速形象更新,为组织形象的丰富、提升起到良好的推动作用。

2. 组织形象的外观改良

(1)名牌产品的外观更新

组织形象的外观更新即从包装到品味上的更新。产品外观如果数年如一,消费者很有可能对产品外观审美疲劳,失去了购买商品的动力和新奇感。因此,需要定期的对组织形象进行创新,一个形象创意的更新是否成功,主要取决于公众对形象的认可与否。只有符合公众心态的需要,才能得到公众的认同,才能拥有市场,才能为企业带来光明的前程。组织形象外观上的更新主要包括包装上的改良和传播内涵的更新。包装是组织形象最直接的外在形态。随着组织形象的更新、公众品味的变化,包装也一定要随之变化,以与组织发展、公众的要求相适应。包装要精心设计、精工制作,使包装文化、使用质量和消费效益达到"尽善尽美"。

(2)传播内涵上的更新

国内很多知名的企业,像太阳神、霞飞、孔府家酒等许多曾经红极一时的企业,在 20 世纪 90 年代末纷纷受到冲击,或难以高速发展,或产品发展和市场营销严重滑坡,其重要的原因是文化内涵未进行及时调整和充实。太阳神从"猴头菇"一举成名以后,产品单调,形象更是固定在"当太阳升起以后,我们的爱天长地久"模式之上难以突破。孔府家酒曾是中国白酒行业中的新贵,其广告词"孔府家酒,让人想家"随着电视剧《北京人在纽约》的走红而火爆,连创销售佳绩。但昨天的成功不等于今天的成功,多年不改的广告词使文化内涵已被抽取得一干二净,毫无新生气息和冲击力。

纵观世界知名企业,从可口可乐、柯达、摩托罗拉到耐克、雀巢、索尼等没有一个是墨守陈规、一成不变的。当然组织内涵改变的目的是使组织形象的外观更具个性、更有特色、更富内涵,也更能适应消费者的各种需要。为组织形象的传播、组织品牌产品的创立提供了广阔的天地。

(二) 组织形象的矫正①

组织形象不是一蹴而就的,也不是一劳永逸的。社会组织不仅要在其形象稳步提升时维护其已经建立的良好形象,而且还要在其形象遭到侵害、发生偏差时,及时矫正和修补。组织形象发生偏差和不尽如人意的原因有很多,我们必须查找原因,对症下药。组织形象在发展中常常会因自身失误损害公众利益,导致公众的不满,或公众对组织的认识不够全面、有所误解,从而影响组织的形象,此时就必须对组织形象加以矫正。

组织在日常工作中会遇到大量无法控制的问题,当危机事件发生时,不仅会给社会组织带来直接的人、财、物损失,而且会严重损害组织的形象,使社会组织陷入舆论压力和困境之中。对此,企业要充分利用社会组织的公共关系部,迅速做出反应,及时拿出应急的行动对策,矫正这种不良的组织形象。处理此类事件首先要组织人员控制事态,保护现场,进行调查,收集信息,确定对策。应对处理必须"及时",及时发现问题、及时纠正错误、及时改善不良的形象。

当有损组织形象的危机事件发生时,组织的对策一般是:立刻设置处理危机的专门机构。由组织主要负责领导,公共关系部会同其他有关职能部门组成有权威性、有效率的工作班子,迅速而准确地了解事态的发展,制定总体方案并通告全体人员,以统一口径、协同行动,制定处理事件的基本方针和基本对策,及时地向外界公布事件的真相、做好善后工作。如果是由于组织生产的产品质量所引起的恶性事件,应立即收回不合格产品,或立即组织检修队伍,对不合格产品逐个检验,通知销售部门立即停止销售这类产品,然后追查原因,立即加以改进。如果是出于误解、谣言等引起的危机,应公布真相,予以澄清。

---

① 任正臣.公共关系学[M].北京:北京大学出版社,2011 年,第 133—134 页.

第四节 CI 的设计与导入

CI 是英文"Corporation Identity"的缩写,直译为企业身份或企业特性、企业个性,现在一般意译为企业识别或企业形象识别。CI 作为企业的形象识别战略,是在社会进入工业时代后,随着企业的大量涌现,在市场竞争中逐渐形成的,其历史并不算长,但如果把 CI 广义地理解为一种组织形象的塑造,那么它由来已久。

CI 兴于美国,即 1956 年美国计算机界巨人——IBM 引进 CI 构想之时,通过 CI 设计塑造企业形象,成为美国公众信任的"蓝巨人",并在美国计算机行业中占据了首屈一指的地位。随着 IBM 的成功,美国很多公司开始纷纷效仿,发展到现在虽然只有 40 多年的历史,但已风靡全球。由于 CI 在不同的国家、不同的企业得以运用的方式有所不同,从而形成了不同发展过程的 CI 战略。

一、CI 的功能

CI 对企业的具体功能可分为企业内部功能和企业外部功能。

(一) 内部功能

整合功能,就是提高组织内部的整合性,即统一性。一个组织,必须保持其自身的统一,对外形成统一的形象。企业内部的思想不统一、行动不统一,企业与企业之间不能相互沟通与认同,都是企业缺乏整合性或同一性的表现。为了保持企业的整合统一性,就需要企业文化的帮助。企业文化最大的作用便是强调企业目标和企业成员工作目标的一致性,强调群体成员的信念、价值观的一致性,强调企业对成员的吸引力和成员对企业的向心力。企业通过推行 CI,有利于企业文化的不断更新和重换,就可以不断保持企业的整合性。

管理功能,是指 CI 是一种新型的现代管理手段。它具有教育和动员的作用,同时又是规范员工思想和行动的有力工具。CI 的核心是企业精神、企业文化,是以人为主体的管理思想的体现,CI 造成的浓厚的文化氛围会使人感受到家庭般的亲切、温暖,从而使人们更加自觉地遵守企业的规章制度。所以它是一种更加有效的管理手段。CI 的管理功能还体现在,当企业有了明确的 CI 体系后,管理者们会始终使企业朝着既定的目标努力,CI 就好像给管理者一个思维的目录单,它提供一整套处理纷繁杂务的既定原则,使管理人员迅速果断地做出正确的决定。

凝聚功能,就是通过 CI 的导入,促进内部职工主体意识的觉醒,形成一种特殊的企业文化、企业精神,使每一个职工都能够深切地感受到企业利益与个人利益的一致,从企业的发展中感到利益上、心理上的满足,感受到个人的价值和意义。这就会极大地提高企业对成员的吸引力。

(二) 外部功能

传播功能,就是通过统一的视觉形象系统向社会公众传达企业的信息,使企业形象得到社会公众的理解和认同。企业形象作为社会公众对企业活动的印象和整体评价,离不开企业信息的传播。使信息传递达到准确、有效、经济、便捷,一直是企业家所追求的目标,CI 的传播功能在这方面具有无比的优越性。现代社会是一个信息泛滥的时代,各种各样的信息使人们目不暇接。加之生活节奏的加快,人们已经不可能对这些信息都充分接受。在这种情况下,一个鲜明突出的形象设计,会造成异常强烈的印象,因而使人们在不知不觉中接受,并通过多次的反复认知而加深理解。

竞争功能,就是说,一个好的 CI 设计,可以使企业在竞争中处于更加有利的地位。一方面,一个良好的组织形象,本身就具有吸引公众的魅力。另一方面,CI 通过统一的视觉设计,经过系统化、集中化、一体化的处理方法来传达企业信息,可以造成差别化和强烈的冲击力,容易在社会公众心目中留下印象。在现代社会中,企业多如牛毛,由于科学技术的飞速发展,使任何企业在产品性能和价格等方面的优势不可能长时间的保持,企业间的差异日益缩小,个别企业存在的价值就成了问题。没有个性的企业,是很难在竞争中立足的。CI 的导入,突现了企业的个性特征。一个好的 CI,就是一个企业价值的证明,就是一个企业存在的根据。CI 在公众心目中生了根,企业在社会上也就生了根,同时,不断重复的视觉刺激加上优良的产品和服务产生的影响,会使公众不断加深对 CI 内涵的理解,强化人们对企业的认同感,造成心理定势。所以 CI 成了现代商业竞争中的有力的武器。

二、CI 的构成要素

CI 作为一个完整的识别系统,主要由三大要素构成。这三大要素是理念识别(Mind Identity,简称 MI)、行为识别(Behavior Identity,简称 BI)和视觉识别(Visual Identity,简称 VI)。这三要素各有不同的内容,但又相互联系,逐级制约,共同作用,缺一不可。

(一) 理念识别(MI)

理念识别是组织文化在意识形态领域中的表现,主要是指组织的经营信条、价值观、精神口号、组织风格、组织文化和方针策略等,属于思想、文化的层面。MI 是 CI 的灵魂和原动力,是组织由内向外扩散组织精神和经营思想,从而塑造组织形象的源泉。其内涵主要包括三个方面:

第一,确定企业的发展战略目标;

第二,规范员工市场行为的基本准则;

第三,坚持企业独特现象形成的基础和原动力。

理念识别是最高决策层次,完整的企业识别系统的建立,是以企业经营理念的确立为核心,也是系统运作的原动力和实施的基石。

(二) 行为识别(BI)

行为识别是企业形象的动态的识别模式,是理念识别的动态表现。主要包括发展战略的策划、经营目标的确定、管理体制的革新、组织机构的设置、科技发展的重点、产品开发的方向、促销手段的运用、公关活动的范围等。从形式上看,行为识别系统是一种反映企业动态过程的设计系统,是企业市场行为规范化、标准化要求,因此相对于其他识别系统的建立来说,它较为复杂,较有弹性,实施也较为艰难。然而它规范并展示着企业内部的制度、组织、管理、教育、生产、开发、研究等一切活动,并扩展到企业对外的产品推销、沟通交往、社会赞助、公益活动等各种活动中,以获得社会的承认和肯定。

(三) 视觉识别(VI)

视觉识别是将组织标识符号化、视觉化的传播过程,目的是使企业内部、社会各界以及消费者对企业产生一致的认同感和价值感。视觉识别主要包括基本的设计要素和应用要素。前者有标志、标准字、标准色、专用字体、象征图案、企业标语等;后者有广告、宣传品、招牌、旗帜、赠品、包装品、产品、员工服装、交通工具、办公室用品等。像银行、邮局、加油站等标志就具有标识性。这就意味着视觉识别标志中的设计要素与一般商标是不同的,最重要的区别是它借以传达企业理念、企业文化,而脱离了企业理念、企业文化的符号,只能算是普通的商标而已。

三、CI 的设计

作为一个完整的系统,其中,理念识别(MI)、行为识别(BI)和视觉识别(VI)分别发挥着各自的作用,以下就具体介绍他们各自的设计方法。

(一) MI 设计

在整个 CI 中,MI 处于核心和统帅的地位,因此,企业的 CI 的设计,必须先从 MI 开始,它包括组织的经营理念、组织精神、组织文化、组织价值化和组织目标等内容。

1. 培育个性化的组织精神

组织精神是组织的精神支柱,是组织在长期的生产经营活动中形成的,并经过全体员工认同和信守的理想目标、价值准则、意志品质和风格风尚。因此,组织精神不仅是一种有个性的精神,还是一种团体精神,反映了组织的凝聚力和活力的强度,它一旦根植于员工心中,就会形成默契、共识和觉悟而产生极大的作用。

组织精神的内容是否具有个性和有效性,归根到底是看它对组织发展是否起着特殊的鼓舞和推动作用,可以从以下几个方面来进行评判:①是否表达了组织员工共同的价值观念;②是否符合组织实际情况,组织的目标与员工的目标是否具有一致性;③能否推动组织的生产、经营和管理,能否在组织活动中体现为员工的自觉行动;④是否唤起员工的认同,让员工感到亲切、实际、可行;⑤是否与员工的岗位意识、职业道德、心理期望相互协调,能否对它们产生统帅作用,能否通过组织文化表现出来;⑥能否包容组织经营中形成的优秀传统,并使其凝结到每个员工身上去;⑦能否把员工的行为趋向提高到具有价值意义的高度,使员工具备崇高、奋发的精神状态。

2. 确立具有特性的经营理念

经营理念是组织经营价值观强化为一种信念的结果,它是组织精神的集中体现,是组织形象的指南。经营价值观就是组织员工普遍认可的、从组织文化中衍生出来的信仰和理想,它决定组织全体员工共同的行为取向,是一种带永久性的追求信念,不会随外界环境变化而改变,它赋予员工行为的责任感和使命感,鼓舞他们为了崇高的信念而奋斗。它使组织形成巨大的群体力量,具有强大的向心力和凝聚力,是商务组织承担风险、克服困难的有利保证。

经营理念是基于员工对组织价值观的认同和强化为信念而形成的,这种共同的信念让员工有了自觉行动的方向,使组织的生产、经营和管理活动达到高效率。坚定性如何,将直接影响到商务组织经营的成败。美国 IBM 公司的前任董事长兼总经理小托马斯·小沃森说:"我坚定的认为,任何组织要生存和取得成功,必须确定一套健全的信念,作为该组织的一切政策和行动的出发点。"

经营理念的内容主要包括:经营宗旨、经营方针、社会责任感和组织价值观等。其中,价值观是人们衡量事物的标准,是经营理念中最重要的部分。

3. 设计具有感召力的形象口号

具有感召力的形象口号就是将组织精神、服务特色、公司的价值取向等用最精炼的语言表达或者描述出来。如 IBM 的口号是"IBM 是最佳服务的象征";广州太阳神集团的口号是"当太阳升起的时候,我们的爱天长地久";广州白云山制药厂的口号是"白云山,爱心满人间";通用电气公司的口号是"进步乃是我们最重要的产品"。

形象口号是组织精神的外在反映,一方面形象口号能约束、规范商务组织的经营,并转化为全体员工的精神动力;另一方面,独特的富有创意的组织形象口号,能有效地吸引公众对组织的关注,加深公众对组织的理解和认同,展示组织的风采,是宣传组织形象的有效手段。

⇨ 阅 读 资 料 4-1

(1)IBM 公司

公司信念——尊重个人、顾客至上、追求完美。

商业道德规范——IBM 的推销人员在任何情形下都不可批评竞争对手的产品,如果对手已接顾客订单,切勿游说顾客改变主意,推销人员绝对不可为获得订单而提出贿赂。

座右铭——诚实。

公司口号——IBM 就是服务。

(2)麦当劳

经营原则——麦当劳为世人提供品质上乘、服务周到、地方清洁、物有所值的产品和服务。

经营口号——顾客永远是最重要的,服务是无价的,公司是大家的。

干部标准——忠实、吃苦耐劳、献身精神。

(3)松下公司

企业精神——产业报国,光明正大,团结一致,奋斗向上,礼节谦让,顺应形势,感恩戴德。

经营原则——鼓励进步,增进社会福利并致力于世界文化的进一步发展。

员工信条——只有通过公司每个成员的协力合作才能实现进步和发展,因此,当我们每个人都致力于不断改进公司的工作时,均应牢记这句话。

企业宗旨——以生产、再生产,无穷无尽地供应物质产品和建设乐土为宗旨。

(资料来源:陶应虎.公共关系原理与实务.北京:清华大学出版社,2010,第172 页)

(二) BI 设计

行为识别是通过组织的经营活动、管理活动、社会公益活动来传播组织的精神和思想,达到建立名牌组织的目的。

1. 实行科学的管理

科学管理的特征是通过将组织的各项工作标准化、专门化和简单化,达到生产效率最大化的目的。具体做法:

(1)制定科学的管理目标系统,并将总目标层层分解为具体的细目标。

(2)按照目标的要求,设计精简的、职责权限相对应的、适合商务组织特点的高效的组织机构。

(3)确定各机构中的具体工作岗位和职责,规定每个工作岗位的工作原则、任务标准、工作程序和绩效。

(4)将员工的职务提升、收入和奖励与其工作绩效挂钩。

(5)将程序化的控制与员工的自我管理相结合,充分发挥员工的工作主动性和积极性。

2. 制定严格的行为规范并付诸实践

组织的行为规范,是全体员工必须遵守的行为准则,制度和规范使企业和员工的行为有章可循、规范统一,它具有一定的强制性。对员工而言,制度和规范是一种约束,但也是其顺利完成工作的保证。组织的行为规范一般体现为生产操作规程和各种规章制度。主要有四大类:

(1)各种业务操作规程或规范,如岗位操作规范、业务训练规范、质量管理规范、日常交往行为规范等。

(2)基本制度,如组织领导制度、民主管理制度、监督制度、选举制度、培训制度等。

(3)工作制度,有计划审批、生产管理、技术改造与创新、劳动人事、物资领用、销售、财务管理等制度。

(4)岗位责任制度,即商务组织根据生产或者分工协作的要求制定的,规定每个岗位成员应承担的任务、责任及其享受的权利的制度。

3. 加强对员工的教育和培训

对员工的教育和培训,是组织培育人才、选拔人才、统一思想、加强管理和形成强有力的商务组织凝聚力的重要手段。其目的是使行为规范化,符合企业行为识别的要求。BI 中缺少这一内容,就没有员工的统一认识,实行 CI 就缺乏起码的基础。因此,应该把科学合理的、有目的、有特色的员工教育和培训作为组织的长期战略,才能为组织成功的 CI 提供取之不尽、用之不竭的人才源泉。对员工的教育和培训的主要内容有:忠实于组织的思想和科学的世界观;职业道德及工作责任心;适应组织发展的新的经营理念、工作目标和方针、组织新的政策和战略;对外交往的应接技巧、礼貌礼节;工作作风、技术水平和管理能力;优质服务技巧等。

4. 注重对外行为的整体优化

对外行为的整体优化,是指组织的各个方面的工作,如产品质量、工作态度、服务水平、关心社会发展、与公众的情感沟通、良好的协作关系等方面,都要注重高质量、高效益,并通过有效的传播,将上述信息展示给社会公众,让公众了解组织的行为特征,进而对组织及组织形象形成正确的评价。在这里,任何一个部门行为的失误或者与其他部门配合不当,都可能影响到组织对外行为的整体优化而导致 BI 的失败。因此,BI 不仅要求各部门完成自己的工作任务,而且要求各部门都从塑造组织形象的整体利益出发,团结协作,共同完成组织行为的整体优化。

5. 搞好组织行为的对外传播,树立良好的 BI 形象

组织行为的对外传播途径主要有市场营销传播(包括市场调查、广告宣传、销售促进协调中间商关系以及回馈社会的公益活动等)和公共关系活动。社会公益性活动的特点是影响大,传播效果好,易产生轰动效果,可以扩大企业的知名度,塑

造企业的良好形象。公共关系活动的目的不仅是为组织对外传递信息，更重要的是为组织在社会上树立良好的信誉和形象，赢得社会公众的认可、信赖和接纳。

(三) VI 设计

VI 系统设计应包括基础要素系统设计和应用要素系统设计两方面。

1. VI 基础要素系统设计

从基础设计角度来讲，VI 系统设计应包括以下内容：

(1)组织名称的设计

组织的名称直接影响企业的形象。关于组织名称，应视情况而定，对于一个老组织来说，组织、品牌名称早已确定，而且已具有一定的形象效用，则无需调整。对于一个新组织、新产品来说，确定一个好名称是极其重要的。选定组织名称要遵循四字原则，即"新、特、短、亮"，"新"是指组织名称要适合时代潮流，充满时代气息；"特"是指名称独特，与其他组织名称不易混淆，易于识别；"短"是指组织名称要短小精悍；"亮"是组织名称读起来要流利、响亮，易于上口，易于记忆。

(2)组织商标的设计

商标是企业抽象的理念精神的形象表达，即运用特定的造型、图案、文字、色彩等视觉语言来表达，而且商标是塑造组织形象的重要手段。许多组织往往通过商标的设计和运用来实施品牌战略。

设计商标除了遵循视觉设计的基本原则外，还应做到以下几点：

①主体突出。商标的图案一定要主次分明，突出商标的特色部分，设计时对商标的图形和文字要巧妙地安排，不能平均使用笔墨。成功的商标设计应该主体鲜明，给人一种视觉的冲击力。

②便于识别。商标的作用之一在于标明商品的来源，借以和其他同类商品加以区别。如果商标设计没有明显的识别性，那么在千百种同类商品中，就无法区别该商品，其独特的形象也就无从谈起。

③不违背禁止条款。由于各国政治制度、历史原因、宗教信仰、道德观念以及文化背景的不同，因此各国的商标法对商标的设计使用都有特定的禁止条款，明文规定某些文字、名称和图案不能作为商标的构成因素，否则不予注册。

(3)组织标准字设计

VI 设计中对组织所用的标准字包括了中文、英文或其他语种。标准字种类繁多，运用广泛，几乎涵盖了视觉识别符号中各种应用设计要素，出现的频率也几乎与图形符号相当，其重要性并不亚于图形符号。作为一种视觉符号，标准字和标志一样，也能表达丰富的内容，有些企业标志和标准字体组合使用，有些甚至干脆用字体标志。从组织形象设计的角度来讲，标准字的设计有其共性特性，在设计过程中应该遵循以下设计原则：

①艺术性原则

标准字是将企业或产品的名称加以熔铸提炼,组合成具有独特风格的统一字体,与普通铅字和书写体相比,标准字的设计是根据企业品牌名称、活动的主题而精心创作的。因此,在标准字的设计中都要求精细独特,对于字间的宽幅、笔画的配置、线条的粗细、统一的造型要素等,都有细密的规划和严谨的制作要求。

②传达性原则

组织的标准字是承载组织理念的载体,也是组织理念的外化,风格相一致,才能融为一个整体。具有不同个性的字体,可以传达出不同的组织文化和经营理念,表现出独特的企业性质和产品特性。这就要求标准字的设计能够在一定程度上传达出组织的完整形象,标准字的设计应便于推广和应用,适用各种媒体。

③易辨性原则

现代社会中,人们的生活节奏加快,对于各种传播媒体传达出的信息,或者是惊鸿一瞥,或者是走马观花似的浏览。企业标志只有简单易辨,并且具有明确而强烈的表现力,才易使公众记牢。

(4)组织标准色设计

标准色是组织经过特别设计选定的代表组织形象的特殊颜色,一经确定,将会应用在组织所有视觉传达的相关媒体上,与组织标志、标准字体等基本视觉要素相结合,形成完整的视觉系统,在企业情报所传达的整体视觉设计系统中具有强烈的识别效应,使消费者产生固定的意识,在纷杂的信息竞争中起到吸引消费者目光焦点的作用。标准色的设计应当特别注意以下问题:

①要突出组织独特个性

企业在设计标准色时,必须考虑如何体现组织的风格和个性。组织标准色既要反映组织理念、精神,又要突出组织风格、个性,还要尽量避免与同行组织标准色的重复或混淆。为了达到以上要求,组织可以采用单色、双色和多色作为标准色,但一般不超过三种颜色。如麦当劳用红色和金黄色组合成为组织标准色,红色代表奋发向上的企业精神,金黄色体现该组织经营汉堡包、薯条、麦乐鸡等食品的特色,具有鲜明的个性。

②符合社会公众的心理

组织标准色的选择与设计方面,要充分考虑到色彩的感觉、心理效应、民族特性以及公众的习惯兴趣等。既要避免选择禁忌色,使得公众能够普遍接受,又应尽量选择公众比较喜欢的色彩。

2. VI 应用要素系统设计

从应用设计角度讲,视觉识别系统的应用领域涉及组织生产经营活动的各个方面。

（1）可应用组织识别标志、色彩、环境的系统

①经营系统。经营系统包括企业商标、合同式样、财务单据、公关宣传品、企业橱窗、样品货架、公关纪念品、陈列室及展览会、产品说明书、产品目录、组织路牌灯箱、组织商品广告灯等。

②产品系统。产品系统包括产品装潢、包装、标贴等。

③管理系统。管理系统包括印刷字体、便签、信封、名片、办公家具、办公室指示牌、文件夹、专用箱包、工作证、介绍信等。

④运输系统。运输系统包括运输车辆、船舶、传送单、集装箱、周转箱、油罐等。

⑤环境系统。环境系统包括建筑物与门面装饰、厂区宣传画和标语牌、企业雕塑、其他配套装置和设施。

⑥制服系统。制服系统包括企业员工工作服的式样及颜色、厂徽、帽徽、领带、纽扣、胸卡等。

⑦用具系统。用具系统包括组织自备热水瓶、茶具、毛巾、烟灰缸甚至垃圾桶。

（2）组织识别音乐和识别口号的应用范围

①内环境系统。组织内部的广播节目、闭路电视、各种会议、展览、产品展销、文艺表演、技术比赛、各种仪式、上下班信号等。

②外环境系统。企业在广播、电视中公开开展的广告宣传和专题节目、各种公共关系专题活动、各种专门的营销活动、对外接待活动等。

四、CI 的导入

CI 的导入是一项系统工程，必须长期规划并配之以相应的监督管理。虽然由于企业的性质有所不同，每个企业在拟定 CI 设计规划过程中，所要解决的问题及其表现的重点也有所不同，但完整地导入 CI 的程序却必须遵循共同的原则和作业流程。

(一) CI 导入过程中需要注意的问题

作为一项系统工程，CI 的导入有时需要一年甚至几年的时间，所以不需遵循一定的顺序。但是不同的企业都有自身的特殊性，所以在遇到问题时要注意灵活处理。为了做到要求，在导入过程中应注意以下问题：

1. 导入动机的确定

一般来说，组织在导入 CI 战略时，都是在不同动机的驱使下展开的，动机不明确、目标迷茫，CI 的导入必将不能达到良好的效果。组织导入 CI 的时机如下（见表 4-1）：

表 4-1　组织导入 CI 的时机

1	改变经营方向或经营方针	7	新产品问世的宣传、广告、推销等活动
2	顺应国际化大市场的要求	8	现有组织形象的更新或进行危机处理
3	导入新的市场战略	9	适应多元化的价值观的出现
4	追求系统化设计、效率化管理	10	出现了新的需求对象
5	事业领域的扩大，经营多元化	11	强化服务对象
6	企业合并、兼并或更改名称	12	新企业成立时

资料来源：潘红梅.公共关系学[M].北京：科学出版社，2009 年，第 143 页.

2. 导入时机的把握

一般来讲，CI 的导入越早越好，而且一开始就要定位在较高的水平上，但最好是把握时机，借势造势，才能收到较好的效果。常选的时机有：企业初创时期或合并时期；新产品开发和上市时；创业周年纪念日时；企业国际化经营、企业消除负面形象，摆脱经营危机之时；增添产品魅力，开拓市场之时等。

3. 成立导入 CI 的工作小组

由于导入 CI 系统的复杂性和重要性，所以应成立工作小组，一般根据工作小组成员的不同来源可以将 CI 工作班子分为以下几种（见表 4-2）：

表 4-2　CI 工作小组分类

小组类型	成员数量	成员来源	小组的优势	小组的不足
计划团体型	10～15 人	组织内各部门选出的代表	广泛的吸收各部门的意见，集思广益，推广与管理工作比较容易协调	大部分成员是兼职的，且没有一个职能部门牵头，可能出现集体不负责任的现象
部门负责型	5～10 人	办公室、企划部、宣传部专门负责人	专业性强、效果更好	设计时与其他部门沟通少，考虑问题不全面，执行时协调难度大
上位管理型	视组织内各部门的高级主管	组织内各部门的高级主管	比较容易形成结论，并且结论具有权威性，实施的时候难度较小	只反映了高层的意见，基层意见难以体现，有时保守性较强
活力型	不定	由组织内工作年限不超过 10 年的年轻人组成	容易形成富有开创精神的、大胆且新鲜的观念和方案	方案权威性差，有些方案难以贯彻和落实
混合型	不定	由各种不同年龄、职务、观念的人员组成	观点全面，能够从各种维度、多方面看待问题，结论比较中肯	很难尽快达成一致意见

资料来源：潘红梅.公共关系学[M].北京：科学出版社，2009 年，第 144 页.

(二) CI 的导入程序

1. 计划准备阶段

这一阶段主要的任务就是确认组织 CI 的导入的"目的"并保证"计划"被批准，由组织的最高负责人确定组织将导入 CI 战略。并在最高负责人的主持下成立筹备委员会：明确 CI 规划的目的、预测 CI 规划的效益、确定导入的重点、对 CI 执行进行评估等。成立由中层以上主要领导部门领导组成的 CI 委员会，通过双向沟通、与设计部门交换意见。

2. 调查分析阶段

组织导入 CI 的最终目的是为了解决企业在经营管理中所遇到的各种问题，因此，对企业实态的调查研究就成为导入 CI 的主要步骤。在组织调查分析阶段，是指通过运用定量和定性的研究方法和手段，来找到组织存在的问题和原因，从而在组织领导的参与下对原有的理念做出适应性的调整，确定新的经营理念、经营策划、提出新的理念口号和形象策略概念。值得注意的是，重新定位一定要考虑到 CI 系统的各个组成部分之间的系统化以及发展的长期性问题。

3. 设计开发阶段

这一阶段的任务，主要是建立起 CI 识别系统，包括 MI\BI\VI，首先要制定出明确的企业理念，设定企业形象概念。其次，是要把形象概念具体化，确定精神口号、行动规范和形象化的图文方案。这一过程，应该是一个深入发动群众、广泛进行讨论的过程。CI 系统的制定，当然离不开专家，但不能只是少数人关起门来搞，应该把这一过程变成一个发动群众、人人参与的群众自我教育过程。

4. CI 实施阶段

CI 实施阶段首先要完成的一项工作就是编制 CI 手册。CI 手册是最具指导性和权威性的文献资料，它包括组织理念的定义和解说，组织行为规范汇总，基本设计系统的构想和说明等内容。在制定完 CI 手册后，另一项工作就是媒体的选择与投放，即对内对外发布，使社会公众，充分了解企业导入 CI 的目的以及认识企业新的视觉系统，使企业以全新的面貌出现在社会大众面前。

5. 监督评估阶段

CI 方案的实施阶段后期，就是要加强对这一过程的管理和监督，对 CI 运作过程进行全程管理，这就需要由相应的管理机构执行。一般来说，组织应当成立以最高主管为核心的 CI 管理委员会，负责对企业导入 CI 进行全面管理。

☞ 本 章 小 结

本章主要是对组织形象塑造进行了概述。首先介绍了组织形象的内涵和意义，然后具体阐述了组织形象的定位与设计、组织形象的建立与推广以及组织形象的巩固与校正。最后本章解释了 CI 的含义以及包含的要素,并具体阐述了 CI 的设计和导入。目的是让读者对组织形象的塑造有一个完整的认识。

⤵ 复习思考题

一、简答题

　　1. 如何定义组织形象?
　　2. 组织形象定位的方法有哪些?
　　3. 组织对内宣传的方式是什么?
　　4. VI 系统设计应包括哪些内容?

二、论述题

　　1. 试论述 CI 理论及其三个组织部分的内容。
　　2. 如何进行组织形象的定位?

三、案例分析题

海尔集团 CI 战略评析

　　海尔集团的迅速发展与企业实施名牌战略,通过导入 CI,借以提高企业形象是分不开的。海尔集团原来是由两家小厂组合而成的,10 年后这家工厂已成为全球著名的企业,员工近万人,业务涉及家电、电脑、小家电、通讯等行业。

　　海尔集团很实在、很现实,他们并没有把 CI 装扮得花里胡哨,而是实实在在地看到 CI 是一项投资。这项投资是明智的、有巨大功效的,它实际上是在营造企业"自身营销"的氛围,将企业置身于一个有益的可信赖环境之中。

　　海尔抓住了 CI 的实质,CI 本身并不是仙药,一吃企业形象就会上升,CI 必须与产品质量相依存。形象的关键在于产品质量。产品质量过硬,再加之 CI 的宣传系统化、一体化,那么企业形象就可以真正提升,如果光是 CI,光是作视觉形象识别,究其实质,产品仍不过关,那是徒劳而不能长久的。

　　面对众多的领域,复杂、庞大的产品家族,没有完整、系统的品牌定位战略,无疑会导致品牌及企业形象上的混乱。海尔的做法是首先将集团品牌划分为企业牌(产品总商标)、产品牌(产品类别名称)、行销牌(产品销售识别名)三个层次。从家电的长线产品考虑,将各类家电产品统一到"Haier 海尔"总商标,最大限度地发挥了"Haier 海尔"名牌的连带影响力,大大降低了广告宣传中的传播成本。

　　海尔将英文"Haier"作为主识别文字标志,集商标、标志、企业简称于一身,信息更加简洁直接,在设计上追求简洁、稳重、大气、信赖感和国际化。为推广"Haier"以中文"海尔"及两个儿童吉祥物"Haier"组合设计辅助推广,力求建立长期稳固的视觉符号形象。这种抛开抽象图形符号标志,追求高度简洁的超前做法,顺应了世界 CI 设计趋势,为企业国际化奠定了形象基础。在此基础上,我们把企业识别系统看作一个过程,而非一种固定的表现形式。在企业发展中,以务实的态度不断完善企业视觉识别各要素,经过了改进、否定、再改进的不断反复过程,以求完美的表达。

（案例来源:http://www.doc88.com/p-26313536762.html）

思考题

1. 试分析在该案例中,组织形象设计在组织塑造中所起的作用?
2. 从海尔集团的 CI 战略中,你能得到什么启示?

第五章 公共关系主体

学习目标

1. 掌握公共关系主体社会组织的含义、特征和类型
2. 了解组织目标与公共关系目标之间的关系
3. 了解组织环境因素及特点
4. 掌握公共关系人员的素质与能力要求
5. 了解公共关系人员的培养方法
6. 了解公共关系组织机构的有关内容

引 例

在法华商遇文化冲突 商店周日"被休息"

从 1906 年开始,"商店周末不得开门营业"的制度就在法国以法律的形式固定下来,法国人认为,周末休息是与生俱来的福利。然而,对于居住在巴黎 13 区的华人来说,周末却是"赚钱黄金时间",正好开门营业。多年以来,这两套生活哲学一直在巴黎和平共处,相安无事,直到最近,一纸禁令打破了这个微妙的平衡。2011年 4 月底,法国劳动监察局发出通知,禁止华人商铺在周日营业,否则要处以罚款。政府认为,这是为了保障雇工的权益,而华人则抱怨称,他们"被礼拜"。当法国式人权观遭遇中国式勤劳,这场文化冲突会如何收场?

(资料来源:新京报.2011 年 6 月 19 日)

第一节 社会组织

对于社会组织,不同的学科可以从不同的角度进行考察,比如社会学主要探讨组织的一般属性、类型;组织行为学主要探讨组织的一般行为及其规律;而作为公关活动主体之一的社会组织则要阐述组织的含义、特点、组织的分类、组织目标与公关目标、组织与环境的关系等内容。

一、社会组织的含义及特点

社会组织是指人们为了合理地达到自己的目标,有计划有组织建立起来的一

种社会机构,它是建立在共同目标基础上,有一定内部结构,履行一定社会职能、独立存在的机构,是构成社会的基本细胞。社会上有各种各样的组织机构,虽然类型不同,但构成组织的基本要素是类似的,一般包括组织成员、组织目标、组织分工、工作制度、组织文化等。如:工厂、学校、政府机关、党派、公司等。在现代社会,组织占据着决定性的地位,各种社会组织的影响已经渗透到社会的各个角落,它们的存在发展构成了我们日常生活的基本部分,我们每个人都分别属于某个组织或同时属于几个组织。

从静态上讲,社会组织是由若干不同的部分适当组合而构成的完整体。其各构成部分之间以及各构成部分与整体之间有着不可分割的统属关系,如一个公司,由经理室、办公室、人事部、财务部、技术部、市场营销部等组成,每个部门相互之间具有密切联系,并且由这些部门有效运行构成该公司这样一个社会组织。

从动态上讲,社会组织是一个处在一定环境条件下的功能活动体,是由各构成部分分别发挥各自的功能,来实现共同目标。组织整体的功能有赖于各构成部分职能的发挥得以完全体现,如大学就是这样一个组织,其目标是为社会培养一流的人才,而要达到这一目标,必须发挥各学院、系的功能,这样高校这个社会组织的整体功能才会完全体现出来。

社会组织特点:

整体性:组织是由各部门、各环节及组织成员构成的统一协调的整体。

目的性:组织成员和部门是在共同目标基础上结合起来,组织目标是构成该组织的核心要素。

适应性:社会组织内部各部门之间,成员之间必须相互适应和配合;组织与外部环境也必须相互适应,组织才能生存与发展。

多样性:不同组织的性质、结构形态、职能各不同。

二、组织的分类

组织的多样性,组织的目标、原则、利益都有很大差异,各类组织的公关侧重点均各不相同,从公关角度对社会组织进行分类,主要有以下几种类型。

(一) 根据目标特点,社会组织可分为

1. 互益性组织:各种党派团体、群众组织、宗教组织。这类组织关注组织内部成员的利益和共同目标,重视内部成员对本组织自身的凝聚力和归属感,重视系统内部的沟通。

2. 营利性组织:如工商企业、金融机构、旅游服务业等以赢利为目的的组织。这种类型的组织是以其所有者、经营者的利益为目标,因此首先要与其所有者、投资者以及对其经营成败有决定性影响的上级领导、顾客等建立良好的关系。

3. 服务性组织：如学校、医院、社会福利机构等非营利性组织，这种类型的组织以其特定服务对象的需要为目标，需要与其资助者、协助者保持稳定的关系。

4. 公益性组织：如政府部门、消防部门、公安机关，这类组织以国家社会整体利益为目标，其公众对象是社会各界。

(二) 根据社会职能,社会组织可分为

1. 经济组织：以经济活动为基本内容，为社会提供基本的物质生活资料和生产资料，如生产性企业、商业企业、金融企业等。

2. 文化组织：以文化教育活动为基本内容，为社会提供各种文化教育服务，如学校、科研机构、图书馆等。

3. 政治组织：具有各种政治职能的社会组织，为社会提供一定的政治管理服务，如政府部门、法院、检察院等。

三、社会组织与环境

组织面临的环境有宏观环境和微观环境。宏观环境是指对组织生存发展有影响的宏观层面的因素，如社会政治环境、科学技术环境、经济环境、法律技术环境、社会文化环境、国际环境等。宏观环境因素的变动会对组织生产经营带来直接或间接的影响，组织经营活动的开展必须结合国家的宏观环境。比如经济环境是影响组织行为诸多因素中最关键、最基本的因素。在国民经济高速增长时期，企业往往面临更多的发展机会，因而企业可以增加投资，扩大生产，这时企业的竞争环境也不会太紧张。但经济停滞或衰退时，情况则相反。例如 2008 年，中央政府在较短时间内连续下调银行存贷款利率，采用积极的扩张性政策，大力发行国债，为企业发展提供了机会。社会环境的变化也会对组织产生影响，如中国乳制品工业在近十年发展十分迅速，生产总量每年以 10％的速度递增，生产规模不断扩大，主要原因，一是由于经济发展，人们可支配收入上升；二是消费观念的转变、消费者口味的改变，从前中国人由于几千年饮食习惯，没养成喝牛奶的习惯，更有人认为喝牛奶是西方人的爱好，觉得喝牛奶太"奢侈"。也有诸此种种认识上的误区降低了市场对牛奶的需求。现在社会环境和人文环境发生了变化，人们不仅从心理上接受牛奶，从口味上也接受了，而且认为喝牛奶对人体健康有益。这种社会环境的改变，对生产液体奶的企业来说，意味着面临巨大的发展机遇，蒙牛、伊利等企业就是在这样的社会环境背景下诞生和成长起来的。

微观环境是指组织所处的具体环境，如自然物质环境、关系环境和意识环境。

自然物质环境是指影响组织的客观条件，如地理位置、气候条件、交通状况、资源、设备、资金、人员等。关系环境是指与组织有关的各类公众的状况，如消费者、上级主管部门、竞争对手、新闻界、员工、股东等。意识环境是指影响组织的思想意

识因素,如员工的职业道德,价值观,公关意识,社会舆论,流行心理等。

组织开展公共关系活动必需考虑组织面临的宏观环境和微观环境,有针对性地设计公关方案,确保公共关系活动的效果。

▷ **案 例 分 析 5-1**

日本八佰伴集团进入新加坡的公关活动

日本八佰伴集团在20世纪60年代初就欲进入新加坡市场,公司派人到新加坡进行市场调查,所得结论是不宜进入该市场。因为二次世界大战日本军人在新加坡的残暴行为,使当地居民产生了强烈的反日情绪,致使许多日本公司都纷纷从新加坡撤退,但该公司创始人和田一夫面对这种情况制定了相应的战略计划,首先他亲自前往新加坡,下飞机后就立即去新加坡的抗日战争纪念碑前敬献花圈,声称自己是前来代表日本人民赎罪的,随后以此为主题展开一系列公关活动,而且在经营上采取与当地联营的形式,让当地资本占51%,从而排除了公众敌对情绪,最终打开市场。

(资料来源:曹刚.2011年国内外市场营销案例集[M].武汉大学出版社,2011,第一版)

这一事实说明,在当今社会,组织的经济行为必然要受环境因素的影响,纯粹的经济行为是不存在的。所以在组织管理中,每一项决策,大到政策的出台,小到经营方针的改变,都会涉及到众多的方面,都需及时了解环境变化,掌握大量的环境信息,为决策的科学性提供依据。

四、组织目标与公共关系目标

组织目标主要指组织的总体目标,任何组织目标的制定都是建立在满足环境原则基础上的,社会组织目标的内容实际上包含了社会、组织、成员三方面的利益。

公共关系目标具体说来就是树立社会组织的良好形象。所谓组织形象是指公众对组织的总体评价。对组织来说有两种资产,有形资产支撑着整个企业活动,无形资产如形象、商标等,同样发生效力。尽管组织形象不会像产品、服务直接给企业带来可观的利润,也不会像广告直接为企业市场进行开拓,从短期效果看,组织形象似乎是虚幻的东西,但从长期效果来看,组织形象是组织经营活动中最为宝贵的无形资产。现代企业经营活动中,组织形象的好坏同经营绩效存在密切的因果关系。

社会组织目标与公关目标有一定联系,为了实现组织目标,组织在其运行过程中所发生的各种关系,属于公共关系,所以公关必然服从和服务于社会组织目标,而公关工作的目标在它与组织目标的关系中处于从属地位。但这并不意味着公关是可有可无的,因为在现代社会中,一个组织如果没有公共关系,是很难生存发展下去的,很难想象一个不开展公共关系活动的组织会是一个成功组织。可以说社会组织目标是公关的活动方向,公关是保证社会组织目标顺利实现的特殊管理,没有组织目标,公关活动会失去方向,而没有公共关系的积极活动,组织目标就会落空。

第二节　公共关系人员

公关活动都是由公关人员执行的,公关活动能否取得满意的效果,并使其关系长久稳定维持下去,与公关人员的素质、能力有很大关系。

一、公关人员的必备素质

公关人员是以整个社会作为自己活动范围的,所以公关人员的素质要求也是多方面的,具体来讲有以下几方面:

(一) 性格和仪表

公关活动主要是与人打交道,通过建立良好的人际关系来搞好组织与组织之间的关系,这就需要公关人员常去参加各种社会交际活动。通常情况公关工作应选择性格外向型的人担任,因为外向型的人活泼、开朗、健谈,谈吐动听有感染力,讲话有幽默感,容易使紧张气氛、紧张场面变得轻松和谐,使陌生人很快消除隔阂而产生信赖感;其次公关人员还要具备办事有耐心和毅力的性格,既能对别人讲话表示关注和感兴趣,不仅要做一个坐得住,听得进的忠诚听众,还要做一个耐心的说服者,不能着急,使对方在你耐心的说服下,心悦诚服的接受意见而无被迫的感觉。此外公关人员仪表要美,它包括人的姿态、风度、服饰等。

(二) 知识和阅历

公共关系是一门新兴的边缘学科,公关工作是一种复杂的社会活动,必须以社会伦理和科学的研究方法为指导,公关人员在日常事务中要与各种各样的人打交道,要接触各种各样的事情,因此对公关人员的知识要求要广博,阅历经验要丰富,了解不同地区、国家的文化差异和风土人情。文化背景不同,沟通方法、语言内容也不同,所以公关人员必须掌握多门学科知识和公关技巧,积累实际工作经验,知识面广,具有一定的深度,才能适应日新月异的社会变化,适应科技发展的需要。知识能使人变得聪明伶俐,增强人的应变能力,使人面对复杂、棘手的问题,也能寻找到最优的解决方案。

(三) 品德和智慧

公关人员应具有良好的品德素质,其中职业道德和行为方面的修养更为重要。公关活动中有许多诱惑,稍有不慎就会被利用,公关人员应诚实、公道、正派、言而有信、不谋私利、不卑不亢、责任心强、遵纪守法、实事求是,要经得起诱惑,始终坚持奉公守法,不丧人格、国格,不谋私利,不仅使公关活动获得一次成功,而且能长久维持公众关系。公关人员的个人品行也十分重要,在工作中,坚持思想意识健康,谈吐文明、礼貌,举止庄重文雅,工作作风严谨,姿态自然不做作,着装得体不矫揉造作,热情活跃有分寸等,给人留下一个美好的印象,不断充实自己,增加个人魅力、感染力和吸引力,这将大大有利于公关工作的顺利开展。

智慧,是人们认识客观事物并运用知识解决问题的能力的总和,公关人员要具备一定的智慧,即思维反映敏感,决策果断迅速,兴趣爱好广泛,创造力强等,同时还应具备"急智",才能应付突然发生的变化,变被动为主动。

例:王光英到香港创办光大实业公司时,一下机就遇到一位香港记者的发问:"你带了多少钱?"王见对方是位女士,立即回答:"对女士不能问岁数,对男士不能问钱数,小姐,对吗?"一下就把对方反问得张口结舌。

品德高尚、智慧过人的公关工作人员,必定会引起各方面公众的特别兴趣和高度关注,容易增加亲近感,这对于广交朋友,掌握各方面信息,赢得公众、赢得时间、赢得市场赢得他人及组织的信任,都是非常有利的。

(四) 意识和心理

公关人员素质,是以公共关系意识为核心,以自信、热情、开放的职业心理为基础,配以公共关系专业知识和能力结构的一种整体职业素质。公关人员应具有强烈的公共关系意识,所谓公共关系意识,它属于一种现代经营管理思想、理念和原则,是公共关系实践在人们思维中的反映,且由感性认识上升为理性认识。公共关系意识作为一种深层次的思想,引导着一切公共关系行为。公共关系意识是一种综合性的职业意识,它大致由以下几方面的内容构成。第一,以事实为基础的思想。它要求组织在开展公关活动时,如实向外传递信息,如实报告企业的社会环境,企业发展动态,在处理纠纷时,要实事求是,不故意隐瞒真相,歪曲事实,欺骗公众。第二,公众利益至上的思想。第三,双向信息交流。要求组织在开展公关活动时,既要把组织有关信息告诉公众,让公众及时了解组织,同时又要把公众的意见要求反馈给组织管理层。此外公关人员还应具有创新意识、服务意识、审美意识、战略意识等。

良好的公关人员心理素质主要表现在以下几方面:一是自信和进取的心理。二是热情的心理。三是开放乐观的心理。公共关系人员具有开放乐观的心理,在困难和挫折面前,就能从容面对,始终把微笑带给公众,而不是把满脸愁云带给公众。

案例分析 5-2

难伺候的"上帝"

某家宾馆,一次来了几位美国客人,或许是不了解中国,或许是抱有偏见,他们对宾馆的客房设备和饭菜质量,都过于挑剔。在 5 天的住宿时间内,他们几乎每天都打电话给宾馆的公关部反映问题。开始该公关部的某接待人员还能够心平气和地倾听他们的意见,并给以回答和解释,可在以后接二连三的电话和毫不客气的指责下,她终于耐不住性子了。当几位客人要离开宾馆回国时,他们又拿起了电话打给公关部,说:"我们这几天要求您解决的问题,您一件也没能解决,真是太遗憾了。"听了这话,这位接待人员反唇相讥:"倘若你们以后再来中国,请到别的宾馆试一试!"于是一场激烈的舌战在电话里爆发了。当美国客人离开宾馆后,客房服务员在他们住过的房间写字台上发现了一张纸条,上面用英文写着:"世界第一差"。

(资料来源:董原,陆凤英,等.公关案例集锦[M].兰州:兰州商学院出版社,2007)

思 考 题

1. 美国客人的评价与公关人员的态度有什么关系?
2. 通过本案例的阅读,你认为公关人员必须具备哪些素质和能力?
3. 该事件发生后,作为公关主体该宾馆应该如何做才能挽回影响,以利于组织的长期发展?

二、公关人员应具备的基本能力

公关人员具有一定的素质,还需要充分运用和在实际工作中发挥出来,成为自己所具备的能力,这才有实际意义。卡特利普等人在《有效公共关系》一书中曾总结公共关系工作的 10 种类型:写作、编辑、与媒体联系、特殊事件的组织与筹备、演讲、制作、调研、策划与咨询、培训、管理等。为了完成上述任务,公关人员所需要的能力是多方面的,当然公关人员不可能十全十美,但最基本的能力,比如:组织管理能力、信息处理能力、洞察分析能力、社会交际能力、各种表达能力、创新能力等必须具备。

(一) 组织管理能力

现代管理科学告诉我们,任何组织的管理活动,最终都归结为对人流、物流、信息流的组织管理活动,比如:组织展览会、洽谈会或定货会,既有信息流,又有物流、人流,无论从会议的筹备工作,还是中间举办的一系列活动,以及如何保证会议的圆满结束,都要求会议的组织者有一定的驾驭和管理才能,才能时时掌握主动,达到预期目的,所以公关人员要有企业家的战略眼光和经济头脑,要有一定的管理才能。

(二) 信息处理能力

当今社会信息传播十分迅速,能否及时掌握信息,直接关系到企业的发展,产品的竞争能力等,所以公关人员在掌握信息时,要做到快、多、准,尤其以"准"为重要。掌握信息快可以走在别人前面,赢得时间和主动;掌握信息多便于全面了解整体发展情况,同时也可加大单位信息的选择;掌握信息准,掌握信息如果不准,再多再快也无用,甚至反而会误事。掌握和收集信息的最终目的,在于从大量信息中,发现和挖掘与本企业有关的信息,进行分析研究,做出相应的决策,公关人员必须有较强的信息处理能力,结合本组织技术、设备、资金的情况和发展潜力,利用掌握的信息,做出相应的对策和采取相应措施,这样的决策、措施才有价值。

公关人员的信息处理能力,还表现在对本组织的重大决策能采取最优、最快的方式加以宣传和推广,不但在本组织赢得内部公众的理解和支持,而且要赢得组织外部公众的理解和支持,扩大社会影响,提高组织信誉,树立良好的组织形象。

(三) 洞察分析能力

公关人员必须具有敏锐的洞察分析能力,不断的发现新问题。公关人员洞察分析能力一方面表现在对外部环境变化敏感,另一方面对企业内部各部门、各环节情况十分了解,及时向领导提供有效的协调措施,同时也应会通过各种民意测验、市场调查、走访用户等方法,不断对社会各方面进行了解分析。瞄得准,才能打得准,这样才能使企业始终走在社会潮流的前面而不被淘汰。

(四) 社会交际能力

公关人员是以整个社会作为活动的舞台,要与社会上各方面的人打交道,肩负着为本组织建立良好的内、外部工作环境的职责,这就要求公关人员应具有较强的活动能力,有一个十分宽阔的交际范围。广结良缘,建立密切的关系网络,是公关工作的重要职能之一。交际能力也是衡量一个现代人能否适应现代社会的标准之一。社会交际能力包括谈话交友能力,朋友之间多来往,多沟通,而且不断结识新朋友。公关人员每多一种爱好,增加一项特长,就会使自己的活动范围扩大一圈,结交朋友又多一个渠道。

(五) 各种表达能力

公关人员的表达能力很重要,要能说会写。与人交往,收集信息,传递信息等,无一不是利用表达能力的发挥来实现的。表达能力既包括文字表达能力(写新闻段、广告词,请柬等),因为在公关过程中,经常用文字的方式传递信息,所以笔杆子要硬;同时也要有良好的语言表达能力,有一定的语言基础和文学修养。公关人员提高语言表达能力,必须注意以下几方面。说真话:流露自己的真实感情和见解,才有感染力;注意交际对象:讲话有的放矢;注意场合和分寸:不是有话必说,而是要做到有话会说,恰到好处,出奇制胜;注意语气、表情及声调的和谐统一,做到声情并茂,才能收到感人至深的效果(如:"你对我真好",语气表情不同有两种意思:真诚、嘲讽);语言要幽默,措辞要婉转,在外交场合更要注意运用外交辞令;熟悉各种表达技巧,表达前做好充分准备,表达时要充满自信心。

表达能力除了上述文字、语言外,还包括非语言文字的表达能力,如:动作、服饰、表情等,这些也能起到表达情意、传递信息的作用。在交往中,对方从你的一举手、一投足,就可以明白你对所说内容的态度。所以语言、文字表达能力的运用,一定要注意恰当、准确,以免引起误会。

(六) 创新能力

人们要有不断创新的意识和能力,与时俱进才能跟上社会前进的步伐,公关人员也不例外,也必须具备丰富的想象力和创新能力。

一个企业的公关人员创新能力如何,反映出这个组织的创新活动、科技实力和精神风貌,在公关活动中,不论从内容到形式,公关人员都要不断地以新颖别致的方式和技巧来联络吸引公众,不能重弹老调,墨守陈规,只有不断创新,才能不断开辟和占领新的市场,成为时代的弄潮儿,才能有效地树立组织形象和信誉。

以上是公关人员应具备的几种能力,实践证明,公关人员决不是某些人想象的那样只要相貌美丽、着装时髦,能说会道就行了。有些人尽管相貌平平,但能以真诚、质朴、自信的精神风貌,不卑不亢、热情的工作态度,开朗、宽广、豁达的心胸气度,丰富、渊博、精湛的知识技能,整洁、美观、大方的姿态仪容去待人接物,待人处事,公关工作做得十分出色;而有些人尽管脸蛋漂亮,服饰时髦,但无知无识、无德无才,也只是像瓷花瓶一样,永远招不来蜜蜂。所以说公关人员的容貌并不是第一位的,重要的是有德,有才,有真本领,只有这样,才能保证公关工作沿着健康的轨道前进。

➪ 案例分析 5-3

"你会坐吗?"一次公关部长聘任考试

一家公司准备聘用一名公关部长,经笔试筛选后,只剩 8 名应试者等待面试。面试限定他们每人在两分钟内对主考官的提问做出回答。当每位应试者进入考场时,主考官说的是同一句话:"请您把大衣放好,在我面前坐下。"

然而,在进行面试的房间中,除了主考官使用的一张桌子和一把椅子外,什么东西也没有。有两名应试者听到主考官的话以后,不知所措,另有两名急得直掉眼泪;还有一名听到提问后,脱下自己的大衣,搁在主考官的桌子上,然后说了句:"还有什么问题?"结果,这5名应试者全部被淘汰了。

剩下的3名应试者,一名听到主考官发问后,先是一愣,旋即脱下大衣,往右手上一搭,躬身致礼,轻轻地说道:"这里没有椅子,我可以站着回答您的问话吗?"公司对这个人的评语是:"有一定的应变能力,但创新开拓不足。彬彬有礼,能适应严格的管理制度,可用于财务和秘书部门。"另一名应试者听到问题后,马上回答道:"既然没有椅子,就不用坐了。谢谢您的关心,我愿听候下一个问题。"公司对此人的评语是:"守中略有攻,可先培养用于对内,然后再对外。"最后一名考生的反应是,听到主考官的发问后,他眼睛一眨,随即出门去,把候考时坐过的椅子搬进来,放在离主考官侧前约一米处,然后脱下自己的大衣,折好后放在椅子背后,自己就在椅子上端坐着。当"时间到"的铃声一响,他马上站起来,欠身一礼,说了声"谢谢",便退出考试房间,把门轻轻地关上,公司对此人的评语是:"不着一词而巧妙地回答了问题;性格富有开拓精神,加上笔试成绩佳,可以录用为公关部长。"

(资料来源:龙志鹤.公关案例与评析[M].北京:经济管理出版社,2011年)

▷ 思 考 题

1. 假如你是应试者,你准备怎样放置大衣、怎样坐下?

2. 现在一家公司聘任你为人力资源部主管,请你设计一套选拔公关人员的考试办法。

三、公关人员的培养和提高

我国公关事业历史不长,公关人员的理论和实践能力相对较低,重视加强对公关人员的培养和提高,不仅有利于公关专门人才的大批出现,也有利于推动公关事业的迅速发展。

公关人员素质的培养和提高主要有组织培养和自我修养两方面。

组织培养可以根据工作需要结合本人特长,培养通用性公关人才和专业性公关人才。通用性公关人才,要求知识面广,有较全面的智力结构、能力结构和完整的性格结构。这些人才能通晓和应付日常各种类型的公关工作。专业性公关人才是指培养具有精通某种公关专门技能技术的人才,如新闻写作、广告设计、美术摄影、社交礼仪,等等。对于公关人员的培养,国外一般是通过在大学里开设公共关系学或专业来进行的,如美国有 300 所高校都开设此学科,此专业开设的课程有:新闻学、公关理论、逻辑学、演讲学、写作知识、心理学、广告学、语言学等。

在我国各地高校也都开设此专业和课程,在学校这种正规化的训练中,公关人员可以系统学习各种公关知识。专业培养是当前普及公关知识、培养公关人员的好途径。此外对公关人员还可进行短期培训,短期培训专业性强,针对性也强。

现在想搞公关工作的人不少,但并不是每个人都可以胜任,在选择培养对象时,不仅要看其学历、相貌,而且还要检测他们各种学识、能力、发展的潜力等。公关人员除组织选拔培养外,对于立志为公关事业做贡献的人来讲,还有一个自我修养与提高的过程。自我修养与提高,一要加强理论知识的学习,提高理论修养,二要加强文学修养和各种兴趣爱好的培养。为从事公关工作创造各种条件,打下坚实的基础。

第三节　公共关系组织机构

公共关系组织结构是专门执行公关任务、实现公关功能的行为主体,是公关工作的专门职能机构。主要包括组织内设的公关职能部门和专业的公关公司。

一、组织内部公关机构

组织内部设立的公关机构职能是传播性的、沟通性的,在组织总体中扮演一种"边缘"、"中介"的角色。公关部门在组织内部介于高层决策中心与各执行部门之间,在外部经营中,公关部门介于组织和公众之间,对外代表组织,对内代表公众。

组织内部设置公关机构有四种模式可以选择(如图):第一,高层领导直属型(见图 5-1),即公关部处于整个组织系统中的第三个层次,直属于组织的最高层领导,直接向最高决策层和管理层负责。第二,部门并列型(见图 5-2),即公关部门与其他职能部门平行排列。此种类型的公关机构在组织中地位较高,反映了公关业务在组织中的独立性和重要性。第三,部门隶属型(见图 5-3)。即公关机构隶属于

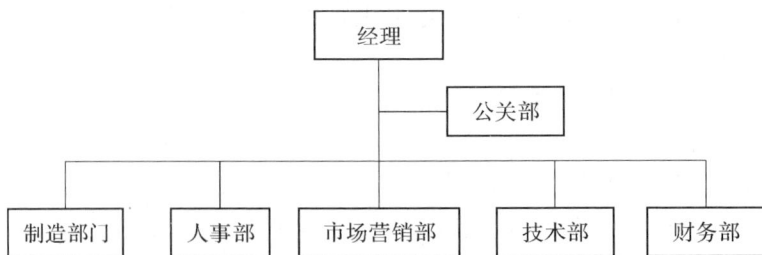

图 5-1　高层领导直属型

组织的某个职能部门,如归属于销售部门、广告和宣传部门、联络接待部门、办公室等。第四,公共关系委员会型(见图5-4),由它全权处理公司公关事务。从公共关系协调的角度看,一个组织自己设立公关机构具有了解内情、便于协调、效率较高、成本较低的优势,但内部公关部工作容易受到组织内部因素制约,有时难以完全做到客观公正。

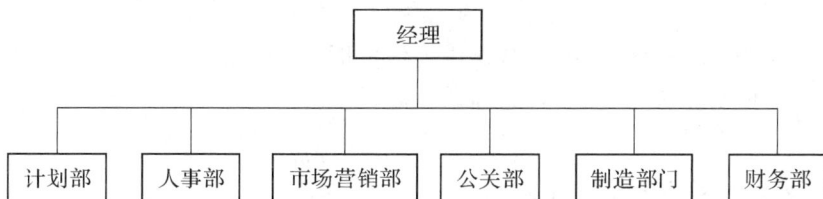

图 5-2　部门并列型

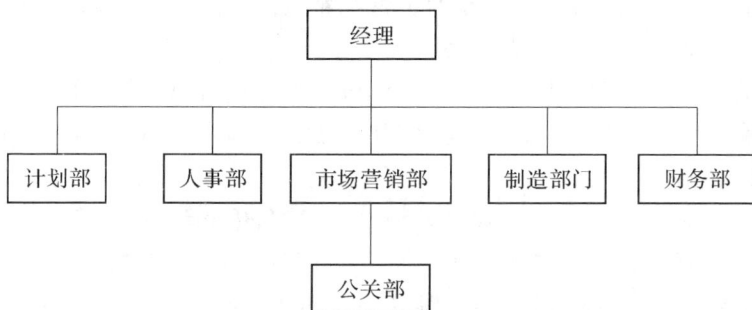

图 5-3　部门隶属型

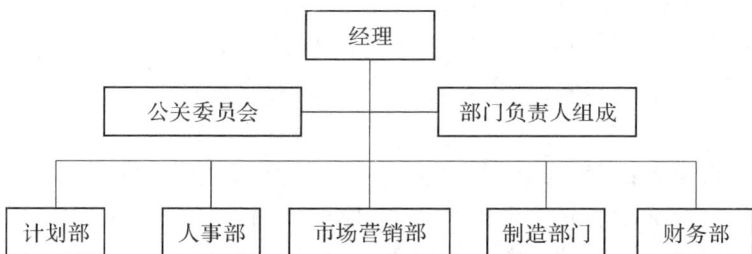

图 5-4　公共关系委员会型

⇨ 案 例 分 析 5-4

新任县长上任后,发现设在政府办公室内的公关科整天忙于迎送往来、交际应酬等琐碎之事。他决心改变这种状况。在他提议下,县班子讨论决定把公关科独立出来,由主管副县长直接领导,负责县政府的公共关系管理工作。一段时间后,秘书告诉他:政府里的人说"公关科,公关科,离开吃喝没事做!"县长找来公关科长,科长说"没办法,人家都认为公关就是如此。"县长困惑了。

(资料来源:2002 年 10 月全国自考公共关系学真题 blog. sina. com. cn/s/blog_4712b48901017sag. html 2010－12－29)

⇨ 思 考 题

1. 公关部门组织形式变了,其作用为何依旧?
2. 如果你是县长,下一步将怎样做?

(一) 公共关系部设置的原则

1. 精简性原则:即要求能完成该机构所担负的任务,有最精干的成员配置,最简单的工作程序和组织机构。精简的关键是精,即工作效率要高,应变能力要强,能在较短的时间里,用最少的人力去完成任务。

2. 职责化和专业化的原则:公共关系部门是专门开展公共关系工作的机构,在组织上和内容上都要保证其正规性,其职责范围应界定清楚,防止成为"杂货部"。同时还应做到队伍的专业化,即全体公关人员应具备强烈的公共关系意识,受过一定专业训练,具有一定专业水准和能力,具有开拓创新精神等。

3. 适当的管理跨度及层次原则:公共关系部门具有相对的独立性,能够在确定的范围内自主履行职责,并能适应客观环境的变化,具有一定灵活性。机构内部的层次不多,因事设职,因职设人,管理跨度和层次要适当。

4. 整体协调原则:在实现公共关系目标时,公共关系部要依靠其他部门的配合。公共关系部主要起沟通、协调、组织的作用,通过公共关系部协调多方面、多层次错综复杂的关系。对外起到主动沟通的作用,对内能够维持组织各方面关系的平衡。

5. 有效性原则:效率是衡量一个组织水平的重要标志。效率越高,说明组织机构越合理、越完善。实现工作的高效率,应注意以下几个问题:首先要保证职权和职责相当;其次要保证信息渠道的畅通;再次要善于用人,充分调动人的积极性;最后要有行之有效的规章制度,没有规矩,不成方圆。

(二) 组织内部公关部设置应注意的问题

1. 规模:组织内部公关部门的规模大小应结合组织的公关任务来定。不能一刀切,搞一个模式。一般企业规模较大,公关任务较重,可设 2－5 人,企业规模较小,公关任务较轻,可不设专职人员,由兼职人员担任。

2. 地位:目前内部公共关系部门设置的模式主要有高层领导直属型、部门并列型、部门隶属型等。其中最理想的是高层领导直属型,这种类型的公关机构地位高,权力大,有利于发挥公共关系部门的作用。部门并列型也还可以,也能与直接领导联系、沟通。部门隶属型,这种模式地位低,权力小,一般用于企业规模小、公关任务轻的情况。

3. 权力:组织中任何部门都有其相应的职责范围和权限范围。但这里的权力是指特权,即除了赋予公共关系部作为一般职能部门的权力之外,还应给予其一些特权,如参与谈判的权力、召开记者招待会的权力等。

4. 分工:公关部人员分工按不同标准有不同的分法。如按工作对象分为职工关系、股东关系、社区关系、政府关系、媒体等。按照公共关系工作手段,分为调查研究、新闻广播、编辑出版、专项活动等。按照社会机构习惯分为宣传舆论、情报资料、后勤总务、外事和接待活动等。按区域分,可分为国内公关、国际公关。

(三) 公共关系部的日常工作

公共关系部的日常工作主要有调查研究、协调关系、参与管理、公关文书的写作;策划举办公共关系专题活动;接待投诉和来访;专项技术制作;员工培训、树立全员公关意识等。

二、公关公司

公共关系公司是公共关系咨询公司、公关顾问公司、公共关系事务所、公共关系服务公司等独立的社会公共关系服务机构的统称。是指由具有一定专业特长的公共关系专家及专业队伍组成,专门从事公共关系咨询或委托为其开展公共关系活动,并收取费用的社会服务性机构。公共关系公司是随着公共关系作为一种职业的出现而产生和发展起来的。它诞生于 20 世纪初的美国。被誉为"公共关系之父"的艾维·李在 1903 年首创了具有公关性质的公共关系事务所。到目前为止,美国已有大约 2000 多家公共关系公司。1953 年成立的美国博雅公共关系有限公司是全球最大的公共关系和传播咨询公司之一,也是最早进入中国的国际公关公司之一。1986 年博雅公关公司和新华社合作成立了中国第一家专业公关公司——中国环球公关公司。至今中国公共关系咨询市场已具有 20 多年历史。

(一) 公关公司类型

按业务不同划分有专项业务服务公司、专门业务服务公司、综合服务咨询公司三种。按经营方式划分有合作型和独立型两种。大中型公共关系公司一般由行政部门、规划审计部门、专业技术部门、国际和地区部门组成。

(二) 公关公司特点

与组织内部公共关系部门相比,专业公关公司具有人才、经验、信息、地理、局外人身份、咨询等优势。专业公关公司聚集一批具有一技之长的专业人士,他们受过专门的培训和训练,比组织内部公关人员更具人才优势。他们长期从事公共关系服务,有一定经验,可以把每分钱花在刀刃上。公关公司长期坐落于某一区域,与当地政府及有关部门的关系网络已建立起来,具有地理位置上的优势。公关公司存储大量的有关市场、科技、政策、法规、人才等方面的信息,可为客户提供全方位的信息和咨询。另外局外人的身份使其处理问题时相对客观公正。但公关公司也存在对组织内情了解不多、效率较低、成本较高,不够方便等劣势。

(三) 公关公司的服务方式

1. 充当对外关系的联系人和协调者

协助客户与相关公众进行有效的联络沟通,帮助客户与政府、媒体、社区等公众建立并维系良好的关系。

2. 向委托人提供各种咨询

公共关系公司可根据客户的要求,凭借现代化的通信、办公技术、众多的专门人才,为客户提供社会政治、经济、文化、教育、科技等方面的情报,提供市场信息、公众态度、社会心理倾向及社区文化习俗的分析资料;为客户进行公共关系问题的分析和诊断;为客户的形象设计、形象评价及公共关系政策或决策提供咨询等。

3. 代理服务

为客户安排、组织重要的交往活动;策划组织各种专题活动;组织各种会议;为客户设计、印制宣传资料和纪念品;为客户制作广告、录像带或光盘等。

4. 为委托人培训公关人员

公共关系公司可代为客户进行各类人员的知识和技能培训,使其具有足够的公共关系理论知识和实际操作技能,以适应岗位的需要。

➭ 本 章 小 结

本章主要介绍公共关系主体社会组织、公关人员及公共关系组织机构。社会组织是开展公共关系活动的支点。公共关系工作要以组织机构作为组织保障,而公共关系机构中的公共关系人员素质对公共关系工作效率和工作质量起着决定性作用。因此了解社会组织含义和类型,合理设置公共关系机构,任用具有良好素质和技能、有职业道德的公共关系人员,对于组织成功开展公共关系活动意义重大。

➭ 关 键 概 念

社会组织、公关组织机构、公关人员、公关公司、公关目标、社会环境

➲ 模拟与练习

(1)某一新创建的企业生产一种黑马牌儿童音像制品,产品很好,但销量不够理想。现欲委托一公共关系公司帮助解决这一问题,请就应选择什么样的公关公司提出你的建议。

(2)某一生产电子产品的公司,现有员工 1280 人,经济效益较好,随着产品的增加和经营范围的扩大,公司的公关问题也越来越突出,现公司决定成立一专门机构,即公关部,全权负责处理公司的公共关系事务。请你帮助设计一个公共关系部的组建方案,就机构的设置、人员的配备、职责的确定等内容做出分析和说明。

➲ 复习思考题

一、名词解释

1. 社会组织
2. 关系环境
3. 意识环境
4. 公关机构
5. 专项服务公关公司

二、简答题

1. 社会组织的含义?特点?如何分类?
2. 举例说明环境对社会组织的重要性?
3. 组织目标与公关目标的关系?
4. 公共关系人员应具备怎样素质和能力?
5. 公共关系组织机构有哪些类型和特点?

三、论述题

1. 如果你要去应聘一个公共关系人员的岗位,你事先应做哪些准备?
2. 组织的环境因素有哪些?

四、案例分析

日本汽车成功进军美国市场

美国的汽车制造业一度在世界上占霸主地位,而日本的汽车工业则是 20 世纪五十年代学习美国发展起来的。但是,时隔三十年,日本汽车制造业突飞猛进,充斥欧美市场及世界各地,把美国汽车工业打得一塌糊涂。为此美日之间引起了"汽车摩擦",日方考虑外交上的因素,成立了"抢救美国汽车特别紧急委员会"来挽救美国汽车工业的颓势。美国的汽车工业何以会落到这种地步呢?在六十年代,当时有两个因素影响汽车工业,一是第三世界的石油生产被工业发达国家所控制,石油价格低廉;二是轿车制造业发展很快,多座位的豪华车、大型车盛极一时。但是擅长于搞市场调查和预测的日本汽车制造商,首先通过表面经济繁荣,看到产油国与跨国公司之间暗中正在酝酿和发展着的斗争,以及工业发达国家耗能量的增加,预测出即将要发生全球性的能源危机,石油价格会很快上涨,因此,必须改产耗油小的轿车来适应能源短缺的环境。其次,日本估计:随着汽车数量的增多,马路上车流量增加,停车场的收费会提高,因此,只有造小型车才能适应拥挤的马路和停车场。再次,日本制造商分析了发达国家家庭成员的用车状况,主妇要上超级市场,主人要上班,孩子要上学,一个家庭只有一部汽车显然不能满足需要。这样,小巧玲珑的轿车就能得到消费者的宠爱。通过调查分析,他们掌握了经济环境的变化趋势,进而做出了正确的决策。于是日本物美价廉的小型节油轿车在七十年代的世界石油危机中,横扫欧美市场,市场占有率不断提高,而欧美各国生产的传统豪华轿车,却因耗油量大,成本高,使销路大受影响。

(资料来源:张卫东.市场营销禁忌100例[M].电子工业出版社,2009年)

⊡ 思 考 题

日美轿车大战,造成美国汽车工业失败的原因是什么? 此例对我国企业有何启示?

第六章　公共关系客体——公众

⇨ 学习目标

1. 掌握公众的含义、特征、分类
2. 正确认识公共关系对象
3. 掌握与各类公众建立良好关系的方法和技巧
4. 了解公众心理

⇨ 引　例

沃尔玛全国"环保小卫士"评选活动

自 2010 年 5 月 26 日起,沃尔玛在北京、沈阳、烟台、西安、宜昌、荆州、成都、宜宾、无锡、张家港、常州、扬州、绍兴、上海、深圳、东莞、茂名、广州、漳州等全国 98 个城市的 186 家商场,以及独家网络支持的新浪网亲子中心同时启动"环保小卫士"评选活动,征集小学生的环保案例。截至 6 月 20 日,共收到一万多份报名材料,其中 40 件入围全国总决赛。7 月 23 日,由环境专家、资深公益环保媒体人士、国际公益组织代表等组成的 10 人专家评审团评选出最终获奖的 8 名全国"环保小卫士"。沃尔玛中国还同时在员工家属和子女中进行"环保小卫士"的评选活动。专业评委从参赛员工家庭中评选出两个超级环保先锋家庭。这是沃尔玛特色的"我的健康生活"项目(My Sustainability Program,简称 MSP)的一部份。"我的健康生活"项目是沃尔玛公司面向全体员工、由员工自主管理和发展的长期个人可持续发展计划。旨在启发、培养和推动员工个人及家人可持续发展的意识,帮助员工和家人爱惜、保护、改善生活和工作环境,建立健康的生活和工作方式,从而提升员工、家人乃至顾客的生活、工作环境和品质。在世博园伦敦零碳馆举行的颁奖典礼上,8 名"环保小卫士"和沃尔玛"超级环保先锋家庭"还在沃尔玛员工的带领下参观了伦敦案例零碳馆。"环保小卫士"们说在这里看到"零碳餐厅"等数不尽的奇思妙想,了解到原来环保也可以这么生动、有趣。

(资料来源:《环保小卫士》浙江在线教育频道.2010 年 8 月 27 日,编辑 裘竹如)

⮕ **思 考 题**

1. 沃尔玛"环保小卫士"活动给中国公众留下怎样影响?
2. 沃尔玛公司是如何通过环保低碳活动来提升在中国的品牌及形象?

第一节　公众的识别与细分

公众是公关的对象,公关活动是组织与公众之间双向的沟通与交流。组织的生存发展都离不开公众的支持与信任,只有了解公众,才能正确了解公关的对象。

一、公众的含义

公众是指与组织有着直接或间接交往意向,具有特定意义的社会团体、消费者个人和其他社会组织的总和。如企业职工、消费者、投资者、供应商、政府、社区、媒体等。公关工作的对象统称为公众,公众包含四项基本含义:(1)公众是公共关系主体传播沟通对象的总称。(2)它是相对特定组织而存在的。(3)公众是因共同的利益、问题等而联结起来并与特定组织发生联系或相互作用的个人、群体或组织的总和。(4)公众是客观存在的。社会组织不可能独立存在,它总是与社会各界发生千丝万缕的关系,因此组织的公众是客观存在的,不以组织的意志为转移。

二、公众的细分

(一) 从组织对公众的影响及组织与公众发生关系的密切程度分类

1. 非公众。在社会学中没有非公众。公共关系学中的非公众是指在一定的时空条件下,某些公众既不受某组织某个事件或行为的影响,也不对这个组织产生影响。他们在这个问题或事件中就被称为非公众。

2. 潜在公众。某些公众已经受到了某组织某个行为的影响,但他们本身尚未意识到这种影响及后果的公众。

3. 知晓公众。不仅受到某组织的影响,而且已明确意识到这种影响,知道了这种影响将要带来的后果的那一部分公众。

4. 行动公众。不仅受到某组织某个行为的影响,意识到这种影响及后果,而且在行动、试图采取措施应对这些影响的公众。

⮕ **案 例 6-1**

某商场售出一批质量有问题的电冰箱,但商场事先并不知晓,待有顾客使用后发现了问题,找到商场,销售人员和商场领导才知这一型号的冰箱均有同类质量问题。假如你是商场的公关人员,你如何分析公众? 如何协调和解决这个问题?

(二) 根据组织的内外区别分类

1. 内部公众。与组织有着归属关系的内部成员。内部公众与组织关系最密切,是公关基础环节。

2. 外部公众。和某一特定组织不存在直接的利害关系,但有着间接利益关系的外部组织或个人。外部公众虽没有内部公众与组织关系那么密切,但其范围大,所以公关人员应及时了解外部公众的变化情况,以便及时制订计划,采取措施。

(三) 从公众对组织的重要性分类

1. 重要公众是指对一个组织的生存和发展有重要影响力和决定性作用的公众。如企业的员工、商场的消费者等。组织为了维护与重要公众的关系,往往要投入比较多的时间、人力和财力。

2. 次要公众是指对一个组织的生存和发展有一定的影响作用,但不具有决定性作用的公众。次要公众是在相比之下与组织联系不十分密切的公众,组织对他们进行的公共关系工作相对可以少些,如新闻单位。

3. 边缘公众。重要性对组织来说最小的那些公众。是指处于组织公众与非公众交界地带的人员和人群,如组织的员工家属、同行等。

(四) 从公众对组织的态度分类

一个组织所面对的各种公众,由于他们自身所处的地位和环境、扮演的社会角色以及主观认识水平等条件不同,而形成对组织的不同态度。依据公众对组织是否具有合作态度将其划分为顺意公众、逆意公众和独立公众。

1. 顺意公众,又称为支持公众,是指对组织持赞赏、支持、合作和信任态度的公众。他们是推动组织发展变化的基本公众与主要力量。一个组织的公共关系工作,其首要目标是保持和扩大顺意公众的队伍,经常与他们沟通联系,不使他们的态度发生逆转,不让他们被竞争对手争取过去。

2. 逆意公众,又称为敌对公众,是指对组织持反对意见、不合作态度,甚至采取敌对立场的公众。他们是公共关系工作的重要对象。逆意公众的形成一般有两种原因:一种是在利益上与组织发生冲突;另一种是由于沟通不畅而对组织的政策和行为产生了误解。在公共关系工作中,如何争取逆意公众的转变是一个难题,但组织不能因为这是一个难题而放弃将逆意公众转化为顺意公众的工作。

3. 独立公众,又称中立公众或不确定公众,是指那些持中立态度或态度不明朗,或未表态的公众。由于独立公众具有极大的可塑性,他们既可以向顺意公众转化,也可以向逆意公众转化,因此组织宜采取说服、争取的工作方式,使他们向组织有利的方向转化。

对于公共关系工作人员来说,顺意公众是组织的基本依靠对象,逆意公众是组织急需转化的对象,独立公众是组织值得争取的对象。组织公关工作的重要任务就是要通过多方沟通和协调,不断扩大组织的顺意公众,尽量减少逆意公众,努力争取中立公众。少树敌,多交友。

(五) 按照组织对公众的态度标准分类

1. 受欢迎的公众。特指那一部分十分关爱本组织,处处支持本组织、经常给本组织带来利益和机会,因而使组织对他们十分欢迎的公众。

2. 不受欢迎的公众。特指某些不时借故从本组织获取好处或利益,本组织力图躲避的组织和个人。

3. 被追求的公众。特指那些对本组织公共关系工作有特别意义,但与本组织无直接利害关系,须本组织竭力去接近和争取的组织或个人。如新闻媒体、社会名流、大客户等。公关人员要想方设法同他们建立关系,赢得他们的支持。

(六) 根据公众构成的稳定程度分类

1. 临时公众。因为某一临时的因素,偶发事件或特别活动而形成的公众对象。组织应具备应付临时公众的能力,妥善解决因为临时公众带来的问题,使其朝着有利于组织的方向发展。

2. 周期公众。指按一定规律和周期出现的公众对象。周期性公众具有较强规律性,公关人员应做好规划和安排,将一部分周期性公众转化为稳定的公众。

3. 稳定公众。具有稳定结构和稳定关系的公众对象。稳定公众是组织的基本公众,是组织生存和发展的重要基础。公关部门,应把扩大稳定公众的规模作为公关工作的重要目标。临时公众、周期公众和稳定公众的划分是组织制定临时性对策、周期性政策和稳定策略的重要依据。

第二节　公众心理与行为

一、公众的心理基础

在现实生活中,对于同一事物,不同的人有不同的反应,会采取不同的行为。从公众心理的角度看,这些不同的反应和行为都是由于不同的公众心理差异作用的结果。而公共关系的效果最终要落实到公众身上,因此处理公共关系问题时,我们必须研究公众的心理。公关工作要求在组织内外部建立和谐融洽的环境,这就应当努力促进组织成员之间、组织和有关方面的心理相容和心理平衡。

(一) 心理相容

指集体成员之间,在感知和理解方面,情趣行为方面,能被对方所接受,因而引起肯定的反映。它在集体生活中,在企业经营管理中,具有十分重要的意义。它可以营造一种融洽的心理氛围,使全体成员和有关方面在共同的生活工作中步调一致,团结互助,使事业稳定发展。那么如何才能实现心理相容呢?实践证明必须重视感情投资,首先要以情感人。其次要善于帮助人和体贴人。日本松下幸之助曾对他们的经理们说:"在凛冽的寒风中,花开不了,在一颗顽劣的心中,花也开不了。我们需要温暖和煦的春风和冬阳,我们需要人与人之间的来来往往。"他深深懂得在日常生活和工作中,一些感情投资会产生令人吃惊的报效心理,同样组织与有关方面的交往,也要互利互惠,以诚相待,乐于助人,"诚招天下客,誉从信中来"。第三要增强信任感。就一个组织来说,领导让职工参与组织的有关决策,欢迎职工监督,无疑是对职工的最大信任,这样会使干群之间的关系更融洽。组织应当公开办事制度,及时通报有关情况,鼓励员工献计献策,参与组织管理,增强对员工的信任感,从而更好地激发员工的工作热情。

(二) 心理平衡

所谓心理平衡是指集体成员之间,组织与相关单位之间,心情舒畅,团结友爱,和谐共事的心理状态。只有做到这一点,组织才能与公众做到相互了解和支持。在一个组织中,要使全体职工达到心理平衡,首先要求这个组织的领导办事要公平合理,不要亲近一些人,疏远另一些人,不以主观好恶褒贬扬仰;反之,对甲偏爱,对乙不好,不关心,遇事不公平,就会破坏平衡。其次在关系紧张时,要强调理解,谅解,要引导和疏导,从而缓解淡化矛盾,实现心理平衡。要做到这些就必须遵循人的心理活动规律,满足人们不同层次的需求,让人们意识到自己的存在和存在的价值,从而获得心理平衡。同样,组织也需从外部环境中获得理解和支持,组织内外部关系协调一致,也是组织生存和发展的必要条件。

(三) 群体感受

公共关系是社会组织与公众之间的关系,实质是群体之间的关系,在社会群体中,人们同时产生的相同的情绪体验叫群体感受。群体感受分积极的群体感受和消极的群体感受。人们在组织中的群体感受,对于这个组织的人际关系,对于人们生活和生产任务的完成,有深刻的影响,比如:在一个生机盎然,团结信任,热情欢畅,坦率而无拘束的集体中,全体成员在一起工作学习,会感到轻松愉快,有克服困难完成任务的信心,工作效率就会提高。这样的集体就有肯定的、积极的群体感受,反之就是消极的群体感受。

二、人际吸引在公关活动中的应用

人际吸引在公关活动中占有重要的位置,一个组织在与公众交往过程中,都渴望建立友好关系,都希望得到他人的理解、帮助、支持。公众交往是通过人去进行的,研究人际吸引十分必要。

(一) 邻近吸引

在日常生活中,我们可以看见邻近的人往往容易建立友好关系,如在学校里,同班同学,同座位的,同宿舍的;在工厂里,同一车间班组的人员或同一办公室的同事;在住宅区的隔壁邻居等,这些都可以成为好朋友,这是因为邻近经常接触,相互熟悉,熟悉是友谊产生的前提之一,人与人之间只有相互了解、理解,才能建立起友好关系,接触多了,自然会产生感情;其次,因为邻近,就有某些利害关系,人们总是希望别人有利于自己,而不是有害于自己,对于有利于自己的人总是喜欢的,邻近者之间有许多相互支持、相互帮助的便利,所以说"远亲不如近邻"。组织也同样,要搞好社区关系,要与有关方面互利互惠,尽量多为社区做好事,以提高组织的知名度。形成良好的邻里关系。

(二) 诱发吸引

在公共活动中,当某人具备诱发吸引因素时,他就会产生吸引力,其他人就会不由自主的被他所吸引。诱发吸引因素有三种:自然诱发因素,如天生丽质或相貌奇特;装饰诱发因素,如着装奇异或首饰华贵;行为诱发因素,如行为新奇,引人注目。这三种因素在公关活动中大有妙用,比如:一般的时装表演队只在舞台上表演,但有一家商场竟然把表演队伍拉到繁华大街上表演,这一新异的举动,吸引大量顾客,销售很快上升;50 年代初,法国白兰地公司在美国总统艾森豪威尔 67 岁寿辰时,向其赠送了特别的白兰地酒,举行了一个别开生面的赠酒仪式,取得了特别的公关效果,其成功之处在于他们抓住了美国总统这个传奇人物,采取新奇特异、引人注目的行为,此举使他们的产品昂首阔步地进入美国市场,打败了竞争对手。

(三) 一致吸引

社会心理学告诉我们,如果双方有某些一致性,并能意识到这一点,则容易相互吸引,产生亲密感。一致性包括的内容很广:年龄、性别、籍贯、职业、社会地位、文化水平等,我们常看见老年人喜欢同老年人在一起,青年人愿意与青年人在一起,就是"一致吸引"的结果。有经验的公关人员是会经常寻找这些机会,利用一致吸引原理来开展公关工作。

三、知觉的概念

知觉是大脑对当前直接作用于感觉器官的客观事物的整体反映。由于知觉含有一定的意义,使知觉带有主观意识性,致使人们的知觉往往与现实的客观世界不完全一致。造成这种现象的主要原因,一是知觉的选择性,二是知觉的偏见。所谓知觉的选择性就是在知觉过程中,为了清晰地反映对象,人们总是从许多事物中自觉地(主动地)或不自觉地(被动地)选择知觉对象的心理过程。这种知觉的选择性,既有客观的原因也有主观的原因。

(一) 知觉与公众行为

知觉是人脑对直接作用于它的客观事物的整体反映。知觉分为视觉、听觉、嗅觉、味觉等。通常我们感受到的世界,不一定是现实客观世界准确无误的反映。它常常带有个人的主观成分,由于个人的经历、文化素质、需求的不同,对于同一事物,不同的人会产生不同的知觉,人们常常就是基于这些不同的知觉去采取不同的行为。所以人的行为不仅受到客观事物本身的影响,而且也受到个体对事物的知觉的影响,而公众的社会行为在相当大的程度上受到其社会知觉的影响。

社会知觉指的是人对社会环境中的有关个人或团体特性的整体反映。在社会交往中,人与人之间、人与团体之间的相互关系,往往是建立在社会知觉的基础之上。因此,要与公众建立良好的公共关系,组织就必须了解公众的知觉状况,根据公众的知觉状况设计公共关系传播的内容、渠道和方法,并对公众的知觉过程施加影响。

(二) 价值观与公众行为

价值观即人们对于是非、善恶、好坏的评价标准,对自由、幸福、荣辱、平等观念的理解和轻重主次之分,是影响个体行为的重要因素。价值观是人生观的核心。不同的国家、民族和组织,不同的社会生活背景和文化传统,会形成不同的价值观,进而导致公众态度和行为上的差异。

价值观决定了人们行为的方向和能达到的程度,即决定了人们向往什么、追求什么、喜欢什么、推崇什么。比如,有人追求功名,注重个人名誉与地位;有人推崇传统习惯,决策和行动都比较因循守旧;有人乐于为社会和他人服务;有人只顾眼前利益不求长远利益等,都因价值观不同所致。由价值观产生的人们的追求或向往,直接决定着人们的行为取向。因此,组织应该认真研究公众的价值观,分析其可能对公众行为形成的影响,设计出正确的沟通方针、政策和形式,以确保公共关系工作的有效性。

(三) 态度与公众行为

态度是指人们对某一对象所持有的认识、评价及其倾向性。它包括认知倾向,即主体对对象的整体分解和评价,特别是对对象的价值评价,是态度的基础;情感倾向,即主体对于对象的情绪反应,它以认知为基础,又左右着人的意向,在态度中具有调节作用;意图倾向,即由认知因素和情感因素所决定的对于对象的行为反应倾向,这是态度的外显因素,影响或改变着公众意图。态度是引起和指引人的行为的一个重要的直接因素,它对人的行为具有内在的影响。要影响人的态度进而影响人的行为,就必须影响公众的认知倾向,情感倾向和意图倾向。

人的态度不是先天的,而是在后天的生活环境中经过学习而形成的。态度一旦形成,就比较牢固和持久。但它并非一成不变,而是会随外界条件的变化而变化,从而形成新的态度。

公众的行为是直接与公众的态度相联系的。公共关系工作的一个重要任务就是要影响公众的态度,引导公众态度向有利于组织的方向变化。因此,分析研究公众的态度,正确判断公众的态度以及预测其态度可能的变化是制定科学的公关劝导措施的关键。在认识公众态度时要注意到公众态度的隐藏性问题。如由于认识不一或防御机制等心理原因所造成的公众的表象与其真实态度不一致的情况。

(四) 需要与公众行为

需要指的是个体在生理上和心理上的不满足的主观体验,是人对某种目标的渴求和期望,是推动行为的直接动力。人的行为总是直接或间接、自觉或不自觉地为了实现其某种需要而产生的。

人的需要是多样化的。根据马斯洛的需要理论,人的需要可以分为(1)生理需要。指一切有生命的动物所具有的,为满足和维护生命的需要。如,人的衣、食、住、行的需要,为维持人类个人和集体生命延续的劳动和休息的需要。(2)安全的需要。如,生命的安全,生活、经济、职业的安全感等。(3)归属和爱的需要。归属感指个人被自己所在的社会、团体或组织接纳、承认的一种感觉。人如果与他人断绝来往,被所在的组织所抛弃,就会情绪低落,或产生抗拒、破坏该组织的态度和行为。人也需要他人的关爱,来调剂由各种原因所带来的疲倦和烦恼。(4)尊重的需要。尊重的需要可分为自尊的需要和受他人尊重的需要。自尊包括对获得信心、能力、本领、成就,以及独立自由等愿望。来自他人的尊重包括威望、承认、接受、关心、地位,以及名誉和赏识。(5)自我实现的需要。指人们想要实现自己全部潜力的欲望。马斯洛的这一需要理论是按优先层级的顺序排列,即低一级的需要被满足后才会产生高一级的需要。这五种需要是普遍存在的,但对于不同的人,或对于同一个人的不同时期是有区别的,各种需要的强烈程度和迫切程度会有所不同。人的行为总是受最迫切、最强烈的需要所支配的。从公众心理的角度看,许多公共关系的问题正是由于公众的需要与现实的冲突而引发的。因此,了解公众的需要,尽可能满足公众的需要,是我们解决公关问题的一个基本点。

(五) 性格、气质与公众行为

性格是待人接物较为稳定的态度和行为方式;气质是人的典型、稳定的心理特征。了解一个人的性格和气质,是了解其行为倾向的必要条件。

性格体现了个人的全部品质和特点的总和,是人的生活历程的反映,已经形成的性格具有相对的稳定性。因此,了解公众的性格不仅可以解释公众现在的行为,而且还可以预测公众未来的行动。性格又具有可变性,客观环境的变化和主观调节也会使其产生变化。因此,对于公众,特别是内部公众,以及性格尚未定型的公众,应积极创造条件,让他们的性格朝着健康的方向发展。

气质表现为人的心理活动的动力方向的特点,主要体现在个人的情绪体验,反应速度的快慢、强弱,表露的隐显程度,人的心理活动的指向,以及动作的灵敏或迟钝程度等方面。如有的人情绪和活动发生得快而强烈,外部表现非常明显,表情丰富,喜怒形于色;有的人情绪和活动发生的缓慢而微弱,外部表现不显著,表情冷淡,喜怒不形于色。

性格、气质是一种非常个性化的因素。因此,对于不同性格、气质的人,应采取不同的沟通技巧,以充分体现公共关系工作的艺术性。

(六) 兴趣、能力与公众行为

兴趣是人们力求认识某种事物或特别爱好某种事物或活动的倾向。能力是人们从事活动、完成工作的本领。兴趣和能力是促使人们采取某种行为的又一推动力。当同时有几个目标都可以满足一个人的需要时,选择哪一个目标往往受到兴趣和能力的影响。公共关系工作需要了解和研究公众对象的特殊兴趣和能力,使公关活动能够迎合公众的口味,从而具有较强的吸引力。

兴趣总是因人、因时、因地而异的,无论是人的物质兴趣,还是精神兴趣,或是社会兴趣,都是在生活、实践过程中形成和发展,受社会历史条件和生活环境制约的。不同的人对同一事物,或者同一个人对不同的事物,往往存在着不同的兴趣。公共关系工作一方面要根据公众的兴趣来设计公关活动,吸引公众的参与;另外要创造条件来培养公众的兴趣,通过适当形式把公众的兴趣引导到需要的轨道上来。

能力存在于人的活动中,直接影响人的活动效率。个人能力是多方面能力的综合表现,它包括人的观察力、记忆力、概括力、理解力、想象力、感受力和鉴赏力等。不同的个人其能力也各不相同,因而影响到人的感知、鉴赏、评价、判断等,从而产生不同的行为模式。公共关系工作应针对公众能力上的差异,采取灵活手法,分别给予对待,以提高公关的效果。

⇨ 案 例 6-1

碧浪冲击吉尼斯

1999 年国庆节前夕,一件高 40.6 米,宽 30.8 米,重达 930 公斤的大衬衣,在北京的东二环路附近一家大楼上悬挂起来,该衬衣约有 12 层楼高。这件衬衣在此悬挂了半个月,吸引了大量路人的目光。这是爱德曼国际公关公司为美国宝洁公司策划的一次重要的媒介事件。宝洁公司的碧浪洗衣粉是其麾下著名的品牌,如何让中国公众接受它呢?为此,爱德曼公关公司绞尽脑汁,想出了这样一个用大衬衣冲击吉尼斯世界纪录的活动。这件大衬衣的布料,足可以缝制 2350 件普通衬衣,衬衣上还印制有"全新碧浪漂渍洗衣粉"的字样,其中红色的"碧浪"两字高 5.9 米,宽 9.8 米,非常醒目。更妙的是,这件大衬衣在悬挂了 15 天以后,经风吹雨淋和空气污染变得非常肮脏,在大衬衣的揭幕仪式上,还有一些嘉宾用更难洗净的墨汁泼在衬衣上。7 月 23 日,宝洁公司用全新的碧浪洗衣粉,洗净了这件衬衣,使新推出的碧浪洗衣粉一举成名。爱德曼公关公司策划的这次媒介事件,其意义并不仅仅在于破吉尼斯世界纪录,更主要的是要使中国的消费者认识碧浪洗衣粉。他们先用大衬衣冲击吉尼斯世界纪录吸引公众的视线,引起新闻媒介的广泛报道;然后再通过洗净如此肮脏的衬衣,强化碧浪洗衣粉的功效,在市场上产生强大的冲击力。

(资料来源:周瑜弘.组织行为学案例精选精析[M].中国社会科学出版社,2011 年)

▷ 思 考 题

爱德曼国际公关公司如何利用公众知觉的有选择性为宝洁公司策划了这次新闻事件?

四、公关活动中的人际认知偏差

人际认知是公关活动的基本前提,任何公关活动都是从人际认知开始的,在我们认识一个人时,人们总是从分析认知对象的社会关系入手,沿着人们的认知路线,去认识一个人,这是人际认知的基本要求和科学方法。但是,人们在公关活动中,因为客观条件的限制和认识不足,会产生认知偏差,这是公关活动的干扰因素和思想障碍,但也有其可以利用的一面。

(一) 第一印象

人们初次见面形成的印象称为"第一印象"。人们初次见面首先观察人的言谈、举止、表情、仪表、服装等方面,然后根据现实印象,给对方做一个初步的评价,我们都知道,在短时间内根据有限的表现来观察和判断一个人往往不准确,然而这在认识他人的过程中具有颇为重要的作用,因为先入为主,了解这一点,对公关活动很有益处。比如,公关人员的形象,在一定意义上代表着组织形象,公众对公关人员的看法,往往就会形成对这个组织的看法,而且不易改变。

如松下幸之助平时很不注意自己的外表,有一次在东京理发时,理发员就毫不客气地对他说:"你是公司的代表,却这样不注意自己的衣冠,别人怎么想,连人都这样邋遢,他公司的产品会好吗?"理发师的话对他启发很大,从那以后他非常注意自己的仪表。由此可知,公关人员留给公众的第一印象要好,因为多数情况下与陌生人打交道,一个态度傲慢的公关人员很难得到公众的喜爱,公众又怎能对他所在的组织抱有好感呢?一个目光呆滞,动作死板的公关人员,又怎能不让人怀疑他的组织是否有诚意?所以公关人员的形象要力争与本组织的形象相适应,要十分注意个人修养,做到仪表大方、衣饰整洁,一举手、一投足都要给人留下美好印象。同样一个组织其内外环境,厂容、厂貌甚至厂服,也要尽可能做到整齐、美观,生气勃勃,尽量给公众留下美好的第一印象。

(二) 晕轮效应

"晕轮效应"又叫以偏概全效应。生活中常有这样的事,某人的某一品质或特征较为突出,往往使人们看不到他的其他方面,而从这一点出发对其整个人做出判断,例如某个商场售货员的态度较好,给人愉快的感受,人们就认为他工作热情高,同志关系和谐,是个友好的人,反之人们往往会认为他工作积极性不高,对集体不关心,同事关系不好,甚至家庭关系也不和谐,从而产生比较坏的看法。当年里根与卡特竞选总统时,因为里根当过演员,具有较高的演技,而卡特"躬耕花生地"多年,面部表情呆板,不讨人喜欢,不少选民便投了里根的票,上述判断的结果都是"晕轮效应"起的作用。"晕轮效应"告诉我们,人的认知是会产生偏差的,了解这一特点,公关人员就应该利用认知偏差,展开有声有色的公关活动。

(三) 心理定势

心理定势也称公众心理定势,指在一定社会条件下,由于人与环境的相互作用,人们对某一对象形成的共同的表现和一致的行为倾向,是公众在相互交往中自发形成的,具有趋同性和从众性等特点。在日常生活中,攀比现象是常见的,你有了,我也要有,你用了,我也想买来试一试,这是趋同性的一种反映。从众性是指群体成员按照大多数成员的意志和意见去办事,这种从众心理在日常生活中经常见到。公关人员应利用人们这种趋同心理和从众心理为组织树立美好的形象。

五、心理学原理在公关中的应用

公关人员在公关活动中必须善于运用一些心理学原理,以便取得预期效果,有关心理学原理是多方面的。

(一) 整体性原理

心理学研究表明越是具有整体感的东西,越能引起公众的联想和思维,从而留下深刻的印象,越是分散的、零星的、局部的,就越不能起到引人注意的效果,所以在开展公关活动时,不能把全部精力放在某一个方面,应兼顾与形象相关的各个方面,尤其是形象的整体性。例如,组织的生产经营活动不能只重视质量,同时应兼顾产品的使用、包装、美观、安全、服务等多方面因素。

(二) 联系性原理

心理学研究认为,对人的刺激产生的强度大小,不仅受刺激本身强弱的影响,而且还受其他许多因素的影响,如年龄、文化、性别、家庭、社会环境等,所以开展公关活动要善于利用联系性原理,把公关活动同特定的环境联系起来,确保公关效果。例如东西方人在价值观念、审美观念上都有不同,在公关活动中不仅要考虑使用何种方法,而且要考虑这一方法在特定环境中会产生何种结果、有何种影响。同一内容的公关活动,在不同的环境,对不同类型的公众所采用的方式方法应有所不同。

(三) 发展性原理

心理学研究认为,人们的心理受到客观条件制约,因为外界各种因素处于不断变化发展之中,人们的心理也随之发生变化,所以在公关活动中,要坚持用发展的原理,及时了解公众的心理状况,根据公众的心理变化而采取不同方式调整公关策略。

(四) 新异性原理

心理学研究认为,新异的动作、行为产生的刺激是强烈的,给人印象也是深刻的,所以在开展公关活动中,应注意利用新异性原理扩大公关活动的影响。

(五) 逆反心理和公众行为

逆反心理是指作用于个体的同类事物超过了个体感官所能接受的限度而产生的一种相反体验,是有意识地向相反的方向思考和探索,脱离了平常思维轨道。形成逆反心理的原因有许多,好奇心驱使,有些公众好奇心强,喜欢幻想,追求新奇变化,在一定条件下就会产生逆反心理。好胜心驱使,有些公众喜欢走在别人前面,把别人不敢做而他做的作为一种荣誉,往往会发生逆反行为。由于抵触心驱使,有些公众对某些讲得过分的东西,会产生厌恶感,形成抵触情绪,会向相反的方面追求。了解、掌握逆反心理很重要,因为公关就是要建立良好关系,引导各类公众的行为朝着有利于组织的方向进行。组织必须分析掌握逆反心理,在制订公关策略及方案时,力争做到:

(1)不落俗套,时时求新。反之,落俗则会导致逆反行为。

(2)实事求是。因为弄虚作假会使人产生逆反心理。

(3)抓住时机,出奇制胜。抓住逆反状态与表现时机,制订相应公关措施出奇制胜;反之,分析失误,错过良机,则铸成大错。

值得注意的是,逆反心理引起的行为,只有在一定条件下才能起正面效果,所以组织在运用这一原理时,不能把它强调到不适当的地步,更不能利用它来损害公众的利益,只有通过正确的利用,引导公众的行为,才能取得成效。

(六) 流行心理与公众行为

流行是指社会上相当多的公众在短时期内,由于追求某种行为方式,使之成为一种时尚,从而使公众之间互相模仿的连锁性感应。如:流行服装、流行歌曲,流行语言等,即短时间内公众对特定的行为,语言,观念等产生崇拜而追求。公共关系人员应根据流行的特点及形成的原因,因势利导,有的放矢地开展公关活动。

(1)根据流行"迅速性"特点,组织对自身形象的树立,可采用集中性的公关宣传,使组织形象能在较短的时间内给公众留下深刻印象,尽快在社会公众中创造良好声誉。

(2)根据流行"时代性"特点,组织要根据不同的时期,不同的政治、经济、文化发展水平,适时的通过公关手段,制造"流行",并促使公众感到"这是大家所追求的"而加以模仿,这样获得的公关效果才会理想。

(3)根据流行"下行性"特点,社会组织在一定时期内,应设计出符合人们潜在需要的流行东西,并首先在经济比较发达的地区,或在有地位、有影响的社会公众中进行试点,往往会使一般公众群起而仿效,从而引导消费。

(七) 舆论与公众行为

舆论是指公众的意见和看法,是社会上大多数人共同的观念。在社会生活中,对于遇到的社会现象,人们会产生不同的主观反应,开始时,这些反应是零散、不系统、不一致的,但经过彼此间互相作用以后,逐渐加以汇集,最后形成一种类似的看法,这就是舆论。社会舆论形成以后,就成为一种群众性的意见,对社会产生影响,对政治、经济、社会组织的公共关系,有着十分重要的意义。美国著名政治家林肯说过:得到民意支持,任何事情都不会失败,得不到它的支持,任何事情都不能成功。舆论这根主导线,一头连着组织,另一头连着社会,深入社会生活的各个领域,公关人员要通过这条主线,触摸公众的脉搏,把握社会的变动,公关主流内容只有融入社会舆论的潮流中,才能真正获得公众的理解和信任,起到塑造组织形象,建立组织信誉,提高组织知名度的作用。所以,从这个意义上讲,公关活动实质就是制造良好的社会舆论,形成一种良好的社会舆论氛围。对待舆论应做到以下这些。

(1)尊重舆论

因为社会舆论的主体公众是社会组织的生存基础,也是社会组织的基本力量,现代社会组织的生存发展不得不尊重社会舆论。

(2)倾听舆论

以往社会组织了解自身形象,主要途径是基层组织上报的材料或新闻媒体的报道等,这些途径所反映的情况往往不够真实,也不完整,缺乏普遍性和代表性,社会组织还必须认真倾听代表大多数公众意愿的舆论,便于及时获知反馈信息,了解公众对社会组织的印象和反应,并以此作为决策的依据。

(3)顺应舆论

一般来说,舆论是衡量社会组织的政策和措施是否正确的标志,任何组织,如果不顾舆论的向背,一意孤行,不但难以与公众结成良好的公共关系,反而会破坏自身生存环境,甚至走上绝路。所谓"民心不可侮,民意不可欺",说明顺应舆论在公关活动中的重要性,而顺应舆论对公关活动有举足轻重的作用。

(4)劝导舆论

公关人员还要及时引导公众的舆论,通过宣传、解释和劝导,帮助公众做出抉择,与组织采取一致的合作态度。当然引导和促成社会公众舆论,必须尊重客观事实,反映广大公众的意愿,才能树立起真正的良好形象。

案例 6-2

为富士山换颜色

"富士山旧貌换新颜"这是日本某公司为推销其滞销的咖喱粉而做的广告。公司要雇佣一架飞机,把满载黄色的咖喱粉撒在富士山顶,届时人们会看到一个金色的富士山。此言一出,该公司立即成为议论中心,人们纷纷指责。富士山是日本国民所有,岂容该公司胡来?面对各种抗议,该公司又在报上发表声明:"本公司考虑到社会各界的强烈反对,决定撤消该计划"。峰回路转,该公司名声大振,该公司滞销的咖喱粉也立刻由滞销转为畅销。

(资料来源:曾琳智.新编公关案例教程[M].上海:复旦大学出版社.2010年)

思考题

该公司是如何利用舆论为组织扩大知名度的?

第三节　内部公众

内部公众指组织内部沟通、传播的对象,它包括组织内部全体员工、员工家属、股东、董事会等。加强内部公众沟通的目的是培养组织成员的向心力、凝聚力,培养组织成员的主体意识和形象意识。组织需要通过自身成员的认可和支持来增强内聚力,通过全员公关来增强外张力。不仅是社会组织,翻开社会历史的画卷可以看到,大到国家小到企业、家族,凡是国家兴盛,事业发达都是"人和"起了很大作用,所谓人心齐,泰山移,政通人和,和为贵,家和万事兴,一家之计在于和。是一种力量,中国革命战争的胜利与社会主义建设的成就,向我们昭示人和可以战胜一切困难,人和是一种希望。在21世纪,人和更集中地体现为一种团队精神和合作精神。

一、员工关系

指组织内部管理中形成的人事关系,包括全部员工,管理干部,工人等。员工在组织中具有重要地位。任何组织不论其性质、特点如何,它们都有一个共同特点,即都有自己的员工,员工是组织的主人,是组织赖以生存的基本细胞。员工素质,精神面貌,团结程度的好坏,都关系到组织的命运。所以组织要生存发展,首先必须协调好员工关系,俗话说"家不和,被人欺",只有内部团结,形成向心力,凝聚力,才能一致对外。

搞好员工关系的方法:

1. 重视员工的物质需求

员工的物质需求,主要包括工资收入,福利待遇等物质利益。工资收入体现组织对员工的认可程度,也是员工基本生活的保障,所以组织对此要加以重视,首先在时间上要按时足额发放工资,其次设法通过各种途径和方法使职工工资收入不断增加。福利待遇是员工物质利益的重要组织部分,一个企业的效益如何,员工的物质生活水平如何,主要体现在福利待遇上,如员工的住宿、医疗、子女入托上学、工作环境等,这些方面如果解决不好,会给员工带来后顾之忧,影响员工的工作积极性。

2. 重视员工的精神需求

合理的经济报酬是调动组织成员工作积极性必不可少的条件,但是仅有这一点还不够,因为人是社会人,人的需求包括精神方面的需求。一旦人们的物质利益获得了基本保证之后,精神上的需求就成为主要的方面,员工的精神需求主要包括信息共享,参与组织决策,得到晋升,受到关心等,由此体现员工的个人价值以及主人翁地位。

在我国根据实际情况,参照国外的经验,在重视员工精神需求方面,要做到让员工共享有关组织的信息,唤起员工主人翁意识,让员工在信息分享中与组织融为一体;让员工参与组织的决策,体现对员工个人价值的肯定,使员工站在组织的立场考虑问题,培养员工的主人翁意识。

▷ **案例 6-3**

企业应重视搞好内部员工关系

日前在报上读到一篇"工人读书可获加薪"的报道:宝钢集团一钢公司出台《关于鼓励员工学习文化技术和钻研业务的若干规定》,规定中指出:职工通过非全日制普通学校学习并取得证书,岗位专业对口的,根据学历高低,每月将获得 100 元至 500 元不等的岗位津贴。据报道,该公司此规定出台后,原来企业的教育经费大大突破,公司已决定将这笔开支列入工资总成本,并成为企业的一项长效措施。宝钢公司的领导表示:资金再紧张,职工的教育经费一定要确保。无独有隅。另据报道,从 2001 年 6 月底开始,江苏阳光集团 100 多个销售员全部学习 MBA 工商管理硕士课程,由复旦大学教授开课。同时,集团举办的文化升级培训、机电一体化培训全面展开,计算机软件设计班也在筹办之中。"三年之内,操作工要达到大专以上水平,管理人员要达到本科以上水平",这是阳光集团的近期培训目标。

(资料来源:董原.公共关系案例集锦[M].兰州:兰州商学院出版社,2007 年)

▷ **思 考 题**

1. 通过阅读这则案例你有什么收获?

2. 你所在的单位或企业对员工关系重视吗?应该给单位或企业领导一些什么建议?

二、股东关系

所谓股东关系,是指组织与投资者的关系,我国原来的企业大多数是国营企业、全民企业,随着经济体制改革,许多企业向社会广泛吸取资金,实行股份制改革,这样一些集体和个人投资入股就成了企业的股东,股东拥有企业一部分股票债券资本,他们的切身利益与企业利益息息相关,他们既是组织的支柱,又是组织活动最热心最积极的关心者。在股东关系上,要做到:尊重股东的主人翁意识,在涉及到股金运用和组织发展等重大问题上,应让股东享有决策的知情权,平时应建立经常的信息通报关系,让股东充分了解组织的情况。吸引、激励股东参与组织经营活动,鼓励股东献计献策,提合理化建议,激发股东身体力行。保证股东应有的经济权益,一是按时发放真实的股利红利,二是股东有要求退还或转让股金的权利。

经常走访股东并重视董事在股东关系中的作用,董事在股东关系中的作用举足轻重,它代表股东的利益,董事对舆论有重要影响,所以要经常邀请董事出席股东的年度会议,通告公司的发展情况。

对大、小股东一视同仁。无论是大股东还是小股东,都为组织提供了资金,对组织发展都起了支持作用,因此对大小股东应一视同仁,不能轻视小股东的作用。

⯈ 案 例 6-4

欺骗公众自食恶果

蓝田股份曾经是中国证券市场上一只老牌的绩优股,1996 年发行上市以后,在财务数字上一直保持着神奇的增长速度:总资产规模从上市前的 2.66 亿元发展到 2000 年末的 28.38 亿元,增长了 10 倍,历年年报的业绩都在每股 0.60 元以上,最高达到 1.15 元,即使遭遇了 1998 年特大洪灾以后,每股收益也达到了不可思议的 0.81 元,创造了中国农业企业罕见的"蓝田神话",被称作是"中国农业第一股","中国农业产业化旗帜"。那么,蓝田是如何创造这一"奇迹"的呢? 据他们自己说,靠的是生态农业,可农业能有如此高的资金回报吗? 蓝田奇迹引起了中央财经大学研究员刘姝威的怀疑。刘姝威是从 2001 年 10 月 9 日开始对蓝田的财务报告进行分析的。刘姝威在研究中发现,蓝田股份的流动比率小于 1,也就是说,它在一年内难以偿还流动债务;而蓝田的净营运资金是 -1.27 亿元,这意味着它在一年中有 1.27 亿元的短期债务无法偿还。她最后的判断就是,蓝田已经失去了创造现金流量的能力了,它是一个空壳。所谓的蓝田奇迹,是靠制造虚假报表欺骗股东和银行实现的。2001 年 10 月 26 日,《金融内参》刊登了刘姝威的 600 字短文,此后不久,国家有关银行相继停止对蓝田股份发放新的贷款。蓝田集团不但不思悔改,反而向地方法院提起诉讼,说刘姝威的研究论文败坏了它们的名誉,断了它们的生路。同时,蓝田公司还向刘姝威发出恐吓信,说 2002 年 1 月 23 日就是她的死期。刘姝威只得求助于社会舆论,她向 100 多家媒体发出信件,说明事实的真相,立即在全国引起了轩然大波,致使蓝田股份公司的股票一落千丈,变成了垃圾股。2002 年 1 月 12 日,因涉嫌提供虚假财务信息,蓝田公司董事长瞿兆玉的继任者、董事长保田等 10 名公司管理人员被拘传。而此前改任中国蓝田总公司总裁的瞿兆玉也接受了有关部门的调查。2002 年 1 月 21 日、22 日以及 23 日上午,生态农业被强制停牌,当天下午全线跌停。

(资料来源:欺骗公众自食恶果. http://www. lzdd. cn/file－post/display/readphp? File ID＝7285)

⯈ 思 考 题

作为一家上市公司,应如何赢得信任,使股东一如既往地投资于公司?

第四节　外部公众

社会组织除了处理好内部公众关系,同时还要处理好与外部公众的关系,以争取外部公众对组织的理解、信任和支持,建立起良好的外部关系。外部公众主要包括消费者顾客、社区公众、政府部门和职员、新闻界和媒体人士、名人等。

一、顾客关系

指组织与其产品、服务购买者之间的关系。良好的顾客关系能够为组织带来直接的利益,能体现组织正确的经营理念和行为。顾客是组织外部公众中最重要的一类,因为如果失去顾客,组织的生命就会终止,组织本身目标的实现与否,直接取决于与消费者顾客之间的关系如何。"顾客第一"在当今社会已成为成功企业的座右铭,国外许多大企业都很重视与顾客的关系。美国福特汽车公司,在生产经营销售中,时刻为顾客考虑,他们制定了一项保护买主的计划,如顾客新买的车若在12个月内由于工厂的问题出了毛病,可以免费修理,在顾客的汽车需要过夜修理时,可免费提供新式轿车"代步"。可以说,争取拥有最多的消费者顾客是任何组织立于不败之地的前提。所以顾客关系是组织公关活动中非常重要的外部关系,建立良好的顾客关系必须做好以下工作。

(一) 树立顾客至上的观念

"顾客第一"而不是"利润第一"这种经营观念不可动摇,因为这一观念同公关的观念相一致。要处理好顾客关系,组织上上下下首先要树立一个正确的顾客观念,只有这样,在处理顾客关系时,才能采取正确的行为;反之,在错误的顾客观念指导下,就会出现错误的行为,结果必然使顾客关系恶化。有统计显示,100 个满意的顾客会带来 25 个新顾客;每收到一次顾客投诉,就意味着还有 20 名有同感的顾客,只不过他们懒得说罢了;获得一个新顾客的成本是保持一个满意顾客的成本的五倍。

(二) 提供优质产品和优良服务

顾客关系的产生,是由于顾客对组织提供的产品或服务有了享用、购买的欲望和行为,如果没有优良的产品和优质的服务,顾客就会退避三舍,不愿意同组织发生关系。所以组织要想得到良好的顾客关系,必须以优良的产品和优质的服务为基础。

(三) 妥善处理各种纠纷,认真对待顾客投诉

顾客纠纷、投诉的发生,通常是由于顾客对产品质量、售后服务、服务态度等不

满而引起的。在这种情况下,组织应及时正确地处理顾客的投诉,帮助顾客解决问题,这是搞好顾客关系不可轻视的环节。应主动与顾客对话,在处理投诉时要诚恳、耐心、及时、认真,只有这样才能使顾客满意。

(四) 正确引导顾客消费

引导顾客消费又称顾客教育,顾客购买商品有时带有盲目性,而且随经济发展,市场上生产同类商品的厂家越来越多,究竟选择哪家,对很多顾客来说都是很茫然的,所以公关人员应该把顾客教育贯穿于顾客购买商品的前后,把盲目消费的顾客群引入稳定的消费本组织的产品和服务的序列之中,为组织创造稳定的顾客队伍。顾客教育有很多方式,如技术示范、举办讲座、召开技术鉴定会、举办培训班、编印说明书等。如美国的一些化妆品企业,就一直坚持对顾客进行教育,免费辅导在美容院工作的人员,向他们传播、示范有关化妆品方面的信息、作用、方法、编制精美手册,这些做法使他们的产品在竞争中不断吸引公众。

⊳⊳ **案 例 6-5**

只有一名乘客的航班

——"让顾客满意"必备的公关意识

英国航空公司所属波音 747 客机 008 号班机,准备从伦敦飞往日本东京时,因故障推迟起飞 20 小时。为了不使在东京候此班机回伦敦的乘客耽误行程,英国航空公司及时帮助这些乘客换乘其他公司的飞机。共 190 名乘客欣然接受了英航公司的妥当安排,分别改乘别的班机飞往伦敦。但其中有一位日本老太太叫大竹秀子,说什么也不肯换乘其他班机,坚决要乘英航公司的 008 号班机不可。实在无奈,原拟另有飞行安排的 008 号班机只好照旧到达东京后飞回伦敦。

一个罕见的情景出现在人们面前:东京—伦敦,航程达 13000 公里,可是英国航空公司的 008 号班机上只载着一名旅客,这就是大竹秀子。她一人独享该机的 353 个飞机坐席以及 6 位机组人员和 15 位服务人员的周到服务。有人估计说,这次只有一名乘客的国际航班使英国航空公司至少损失约 10 万美元。

从表面上看,的确是个不小的损失。可是,从深一层来理解,它却是一个无法估价的收获,正是由于英国航空公司一切为顾客服务的行为,在世界各国来去匆匆的顾客心目中换取了一个用金钱也难以买到的良好公司形象。

(资料来源:吕维霞.案说公共关系[M].北京:对外经济贸易大学出版社,2002年)

⤷ **思 考 题**

当企业组织与顾客之间发生矛盾时,顾客未必总是正确的,但为什么我们还要说"顾客永远是正确的"呢? 请你结合案例,加以阐述分析。

二、媒体关系

也称新闻界关系,指组织与新闻传播机构和新闻人士的关系。新闻界是公关工作对象中最敏感、最重要的一部分。良好的媒体关系有利于形成良好的舆论,良好的媒体关系是运用大众传播手段的前提。媒体关系与顾客关系、员工关系不同,它有明显的两重性:新闻媒介是组织与公众实现广泛有效沟通的必须渠道,具有工具性;同时媒体又是组织特别要重视的外部公众,具有对象性。媒介与公众合一的特点决定了媒介关系是一种传播性最强,公关操作意义最大的关系,所以媒介关系往往在对外公关中被摆在最重要的地位之一,媒体公众对组织来说是十分重要的公众,它既可为你的事业鸣锣开道,也可把你的事业推进万丈深渊。

处理好同媒体的关系,是社会组织公关的重要课题之一。在西方,公关的本质就是与媒体建立良好的关系。建立和保持良好的媒体关系,要注意以下几点。

(一) 熟悉新闻媒介

社会组织应了解和熟悉媒体组织的特点,不同媒体有不同的业务范围和影响范围,公关人员对此应了如指掌。对媒体组织内部的结构、各部门的职责和负责人,也应掌握得越清楚越好,这样组织需要通过新闻媒体进行公关传播时,就能有的放矢,不会强人所难。

(二) 保持媒介渠道的畅通

社会组织应建立与媒体公众经常性的联络渠道,有专人负责此项工作,主动与媒体沟通有关信息,提供新闻素材,沟通信息动态。决不能"有事有人、无事无人",公关人员应寻求机会让组织高层领导与记者进行对话和交流,并努力在情感层次上取得良好的效果。

(三) 正视批评报道

假如新闻媒体发表了对组织批评的报道,就会给组织的社会形象带来阴影,凡遇到此类事情,决不能采取消极、对抗的态度,更不能漫骂、指责媒体,而应采取一些补救办法,挽回失去的损失。一般来说媒体的批评报道不外乎两种情况,一是内容属实,一是内容失真。对内容属实的批评报道,组织应采取积极主动的姿态,一方面对媒体的报道予以肯定并感谢媒体的监督,另一方面采取积极有效的补救措施,认真总结经验教训,杜绝类似事件的再次发生,用实际行为表明接受批评的诚意,求得公众谅解,逐步挽回影响。对媒体报道有失真之处,应诚恳地向媒体提供真实信息,澄清事实真相,让媒体再做出纠正性的报道,切忌暴跳如雷、兴师问罪的做法。

三、社区关系

也称"区域关系"、"地方关系"。是指社会组织机构与所在地的地方政府、社会团体、其他社会组织及当地居民之间的邻里关系。社区公众又被称为"准自家人"。

社区是一定人群共同活动的区域,一般指地域范围较小、居民相对集中的地区,如村落、街道、城镇等。一个社区一般由普通居民、地方政府、工商企业或各类社会团体组织构成。社区关系从地缘的层面上体现了社会组织与相关公众的关系。这种关系对组织,尤其是工商企业的生存发展有重要影响,也是组织外部公共关系工作中不可忽视的环节。社区关系之所以在公关工作中占有突出的地位,主要是因为社区是社会组织赖以生存的环境,社会组织机构建立在某个社区之内,就必然要使用该社区的水电资源、公共设施等诸多方面的供应,而社区还往往为组织提供出部分的人力资源。所以没有良好的社区关系,组织将失去社区的支持和帮助。良好的邻里关系是一个组织做好各项工作的基础,有远见的公关人员,最先注意的公关工作就是建立良好社区关系。国内外许多大公司都在搞好社区关系上做文章。

⇨ **案 例 6-6**

美国有一个名叫安塞的公司在看到其所在的社区中,一些单位或居民经常会发生各种事故:大到房屋倒塌、火灾爆炸,小至设备故障、电器失灵。公司决定,成立一个"抢救队",由员工自愿参加,日夜值班,只要社区发生事故后一打电话,他们就赶到出事地点,帮助解决问题,不收报酬,公司这种举动,深受社区公众欢迎。

(资料来源:安塞公司的"抢救队",http://wenwen.soso.con/z/9198240542.htm)

⇨ **思 考 题**

1. 该公司为什么要成立"抢救队"帮助社区公众解决事故?
2. 假如你是该公司公关人员,你还有什么建议给公司领导?

四、政府关系

指社会组织与作为其公众对象的政府之间的关系。政府公众对象是指政府各行政机构及其工作人员。政府是国家的管理机构,是国家实现其统治意志,实施国家管理的实体形式,而组织作为整个社会的基本细胞,是在政府的宏观管辖之内从事各种经营活动。社会组织与政府的有关部门,必然要发生各种各样的联系。政府关系也是社会组织外部公关中重要的关系之一。组织所面对的政府公众,是一个特殊的公众,它的特殊性在于政府公众是一个拥有权力的公众,是综合协调和宏观调节组织行为的重要机构。在政府关系中,政府是以客体的形式出现的。作为主体的组织,与作为客体的政府之间的关系如何,直接关系到组织的生存和发展。一个组织如能得到政府有关部门的支持和赞赏,往往能获得较优越的竞争条件和有利的发展环境。反之,被政府部门批评、制裁,则会给组织造成极坏的社会影响。

政府关系的处理:

(一) 搞好政府关系的原则

1. 局部利益服从整体利益:当组织利益与国家利益发生冲突时,从公关角度来说,一定要在政府公众中树立良好形象,以国家利益为先是第一选择。否则就会失去政府公众的信任与支持。

2. 遵纪守法:贯彻执行党的方针与政策,服从政府的宏观控制,在国家法律法规允许的前提下,从事生产经营活动,获得最佳经济效益和社会效益。

3. 主动纳税:税金是财政收入的基本来源,缴纳税金是每个公民义不容辞的责任,国家和政府把每年的财政收入用于扩大再生产和改善人民的生活,主动纳税的实质是为国家、为人民做贡献。

(二) 处理政府关系的方法

1. 及时了解国家的计划、政策、方针。不同时期国家会出台不同的政策和方针,组织应及时了解国家政策方针的变化,了解国家当下鼓励生产什么,禁止生产什么,在国家政策、方针、法令、法规允许的条件下从事生产经营活动。

2. 熟悉政府机构设置、职能分配、工作范围及办事程序,减少"踢皮球"、"公文旅行"的现象发生,提高办事效率。

3. 主动向政府提供各种信息,经常与主管部门保持联系。

4. 借助公关活动,制造公共舆论以影响政府;利用组织重大活动邀请政府工作人员参与;通过社会各类有影响力的人来影响政府部门。

➯ 案 例 6-7

西班牙焚烧中国鞋事件

2004 年 9 月 17 日,在西班牙发生焚烧中国鞋事件。据了解西班牙埃尔切市被焚烧的温州鞋共有 16 个集装箱,造成直接经济损失约 800 万元。此外该市中国鞋城的 50 多位中国鞋商和鞋城仓库内价值十几亿元的温州鞋仍在处于被焚烧的威胁当中。9 月 23 日外交部新闻发言人沈国放紧急约见西班牙驻华大使并提出严正交涉。

（资料来源：张卫东.市场营销禁忌 100 例［M］.北京：电子工业出版社,2009 年）

☞ **思 考 题**

请你谈谈对此次贸易冲突的看法。

五、名人关系

名流公众是指那些对社会舆论和社会生活具有较大影响力和号召力的有名望人士,如政府高官、影视明星、体育明星等。建立良好的名人关系目的是借助社会名流的知识专长、关系网络、社会声望,来扩大组织的影响力、丰富组织的社会形象的有力途径。

☞ **本 章 小 结**

本章首先阐述公众的含义,指出它具有相关性、同质性、多元性、多变性、整体性特点;其次根据不同标准对公众进行分类,在此基础上针对不同类型的公众提出建立良好关系的方法和技巧;最后对公众心理进行研究。

☞ **复习思考题**

一、简答题

1. 公众的特征是什么？
2. 简述公众细分的分类标准有哪些？
3. 简述社区关系的重要性。
4. 如何建立组织与顾客的良好关系？
5. 如何根据不同的标准对公众进行分类？

二、论述题

1. 联系实际谈谈调动员工的积极性应从哪些方面着手,哪些方法可以运用？
2. 联系实际阐述建立良好政府关系的重要意义。
3. 如何与媒体建立良好的关系？

三、案例分析题

紫罗兰热销

80 年代末国内市场疲软,自行车市场之萧条更为严重:年产量 4000 余万辆,需求量仅为 2500 万辆,75％的生产厂家出现亏损。然而在普遍萧条中,武汉自行车一厂推出的新产品"紫罗兰"系列自行车,使武汉市场悄悄升起了一股"紫罗兰热",并迅速波及广东、福建等沿海发达地区。"紫罗兰热"为企业创造了可观的经营实绩,使产销指标一直保持上升势头;在 1990 年,与一季度相比,二季度递增42％,三季度递增98％,四季度递增150％。"紫罗兰"在武汉上市后,受到商业部门和消费者的一致好评,荣获 1990 年武汉市名优新产品大联展"优秀汉货"的称号。"紫罗兰热"的奥秘何在?

成功的关键就在于武汉自行车一厂心中装有消费者,从消费者需求实际出发,以"产品质量"观念指导品种结构的优化,指导生产设计、生产、经销、售后技术服务全过程的调整与改进。新产品问世以来,他们牢牢地把握了以下环节。

1. 实行重点工序的"全数检验法"。与轻工业产品的传统抽样检验相比,工作量成倍增加,然而却使自行车获得的安全和精度等重要指标达到100％的合格。

2. 实行"工艺日巡察制度"。每时每刻监督每一种工艺配方,每一种工艺温度和每一种操作规程,使之保持在合格标准的水平线上。

3. 售前售后服务中,企业更是千方百计让商业部门和消费者真正享受"上帝"般的待遇,宁肯自己多做一些工作,也要尽可能使经销单位多一分方便。使消费者少一分后顾之忧。比如在武汉市内销售送货上门,改装箱出厂为整车出厂。虽然企业成本每辆车增加运费 1 元、装配费 4 元,却保证了车到顾客手中能直接使用的方便。他们还利用专车实行巡回技术服务。武汉中南商业大楼的营业员,就乐意销售武汉的"紫罗兰"车,因为它销售得快,企业技术人员还与售货员们一起站柜台服务,以保证有问题可以及时解决。

(资料来源:市场营销案例库.北方民族大学商学院)

☞ 思 考 题

1."紫罗兰热"的奥秘何在?

2.你是如何看待产品销售服务工作的?

第七章　公共关系传播

⇨ 学习目标

1. 明确公共关系传播的目标
2. 掌握公共关系传播的影响因素
3. 了解公共关系传播模式
4. 公共关系传播媒介
5. 公共关系传播的绩效评估

⇨ 引　例

"沉默公关"有效吗？

我国能源巨头中石油,近年来尤其是在今年多次面临危机考验与质问时都采用沉默的方式应对,被各大媒体冠以"沉默公关"。

2010年7月16日,大连新港附近中石油的两条输油管道先后发生爆炸起火和原油泄漏事故,油管爆炸引发大连中石油国际储运有限公司一个油罐起火,并造成1500多吨原油泄漏,百余平方公里海域受到污染,泄漏到大连海洋里的中石油原油可能有6万吨。大连漏油事件事发后半个多月,事故责任方还尚未确认。漏油事件惊动了国家领导人,从国务院副总理到发改委、安监局、公安部、交通部、环保部等多位高官前来视察,而中石油高层却一直缺席。

后大连石油管道爆炸事故的调查渐渐落定,海上清污工作也取得了决定性胜利。而截至2010年7月28日,事故的责任方之一的中石油集团依然保持沉默。7月26日,大连市政府召开石油爆炸后的第四次新闻发布会,中石油集团却连续第四次缺席。中国石油大学一位长期关注中石油集团危机公关的专家称,中石油这次危机公关的一个特色就是"失声";与之相对,大连市政府却成了一个"传声筒"。

一位曾与中石油集团有过接触的公关公司负责人说,中石油集团的危机公关一般包括两个方面,一是对媒体和公众,另一个是对政府。"有时候后者的力度要大过前者。"他说,一般危机事件发生后,中石油集团总经理往往不会第一时间出现在现场,而是先派一位副总经理前往,自己则会在两三天后赶到。"这似乎有悖危机公关的逻辑,因为老总在第一时间赶到现场,至少表明了一种态度,对于重树公司的形象至关重要。"这位公关公司负责人说,"'一把手'的迟到,并非由于缺乏常识,而是为了更加重要的公关。"

除了缺席新闻发布会,中石油集团也极少用其他方式与公众沟通。我们并不认为保持沉默是多大的过错,只是,这种沉默积累久了可能导致公众对中石油责任感的质疑。多家媒体联系公司新闻处及上市公司投资者关系部都曾向中石油致问,但没有一家单位获得回复。渗油事件在网上传播后,中石油有关部门曾对此事专门研究,但"研究"的结果只是随后一些网上消息被删除。作为一个国际型大企业,集体沉默的鸵鸟策略和网上删帖的粗暴公关,这一切都不免让人质疑国际型企业的危机公关能力。

(资料来源:根据《中石油大连漏油门》整理,原文地址:http://www.hudong. com/wiki/%E4%B8%AD%E7%9F%B3%E6%B2%B9%E5%A4%A7%E8% BF%9E%E6%BC%8F%E6%B2%B9%E9%97%A8)

⇨ 思 考 题

1. 沉默是不是一种公共关系传播方式?
2. 沉默是不是一种好的公共关系传播方式?
3. 公共关系传播的目标是什么?

第一节　公共关系传播的含义及目标

一、公共关系传播的含义

公共关系传播是联系公共关系主体(社会组织)与公共关系客体(公众)的纽带和中介。公共关系传播是指社会组织利用各种媒介有计划地与公众进行沟通交流的过程。理解公共关系的传播要把握以下几个要点。

(一) 传播的作用是沟通社会组织的与公众的桥梁

社会组织在与公众联系时,主要是通过传播媒介进行的。传播媒介常常直接体现社会组织的政策与意图,反映社会组织的文化素质,它是开展公关活动的最主要组成部分。这种沟通作用主要表现在以下方面:

首先,社会组织可以通过传播媒介的报道向公众传递组织的消息。社会组织要巧妙地运用传播媒介的传播作用,使传播媒介对组织内部发生的事情感兴趣,并加以报道,为组织和组织的产品进行宣传,帮助组织把信息输送给公众。

其次,社会组织可以通过传播媒介收集到各种信息,尤其是关于公众对组织的印象恶化、对产品意见方面的信息,这有利于组织了解公众的意向、要求,有的放矢地开展公关活动。

再次,社会组织可以通过传播媒介的宣传,扩大公关工作的影响。特别是大众传播媒介,包括网络媒介,能同时影响众多的公众,这种方式在组织的沟通中所能发挥的重大作用,是其他传播媒介所不能比拟的。

(二) 公关传播的内容是信息或观点

传播的内容是社会组织要向公众进行传递和交流的信息与观点。它的一个很大特点是分享性,即将少数人享有的信息与观点通过媒介手段向公众进行传播,使公众得以共享。由此可见,公关传播就是把社会组织的观点以及其所制定的政策、方针,向公众进行交流。因此要求传播媒介能够生动、全面、客观、准确地向公众传递各种观点与信息。

(三) 公关传播的手段是指运用各种媒介形式

社会组织向公众进行信息或观点的传递,需要运用一定的手段。这种传递手段可以通过面谈、写信、打电话等个体语言或文字等媒介形式,也可以通过报告会、博览会、展销会等语言、实物媒介形式,还可以通过印刷媒介和电子媒介等媒介手段进行传播。公关传播主要是运用大众传播媒介包括网络媒介手段进行信息或观点的传递与交流。大众传播媒介是公共关系中进行沟通的最重要的工具,它的影响最为广泛,传播速度最为迅速,是其他任何传播媒介形式所不能比拟的。这是最能符合公关要求的、亦是公关活动所不可缺少的重要媒介手段。

公共关系传播,就是社会组织运用媒介手段将信息、观点和主张有计划、有目的地与公众进行沟通和交流的过程,是社会组织开展公关活动的重要手段。[①]

二、公共关系传播的目标

公共关系是一门艺术,其根本目标就是在公众中塑造社会组织的良好形象。公共关系传播是为公共关系的根本目标服务的。公共关系传播的目标可表述为:公共关系组织有计划地运用适当的传播媒介与公众进行信息交流,不断地提高组织的和谐度、知名度和美誉度,以塑造社会组织的良好形象。公共关系传播的目标表现在以下四个方面。

(一) 引起公众注意

在现实生活中,组织关注的焦点与公众所关心的问题往往是不一致的,公共关系传播的重要目的就是要使公众注意组织,在此基础上,才有可能使公众对组织产生认同、肯定的积极态度与行为。引起公众注意要靠传播新鲜或为公众所急需的

① 陆季春,田玉军.公共关系实务教程[M].北京:经济科学出版社,2008年.

内容。"注意力经济"下,公共关系作为一种重要的吸引人们注意力的手段,越来越为内容及方式的出奇所关注。

(二) 诱发公众兴趣

公共关系传播要充分利用传播的内容及方式使公众产生兴趣。成功诱发公众兴趣的根本点在于了解公众兴趣,使公共关系传播的内容与方式同公众的兴趣相结合。对公共关系人员来说,了解公众的兴趣、爱好以及他们的立场、观点,并据此组织自己的传播活动,是使公众对传播内容发生兴趣的首要条件。

(三) 取得公众的肯定态度

公共关系传播不仅要使公众产生注意、发生兴趣,而且要使之产生肯定、认可的态度,或者是努力实现社会公众由负态度向正态度的转变。由于态度是人们在社会生活中的经验长期积累形成的,它与主体的情感、信念、立场、需要有关,并常以利益与势力为转移。因此传播要想改变公众的态度,必须做长期、大量、细致深入的工作。

(四) 促进公众的支持行为

公众的支持行为就是让公众参与公共关系活动,购买宣传的产品,实施组织提倡的原则等。

公共关系传播工作所追求的就是这四者的最佳组合,即最佳的公共关系状态。

三、公共关系传播的构成要素

美国著名的政治学家哈罗德·拉斯韦尔(Harold Dwight Lasswell,1948)补充提出了传播过程五因素的公式:"谁;说什么;通过什么渠道;对谁说;产生了什么效果。"这一公式为人们分析传播过程提供了一个简易模式,其中包括了构成公共关系传播的五个要素:传播者、传播内容、传播渠道、目标公众、传播效果。

(一) 传播者。公共关系传播者是组织信息的发布者,也是组织信息的把关人。传播者的任务,是通过各种方法和手段把有关组织的信息经媒介发布出去,传递到公众目标那里。公共关系传播者是公共关系的主体,是构成传播关系的主导因素,起着控制者和调控者的作用。

(二) 传播内容。公共关系传播内容是指组织的传播者发出的关于组织的所有信息。它大体上可以分为两类:一类是告知性内容,即告诉公众有关组织的一切情况;另一类是劝导性内容,即号召群众响应某一项决议,呼吁公众参与一项社会公益事业,或劝说人们购买某一种牌子的商品等等。

(三) 传播渠道。传播渠道是指传播者为了把相关信息传达到公众那里所运用的各种手段。公共关系传播的渠道有两条:一条是人际传播渠道;另一条是大众传播渠道。

（四）目标公众。目标公众是指那些和组织有着某种利益关系的特定公众。这类公众的特点是：第一，目标公众是有范围的，是具体的、可知的，也是相对稳定的。每个组织都有自己的特定公众。第二，公众是复杂的，尽管某些个体由于某些共同性构成了某一组织的公众，但他们之间还是存在着明显的差异。第三，公众趋向集合。当组织与公众之间的利益关系变得突出时，原来松散的公众集合体就会趋于集中，显示出它特有的集体力量。第四，公众是在变化着的。当组织与公众之间的利益关系结束了，这一类公众就不复为该组织的公众。

（五）传播效果。指公众对组织传播的反应，也是组织的传播者对组织的影响程度。

▷ **案 例 7-1**

西铁城空投手表

日本西铁城钟表商为了在澳大利亚打开市场，提高手表的知名度，称某月某日将在某广场空投手表，谁拣到归谁。到了那天，日本钟表商雇用了一架直升飞机，将千余只手表空投到地面，幸运者发现捡到的手表完好无损时，都奔走相告。于是这种表的销路陡然大开。应当说西铁城之所以打进澳洲市场，正是由于这种"出人意料"的"硬碰硬"的质量宣传，赢得了广大消费者的信赖，树立起了"过硬"的产品质量形象。送东西搞促销谁不会？不过把这活动和产品的买点以夸张的手法结合起来，形成现场之外的二次传播，这才是最根本所在。

（资料来源：根据《西铁城空投手表，谁捡到归谁》整理，原文地址：http://www.ebrun.com/online_marketing/3463.html）

▷ **思 考 题**

请结合以上案例以及所学知识谈谈公共关系传播的目标。

第二节　公共关系传播的影响因素

一、影响公共关系传播的内部因素

(一) 传播媒介

公众对传播媒介的要求一是要使用简便，易于掌握，易于得到；二是比较有效，即它的使用效果受到普遍的重视与承认,特别有效时,即使使用、驾驭上有一定难度,人们也会努力去得到或掌握它。公众对媒介选择的这两个因素可以概括为一个方式:选择或然率= 报偿的保证/费力程度。从这个公式可以看出,选择或然率与报偿的保证成正比,而与费力程度成反比。所以公关工作要注意选择适当的媒介传播信息,选择不当就有可能接收不到或者没有影响。

(二) 信息的内容与表现方式

信息的内容即传播者传播的信息是否为受者所关心、感兴趣,是否重要、新鲜,是否可靠、可信,这一点是受者价值判断的中心点,也是决定传播效果的关键所在。公关人员在传播信息时要注意内容的趣味性、与受者的相关性以及信息来源的可靠性、内容的真实性和观点的客观性、科学性。除去对内容自身的要求外,内容的表现方式也非常重要。形式、方法不当,再好的内容也难以传播出去,可能还会引起误解甚至反感。表现方式包括从传播者的形象、权威性,内容的结构、节奏、变化,到遣词造句的方法、语气、语调等方方面面。

(三) 信息的重复

一个人接触某一信息的次数越多,越容易接受它。同样的信息多次发出,受者会逐渐由生疏到熟悉、由漠然到亲切,甚至在长期接触后,会把这一特定的内容形式融入自己的生活。所以同样的信息在相当长的时间里重复出现,是取得以至增强传播效果的重要因素。

(四) 受者接收信息的条件

时间、空间对受者接收是否有利,对传播效果也有相当大的影响。受者接收环境存在各种干扰或没有足够的时间接收,这些因素都会影响受者投入接收,会使效果大打折扣。

二、影响公共关系传播的外部因素

(一) 受者心理定势

所谓心理定势就是心理上的"定向趋势",是人们在特定对象(人或物)发生认知、行为和各种社会关系时所存在的一种心理上的准备状态。

(二) 团体规范

人们长期生活在一个组织里,所处的社会地位,所扮演的角色,所处的具体环境都是不同的,人们会深刻地受到所属群体的影响。团体规范具有一定的约束力和强制力,能够改变人们的态度。组织影响行为的一个重要途径就是利用社会系统中约定俗成和广泛实施的规范或准则。个体所面对的团体规范则是可以明文规定指定其成员该做什么的思想。换句话说,它们成为团体成员认为合情合理所接受的行为规则。团体总是向个人施加压力使其服从那些超出个人所能理解的普遍团体规范。这些压力常常使他们觉得有责任应以某种方式行事,并经常以肯定的形式表现出来。[①]

(三) 受众个体差异性

个人之间差异的形成,主要由于后天习得的不同。在不同的环境下成长的人们接触到大相径庭的观点,他们从环境中习得一系列看法、态度、价值观和信念,这些东西构成他们的心理结构,并使他们每个人都与他人不同。人们由于后天习得的不同,导致他们在感知理解客观事物时各自带有自身的倾向性;各人的心理差异影响他们对信息刺激物的挑选,也制约他们对信息刺激物意义的解释。心理结构各不相同的社会成员,对大众传播媒介内容的接受、理解、记忆、反应,也是各不相同的。

⇨ **案例 7-2**

四川会理县政府网站登领导"悬浮"照

主要领导竟然"悬浮"在半空视察工作。一张新闻图片开始在网络上广为流传。图片来源为四川省凉山自治州会理县政府网站。匪夷所思的图片随即引发网友 PS(图片处理软件)热潮。

在会理县政府网站首页,一则名为《会理县高标准建设通乡公路》的新闻,被放至头条位置。文字说明称,图为该县主要领导正在对新建成的通乡公路进行视察。广为流传的图片正是这则新闻的配图。从视觉效果上来看,图片中的三名男子并未站在地面上,而是仿佛"悬浮"在半空中。专业摄影人士指出,图片明显是合成而成。三名男子由此获称"悬浮帝"。

众多网友随即"组团"前往该县政府网站"围观"。但网站自昨晚稍晚些时候起直本文至发稿之时止,一直不能正常打开。此事在网络传播后,立即引起网友的"围观"、热议。不少网友调侃地称"太牛了,都能腾云驾雾了"。也有网友认为此系新闻造假:"进去一看图片,半升血吐出来了! 还有这样 PS 新闻的,他们居然好意思放到主页上去……"当天下午 5 点左右,会理县政府开通了名为"四川省会理县政府"的官方微博,并通过了微博认证。微博中,一名名叫"孙正东"、自称是县政府办公室工作人员的当事人发出致歉信。致歉信称,根据安排,他于 15 日下午跟随县长李宁一到当地下属的黎洪乡检查工作,并与先到的唐姓副县长一行会合。按

---

① (美)欧文斯著;窦卫霖,等,译.教育组织行为学[M].华东师范大学出版社,第 7 版,2001.

照政府网站信息宣传需要,孙正东拍摄了一些领导工作照片用于图文信息宣传。16 日,在政府网站刊载信息时使用了 3 张照片,由于 1 张照片有光照、角度、背景杂乱等效果不佳的问题,故在使用时对该张照片做了拼接、修改,造成照片失真,带来了不良反应和影响。"在此我谨向各有关网络媒体和广大网友表示深深的歉意,恳请谅解,并保证在今后的工作中绝不再发生类似情况。"孙正东在道歉信中表示。该微博同时上传了 PS 之前的原图。

(资料来源:根据《四川会理政府网站登领导"悬浮"照 官方承认 PS》整理,原文地址:http://news.enorth.com.cn/system/2011/06/28/006824776.shtml)

请阅读以上材料并结合所学知识谈谈如何区分传播信息的真伪。

第三节 公共关系传播的典型模式

一、公共关系传播模式的理论演进

(一) 拉斯韦尔的 5W 模式

5W 模式是由传播学的总体研究规划者哈罗德·拉斯韦尔提出的典型的线性传播模式,即说明传播行为一个简要方法就是回答下列 5 个问题:谁传播;传播什么;通过什么渠道;向谁传播;传播的效果怎样。拉斯韦尔把传播学的研究内容分为五部分,即控制分析、内容分析、媒介分析、对象分析和效果分析(见图 7-1)。

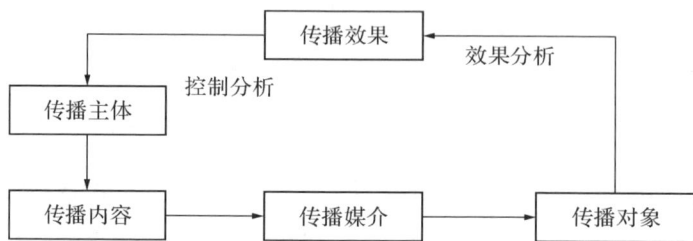

图 7-1 拉斯维尔 5W 模式

(二) 香农—韦弗的信息论模式

1949 年,信息论的创始人香农及同事韦弗在研究信息流通过程时,提出了通信的数学原理。他们研究的是技术科学中通信的信息传送问题,本来是一个与社会系统无关的纯技术模式,但该理论在传播学领域得到了广泛的应用,对传播模式与理论的发展,具有最重要的影响和启迪作用。在香农—韦弗模式中,传播被描述为一种直线性的单向过程,包括了信息源、发射器、信道、接受器、信息接受者以及噪音六个因素,其中发射器起编码功能,接受器是指译码功能。噪声是指任何干扰信息传递或使之失真的因素。香农—韦弗模式也有自身的缺陷。他们未能在模式中更多地顾及人的因素、社会因素,忽视了信息的内容、传播效果等(见图7-2)。

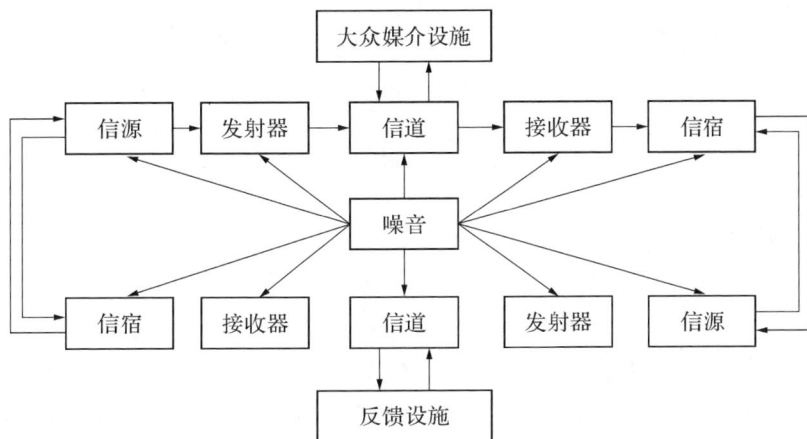

图 7-2　香农—韦弗信息论模式

(三) 施拉姆的双向循环传播模式

美国传播研究的集大成者韦尔伯·L.施拉姆 1954 年在《传播是如何进行的》一文中提出了传播的双向循环模式(见图7-3),这一模式引入了反馈机制,把传播理解为一种互动的循环往复的过程看待,没有传播者和受传者的概念,传播双方都是主体,通过信息的授受处于你来我往的相互作用之中。该模式的重点不是在于分析传播渠道中的各种环节,而在于解析传播双方的角色功能:参与传播过程的每一方在不同的阶段都依次扮演译码者、解释者和编码者的角色,并相互交替这些角色。

施拉姆循环模式的缺陷:(1)传播双方放在完全平等的关系中,与社会传播的现实情况不符合。(2)该模式体现了人际传播的特点是面对面传播,却不能适合大众传播的过程。

施拉姆德循环模式突出了信息传播过程的循环性。这就内含了这样一种观点:信息会产生反馈,并为传播双方所共享。另外,它对以前单向直线模式的另一个突破是:更强调传受双方的相互转化。它的出现打破了传统的直线单向模式一统天下的局面。

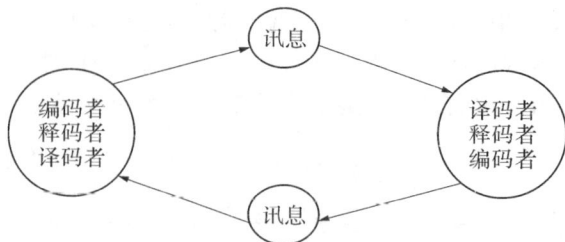

图 7-3　施拉姆循环模式

(四) 两级传播模式

1940 年,美国学者拉扎斯菲尔德针对片面强调传播效果的枪弹论、皮下注射论,通过分析影响人们投票倾向的因素,提出了两级传播模式。两级传播模式主要研究传播效果的强化机制问题。两级传播模式指出,观念先从广播和报纸传向意见领袖,然后由意见领袖传向一般公众,认为信息传递是按照"媒体—意见领袖—普通受众"的模式进行的。在传播中,意见领袖属于消息灵通人士或权威专家,具有极其重要的作用,影响着其他人的态度。

(五) "把关人"理论

把关人又称守门人,是指在信息传播过程中,对信息的提供、制作、编辑和报道能够采取疏导与抑制行为的关键人物。学者们认为,大众传播媒介在向公众传递信息的过程中,起着滤斗的作用。主管这种过滤作用的人,就是大众传播媒介的把关人。公共关系传播发出的消息,只有通过把关人这一关,才能经媒介流向公众。把关人的传播行为,包括疏导和抑制两个方面,主要取决于自己的预存立场(指自己原有的意见、经验、兴趣和精神状态的总和)。

(六) 受众选择"3S"理论

信息的传授者在接触媒介和接收信息时有很大的选择性,这种选择过程包括三种现象,简称"3S"。

1. 选择性注意指在信息接收过程中,人们的感官器官虽然受到诸多信息的刺激,人们不可能对所有的信息做出反应,人们每天平均受到 1600 条商业信息的轰炸,只有 80 条被意识到和大概 12 条被刺激而有反应,只能有选择地加以注意。因此要提高信息的竞争能力,应注意以下几点:

对比。把内容和性质大不相同的信息编排在一起,形成巨大的反差,以引起消费者的注意。

强度。在其他条件相同的情况下,刺激性强的内容容易引起公众的注意。

位置。在信息传播时,都显示出了空间位置和时间位置的重要性。

重复。一般来说,重复的次数越多越容易被注意。

变化。变化是避免人们因失去新鲜感而失去注意的另一个必要条件。

2. 选择性理解。指不同的人对同一信息做出不同的解释和理解。影响公众选择性理解的因素包括需要、态度和情绪三个方面。

3. 选择性记忆。人们只记忆对自己有利的信息,或只记自己愿意记忆的信息,其余的信息会被忘却,这种记忆上的取舍,成为选择性记忆。选择性记忆可分为三个阶段:输入、存储、输出。

(七) 议题设置理论

议题设置是指大众传播对某些议题的着重强调和这些议题在公众中受重视的程度构成强烈的正比关系,即大众传播中越突出某一事件,多次、大量地报道某一事件,就会使社会中的公众集中突出地议论这一话题。

二、公共关系传统传播模式

(一) 公共关系的主体传播模式

公共关系的人际传播可以从不同的角度进行分类。依据主体的不同可分为现代社会组织、公共关系机构、公共关系人员三部分。

1. 现代社会组织是指执行一定的社会职能,完成特定的社会目标,构成一个独立单位的社会群体。公共关系是一种组织活动,而不是个人行为,因此,组织是公共关系的主体,是公共关系的实施者、承担者。

2. 公共关系机构。是专门执行公共关系任务,实现公共关系功能的行为主体,是公共关系工作的专业职能机构。公共组织机构有三个方面:公共职能部门、专业的公关公司、独立的公关社团组织。

3. 公共关系人员。指的是以从事公共关系理论研究、教学活动和实践工作为职业的人员。

(二) 公共关系的客体传播模式

公众就是公共关系的对象,公共关系是一种特定关系,当我们谈到关系时,必然要涉及到双方,在公共关系中,这个相互影响、相互作用的双方便是组织和公众。任何组织都有其特定公众,而公共关系便是组织主动地与公众建立和维护良好关系的过程。但这不一定意味着作为客体和对象的公众是完全被动的、随意受摆布的,公众随时都可以表达自己的意志和要求,主动地对公关主体的政策和行为做出积极反应,从而对公关主体形成舆论压力或外部动力。公众还有最有效的权利——"用脚投票"。当公众因为不满意而使用这一权利时,公众可能不会当面抗议,大吵大闹,但他们会抛售组织股票,不再购买组织的产品和服务,不再光顾某商场、某饭店、某银行。

(三) 公共关系媒介传播模式

公共关系传播必须得使用一定的媒介。要正确地使用媒介,必须得了解有关媒介的特点。公共关系传播媒介主要分为下面五大类:第一类以语言、文字为代表的文字传播媒介;第二类是以广播、电视、电脑为代表的电子传播媒介;第三类是视觉形象为主要手段的图像和标识;第四类是以肢体语言和情态语言为代表的非语言传播符号;第五类是随着科技发展而不断出现的新媒介。

1. 文字传播媒介

文字是一种书面语言,是有声语言的符号形式,这种符号体系有一整套形式相对稳定的规则和方法。人们能够借助它有效地记录和传递信息、交流信息。公共关系所使用的传播媒介中,运用文字符号的媒介占了大多数。

文字媒介主要包括:报纸、杂志、书籍等。它们通过印刷文字将信息和意见传达给公众,是最具渗透力和扩散力的传播工具之一。文字传播媒介具有以下特点。

第一,记录性。在录音设备发明之前,语言交流受时间、空间的限制,无法记录、无法重现。文字则可以将信息资料记录下来,进行跨时空的传播。第二,扩散性。文字传播可以借助各种媒体发送到遥远的地方,扩散到大范围的公众,从而扩大了信息的影响范围。第三,渗透性。文字传播资料可以长时间地保存,同一信息可能对读者反复产生刺激和影响;而且读者接受信息的过程比较从容。有利于通过思考来加深理解,因此文字传播的信息渗透性比较强。第四,准确性。文字媒介的信息在制作的时候可以字斟句酌,反复推敲修改,对信息内容的表达更具条理性、逻辑性和准确性。

文字传播媒介最常见、最常用的是报纸、杂志。报纸、杂志通过印刷文字将大量的信息和意见传递给公众,属于印刷类大众传播媒介。公共关系传播工作是离不开报纸、杂志的,它不仅要通过报纸、杂志去搜集公众的信息,更要通过报纸、杂志向公众传播信息,如刊发新闻稿、做公共关系广告等。

报纸作为一种印刷媒介,是以刊登新闻为主的面向公众发行的定期出版物。杂志也是一种印刷媒介,它是定期或者不定期成册并连续出版的印刷品。报纸和杂志合称报刊。

文字传播的另一种媒介是书籍。书籍也是一种印刷类大众传播媒介。与其他大众传播媒介一样,具有提供信息、教育劝服和娱乐服务等功能。手册、纪念刊则是公共关系使用的一种书籍形式。

在公共关系传播中常用的文字传播媒介还有:海报、传单、名片、函件等。

2. 电子传播媒介

电子媒介包括广播、电视、电脑、电影、录音、录像、幻灯等运用电子技术设备来制作、传送信息的传播媒介。电子媒介的发明和使用,给语言、文字信息传播提供了高技术、现代化的载体,是现代公共关系工作最有效的手段。

与印刷类大众媒介相比较,它们在信息传播中具有以下特征:第一,时效性。电子媒介具有最好的时效性,与印刷媒介相比,对信息的传播更迅速、更及时,消息的报道与时间的发生、发展能够做到同步具有同时性。第二,远播性。电子媒介通过电波做远距离的传播,不受空间的局限,不受气候的影响,即使与事件发生的地点相隔遥远,消息的报道也能同步进行,具有同位性。第三,生动性。电子媒介通过声音、图像、色彩、文字的组合,使印刷媒介更加生动,现场感比较强。更富于感染力。第四,技术性。与印刷媒介相比,电子媒介的科技含量很高。

3. 非语言传播符号

作为人际传播中重要的媒介——非语言符号,是指指令不以有声语言和书面语言为载体,而借助于直接打动(刺激)人感觉器官的各种各样的符号。它包括人的表情、手势、神态、穿着、打扮、摆设、环境等等。

非语言符号的种类大体上有:

1. 体态符号

人们在用语言传递信息时,往往会辅以表情、姿势及神态,这三者有助于人们对语言的了解。但是在某种特定情景(如没有语言)下,也存在仅由表情、姿势和神态这样的身体动作表示意义的体态语言信息系统,完成信息的传递。如打招呼就有中国人的作揖、日本人的鞠躬(因不同地位、身份而有不同的鞠躬深度和持续时间)、印度等国的两掌合十、西方人的握手等等。

2. 语言符号的伴生符,也称类语言

它是人发出的有声而无固定语义的信息传播。语言符号的伴生符常常是自发地发出来的,如各种笑声、叹息、呻吟、叫声等等。这是因为人的信息沟通离不开感情的传递,感情传递在很大程度上取决于"怎样说",而不完全是"说了些什么"。它能够反映出传播者的许多背景材料,如个性、说话的心情等等。

3. 物化、活动化、程式化的符号

这是非语言传播的高级层次。自然语言可归于推理符号,而绘画、建筑、音乐、舞蹈、服饰、饮食等则属于表象符号,这是一种非语言符号,用以表达语言符号所不能表达的情感意义。

三、公共关系传统新模式

(一) 网络

网络传播是以计算机通信网络为基础,进行信息传递、交流和利用,从而达到其社会文化传播的目的的传播形式。网络传播融合了大众传播(单向)和人际传播

(双向)的信息传播特征,在总体上形成一种散布型网状传播结构,在这种传播结构中,任何一个网结都能够生产、发布信息,所有网结生产、发布的信息都能够以非线性方式流入网络之中。同时,网络传播具有人际传播的交互性,受众可以直接迅速地反馈信息,发表意见。而且,网络传播突破了人际传播一对一或一对多的局限,在总体上,是一种多对多的网状传播模式。

1. 网络传播的优势

(1)信息多元化:网络信息中运用了 flash、视频、音频等多媒体技术,这些技术不像网络上单一的 flash、视频、音频等形式那样,而是通过组合的应用配以精彩的内容给读者带来了强烈的感观刺激和互动参与的欲望,这是单一的技术表现形式所不能比拟的,也是网络信息对读者的吸引力所在。正是基于此特点,网络聚集了庞大的用户群体,让用户在阅读内容时感受网络的感观刺激。网络信息涉及到了游戏、时尚、服饰、汽车、音乐、体育、影视等多个行业,给受众带来强烈的冲击。网上不仅可以平等地发布信息,还可以平等地开展讨论与争论。

(2)表现形式立体化:网络新闻以互联网为基础,借助先进的传输技术,在新闻传播内容、形式、结构及便于阅读等方面,都很好地发挥了新闻宣传的舆论导向作用,收到了较强的立体化的新闻传播效果。

(3)传播互动化:信息传播的双向互动,是网络传播的本质特征和社会意义的集中所在。报纸、广播、电视作为本世纪内的主体传媒,恰恰在这方面相形见绌。双向互动式传播具有三个重要特征:信息的传送者不再享有信息特权,与受众一道成为真正意义上的平等交流伙伴;网络用户不仅可以平等地发布信息,还可以平等地开展讨论与争论;舆论监督功能在网络震荡中不断放大,具有无比的威慑力量。互动式传播内含着天然的民主亲和力与自由召唤力,从而构成了对现有传媒的致命冲击,形成对传统意识日趋强烈的反叛与否定。

2. 网络传播的劣势

(1)网上的信息良莠不齐,经常上网获取那些零散和不系统的知识。利用网络给手机发送短信息已经成为当下网络一族的时尚。内容丰富的节日问候、脉脉情话、开心笑话以及开机画面往往让接收者心情愉快。然而围绕网络短信的兴起也出现不少问题,一些内容低俗不堪的网络短信和新的恶作剧方式随之产生。

(2)网络传播和以往媒体不同的是,它具有很大的隐蔽性,传播者处于一个极端隐蔽的地位,仅靠个人手段是无法在整个庞大的网络世界中找到恶意传播者的,这就无疑很大程度上刺激了人们在网上恶意传播虚假信息的欲望。从这一点来讲,现在整个网络为虚假信息所充斥也就不足为怪了。这也就在很大程度上使网络传播的效果大打折扣,而且更为严重的是,现在网络上充斥着许多色情、暴力的东西,而在许多地方,网络对未成年人是全开放的,没有丝毫保护意识,这样也就形成了许多家长反对小孩上网的局面,极端的不利于网络传播的健康发展,在很大程度上恶化了网络传播的人们心目中的形象。

(3)利用传播学理论分析,网络传播属于"全通道"型的传播方式。这种传播方式最大的缺点就是传播效率低下。所谓浪费时间不讨好。希望随着网络传播文化的发展,这种情况会有所好转。

(4)网络传播在向人们展示五彩世界时,却也将人们封锁在电脑的旁边。许多原来内向的人在网上变得开朗、外向,善于和人交际,但也有不少的人沉迷于电脑的虚幻世界,甚至对于现实世界产生了一种厌恶感。这对于一个人的发展是极为不利的,这种情况发展到一定程度,会对社会造成危害。

(5)即时交流工具是网络传播的一个重要途径,但是即时通讯工具的使用却对个人发展不利,因为现在在网上的各个即时通讯工具,都有一个很热门的功能就是"群分"功能,即同一话题或者志同道合的人们形成的小团体,在这儿,人们围绕共同的话题来展开讨论,这无疑为专业研究提供了一个很好的平台,但是经常上这样的地方,虽然可以满足一个人的爱好需求,满足一个人对交往需求的满足,但与此同时也对此人形成了一个无形的框,不利于人的全面发展。

3. 网络传播的特点及成功传播的条件

网络传播有与传统传播方式截然不同的本质特征:

①互动性;②即时性;③个性化;④传播成本费用低;⑤权利平等性;⑥多元性。

它整合了传统媒体与网络媒体、公共关系和个人体验、口碑与流行文化、雇员与氛围之类的泛元素,提供了一套与众多利害关系人互动沟通的独特方法。一个成功的营销传播过程,应满足以下几个条件。

(1)网络传播应选择一种有效的途径加以执行。这是指传统途径和网络途径。传统途径无非是指报纸、杂志、电视、广播、户外广告、POP、交通工具等,传播的内容一定要集中在消费者的兴趣上,对网站最重要的内容和消费者最感兴趣的内容一定要交待清楚。网络途径是指搜索引擎登录、发布软文、网络论坛和新闻组、广告交换登录、友情链接登录等。

(2)网络传播应通过一种简明的方式来表达。再好的传播主张若无法准确表达,则无法传播。若传播过程失真,则表明方式选择不对。

(3)网络传播技能必须一致。整合营销传播之所以对营销有重大意义,就在于传播得以整合。传播技能的整合是网络整合营销最简单、也最经常的一种运用。它是指将各种传播方式有机的组合,用同一种策略、同一种节奏,作用于消费者的各种感观,达到同一种信息的有效传达。

(4)网络传播主张必须持久执行。如果一个传播主张朝令夕改,消费者就会对你的网站形象和品牌产生认知错乱。大凡做得好的网站品牌,其传播主张往往比较稳定,使消费者有一种稳定感和自豪感,从而形成品牌忠诚。

(5)网络传播主张应将自己的品牌与竞争者的品牌加以区别。内容与服务同质化现象愈来愈普遍、愈来愈严重。由此直接导致的结果便是,各网站的内容、服务大都势均力敌。对于消费者而言,各品牌同类网站都差不多。

内容与服务的质量、功能、包装等等,都是可以被竞争者仿效、抄袭,甚至超越的。那么,还有什么可以区别于同类、令消费者情有独钟的法宝呢?那就是网站的品牌和品牌形象。唯有品牌价值存在于消费者中,无法替代。而网站品牌形象的建立及品牌价值的转换只能依赖于传播。

(6)网络了解消费者行为。网络营销传播的核心内容和最主要部分就是了解消费者行为。但在现实中,网络营销人员常常把注意力集中在传播工具与计划上,反而忽略了他们所要服务的真正对象。加强互动性,是了解消费者行为的最有效方式,运用得好,可收立竿见影之效。

(二) 微博

1. 微博是应对突发事件的"利器",也是滋生谣言的"温床"

微博最核心的功能是即时信息的发布与获取。微博具有"直播性",发布信息极为迅速,在各种突发的自然灾害、意外事故、群体冲突等重大事件发生时,利用妥当可以成为应对突发事件的"利器"。

微博传递的仅是信息,可靠性不及传统新闻媒体。经过不断的转发,消息在网络上快速传播,快得让人根本来不及查证它的真实性,这就为谣言的传播制造了"温床"。微博虽然能充分彰显受众在传播中的主体地位,可也存在着与生俱来的"硬伤"。

2. 微博带来信息的丰富多元,也使信息泛滥失控

微博的诞生亦或宣示着一个"全民记者时代"的到来。人人都可能成为记者。不同性别、年龄、职业、知识结构的人都可以随时随地、无障碍地记录自己的生活,表达自己的见解。这使得微博信息丰富而多元,每个人都可以找到自己感兴趣的信息,每个人也在制造着别人可能感兴趣的信息。截至 2010 年 9 月,Twitter 已经拥有 1.5 亿用户,每秒产生 1000 条微博。截至 2010 年 7 月,新浪微博产生的总微博数为 9000 万条,每天产生的微博数过 300 万。

由于用户们可以更加简短、快速、随意、随性地发布信息,每天各微博网站上都会发布超量的信息内容。微博涵盖的主题包罗万象,可供延伸的范围过于庞大,微博网站几乎变成了汇聚各类信息的垃圾场,面临失控危机。微博文本的碎片化、琐碎性导致信息泛滥成灾,人们被淹没在庞大的信息海洋中。信息的重复与过载相当严重,甚至混乱不堪,过度的信息轰炸使得用户产生疲劳感与无聊感。《魔鬼经济学》的作者史蒂芬·列维特说:"在微博中,有价值的信息占到的比例仅为 4%

左右。"

3. 微博的"直播性"方便了个人,也威胁到个人隐私

微博传播的"直播性"主要体现在传播的零时差,用户可以第一时间接收或发送消息。"零时差"提供了一个满足个人碎片化倾诉与沟通的新空间。微博强大的社交网络与海量信息,成为很多人获取信息的新平台。"手机直播时代"已经到来,借助于手机这个平台,微博堪称为媒体、生活圈、消息源、消费导购平台……微博已经与用户的生活融为一体。

微博传播的一个重要方式就是核裂变式的传播。例如,A 的微博有很多"粉丝",当其信息发布之后,粉丝 M 认为某条信息有价值,就会转发。同样,M 的粉丝也可能会转发这条信息,以至无穷。这也意味着微博传播有一定的"不可控性",微博"捉奸门"事件就是一个典型的案例。

4. 微博表达的自由性与监管过滤的艰难性并存

由于微博对用户的发布状态没有过多的限制与要求,因此,用户表达会更加随意化和个性化。与博客相比,微博更具"草根性",人人都可以有话说。任何人都可以在微博中表达自己,展现自己,信息传播更趋向于 4A(Anytime、Anyone、Anywhere、Anyway),个人表达的自由性有了前所未有的空间。但是,技术的便利在给微博网站带来高人气的同时,也潜藏着巨大的风险和安全隐患。微博的低门槛意味着用户有较高的自由度,以至于任何人都可以利用信息传播病毒,加之缺少一个全面的安全防护体系,很容易被一些别有用心的个人或组织用来传播间谍软件、木马黑客等有害程序。

微博在实现表达的自由与便利的同时,也展示出表达的芜杂与隐忧。表达是自由的,也应是有序的。自由的表达自然是要受到规制的,个体公共化参与,一定有着公共的游戏规则。因而,表达与过滤的对立,考验着用户与管理者。但实际上,微博的过滤与监管又是十分艰难的,其便利性与实时性本身就预示着把关的艰难性。在保障微博表达的自由性的同时,如何做好过滤与监管值得人们深思与研究。

应对微博负效应的策略

1. 加强网络道德建设

微博是开放和自由的,人人都是信息的发布者,"公民记者时代"并不虚言。但这必须建立在公民的理性自觉与道德自律的基础之上。公民树立良好的道德观念,自觉规范自身行为,理性使用媒介,避免谣言等恶意行为的出现,尤为关键和重要,其实这也是最基本的。在自觉自律的基础之上,还要加大对公众素质教育的普及,更需要每位现代社会公民的自觉追求和参与,每个公民都应自觉遵守网络道德。

2. 完善相关法律法规

微博是一个新生事物,对其管理尚处在一个起步阶段,所面临的情况和问题也是前所未有的。要有效地应对各种问题,完善相关法律法规极为重要和紧迫。只有在规范和完善的法律法规体系下,微博才能健康地发展。

3. 强化媒体的"把关"职责

我国有 4 亿多网民,数量庞大,构成复杂。网络传播秩序仅仅依靠网民的自律是远远不够的。因此,微博网站要认真担负起"把关人"的责任,维护信息传播的良好秩序。

⊟> **案例 7-3**

7.23 温州动车特大事故,微博显威力

7.23 温州动车特大事故牵动着许多人的心,而在这次抢险中发挥着至关重要的媒体之一就是微博的力量。而网友们通过微博第一时间传递出爱心,表现出中华民族大爱无疆的品质。而一位署名叫"羊圈圈羊"的网友也在第一时间里通过微博发出求救信息。这充分显示了微博在社会中扮演着举足轻重的地位。这条求救微博被转发 10 万次以上,评论突破 2 万。有博友评:救命快讯牵动亿万民心,那一刻,有种感动叫牵挂,有种好人叫粉丝。不管是来自哪里的声音,微博已经将信息传递出去,并且也同样将爱和真实传递出去。

在 7.23 温州动车特大事故中,微博充分发挥其实时性,分享性与传播性的特点,将前线信息及时的传达给普通民众,而每一位热情参与其中的网友们也积极的出谋划策,或表达对事故的沉痛之情,或对救援人员的及时抢救给予充分的肯定,但是更多的声音是来自对铁道部的质疑和声讨。社会名人士纷纷对此次重大事故发表评论,也积极呼吁全社会共同参与。

(资料来源:根据《7.23 温州动车特大事故 微博闪耀人性光芒》整理,原文地址:http://tech.hexun.com/2011-07-27/131815511.html)

⊟> **思 考 题**

请分析温州动车事故的迅速传播与新媒介的关系。

第四节　公共关系传播的绩效评估

传播效果是指传播者所发出的信息对传播对象的影响和传播对象对传播内容的反应,而传播效果的评价,就是指对传播对象影响的范围和程度进行分析与衡

量。对传播效果的评价可采取两种方法来进行。

(一) 传播前评价法

这种方法是在传播前进行的一种事先评价法。公关信息都有一个特定的目标。传播前,可根据这个既定的传播目标进行直接评价,即邀请部分受传者对预备进行的几种传播方案(包括传播方式、媒体选择、传播内容、传播时间等),进行直接评价,比较哪一种传播方案与传播目标最为接近。各种传播方案的"形象差距"有多大,据此改进,最后确定实施最佳的传播方案。

(二) 传播后评价法

具体做法有两种:一是收集反馈意见,检查传播对象的接受程度,以评价传播效果;二是认识程度测试,抽样调查传播对象,让他们回忆信息的中心内容,以测定传播对象对公共关系信息的认识程度,找出传播目标的形象与公众认识形象的差距,以此来评价传播效果。传播效果在很大程度上受到传播要素的影响,任何一个传播要素不能发挥正常功能,都会导致传播效果的失衡。因此,在评价传播效果时,应对传播诸要素的功能正常程度进行检测并做出综合性分析,以提高传播效果。

一、传播绩效的评估主体选择

(一) 受众对传播效果反馈

公关传播的评估最主要看其效果的反馈。传播效果并不都是等值的,它们有作用范围大小与作用程序深浅不同的区别。对于公共关系工作者来说,由于各类传播形式都要使用,更应该了解传播发生作用的不同层次。针对公共关系的目标和公关传播的目标评估,传播对于受者的影响可达到四种程度,即四层次传播效果。

1. 信息层次。即将所要传递的信息传到受者处,使之完整、清晰地接收到,并且较少歧义、含混、缺漏,这是简单的传到、知晓层次,是任何传播行为首先应达到的传播效果层次。

2. 情感层次。指传播者传出的信息从知晓进而触动受者情感,使受者在感情上与传播内容接近、认同,对这一传播活动感兴趣,从而与传播者接近,这是传播达到的较为理想的效果。但是需要注意的是,情感有正负之分,只有正面情感才是传播者所需要的,负面情感如反感、厌恶等,应予以避免。

3. 态度层次。态度是人对事物或现象认识的程度、情感表达和行为倾向的总和。它已从感性层次进入了理性层次,是在感性认识基础上经过分析判断、理性思维而产生的,一经形成就非常难以改变。传播如果能达到这一层次,对受者的影响就比较深入了。态度除有正负——肯定与否定之外,也不一定与情感有必然的同方向联系。有些人和事,人们在感性上同情,而在理智上却不赞成。

4.行为层次。这是传播效果的最高层次。它是指受者在感性、理性认识之后,行为发生改变,做出与传播者要求目标一致的行为,从而完成从知到行的认识——实践全过程,使传播者的目标不仅有了同情、肯定者,而且有具体的实施、执行者。实验研究证明,态度对行为的改变有着较密切的相关关系。

应该看到,随着效果层次的提高,受者由于各种原因而逐渐减少;同时只有能达到较高的效果层次,才能使哪怕是初级效果都能得以较长时间的保持,否则受者就会很快淡忘,传播行为也就以无效而告终。几种传播效果不是直线相连、必然上升的,它们之间的互相影响是复杂的,关系是辩证的。

二、传播绩效的评估指标设计

建立一套系统化、标准化的传播评估方法及体系,对企业公关传播的发展可谓至关重要。了解衡量媒体传播价值的重要参数及其相互关系,将可以帮助企业在制定传播计划之初,就充分考虑到该如何建立适合企业自身及其品牌特点的新媒体传播策略框架,以明确传播方向及目标:是为了增强品牌曝光率、提升活动参与度,还是巩固行业影响力? 是为了吸引更多的消费者或潜在消费者参与互动活动,提升用户忠诚度,还是为了增加产品试用率从而促进网络销售? 不同的内容重点和目标方向会引导企业采取不同的新媒体传播手段。

在媒体营销时代,人们将更倾向于相信那些与自己建立起个人关系的品牌。而不同的传播手段,在不同阶段所起到的作用也不同。例如高度个性化的传播手段能够有效增强用户对品牌的拥护度及忠诚度,所以有高度针对性的博客行销、社交网络营销就更具影响力。

与此相比,传统媒体传播的方式例如广播、电视、报纸等是基于大众传播,覆盖率广,所以有助于建立初期的品牌知名度及影响力,但与其他新媒体传播手段相比,在提升品牌好感度及拥护度方面的作用则相对微弱。

基于此,在媒体传播时代,建立简单、科学、系统化的测量及效果评估模型,是将企业及品牌传播价值最大化、长期化的必要前提。当前比较通用的媒体传播效果评估的测量模型主要包括四个方面的指标。

(一) 曝光率(Exposure)

即新媒体传播的内容及信息产生了多大的覆盖率,有多少目标受众看到并关注。基于互联网传播的曝光率可以轻而易举地通过网站访问量、点击率、搜索率、转载率、回帖率等参数进行实时监测及定量评估。

(二) 参与度(Engagement)

即谁、在哪里、通过何种形式与企业及品牌进行对话并参与了互动交流？以致于每一个消费者都变成了意见领袖,可以随时影响其他的消费者并与企业、品牌进行平等对话。参与度的衡量可以通过网络登录、用户注册、互相关注、回帖、跟帖、转发等具体参数进行定量评估。

(三) 影响力(Influence)

即衡量传播怎样并且多大程度影响了目标受众和参与者的态度、认知乃至消费行为？对传播影响力的评估需要在长期、系统化的范畴里持续进行,以对目标受众及参与者的言论、态度、行为等进行长期、持续的监测和定性分析。

(四) 行动力(Action)

即衡量传播如何激发目标受众并将其关注度、影响力转化为最终的购买行为,这是评估传播核心价值及其投入产出比(ROI)的终极体现。行动力的计量可以通过由电子商务产生的网络订购、团购或者与线上联动的线下购买行为的统计等方式进行定量评估。

当然,随着媒体传播方式、传播手段的不断演变,媒体传播效果评估的方法也会发生相应的调整和改变,但万变不离其宗,建立高瞻远瞩、高屋建瓴的媒体传播效果评估方法始终是重中之重。

三、传播绩效的评估结果反馈

近年来,一方面,随着公关行业的蓬勃发展,企业对于公关传播效果的要求日益提高;另一方面,在这个信息爆炸的时代,受众信息接触点越来越多,越来越难被打动。较之广告来说,公关传播的优势日益凸显,尤其是金融危机的爆发,企业越来越意识到公关传播的意义及价值。

对于公关行业来说,一套行之有效的公关传播效果评估体系,将帮助企业更有效地挖掘出光芒背后的发热原理,从而为企业的营销传播发掘出最有效的公关传播方式,进而最大限度地实现企业营销推广的边际效益。立足于企业,评估公关传播的效果就是要验证是否通过公关传播手段达成了原先设定的传播目标,而这些传播目标的达成,依赖于两个维度的努力:(1)公关传播发端(媒介传播角度)的传播目标达成;(2)公关传播受端(受众接收角度)的传播效果的实现。

不论是出于何种营销目标而选择公关传播的手段加以实现,只有从发端和受端两个维度进行评估才能够完整、全面地透析公关传播的效果,进而挖掘其对于企业真正的价值及意义。下面就分别从媒介传播角度和受众接收角度分别对公关传播效果评估进行探讨。

(一) 对于媒介传播角度的公关传播效果评估,从分析媒介传播的路径展开

对于企业来说,利用媒介进行活动、事件、新闻等的传播,一方面是为达成其对目标事件及日常公关传播的目的,另一方面是为了化解危机。不同的传播目的对于媒介传播效果的评估会略有差异。

首先,如果是期望通过媒介达成公关的日常(事件)传播,评价其是否有效,一是看其传播能力,即发布的媒体数量及质量(发布媒体级别、首页频率、大面积比率、受众吻合度、转载率等);二要看服务公司对于传播的控制能力,即实际发布与计划发布的比率、实际发布效果(如期率、配图、标题关键字、主题信息等)。当然,企业可视传播情况及需求的差异分别对比平面、电视、网络、户外等不同媒介的传播效果,也可以进行全媒体的整体比较。

其次,如果是对危机公关的传播效果进行评估,评估其是否有效,首先,要分析该负面影响涉及到企业的哪些方面,如企业形象、品牌形象、产品质量、销售业绩、用户体验等等。然后,看其负面通过媒介传播对企业造成的破坏能力,即负面发布的媒体数量及质量(发布媒体级别、首页首频率、大面积比率、受众吻合度、转载率等);最后,再看服务公司对于负面传播的控制能力,即负面转化率、负面反应率(24小时解决率、7天解决率)及负面转化效果(关闭、删除、换稿、正面跟进)。同样,企业可视传播情况及需求的差异分别对涉及到企业形象、品牌形象、用户体验等不同方面的危机公关传播效果进行评估,也可以综合涉及所有方面的危机进行整体比较。

综上所述,对于媒介传播角度展开的公关效果评估来说,无论是对公关的日常(事件)传播效果进行评估,还是对危机公关效果进行评估,不仅要从传播量上进行统计,还要从质的角度加以权衡,才能客观准确地评估公关传播发端的传播目标是否达成。

(二) 受众接收角度的公关传播效果评估,从分析受众信息接触行为展开

对于受众来说,无论是日常公关(事件)信息,还是企业危机信息,从其接触这类信息到相关信息对其消费行为产生影响的整个阶段中,基本都遵循先接触信息,然后对其分析解读,并产生观点或偏好,最后消费行为发生改变的规律。基于此,公关传播受众效果评估也就围绕这三个角度展开,即评估公关传播对受众的传播覆盖力、品牌提升力以及销售促销力。

首先,评估公关传播对受众的影响,要研究公关传播手段的覆盖能力,即事件、活动、新闻等在受众中的到达率、到达频次、乃至到达方式(首次到达、二次、三次等)。

其次,分析公关传播是否提升了目标企业、品牌、产品在受众心目中的形象及地位,即分析接触了相关事件的受众群体,在品牌/产品认知度、品牌/产品喜好度、品牌/产品信赖度、企业互动性/认同感方面的较之以前的提升力度。

最后,深入地挖掘公关传播是否拉动了目标企业/品牌/产品的销售,即从信息关注度、预计购买率、实际消费率角度进行评估和研究。

通常,要想客观准确地通过以上三个维度的指标深入挖掘公关传播对于受众影响,就要采用科学严谨的定量研究方式,锁定目标受众群体,采用适合其特征的定量研究方法进行深入的研究,根据企业的侧重点差异,选择不同的加权手段,从而挖掘出隐藏在数据背后的真相,为企业评估其公关传播的效果奠定坚实的基础。

因此,企业无论是出于产品推介,还是销售促进,抑或是对目标消费群体消费行为的影响,无论采用哪种公关传播手段帮助其实现目标,都要借助媒介向其目标受众进行信息的传播。在传播的整个过程中,首先要影响媒介,再透过媒介影响目标消费群体。

综上所述,从媒介传播角度和受众接收角度两个方面进行全面、深入的评估,并加以循环跟进,可以对公关传播手段的效果有一个较为全面的认知,从而帮助企业找到传播中的优劣势,进而让公关传播发挥最大的价值。

▷ 本章小结

公共关系传播,是信息交流的过程,也是社会组织开展公共关系工作的重要手段。本章首先介绍了公共关系传播的含义及目标,接着论述了公共关系传播的构成要素,公共关系传播的五个要素:传播者、传播内容、传播渠道、目标公众、传播效果。第二节着重阐述了公共关系传播的影响因素,主要分为外部影响因素和内部影响因素。第三节主要论述了公共关系传播的典型模式,譬如拉斯韦尔的 5W 模式、香农—韦弗的信息论模式、施拉姆的双向循环传播模式、两级传播模式等,除此还有公共关系主体传播模式、公共关系客体传播模式、公共关系媒介传播模式等。第四节主要阐述了公共关系传播的绩效评估,只有进行全面、深入的评估,并加以循环跟进,才能够对公关传播手段的效果有一个较为全面的认知,从而帮助企业找到传播中的优劣势,进而让公关传播发挥最大的价值。

▷ 复习思考题

一、名词解释

1. 公共关系传播
2. 公共关系传播要素
3. 拉斯韦尔的 5W 模式
4. 目标公众

　　5. 传播媒介

　　6. 意见领袖

二、简答题

　　1. 谈谈你对公共关系几种传播模式的理解与看法。

　　2. 公共关系传播的构成要素是什么?

　　3. 公共关系传播绩效评估的指标有哪些?

三、案例分析题

霸王"致癌门"公关

　　2010 年 7 月 14 日,香港《壹周刊》报道,霸王旗下中草药洗发露、首乌黑亮洗发露以及追风中草药洗发水,经过香港公证所化验后,均含有被美国列为致癌物质二恶烷。霸王集团股价受此影响,早盘放量下跌 15.14%。

　　7 月 14 日 13:23,霸王集团在官网上发布《关于香港壹周刊失实报道的严正声明》表示,指产品所含的微量二恶烷远低于世界安全指标绝对不会对人体健康构成影响;集团对《壹周刊》该篇失实报导及其所带来的影响保留采取进一步法律行动的权利。

　　7 月 14 日 13:33,霸王在新浪开通微博,之后的短短两小时内,霸王洗发水发布了 15 条微博消息,从不同角度对二恶烷进行了知识普及。

　　7 月 14 日 17:25 霸王微博称,霸王集团已将样品送交第三方检验机构进行检验。并预告明日霸王集团将可能组织媒体发布会,进行事实澄清和信息发布。

　　截至 2010 年 7 月 14 日 20:15 止,在新浪网上的一项调查显示,在参与投票的 35,367 名网友中,73.6% 选择不会继续购买霸王洗发水,12.6% 则表示仍会购买。

　　7 月 15 日 00:17,霸王微博称原定于 15 日的新闻发布会推迟,考虑到媒体、地区等因素,将会在确定时间地点后,发布信息。

　　7 月 15 日 9:30,港交所恢复交易。

　　7 月 15 日 10:00,霸王《致消费者的一封信》,继续强调公司所有产品都是安全可靠的,其含量远低于欧盟及美国等国的含量标准。

　　7 月 15 日 14:36,霸王微博对外公布:7 月 16 日下午于广州将有一个行业协会的新闻说明会。并说明了因为检测时间问题,检测结果的公布时间可能有变。同时将新闻发布会改成了行业说明会。

　　7 月 15 日,成龙、王菲经纪公司均出面表示信任产品。

　　7 月 16 日 15:30,由广东省日化商会、广东省轻工业协会主办的日化行业新闻说明会在广州市亚洲国际大酒店举行。

　　7 月 16 日晚,国家食品药品监督管理局通报:经过抽检,霸王(广州)有限公司制售的洗发水中,二噁(恶)烷含量不会危害健康。

7月17日,霸王因而扭转一连4日的跌势,昨日收报4.87港元,升7.27%,

7月19日,霸王国际集团就《壹周刊》诋毁公司产品发表声明称:对《壹周刊》的恶意报道表示愤怒,集团决定对《壹周刊》的恶意报道进行法律起诉,以维护自身权利,和社会的公平正义。

7月21日,国家食品药品监督管理局通报化妆品含二恶烷检测数据结果显示,霸王样品中二恶烷的最高含量为6.4ppm。

(资料来源:根据《霸王"致癌门"危机公关点评》整理,原文地址:http://pr. brandcn. com/al/201007/251049. html)

思考题

3. 案例中的公关主体和客体分别是谁? 主要运用了哪些传播手段?

4. 结合公共关系的特征,说说霸王在此次"致癌门"事件中的公共关系活动。你还有什么好的建议和方法?

第三篇

实 务 篇

第八章　公关关系调查与策划

▷ 学习目标

1. 理解公共关系调查和策划的含义
2. 了解公共关系调查和策划的意义和原则
3. 理解公共关系调查的内容
4. 掌握公共关系策划的主要内容
5. 掌握公共关系调查的基本程序

▷ 引　例

"先搞清这些问题"

有一家宾馆新设了一个公共关系部,开办伊始,该部就配备了豪华的办公室,漂亮迷人的公关小姐,现代化的通讯设备……但该部部长却发现无事可做。后来,这个部长请来了一位公共关系顾问,向他请教"怎么办",于是这位顾问一连问了以下几个问题:

"本地共有多少宾馆?总铺位有多少?"

"旅游旺季时,本地的外国游客每月有多少,港澳游客有多少?国内的外地游客有多少?"

"贵宾馆的'知名度'如何?在过去三年中,花在宣传上的经费共多少?"

"贵宾馆最大的竞争对手是谁?贵宾馆潜在的竞争对手将是谁?"

"去年一年中因服务不周引起房客不满的事件有多少起,服务不周的症结何在?"

对这样一些极其普通而又极为重要的问题,这位公共关系部部长竟张口结舌,无以对答。于是,那位被请来的公共关系顾问这样说道:"先搞清这些问题,然后开始你们的公共关系工作。"

(案例来源:张岩松,等.公共关系案例精选精析[M].北京:经济管理出版社,2000年)

🖙 **思 考 题**

1. 你是如何理解公关顾问的话"先搞清这些问题,然后开始你们的公共关系工作"的? 公共关系调查对组织有何意义和作用?

2. 公关顾问所提的五个问题体现了公关调查的哪些内容?

第一节　公共关系调查概述

一、公共关系调查的概念

公共关系调查,是指通过运用定性和定量的研究方法,准确地了解社会公众对组织的意见、态度和反应,发现影响公众舆论的因素,并从中分析和确定社会环境状况、组织的公共关系状态及其存在的问题,为组织制定切实可行的公共关系筹划方案提供客观的依据,并寻求建立组织良好形象的各种活动的总称。

公共关系调查是全部组织公共关系工作的起始点,它为公共关系目标的确立和公共关系计划的制定提供了基本依据,也为公共关系方案的实施提供了根本保证。

二、公共关系调查的意义

社会组织通过公共关系调查,获得大量丰富的、真实准确的、动态鲜活的信息,根据这些信息才能决定采取什么样的具体工作方针和决策。公共关系调查在公共关系活动中具有重要意义,主要表现在以下几个方面。

(一) 为组织决策提供科学依据

通过公共关系调查研究,能够及时掌握公众需求的变化特点,为组织制定各项行动计划和进行科学决策提供依据。只有依靠调查研究,才能有效地防止计划的盲目性和决策的任意性,避免主观主义和形而上学,提高组织的公共关系水平。

(二) 有利于塑造良好的组织形象

通过公共关系调查研究,能够有利于组织不断完善自己的社会形象。组织形象是社会组织不断发展的必要条件之一,扩大社会组织的知名度,提高社会组织的信誉度,塑造良好社会形象已成为现代组织追求的重要目标,而测定组织形象实际状态的公共关系调查,是形象建设不可或缺的基础工作。公共关系调查进行的愈全面、愈充分,社会组织形象建设工作就愈具针对性,形象建设的工作成效性就可能愈大。

(三) 提高组织处理日常公关和危机公关的能力

通过公共关系调查研究,能够及时了解组织内部、外部关系现状及其社会大环境的实态和变化。对难以控制的外部关系和环境的波动规律只有取得了深刻认识,才有可能有效地增强应对突发事件的承受力。对外部关系和环境的有效调查监测,无疑是有助于组织提高防御各种风险能力的。

(四) 提高组织的社会和经济效益

通过公共关系调查研究,能够促进组织不断改善管理,提高社会效益和经济效益。进行公共关系调查能够及时了解组织在市场竞争中的地位,并通过对比调查,反映出综合管理水平上的差距,为提高组织的竞争能力和管理水平指明了方向。特别是经济组织经营管理的好坏,关系到消费者的利益,也直接关系到组织自身的生存和发展,对自身状况和市场环境的调查,无疑能对生产经营起到监测和预警作用,促进经济组织的改进调整,进一步提高经济效益。

三、公共关系调查的内容

公共关系调查主要有三项内容:组织的基本情况调查(组织自身情况、组织知名度及美誉度调查)、公众舆论调查、组织开展公共关系活动的条件调查。

(一) 组织的基本情况调查

1. 组织自身情况调查

指对组织内部的各种因素的分析,主要是分析组织的政策、活动程序及行为是怎样促成问题的产生和环境的变化的,还包括对组织关键人物的观点和行为的分析,对与问题相关的组织内各部门和单位的活动过程的分析及组织历史等问题的分析。

(1)组织经营状况

经营目标和经营宗旨、组织经营情况、组织的物资基础情况、组织的技术实力情况、组织的财务实力情况、组织的待遇情况等。

(2)员工队伍情况

人事资料、明星人物、高层领导的有关情况等。

2. 组织形象的调查

组织形象是组织内外公众对组织的整体印象和评价,也是组织的表现和特征在公众心目中的反映。因此,公共关系调查的目的就是以了解组织的知名度和美誉度两项指标为依据。

知名度＝知晓人数/调查人数×100％

美誉度＝赞美人数/知晓人数×100％

对组织形象的调查大致分为三步：第一步，确定目标公众；第二步，通过一定的调查方法取得调查结果，并根据公众对组织的评价意见对组织进行形象定位；第三步，在组织形象定位的基础上，进一步对影响组织形象的要素进行分析。

组织形象地位图分析（如图 8-1），全图分为四个区域（A、B、C、D），分别表示组织形象的不同地位等级。

A 区表示高知名度、高美誉度。说明组织处于较好的状态。

B 区表示低美誉度、高知名度。处于这种状态的企业一般都是臭名远扬的恶劣状态。这时的公共关系工作应首先扭转已形成的坏名声，设法逐步挽回组织声誉。

C 区表示低美誉度、低知名度。说明企业一是形象不佳，二是也没人知道品牌。此时的公共关系策略首先是要改善自身形象，树立良好的企业形象，然后再提高知名度。

D 区表示高美誉度、低知名度。说明企业的口碑和形象都很好，但知晓面比较窄。此时公共关系的重点在维护企业良好美誉度的同时，扩大影响范围，提供知名度。

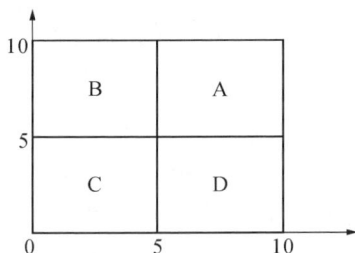

图 8-1　组织形象地位分析图

根据组织形象地位图，可以初步判断组织的公共关系状况，为进一步提高组织形象提供决策方向。

案例 8-1

"瘦肉精"事件中的双汇

济源双汇食品有限公司是河南双汇集团下属分公司，主要以生猪屠宰加工为主，有自己的连锁店和加盟店，有关宣传双汇冷鲜肉"十八道检验、十八个放心"的字样在店里随处可见。然而，按照双汇公司的规定，十八道检验并不包括"瘦肉精"检测。一位名叫宋红亮的采购业务主管告诉暗访的央视记者，不论生猪品种好坏，他们厂都可以大量收购、屠宰。记者随后跟随一辆运猪车到济源市双汇食品有限公司送猪,这车猪全是"加精猪"。整个过程没有遇到任何障碍,猪贩告诉记者,车上的猪全部被双汇公司收了,并没有进行"瘦肉精"尿检。

一位养猪户称,去年以来,他往济源双汇公司卖过不少这种加"瘦肉精"的猪,都是由关系熟悉的业务主管负责接收,所以一般都不会被检测出来。宋红亮说,他们厂的确在收购这种添加"瘦肉精"养殖的所谓"加精猪",而且收购价格比普通猪还要贵一些。这种猪停喂"瘦肉精"一周后,送到他们厂里卖的时候就不容易被查出来。在随后的调查中,记者发现,河南孟州、沁阳、温县等地一些添加"瘦肉精"养殖的生猪,也都卖到了济源双汇公司。

2011年3月16日,央视记者曝光了双汇瘦肉精事件,双汇身陷"瘦肉精"门,组织形象一落千丈。

(资料来源:根据《'瘦肉精'猪肉流入双汇》改编,《北京晨报》2011年2月16日,http://www.morningpost.com.cn/ttxw/2011-03-16/157421.shtml)

思 考 题

1. 试分析双汇原来的组织形象地位图,以及"瘦肉精"事件发生后的组织形象地位图?

2. 作为双汇公司的公关部,如何来处理这次事件?

(二) 公众舆论调查

舆论是指公众的意见或看法,是社会全体成员或大多数成员的共同信念,是人们彼此信息沟通后的一种共鸣。舆论环境的好坏对一个组织的生存与发展影响甚大,公共关系部门的工作职能之一就是营造良好的舆论环境。

1. 舆论有三个要素,即舆论对象、舆论主体和舆论意见。

2. 舆论标志,即主导舆论、分支舆论、次舆论和微舆论。

3. 舆论指标。舆论指标主要分两类:一类是量度指标,另一类是强度指标。量度指标是公众人数和公众分布种类数的乘积,量度指标越大,表明公众舆论的影响越广,也就越具有权威性;强度指标代表公众意见、观点、态度的强烈程度或坚强程度。

4. 舆论模型。舆论模型是标示舆论动态的坐标体系,它将舆论的量度指标和强度指标有机地展示在一个平面上,清楚地显出了舆论状态和趋势。

(三) 组织开展公共关系活动条件的调查

1. 公共关系活动主体的人力、财力情况调查

人力分析和财力分析都是围绕着公共关系活动的目标进行的,人力和财力的

使用应确保公共关系目标的实现。

2. 公共关系活动客观环境调查

客观环境调查包括宏观调查和微观调查两部分。宏观调查包括政治环境,比如经济合同法、环境保护法、劳动法、广告法、商标法及有关内容;经济环境,如一个国家或地区的经济制度、经济结构、物质资源、经济发展水平、消费结构和消费水平,以及未来的发展趋势等状况;人文环境,如一个国家和地区的人口结构、家庭状况、文化教育水平、生活习俗、社会规范和文化观念等;科技环境,如整个行业的科学技术发展水平,本企业所处的科技发展阶段等方面,宏观调查要求组织有一套完善的信息监测系统。微观调查是对开展公共关系活动的具体条件进行的调查,譬如对开展公共关系活动的场地、设备以及各类规章和规定要求的了解。

3. 传播媒体情况调查

传播媒体情况调查,主要是对公共关系活动中所使用的各种传播媒体情况的调查,组织需要有效的利用传播媒体,使组织与公众之间形成相互了解、相互信任的关系。传播媒体情况调查主要包含:

(1)大众传播媒体情况调查。大众传播媒体的分布情况,大众传播每天的功能和传播的效果情况,大众传播媒体所需要的信息情况等。

(2)专题活动媒体情况调查。公共关系专题活动已经成为一种重要的社会信息交流渠道,是现代公共关系工作中一种具有特殊作用的信息传播媒体。专题活动媒体情况调查的主要内容有:专题活动的筹办情况,如某次专题活动是由何种机构主办的,筹备工作进展如何,将在何时何地举办,举办的主题、内容、规模等等;专题活动效果评价情况,如某次专题活动影响的深度和广度,经济效益和社会效益,活动的经验教训与利弊得失,新闻媒体的报道情况等。

4. 公共关系活动效果的调查

主要是考察实施公共关系活动实现预定目标的程度,主要包括调查分析已经实施过的活动在塑造组织形象、公共关系传播效果、解决公共关系问题、增进商品销售等方面所取得的效果。

四、公共关系调查的原则

公共关系调查有很强的科学性,为了保证公共关系调查的科学性,调查必须遵守以下原则。

(一) 客观性原则

公共关系调查是为了准确地了解公众对组织的评价,因此,客观性是调查人员应该遵循的最重要的原则。公共关系人员要注意信息的来源渠道,收集的资料应是"第一手信息",同时要把握调查对象的客观态度,以免给客观事物加入主观猜测的成分,只有如此方能确保调查结果的可信度和时效度。

(二) 时效性原则

公共关系调查的目的是了解调查对象在某一确定的时间对组织的评价。调查得到的信息具有很强的时效性,信息的价值与时效性密切相关,迟滞的信息会使组织失去取胜的良机,所以在调查中不仅要注意信息的时效性,注意新闻的价值,做到及时调查收集,及时加工处理,迅速提供有价值的线索。

(三) 规范性原则

调查人员在调查过程中要注意调查程序和操作方法的规范性,不然很难保证调查结果的客观性和全面性。

(四) 全面原则

调查对象应具有代表性、普遍性;调查资料要做到翔实可靠。

第二节　公共关系调查的程序与方法

一、公共关系调查的程序

所谓公共关系调查的程序,一般地讲,指的是对社会组织客观存在的公共关系现象进行科学调查的基本过程。具体而言,它是调查工作的实施阶段。公关调查是一个程序性、技巧性很强的工作,了解公关调查的操作程序及其运作策略,是我们提高公关调查工作艺术水平的保障。公共关系调查的一般程序可以分为以下五个基本阶段。

(一) 调查准备阶段

调查准备阶段的工作内容主要是确立调查任务、开展调查设计、准备调查条件。

(二) 资料搜集阶段

资料搜集阶段也称为具体调查阶段,是整个公共关系调查过程中最为重要的阶段。

(三) 整理分析阶段

整理分析阶段也称为研究阶段。它是运用科学的方法,对资料搜集阶段搜集得来的各种调查资料进行提炼、整理,并加以分析、研究的信息处理过程。整理分析阶段是公共关系调查从感性认识到理性认识的飞跃阶段。它不仅能为解答社会组织的公共关系问题提供理论认识和客观依据,而且能为公共关系学理论的发展做出贡献。

(四) 撰写报告阶段

在公共关系调查中,当完成了调查资料的整理分析后,一般还要写调查报告。所谓调查报告是指用以反映公共关系调查所获得的主要信息成果或初步认识成果的一种书面报告。它是公共关系调查成果的集中体现,也是公共关系调查成果的重要形式。通过调查报告,调查者可以将从调查过程中获得的信息成果和认识成果集中地表现出来,以方便社会组织的领导者或公共关系部门的负责人参考使用,使他们免去全面查阅所有原始信息资料之累,有利于将公共关系调查成果尽快地应用于公共关系科学运作过程之中,求得公共关系科学运作的良好效果。

(五) 总结评估阶段

总结评估阶段可以说是公共关系调查过程中不可或缺的重要步骤。通过总结评估,公共关系调查至少可以取得三种新的收获:其一,可以了解到本项公共关系调查的完成情况如何;其二,可以了解到本项公共关系调查所取得的成果怎样;其三,可以了解到本项公共关系调查的经验教训何在。

二、公共关系调查的方法

公共关系调查不仅对信息的数量有要求,而且注重信息的质量。要使调查所得的信息客观公正地反映现实真相,就必须运用科学的调查方法对调查进行精心的计划和安排。公共关系的调查方法是多种多样的,主要有两种方式:一种是比较调查法,一种是公众态度调查法。

(一) 比较调查法

在一次公关活动前后分别进行一次调查,比较先后调查的结果,分析公共关系活动的结果,这种方法称为比较调查法或对比调查法。

例如企业的销售额及利润的增减受市场环境和企业内部因素的影响,虽然制约因素很多,不完全是公共关系活动的成效,但在一定时期内借助于公共关系活动的效果还是明显的。假如某企业开展大型展销活动时配合大量的公共关系活动使销售量急剧上升,这时就可以应用对比调查法,从一定时期的销售量、利润率对比说明公共关系活动的效果。

(二) 公众态度调查法

在一系列公共关系活动之后,对主要目标公众进行调查,了解其对组织评价的变化,分析公共关系活动成效。主要有访谈法、观察法、问卷法、追踪调查法、文献法。

1. 访谈法

是调查员通过与调查对象进行有目的的谈话,收集口头资料的一种方法。其特点是通过访谈员与调查对象进行面对面交谈的方式来实现的,具有直接性的特点,有较好的灵活性和适应性;访谈法获取资料的过程是由访谈员来直接进行的,因此,访谈员个人的访谈技巧、人品气质和性格特征等都会直接影响到调查的结果;访谈法回答率高、效度高,但标准化程度低,常常给统计分析带来一定的困难;而且,访谈法费用大,占用的人员多、耗时长。

2. 观察法

观察法的优点是了解的情况自然真实,而缺点是受观察者本身经验、阅历的局限,而且带有很多个人色彩,得到的信息带有很大的偶然性和表面性。

3. 问卷法

问卷调查法是目前国内外社会调查中使用最为广泛的一种方法,是研究者用这种控制式的测量对所研究的问题进行度量,从而搜集到可靠资料的一种方法。问卷调查法的类型主要有两种:开放型问卷和封闭型问卷。

4. 追踪调查法

选择一些特定对象,进行定人或者定产品的连续性的深入调查,时间短则数月、长则数年。其优点是能更深入地了解特定对象的思想态度变化的轨迹,摸索和总结工作经验,掌握被调查对象的心理特点,此外,还可以联络感情,形成固定的信息网点,提高组织的知名度和美誉度。

5. 文献法

文献法是一种搜集、保存、检索、分析资料的方法,即通过各种出版物、新闻资料、组织内各部门的工作报告、报表、财务、记录、销售记录等书面信息资料的研究分析,来提取有关信息。文献法分为搜集资料、整理资料和保存资料三个步骤。

三、公共关系调查的总体方案设计

调查方案设计,就是根据调查研究的目的和对象,在进行实际调查之前,对调查工作总任务的各个方面和各个阶段进行通盘考虑和安排,提出相应的调查实施方案,制定出合理的工作程序。

(一) 确定调查的目的

调查的目的是指调查所要解决的问题。在确定调查目的时应注意:

1. 调查目的是调查组织者(或委托者)最需要解决的主要问题。

2. 应尽量避免把目的提得过高过宽,或把一些已经了解的问题和策略加以整理就可以取得的资料也包括进去,以免分散精力。

3. 拟订调查提纲。

(二) 确定调查对象和调查单位

确定调查对象和调查单位,就是确定向谁调查。调查对象是调查所研究对象的总体,它由某些性质相同的被调查的个体单位所组成。调查单位是调查对象中的一个个具体单位,即调查登记的承担者。调查对象应根据调查目的来确定。

(三) 确定调查项目

确定调研项目就是要明确向被调查者了解什么问题。确定调查项目时还需注意几个问题:

1. 调查项目应是调查任务所需的,又能取得答案的。

2. 项目的表达方式必须明确,使答案具有确定的表达形式,如数字式、是否式或文字式。

3. 项目之间应尽量相互联系,资料应相互对照,遵循调查对象的内在逻辑关系。

4. 必要时可以附上项目的解释,以确保调查项目的含义明确、清楚地抵达实施调查的双方。

(四) 制定调查提纲和调查表

对项目进行科学的分类、排列,构成调查提纲和调查表。调查表由表头、表体和表脚三部分构成。表头包括调查表的名称、调查单位的名称性质和隶属关系等。表头内容一般不作统计分析之用,只作核实和复查调查单位的依据。表体包括调查者项目、栏号和计量单位,它是调查表的主要部分。表脚包括调查者或填报人的签名和调查日期等,目的在于明确责任、提高填表质量。调查表拟订后,为了便于正确填表、统一格式,还应附填表说明。

(五) 确定调查时间和地点

调查时间是指调查资料所属的时间。

1. 要明确规定资料所反映的是调查对象从何时起到何时止的资料。

2. 要明确规定统一的标准调查时点。

3. 要规定调查工作的开始和结束时间。为了提高信息资料的时效性,在可能的情况下,调查期限应适当缩短。

调查地点是指到哪里去调查。它通常与调查单位相统一。

(六) 确定调查方式和方法

在总体方案中,应规定采用什么组织方式和方法取得调查资料。搜集资料的方式有普查、重点调查、典型调查、抽样调查等多种方式。具体调查方法有访谈法、观察法、问卷法和实验法等。调查采取的方式、方法不是固定和统一的,往往取决于调查对象和调查任务。

(七) 确定研究分析方法

对调查所取得的资料进行研究分析,包括对资料进行的分类、编号、分析、整理、汇总等一系列资料研究工作。

(八) 确定提交研究报告的方式

主要包括市场调查研究报告书的形式和份数、报告书的基本内容、报告书中图表的大小等。

(九) 制定调查组织计划

调查组织计划是指实施整个调查活动过程的具体工作计划，主要是指调查的组织领导、调查机构的设置、人员的选择和培训、调查工作步骤及其善后处理等。

(十) 制定调查预算

通常一个市场调查中实施调查阶段的费用安排仅占总预算的40％，而调查前期的计划准备阶段与后期分析报告阶段的费用安排则分别占总预算的20％和40％。

在进行调查经费预算时，一般需要考虑如下几个方面：

1. 调查方案设计费与策划费；

2. 抽样设计费、实施费；

3. 问卷设计费（包括测试费）；

4. 问卷印刷、装订费；

5. 调查实施费用（包括试调查费用、调查员劳务费、受访对象礼品费，督导员劳务费、异地实施差旅费、交通费、误餐费以及其他杂费）；

6. 数据录入费（包括问卷编码、数据录入、整理）；

7. 数据统计分析费（包括统计、制表、作图以及必需品花费等）；

8. 调查报告撰写费；

9. 资料费、复印费等办公费用；

10. 管理费、税金等。

第三节　公关策划的内容和程序

一、公共关系策划的概念和特征

(一) 概念

公共关系策划指为达到组织目标，公关人员在充分进行环境分析调查基础上，对总体公关战略及具体公关活动所进行的谋略、计划和设计过程。

(二) 特征

1. 整体性

所有的公共关系策划方案或者活动都是围绕组织的整体目标而进行的,都是为了提升企业的整体形象、改善企业形象或者促进产品销售等,而不是单一的公关策划活动。

2．主动性

很多时候,公共关系策划要选择合适的时机,遇到合适的时机,就要立即实施;如果合适的时机没有出现,就要主动创造条件实施公共关系策划活动。

3．目的性

公共关系策划具有明确的目的性,每一次策划活动都是为了某一个或者几个明确的目标,公共关系策划就是围绕着公共关系目标来开展的。

4．灵活性

公共关系活动涉及很多部门和因素,每一次公共关系活动都是一项复杂的综合性活动,这就要求公共关系策划人员时时关注条件变化,以便随着环境的变化和方案的实施而进行适时适度的调整,使公共关系策划保持一定的弹性和灵活性,实现动态策划。

5．创造性

公共关系策划活动的全过程是策划者、策划目标、策划对象、策划方案相互作用的行为过程,创造贯穿于策划行为过程的始终,特别是在平衡策划目标与策划对象之间的关系中、策划活动的实施过程中,它始终发挥着关键作用,从而产生别具一格、标新立异的策划活动结果,创造性是公共关系策划的生命力。

6．计划性

计划性即按照组织的公关目标,根据公关活动的特点,有计划有步骤地实施公关策略,使公众的观点与行为朝着对组织有利的方向发展。要想顺利地实现自己的目标,既不是毫无准备和筹划就能实现的,也不是随便想一想就可以达到的,必须有一套经过周密思考后而制定的计划。而这个计划还不是一成不变的,它是结合具体条件和具体情况,创造性地依计划实施的过程。

二、公共关系策划的主要内容

(一) 树立企业形象

帮助企业建立起良好的内部和外部形象。首先从企业内部做起,使员工具有很强的凝聚力和向心力。此外,要加强企业的对外透明度,利用各种手段向外传播信息。让公众认识自己,了解自己,赢得公众的理解、信任、合作与支持。

(二) 建立信息网络

公共关系是企业收集信息、实现反馈以帮助决策的重要渠道。由于外部环境在不断地发展,企业如果不及时掌握市场信息,就会丧失优势。公共关系策划可以使企业及时收集信息,对环境的变化保持高度的敏感性,为企业决策提供可靠的依据。

(三) 处理公共关系

在现代社会环境中,企业不是孤立存在的,不可能离开社会去实现企业的经营目标,而是在包括顾客、职工、股东、政府、金融界、协作者以及新闻传播界在内的各方面因素组成的社会有机体中实现自身的运转。

(四) 消除公众误解

任何企业在发展过程中都可能出现某些失误:而失误往往是一个转折点,处理不妥,就可能导致满盘皆输。因此,企业平时要有应急准备。一旦与公众发生纠纷,要尽快了解事实真相,及时做好调解工作。比如,工厂的废气废水污染了环境。

(五) 分析预测

及时分析监测社会环境的变化,其中包括政策、法令的变化,社会舆论、公众志趣、自然环境、市场动态等的变化。

(六) 促进产品销售

即以自然随和的公共关系方式向公众介绍新产品、新服务。这既可以增强公众的购买或消费欲望,又能为企业和产品树立更好的形象。

三、公共关系策划的程序

(一) 收集信息,分析公共关系现状

1. 收集信息

在公关策划中,主要收集的信息包括政府决策信息、新闻媒介信息、立法信息、产品形象信息、竞争对手信息、消费者信息、市场信息、企业形象信息和销售渠道信息等。对所收集的信息要经过整理、加工、分析提炼等环节,最后归档,进行科学分类储存。

2. 审核已收集的公关资料,分析公关现状,明确公共关系存在的主要问题及原因。

3. 了解企业形象的选择和规划。

⇨ 课堂讨论 8-1

如果你是双汇的公关部人员,针对"瘦肉精"事件,你认为双汇的公共关系现状是怎样的? 它的公共关系目标又是什么?

(二) 确立公关目标:公关对象

公共关系的总体目标是树立组织的良好形象。它具有四大要素:传播信息,这是最基本的公关目标;联络感情,这是公关工作的长期目标;改变态度,这是公关实践中所追求的主要目标;引起行为,这是公关关系的最高目标。

(三) 公关对象策划

确定与组织有关的公众是公关策划的基本任务。一般来说,公关对象策划有以下几个步骤:

1. 首先要鉴别公众的权利要求

公关在本质上是一种互利关系,一个成功的计划必须考虑到互利的要求,要做到这一点,就必须明确公众的权利要求。

2. 对公众对象的各种权利要求进行概括和分析

先找出各类公众权利要求中的共同点和共性问题,把满足各类公众的共同权利要求作为设计组织总体形象的基础。进行概括和分析时,应注意不要简单地按照公众的规律地位或表面一致性来考察,而应从各种公关的意图、权利要求、观察和行为的一致性等方面来加以考察。

⮑ 课堂讨论 8-2

如果你是双汇的公关部人员,针对"瘦肉精"事件,你认为此次的公关对象有哪些?

(四) 公关策略策划

公关策略是公关策划者在公关活动过程中,为实现组织的公关目标所采取的对策和应用的方式方法与特殊手段。

(五) 公关时机策划

"机不可失,时不再来",时机对一个公关策划人员而言就是生命。抓住机遇,及时公关,可起到"事半功倍"的效果。

⮑ 课堂讨论 8-3

如果你是双汇的公关部人员,针对"瘦肉精"事件,你认为这次公关的最佳时机是什么时候?

(六) 媒介选择

我们知道,可供选择的传播媒介有很多种,不同的媒介各有所长,各有所短,只

有选择恰当,才能事半功倍,取得良好的传播效果。选择传播媒介的原则是:

1. 根据公共关系工作的目标要求选择传播媒介;
2. 根据不同对象来选择传播媒介;
3. 根据传播内容来选择传播媒介;
4. 根据经济条件来选择传播媒介。

⇨ 课堂讨论 8-4

如果你是双汇的公关部人员,针对"瘦肉精"事件,应该采取哪些传播媒介实施自己的公共关系策划?

(七) 经费预算

公共关系经费预算是按照目标、实施方案,将所需的费用分成若干项目,并编绘出单项活动及全年活动的成本。公共关系预算从某种意义上讲,是更严格地要求公共关系工作按预定目标、预定项目、预定时间,以最经济的代价,做好要做的事情。

任何一次公共关系活动都必须投入一定的人力、物力、财力。这三项投入归根结底都是费用的支出。编制出公共关系预算的意义在于:使计划具有可行性;可以统筹安排资金;为检查评估公共关系计划提供依据。

(八) 公关决策与公关效果评估

公关决策就是对公关活动方案进行优化、论证和决断。方案的优化可以从三个方面去考虑:增强方案的目的性,增加方案的可行性,降低耗费。方案优化方法有重点法、轮变法、反向增益法、优点综合法等。

(九) 审定方案

审定方案是对公共关系方案进行再分析,对方案进行优化。审定方案主要从以下几方面进行审定:

1. 公共关系目标进行再分析,看公共关系目标是否明确具体;
2. 对限制因素(如资金、时间、人力、传播渠道等)进行分析,看公共关系计划在限制条件下是否可行;
3. 对潜在因素进行再分析;
4. 对预期效果进行再分析。

第四节　公共关系策划的原则及方法

一、公共关系策划的原则

1. 系统原则

指在公关策划中,应将公关活动作为一个系统工程来认识,按照系统的观点和方法予以谋划统筹。

2. 求实原则

实事求是,是公关策划的一条基本原则。公关策划必须建立在对事实的真实把握基础上,以诚恳的态度向公众如实传递信息,并根据实际的变化来不断调整策划的策略和时机等。

3. 创新原则

指公关策划必须打破传统、刻意求新、别出心裁,使公关活动生动有趣,从而给公众留下深刻而美好的印象。

4. 弹性原则

公关活动涉及到的不可控因素很多,任何人都难以把握,留有余地才可进退自如。

5. 伦理道德原则

伦理道德准则的核心内容是:组织公关活动及其策划与从业人员行为的道德要求日趋加强。

6. 心理原则

要运用心理学的一般原理在公关中进行应用,正确把握公众心理,按公众的心理活动规律,因势利导。

7. 效益原则

即以较少的公关费用去取得更佳的公关效果,达成企业的公关目标。

二、公共关系策划的方法

公关策划作为一种为实现公关目标而采用的方式方法与特殊手段,方法运用对其策划成功十分关键。公关策划的方法很多,在此提供一些常见常用的策划方法。

1. 借题发挥法

这是利用一切可以利用的机会和条件,转换局势,争取主动,因势利导推出公关策划,实现公关目标的方法。"借"的关键在于"巧",即巧妙借助社会的重大变故或事件、组织的重大节日或仪式庆典等。

2. 择时造势法

指抓住最有利时机,产生轰动效应,塑造组织形象的方法。其关键在于利用环境所提供的机会,抓住最佳传播时机,敢于抢先一步,做"出头鸟"。公关人员应当有敏锐的观察力,善于发现和捕捉机遇。适时地顺势、借势、造势,使组织的知名度和美誉度顺势扩大和提高。

3. 目标延伸法

即紧紧围绕宏观目标,延伸推导出组织具体的公关方案的方法。其关键在于使目标同手段相结合,切实可行地帮助组织实现目标。

4. 以攻为守法

即当组织与外部环境出现矛盾冲突时,抓住有利时机和有利条件,主动出击,通过迅速调整自身的方针、政策、行为习惯等,以开创新局面的方法。如:通过选择新的顾客群,开辟新市场,开发新产品去改变组织对环境的原有信赖关系;通过改换合作伙伴,减少组织与环境的摩擦冲突;通过"制造新闻"去消除负面影响,形成支持组织的社会舆论等,都可以看作是以攻为守法。

5. 异中求同法

又称"变换组合法",即把两件或几件本不相干的事联系起来,吸引舆论及公众注意,达成塑造组织形象的目的的方法。常用的有赞助体育比赛、赞助文化教育事业、赞助慈善事业等。

6. 同中求异法

又称为"轰动效应法",即在相同或类似中,寻求与众不同点加以利用的方法。此方法普遍用于同行公关竞争中。其关键在于别出心裁,做到人无我有,人有我新,与众不同,来达成吸引媒介和公众注意的目的。

7. 弘扬优势法

即针对本组织、本组织代表的优势进行公关策划的方法。目的是使本组织的优势特色更加突出,以争取公众。其关键在于寻找本组织与其他类似组织相比的优势或长处。

8. 弥补缺点法

与弘扬优势法相比,主要是通过巧妙弥补缺点,以使形象更趋完美的方法。组织的不良传闻若属公众误解,应加以澄清;若确属组织本身失误,应加以改进。如产品不完美,可通过价格优惠、维修方便等弥补。西铁城石英表就曾针对公众认为其虽式样美观、走时准确,但不牢固的误解,进行了高空飞机抛表营销活动,使不牢固的传闻不攻自破,消除了公众的误解。

9. 直接仿效法

即借用他人成功的招式为我所用的方法。中外成功的公关范例数不胜数,值得借鉴和运用的很多,关键在于如何因时、因地、因国家、因环境等具体因素而取舍选用,仿效一定要恰当,要尊重人家的知识产权,要实事求是,力避邯郸学步。

本章小结

公共关系调查和策划对组织而言十分重要。公共关系调查必须遵循客观性、时效性、规范性和全面性的原则;公关调查的一般程序为调查准备阶段、资料收集阶段、整理分析阶段、撰写报告阶段、总结评估阶段;公关调查的方法有很多种,经常使用的有访谈法、观察法、问卷法、追踪调查法、文献法,根据调查的目的不同,选择合适的调查方法;公关策划的主要内容是树立企业形象、建立信息网络、处理公共关系、消除公众误解等;公共关系策划的程序一般包括收集信息,分析公共关系现状,确立公关目标、公关对象策划、选择合适的公关策略、抓住有力公关时机进行策划,选择媒介、进行经费预算等步骤;在公共关系策划的过程中要遵循基本原则,采用一些具体的、确实可行的方法达到最好的效果。

复习思考题

一、简答题

1. 公共关系调查的内容有哪些?
2. 公共关系调查要遵循哪些原则?
3. 公共关系策划的概念是什么?
4. 公共关系策划的主要内容有哪些?

二、论述题

1. 试论述公共关系调查的一般程序可以分为哪几个阶段?
2. 结合实际案例谈谈公共关系策划的主要程序有哪些?

三、案例分析题

世纪水战

(一)案例介绍

2000年4月,养生堂公司总裁钟睒睒宣布了一项石破天惊的决策:农夫山泉不再生产纯净水,全部生产天然水。

为强势推出“天然水”概念,农夫山泉做了三个实验:

1. 植物实验:水仙花在纯净水和农夫山泉天然水中生长状况为:7天后,纯净水中的水仙花根须只长出2cm,天然水中长出4cm;40天后,纯净水中的水仙花根

Public Relations
公共关系原理与实务

须重量不到 5g，天然水中的根须超过 12g。

2. 动物试验：摘除大白鼠身上分管水盐生理平衡的肾上腺，在喂以同等食物的基础上，分别喂以纯净水和含钾、钠、钙、镁微量元素的农夫山泉天然水，6 天后那些喝纯净水的大白鼠只剩 20% 活着，而喝天然水的还有 40% 活着。

3. 细胞试验：取两个试管，一个装纯净水，一个装天然水，然后滴两滴血进去，放在高速离心机里离心，结果纯净水中的血红细胞胀破了。

这三个实验的结果在媒体公布之后，引来行业的强烈反应。

2000 年 6 月 8 日，杭州娃哈哈遍撒"英雄帖"，组成 69 家生死同盟对农夫山泉口诛笔伐。娃哈哈老总宗庆后更是跳出来大骂农夫山泉。当时，娃哈哈纯净水已占到了市场份额的 50% 以上，它亲自牵头对抗农夫山泉，说明农夫山泉这一记猛棍果然打得准、狠。

一场凶猛的公关对决正式拉开帷幕。

（二）公关对决

农夫山泉的实验点燃了中国纯净水行业里的一个烈性炸药包，引发了 21 世纪末的一场空前激烈的"水仗"。

由 69 家纯净水生产企业推举的代表向国家工商局等 5 个部门分别提交对农夫山泉的申诉。

申诉代表团由浙江的娃哈哈、广东的乐百氏、上海的正广和、四川的蓝光、北京的国信和鑫丽等六家公司组成，娃哈哈负责协调。代表团分别向国家工商局、国家质量技术监督局、教育部、卫生部和中国科协递交有关材料，要求从不同方面对农夫山泉进行制裁。

2000 年 6 月 8 日，由娃哈哈牵头，全国 69 家纯净水企业在杭州共商对策。会上纯净水企业发表一项声明，指责农夫山泉有不正当竞争行为，要求养生堂公司立即停止诋毁纯净水的广告宣传活动并公开赔礼道歉。

就饮用水标准问题，代表团给国家质量技术监督局的申诉请求是"我们请求贵局对其（农夫山泉）水源进行检测，如果不符合生活饮用水标准，应责令其停止生产。此外，要对其制定的企业标准和产品名称进行审查，同时责令其对全国媒体公布这一切，以挽回国家标准的权威形象。"

给国家工商局的申诉材料中说："根据中华人民共和国《反不正当竞争法》和中华人民共和国《广告法》有关规定，经营者不得捏造、散布虚伪事实，损害竞争对手的商业信誉、商品声誉，广告不得含有虚假的内容，不得欺骗、误导消费者，也不得贬低其他生产经营者的商品或服务。因此养生堂的上述行为明显属于以诋毁竞争对手和发布虚假广告的手段进行不正当竞争的行为。为保障饮用水行业正常的竞争秩序，维护纯净水生产企业的合法利益和广大消费者的权益，恳请贵局依照《反不正当竞争法》和《广告法》的有关规定责令其停止发布虚假广告和诋毁竞争对手的行为,向全国消费者以及纯净水生产企业公开道歉,并赔偿损失,同时对其上述违法行为进行严肃查处。"

给卫生部的材料中说:"我们请求卫生部对养生堂公司的水源进行检查,如果不符合生活饮用水标准,就应责令其停止生产,以维护消费者的合法权益。"

虽然面对竞争对手重重包围,但农夫山泉却没有示弱。先是根据浙江大学的"水与生命"的实验结果,单方面向媒体宣布自己的选择,并在中央电视台黄金时段播放自己宣布停止生产纯净水的广告,继而在电视上播出新的广告片,诉求自己的产品特色,还同时兴建设备先进的水厂,以环环相扣的策略引起了媒体和公众的关注,借了新闻之势,产生了冲击力强,波及面广的轰动效应。

(三)结果

2000 年 7 月 9 日,新华社发出的电讯稿报道"专家提醒":"纯净水"不宜大量地长期饮用。终于,国家权威通讯社在新闻舆论上为这场"纯净水之争"做了结论。

(资料来源:根据《世界经理人.案例分析:世纪水战》改编,原文地址 http://www.ceconline.com/sales_marketing/ma/8800055406/01/)

⇨ 思 考 题

怎样评价农夫山泉的"天然水"与"纯净水"对比广告策划?

第九章 公共关系活动的实施与评估

➯ 学习目标

1. 理解和掌握公共关系活动实施应遵循的原则
2. 掌握一般公共关系活动和大型公共关系活动实施的步骤
3. 了解影响公共关系活动实施的因素
4. 了解公共关系评估的类型、内容及标准
5. 掌握公共关系活动评估的方法和技巧

➯ 引 例

通用汽车的"博客公关"

通用汽车的 FastLane 博客是最受欢迎的企业博客之一,通用北美公共关系副总裁盖瑞·葛雷特斯(Gary Grates)曾经这样回忆 FastLane 博客的诞生:"鲍勃·鲁兹,我们 73 岁的副主席,在一次坐飞机从欧洲回来时,看到一些博客上关于通用的帖子。他打算回应其中一些问题。他说:'可是我要怎么回应呢?'"这句话成了通用汽车FastLane 的起点。通用公关部门的技术人员将鲁兹所写的关于新"土星"车型设计的文章输入一个可供阅读的模板中。FastLane 就这样诞生了,时间是 2005 年年初。

FastLane 由汽车业传奇人物、通用汽车副总裁鲍勃·鲁兹(Bob Lutz 主笔),话题集中在汽车设计、新产品、企业战略等方面。这一博客的日浏览量近 5000 人,对每个话题的评论都有 60 到 100 条。客户、行业分析人士、传统媒体都给予 Fast-Lane 博客以很高的评价。因为通用汽车是唯一一家愿意让客户公开反馈意见的汽车公司,因此,通用汽车获得了极高的声誉。

2005 年年初,通用汽车因为一篇报道撤销了在《洛杉矶时报》的广告投入,这件事引起了很多负面评论。通用汽车就通过 FastLane 博客直接与"大众"沟通,真诚表达自己的看法和意见,很有效、很漂亮地处理了这次"危机",维护了通用汽车的品牌,赢得了用户的理解和尊重。这个事件很好地体现了博客公关、处理危机的效果。实践证明,通用汽车的 FastLane 是一个以博客形式提升企业声誉和进行公关的良好渠道。

(案例来源:根据《通用汽车的 FastLane 博客》改编,原文地址 http://www.

yeelang. com/yiyao/2009051601. html，2011 年 8 月 12 日）

🔖 **思 考 题**

1. 通用为什么采用博客来开展公关活动？

2. 在《洛杉矶时报》事件中，通用为什么使用博客来进行危机公关？为什么没有采用报纸、电视等其他媒体呢？

第一节　公共关系活动的实施

公关实施是将公关策划变为实际行动的过程，也是对公关策划的检验和修正的过程。公共关系策划是公共关系工作过程的先导，但公共关系实施是整个公共关系活动的中心和关键环节，策划是对未来行动的一种预见和设想，只有经过努力，将它转变为现实，才有实际意义；否则，只会是一纸空文。因此，公关实施至为重要。

一、公共关系活动实施概述

(一) 意义

1. 是实现公共关系策划目标的保障

再好的公共关系策划，如果不进入实施阶段，都是空话。

2. 解决了公共关系计划能否实现及其程度和范围的问题

公共关系计划基本上是在理性状态下制定的，只有到实际实施了，才知道有哪些限定条件，能否实施，在多大程度上能够实现原来的计划。

3. 是制定后续方案的重要依据

实施过程中出现的问题以及取得的效果，是制定后续方案的重要依据。

(二) 特点

1. 动态性

公共关系活动的实施是由一系列连续进行的活动组成，是一个思想和行为需要不断调整、不断适应的动态过程。一方面，计划和实际情况是存在一定差异的；另一方面，随着实施工作的进展和时间的推移，公共关系活动环境和组织自身情况都可能发生变化，实施过程中也难免出现新问题，因此，公共关系活动的实施是一个动态的变化过程。

2. 创造性

公共关系活动的实施绝不是简单的照着计划执行就可以了，而是一个由一系列不同层次的实施者发挥主观能动性和创造性的过程,它要求实施者根据实际情况的变化,在实施过程中创造性的适应实际情况。

3. 影响的广泛性

公共关系活动的实施会对各类公众产生广泛的影响,公共关系活动目标就是要造成广泛的影响,影响越大越好,当然是正面的。

(三) 原则

1. 准确充分原则

公共关系活动的实施准备是实施成功的基础和前提条件,准备的越充分,公共关系活动实施的就越顺利,失误就越小。

2. 目标导向原则

公共关系活动的策划是在充分调查研究基础上做出来的,策划方案所确定的公共关系目标、策略、项目和步骤力求科学合理、正确可行。因此在实施公共关系活动时,要以公共关系策划为导向,一切具体活动的开展和调整,都要围绕公共关系活动的策划目标来进行。

3. 灵活性原则

公共关系活动是一种创意性、灵活性、艺术性都很强的实践活动,所以在实施过程中,既要坚持原定公共策划方案的计划性,又要加强检查和监测,随时根据公众的反映,以及公共活动中各种因素的变化,机智灵活的做出反应,及时修订原方案的具体内容,使活动实施具有灵活性。

4. 整体协调原则

由于公关活动实施的阶段性和多样性,在实施过程中往往会出现过分重视整个活动中的某一阶段或者某一方面的工作而忽视整体目标的现象,甚至影响整体目标的实现。因此在公共关系活动实施过程中,要强调整体协调,即各个环节之间、部门之间以及实施主体与公众之间应该相互配合。

二、公共关系活动的实施步骤和内容

(一) 做好准备

1. 选择恰当时机

由于客观环境,包括面对的公众都处在不断地发展和变化之中,若实际的公共关系形势乃至企业面临的整个形势与计划发生出入,就要根据实际情况对计划进行必要的调整。同时,公关计划实施的时机选择也是公共关系工作的重要技巧,如促销性的公共关系活动,安排在商品销售旺季到来之前比较妥当,否则,得不偿失。再如,利用新闻媒介传播企业新闻时就要避免在发生重大的全国性或国际性事件时期向报社发稿,因为发去了也可能被重大的新闻挤掉,这是公共关系人员主观上无法控制的时机因素。经验丰富的公共关系人员在实施计划时一定经过周密而全面的考虑,考虑到一切影响行动时机的因素,以将无法控制的因素化为可控制因素,将不利因素化为有利因素,抓住一切机会,主动开展多种公共关系活动,努力使公共关系计划目标得以实现。

2. 选择合适的传播媒介

公共关系活动实际上是针对目标公众而进行的信息传播活动。要想使这种传播活动取得最大的效果 ,必须使发出的信息全部或大部分为目标公众所接受,这就需要通过对象公众所惯常使用的传播媒介或渠道来传递信息。

根据对象公众的国别、居住地区、职业、教育程度、社会经济地位等特征可以大体上判断出他们喜欢或习惯阅读的报刊,收听的广播和收看的电视节目等,并查明上述报刊、广播电台、电视台的情况及有关编辑、记者的情况,以便针对这些情况开展广告、宣传活动,使企业的信息能够通过适当的媒介被对象公众所接受。

3. 选择、制作对象公众所能接受的公关信息

根据调查研究和计划过程中所了解到的对象公众的文化、社会心理等方面的特点,公共关系人员在设计制作信息时就可以参照这些特点,使自己写出的新闻稿件、广告稿、演讲词、展览说明、小册子等能够适合对象公众的特点,激发他们的兴趣。同时,公共关系人员在制作将要提供给新闻媒介的信息时,还要考虑到新闻媒介的特点,以及针对目标公众或对象公众的那些新闻媒介的具体情况,使企业发出的新闻稿件尽可能被有关编辑、记者选中作为新闻发表,或作为进一步采访的线索。

从上述两方面考虑,要求公共关系人员在设计制作信息时要更多地从对象公众的特点和新闻媒介的要求出发,而不是单纯地从本企业的立场出发。以尽可能地把企业的目标用适合对象公众和新闻媒介要求的方式表达出来,在遣词造句、行文格式、寄发时间等各方面都要慎重考虑,通盘计划。只有这样,制作出来的信息才能成为实现公共关系目标的有利工具。

(二) 实施过程中的检查

公关策划执行情况的检查是公共关系实施过程中不可缺少的一个环节。

1. 实施过程中检查的作用

实施过程中的检查有四个方面的作用:首先,可以及时了解公关策划是否真正落实到每个人,并与责任制挂钩;其次,可以深入地考核计划执行的实际情况,及时发现存在问题、矛盾和薄弱环节,以便采取相应措施使计划得到全面完成;再次,可以发现计划是否符合实际,便于及时提出修改意见;最后,可以总结计划编制和组织执行中的经验教训,积累资料,以便提高今后公关计划的科学性。总之,计划检

查非常重要,应从计划下达就开始抓起,在计划执行过程不断完善,直到计划期结束。

2. 实施过程中检查的内容

公关策划实施检查的内容有三个方面:第一是进度,即检查计划完成的进度。它是指实际完成的绝对数字和完成数所占计划的百分比。第二是效益,即检查公共关系活动是否符合预算和财务计划要求,投入与产出比例是否恰当。第三是关系,其中包括公关计划与企业整体计划、与各部门计划的执行情况是否协调;彼此配合是否默契,是否符合党和国家的方针政策。

(三) 实施过程计划的修订和干扰的排除

公关计划实施过程中,由于内外环境的不断变化,预定的计划往往跟不上形势的发展,这就需要适度的修改。同时,公关计划实施过程中还会遇到各方面的干扰,这就需要不断地排除干扰。

1. 公关计划的修改

在执行公关计划中要严格控制工作进度,保证计划按步进行。同时,要十分重视公共关系活动的开展与实现企业目标的一致性,统筹全局,不能因过分拘泥于某一个阶段或局部工作,而忽略了整体目标。若发现有忽略了整体目标的倾向,要及时调整、修改,按照整体修改后的公关计划开展公共关系活动,以保证每个局部工作都能够紧扣整体目标。

2. 排除实施计划过程中的干扰

由于传播问题本身的障碍,加上社会、自然环境及公众的复杂性、多变性、某项计划、某个行动,在执行过程中可能会遇到障碍,这个时候要想方设法排除障碍,从而使公关活动顺利实施。

⇨ 案 例 9-1

如何处理雨中的展会?

比如最平常的房展会中的演出。正常情况下,只要计划中安排的节目精彩,就能博得客户的欢迎,从而给公司取得好的公关效果。实现预定的目标。但露天的房展会,往往会受到天气的影响,从而使预定的公关活动在传播阶段大打折扣。这时其实只要应对得当,同样可以取得好的效果,有时候可能会取得比原来预想的还要好的效果。

有一年的夏天,早上的时候天气晴朗,但是到上午10点多的时候,突然乌云密布,马上就要下暴雨了,这个时候怎么办?

是中断正常的展会,等雨停了再进行? 因为一下雨,大家通常都散场了,雨停了,人气也没了。

还是将展会继续进行下去?

讨论题

如果你是展会的负责人,你会怎样抉择?

三、公共关系活动实施过程的重点障碍

(一) 内部障碍

1. 目标障碍

由于在公共关系计划中所拟定的公关目标不正确、不明确或者不具体给实施带来的障碍,针对这种情况,只能修改公共关系计划;还有的是在公共关系活动过程中,公关目标过低、过高、或者目标偏离,与客观实际不相符合等,种种情况都会影响活动的实施。因此在制定公关活动目标时,一定要注意活动目标是否切实可行,是否在实施人员职权范围内能否完成,是否在规定的期限内能够完成等。

2. 组织障碍

由于组织内部机构的设置不合理,比如,机构太过臃肿导致沟通缓慢,组织职能重叠导致沟通渠道混乱,传递层次过多导致信息失真和衰减,条块分割导致沟通断路等,这些都是由于各机构之间的信道不通畅等原因产生的组织障碍。

(二) 外部障碍

1. 语言障碍

由于不同的国家和地区使用不同的语言,而且即使在一个国家内,还有各地的方言,因此表达不当,就会造成语义不明,产生理解上的困惑,导致公共关系活动中的沟通障碍。应尽量选择那些公众能够接受的语言来开展公关活动,避免使用过多的专业术语,或者太多书面用语,否则,公众难以理解你的公关活动,更别提实现公关活动的目标了。

2. 习俗障碍

不同国家、地区和民族,由于其历史背景不同,文化各异,习俗也有差异,虽然这些习俗不具有法律的强制性,但是在公关活动中起着重要的作用,如道德习惯、礼节、审美传统等就对公共关系活动产生重大影响。

3. 观念障碍

不同年龄层次,不同工作背景和教育背景的公众,由于经历不同,阅历不一样,经验和知识的积淀都不同,他们的思维方式和观念也大不一样。对同一个公关活动,反应也就不同,这就造成了公共关系活动的观念障碍。

4. 其他突发的公共关系事件

一个公共关系活动正在实施,可是,突然爆发的关于本组织的一些其他公共关系事件可能会阻碍或者改变本次活动的进行。

➢ **案 例 9-2**

新产品发布会遭遇产品危机

某牛奶公司正准备为新产品举行发布会,向社会公众推出新的产品,介绍其特点和新功能,可就在举行发布会的头天,本公司的产品被查出了含有超标添加剂,而且被媒体曝光。

讨论题

如果你是这家公司的公关部负责人遇到这种情况,准备如何处理?

第二节　公共关系评估概述

一、公共关系评估的概念和作用

(一) 概念

公共关系评估是指有关专家和机构根据某种科学的标准和方法,对公共关系的整体策划、实施过程以及实施效果进行检查、评估和判断的一个过程。即在肯定成绩的同时,发现新问题,不断地调整组织的公共关系目标、公共关系政策和公共关系行为,使组织的公共关系成为有计划的、持续性的工作。

(二) 作用

公共关系评估是"四步工作法"的最后一步,对公共关系活动起着总结、衡量和评估的重要作用。

1. 公共关系评估是改进公共关系工作的重要环节

通过公共关系评估,可以评估出经过公共关系活动之后的企业形象状况,评估出企业形象各因素(如员工素质、商品质量、服务方针等)与期望值的差距,揭示出企业存在的有关问题,为改进公共关系工作提供参考。

2. 公共关系评估是开展后续公共关系工作的必要前提

公关调查研究所掌握的资料是否适应公关工作的需要,公关计划是否科学,目标是否合理,公关信息传播是否达到了预期目标,这些公关活动是否为建立良好的公关形象、树立良好的信誉奠定基础……都要有待于公关效果的评估予以检验。

事实上,缺少公关效果评估的公关工作是不完整的工作,只有在公关科学程序中,在调查研究、公关策划的基础上重视并做好公关效果评估工作,公关工作才能科学而顺利地发展。

3. 公共关系评估是鼓舞士气、激励内部公众的重要形式

公共关系工作重在平时。日常的公关工作对良好的企业形象的树立起到潜移默化的作用。只有通过公共关系评估,才能很好地将公共关系活动的这些效能体现出来,使全体职工看到公共关系活动的作用,体会到公共关系的重要性,从而树立全员公关意识。同时公共关系人员也从中看到自己的工作为企业带来的效益,提高工作信心。

4. 公共关系评估能使组织领导人看到公共关系工作的效果,从而重视公共关系工作

公共关系活动的评估,可以衡量经费预算,人力、物力的配备与开展公共关系活动之间的平衡性,衡定公共关系活动的效益,从而使组织领导人看到公共关系工作的效果,重视公关工作。

二、公共关系评估的方法

公共关系评估的目的就是为了取得关于公共关系工作过程、工作效益信息,作为决定开展公共关系工作、改进公共关系工作和制定公共关系计划的依据。评估方法有以下几点。

(一) 自我评定法

是指企业负责人或公关人员在开展公关活动时,现场了解进展情况,感受当时的气氛并估价其效果的方法。评估人员把实际情况与计划目标相比较,提出评价和改进建议,这是一种最简单、最常见、最直观的方法。其优点是迅速评价反馈,改进意见具体,易于落实。缺点是很难测出公共关系活动的长期效果。

(二) 专家评定法

聘请企业外部的专家对本企业公共关系活动进行检查和评价。外部专家可以通过调查、访问和分析,对企业公共关系活动及其效果做出较为客观的衡定和评价,并就未来提出建议和咨询。

(三) 目标管理法

目标管理法是指在企业公关工作中建立目标体系,每个环节、每个部门、每个个人都有自己的目标和措施,在计划实施之中和之后进行评估的一种评估方法。采用这种方法,应在制定计划时就考虑到效果评测,即用量值方法对目标进行分析,判定通过方案实施之后是全部达到目标,还是部分达到目标。目标评定多采用

列表法,通过列表把目标分解成为一些具体项目,每个项目还可以分成若干个子项目,再按项目在目标中的重要程度,列出一定的比例,在活动实施后,根据目标达标情况打分,从而确定目标达标程度,衡量和评价出公共关系的效果。

(四) 舆论调查法

这种方法可分为两种类型:

1. 比较调查法

在一次公关活动前后分别进行一次调查,比较先后调查的结果,分析公共关系活动的结果,这种方法称为比较调查法或对比调查法。

例如企业的销售额及利润的增减受市场环境和企业内部因素的影响,虽然制约因素很多,不完全是公共关系活动的成效,但在一定时期内借助于公共关系活动的效果还是明显的。例如某企业开展大型展销活动时配合大量的公共关系活动使销售量急剧上升,这时就可以应用对比调查法,从一定时期的销售量、利润率对比说明公共关系活动的效果。

2. 公众态度调查法

即在一系列公共关系活动之后,对主要公众对象进行调查,了解他们对组织的评价和态度的变化,分析公共关系活动的效果。

公共关系活动评估方法较多,在实际工作中要根据各项公共关系活动的目的和要求,遵循"准、简、省"的原则,采用适当的方法,也可综合运用这些评估方法。要真正做到评估客观、公正、全面,公共关系人员必须超然于企业立场之外,排除主观因素干扰,以科学、负责的精神进行检测和评价。

第三节　公共关系评估的程序和内容

一、公共关系评估的程序

要对公共关系实务效果进行评估,必须遵照一定的程序以保证公共关系实务效果评估不偏离方向,做到又快又好。

(一) 建立合理的评估目标

开展评估,首先要建立合理的评估目标。这一评估目标主要就是企业的公关目标,要以这一目标来衡量公共关系实务效果的大小。评估目标确定了,就可以保证评估工作顺利进行,提高评估效率,还可以保证在公关调查中掌握有用的资料,避免无效劳动。

(二) 组建评估机构

评估工作是一项细致而又复杂的工作,因此要保证专职和兼职的评估人员二者兼顾,既要有专职的公关人员,又要聘请专家、同行、外部公众代表、内部公众代表等,组建一支评估队伍。

(三) 选择评估标准

建立了合理的评估目标,组建了专门的评估机构后,就要选择合适的评估标准了。比如以组织的知名度和美誉度的提高为指标等。

(四) 做好信息的反馈和积累

信息是评估效果的基本材料。公关活动中的信息,尤其是重要的信息应以最快的速度、最准的手段、最好的方法反馈到公共关系部门。公共关系部门平时就应做好信息反馈、信息积累工作。

(五) 做好综合分析

所需要的信息搜集齐全后,就要加以整理,进行综合分析,这是整个评估的重要一环。面对大量的数据、实例,评估者要认识它、理解它、分析它,并做出取舍,从中引出自己的观点。

进行综合分析要注意两个问题:

1. 信息处理必须遵循的基本原则是将丰富的材料加以"去芜存菁,去伪存真,由此及彼,由表及里"的改造制作

"去芜存菁",就是对材料进行选择,去掉那些粗糙的东西,把反映本质的材料留下来;"去伪存真",就是对材料进行鉴别,分辨真伪,去掉假的,保存真的;"由此及彼",就是把握事物间的内在联系;"由表及里",就是透过现象看本质,把握事物发展的规律性。

2. 在综合分析中,要特别注意综观全局

经济现象是错综复杂的,是互相联系的。公共关系活动涉及到方方面面,是企业整体行为的综合反映。因此,按照经济发展过程中各个环节的内在联系结合起来观察,以求比较全面地揭示事物的本质。

(六) 撰写评估报告

撰写评估报告就是要将公共关系的成效以文字形式报告给企业领导者,以取得重视和支持,这也符合公共关系原则原理。撰写评估结果报告要注意"五忌":一忌数字不准确,情况失实;二忌数字文字化,没有观点,或者满纸陈述,没有数据、实例;三忌油水分离,观点和材料不统一;四忌报喜不报忧;五忌穿靴戴帽,套话连篇。

二、公共关系评估的内容

具体评估内容,可以从两方面进行分类:一是对传播活动效果、形象活动效果等的评价,二是对公关工作成效的评估,主要有日常公关效果、专题活动效果、年度

公关效果三方面的评估。

(一) 对传播效果的评估

对公关信息传播效果进行评估,是通过公关调查在掌握了大量的信息传播资料后进行的。即通过对大量的信息传播调查资料所提供的情报和数据进行分析评估,看其是否实现了公关信息传播的目标及通过公关信息传播目标的实现,来判断是否保证了公关计划方案的贯彻落实。对信息传播效果的评估主要有以下内容:

1. 内部信息传播效果的评估

(1)通过内部公关调查了解企业内部在日常公关活动中是否能做到上情下达和下情上达,使上下协调一致,共同为企业自身发展服务;

(2)企业内部各部门之间是否能做到必要的横向信息交流及时、准确;

(3)在专门性的公关活动中是否能够做到让所有企业内部公众都能理解、支持;

(4)在企业内部是否能使全体员工对决策部门产生信任感,并通过各种途径听取全体内部员工的意见和建议;通过信息传播是否能保证企业具有凝聚力和向心力。

2. 外部信息传播效果评估

(1)公关广告评估。主要评估广告阅读率怎样,广告效益怎样,通过公关广告给企业带来了多大的社会效益和经济效益。

(2)大众传播媒介评估。主要评估:通过大众传播媒介分析社会公众对企业的全部看法和整套信念,通过大众传播媒介掌握本企业的社会形象,与本企业有关的其他同类企业的形象,并进行分析对比,找出存在的差距。媒介对本企业是否信任并感兴趣?哪些媒介愿意与本企业建立长期的往来关系,为什么?哪些媒介不愿意与本企业建立长期的往来关系,为什么?

(3)新闻发布会。主要评估:在计划期内,企业是否召开过新闻发布会?召开过几次?新闻发布会的范围多大,时间是否合适?内容如何?每次新闻发布会的传播效果如何?是否实现了本次专项公关计划方案的目标?

(4)商品展览会。主要评估:计划期内开展过或参加过几次商品展览(销)会?展览(销)会的时间、地点是否对企业有利?通过展览(销)会企业在社会公众心目中影响如何?通过展览(销)会,企业进行信息传播是否有利于企业的发展和公关活动的开展?

(二) 对形象效果的评估

1. 企业形象目标效果评估

企业形象目标效果评估是指将公关方案中所设计的在一定时期内所要实现的

主要目标与通过公关工作所达到的实际形象目标进行比较,看其实现程度如何,如果形象目标没有完全实现,则应找出差距,提出问题;如果形象目标全部得以实现,则应总结经验,实事求是地用目标值加以表示;如果现实的形象超越了公关计划目标,则应寻求美好形象得以建立、发展的真正原因,分析其是否是由于企业自身的努力所带来的结果,并及时表扬公关工作做得好的部门和人员。

2. 商品形象目标效果评估

企业形象目标是公关的总体目标,其中商品形象目标是总形象目标中的一个具体的分目标。对商品形象目标效果进行评估,主要是根据社会公众对企业的商品评价的结果,分析其商品的社会形象。对此可以采取“语意差别法”,也可以采取公众座谈会、专家意见会等形式,还可以采取公众投诉信的方式,对商品在使用中有无事故的发生和具体使用情况进行调查。

3. 职工形象目标效果评估

职工形象目标作为企业形象的又一分目标,它表现在职工的精神风貌、工作作风及劳动态度等方面,对职工形象效果进行评估。主要依据职工的自身表现、劳动态度、完成商品购销额、服务质量、积极参与企业的各项活动以及社会公众对职工的多方面反映等给予的评价。职工形象目标能否得以实现,是企业自身是否有凝聚力与向心力,职工是否热爱自己的企业,企业自身文化环境优劣的一个重要标志,应该对其目标的实现给予高度的重视。

4. 环境形象目标效果评估

环境形象的好坏直接影响到职工的劳动情绪和其他工作人员的情绪,它是保障职工们身心健康的一个重要的客观条件。同时,它也影响外部公众对企业印象的形成。环境形象目标效果的评估,主要依据目标值的实现程度,即通过环境建设的目标完成率给予评估。

(三) 工作成效评估

1. 日常公关活动效果评估

日常公关活动寓于企业内部各个方面、各个环节之中,需要企业内部全体员工的共同努力。因此,企业在对日常公关活动效果进行评估时,必须分部门、分环节进行,并使各部门、各环节的公关活动目标与组织的整体目标保持一致。对日常公关活动效果进行评估,不同的社会组织应有不同的评估内容和标准。我们以经济组织——企业为例来说明其评估内容和标准。

(1)商品的购进在数量上与质量上是否能够满足顾客的需要?

(2)与商品供应者的关系是否长期友好,互相信任?

(3)企业管理是否科学、细致? 管理人员的管理水平如何? 员工是否有责任心和工作积极性?

(4)企业的商品是否受到用户或消费者的欢迎？商品的社会形象如何？企业的服务水平与服务质量是否达到一定的高度？服务态度怎样？

(5)是否经常与老主顾保持联系，是否有新主顾不断加入顾客行列并信任企业？

(6)企业是否有向心力和凝聚力，老职工是否安心，新职工队伍是否不断扩大？

(7)企业的资金来源是否能够满足需要，资金周转是否顺畅？

(8)企业是否经常发生重大的公关危机？对重大的危机是否积极地进行调查研究并制订出妥善的应对计划？是否采取了多种方式解决问题？

(9)企业是否经常通过各种途径听取各类公众的意见与建议？企业对公众的意见和建议其重视程度如何？

(10)企业的知名度与信誉度怎样？

2. 专项公关活动效果的评估

通过公关专项计划开展的公关活动，一般均属重大的公关活动。这样的公关活动效果如何对企业今后的发展影响甚大，必须予以高度重视。对专项公关活动效果进行评估常常针对下列问题来确定评估内容与评估标准：

(1)项目的计划是否合适？

(2)项目的目标与公关总目标是否一致？项目的目标是否已经实现？

(3)项目所要求的沟通交往是否达到了目标公众的范围？

(4)在项目活动过程中是否产生了预料之外的影响？其影响方向如何？影响范围有多大？

(5)项目所有的支出是否在预算之内？是否超支？原因是什么？

(6)通过这项活动，企业的公关形象会发生哪些变化？其知名度与信誉度是否有所提高？

(7)项目活动出现了哪些预想不到的问题？哪些工作做得不妥？

(8)对于存在的问题和发生的不利于企业的事件，应如何采取措施给予补救并如何预防下次发生同类问题？

(9)本次活动对企业总体发展目标起到了什么作用？

(10)本次活动为下次同类活动公关目标的设计提供了哪些有价值的资料和可供参考的依据？

3. 年度公关活动效果评估

年度公关活动效果评估是指对计划年度内所有公关活动进行总体评估，以总结经验，吸取教训，找出存在的问题，提供下一年度公关计划的依据。

对年度公关活动效果进行评估要针对以下问题确定评估内容和评估标准：

(1)年度公关计划目标是否实现？

（2）年度公关活动开展得是否顺利？

（3）年度内出现了哪些重大的公关事件，对此采取的措施是否得当？

（4）年度内开展了哪些重大的公关活动，其效果如何？

（5）年度内是否有超出公关计划的活动？其效果如何？

（6）年度内公关活动有无预料之外的影响？其影响多大？效果如何？

（7）年度公关计划预算是否满足了需求？有无超支现象？其原因是什么？效果如何？

（8）年度内公关活动有哪些经验、教训？

（9）内部公众对企业的各项公关活动有哪些意见和建议？

此外，还应该对公关其他项目目标、公关协作情况、公关活动的措施等进行评估。

▷ 本 章 小 结

公共关系活动实施对组织具有重大意义，组织在开展公共关系活动中应该遵循准备充分原则、目标导向原则、灵活性原则和整体协调原则。无论是一般的公共关系活动还是大型的公共关系活动，公关人员都需要克服组织内部和外部的各种障碍，保证公关活动顺利实施。公共关系评估是改进公共关系工作的重要环节，是开展后续公共关系工作的必要前提。公共关系评估的内容包括：一是对传播活动效果、形象活动效果等的评价，二是对公关工作成效的评估，主要有日常公关效果、专题活动效果、年度公关效果三方面的评估；公共关系评估的一般程序是建立合理的评估目标、组建评估机构、选择评估标准、做好信息的反馈和积累、做好综合分析、撰写评估报告，根据公共关系活动的大小和公关活动目标的不同，也可以有选择地采用以上程序和评估内容。

▷ 复习思考题

一、简答题

1. 公共关系活动实施时应遵循哪些原则？

2. 公共关系在实施过程中会遇到哪些障碍？

3. 公共关系评估的方法有什么？

4. 撰写评估应注意哪方面的问题？

二、论述题

1. 试论述公共关系评估的重要性。

2. 试论述公共关系评估的程序。

三、案例分析题

速溶咖啡为何卖不动

20 世纪 40 年代初期,速溶咖啡首先在美国市场问世。它方便、省时,不会发生配料错误的情况,而且价格低于新鲜咖啡。于是,厂家踌躇满志,以为该产品一定会大受欢迎,广告制作者也觉得只要刻意宣传其价廉与方便,一定能拨动消费者的心弦而马到成功。结果,销售状况大大出乎他们的意料,速溶咖啡不受欢迎!公司请来消费心理学家调查其中奥秘。初期的调查结果是,速溶咖啡的味道比新鲜咖啡要差,但消费者又说不出速溶咖啡和新鲜咖啡在味道上到底有何区别。在进行了进一步的调查研究之后,消费者拒绝购买速溶咖啡的深层原因被揭示出来了。原来,当时美国消费者的社会心态是,购买速溶咖啡的人被看作是懒汉,是一个生活无计划的、邋遢的和可能没有贤妻照顾的人;而购买新鲜咖啡的顾客,则是有经验的、勤俭的、讲究生活的、有家庭观念和喜欢烹调的人。有谁愿意被冠之以懒汉的外号呢? 有哪个家庭主妇愿意被他人看成是不能很好地照顾丈夫和家庭的妻子呢? 广告制作者刻意宣扬的"方便"特征并没有与消费者的需求相契合,而是正好与消费者的精神需求抵触。不难想象,这样的宣传愈是卖力,则愈是引起消费者的反感与厌恶,正可谓事与愿违。

在深切地认识到这一点后,广告制作者便改变策略,不再强调速溶咖啡方便的特点,而是着力宣传新鲜咖啡所具有的美味、芳香和质地醇厚等特点,速溶咖啡也同样具备。他们在杂志的整版广告上画了这样一幅图画:一杯美味的咖啡,它后面高高地堆着很大的褐色咖啡豆,并在速溶咖啡罐头上写上"100%的真正咖啡"的标签,很快消极印象被克服了,速溶咖啡成为西方最受欢迎的咖啡产品。

上述实例表明,未能了解消费者的需求倾向,仅凭主观想象盲目行事的公关宣传是失败的。一旦掌握了消费者的需求倾向,并采取相应的、有效的策略予以满足时,同样的商品便能大受欢迎。由此可见,了解消费者的关心点是何等重要。

(案例来源:公共关系案例分析,http://zhidao.baidu.com/question/59921774,2011 年 8 月 12 日)

➯ 思 考 题

1. 速溶咖啡为什么能由没人光顾变成畅销产品?
2. 结合本案例,谈谈你对"公共关系=90%做+10%说"的理解。

第十章　公共关系礼仪

⇨ **学 习 目 标**

1. 理解公关礼仪的内涵
2. 掌握常用礼仪的方法和程序
3. 理解仪容、仪表、仪姿的内涵
4. 通过学习公关礼仪提升自身的素质和修养

⇨ **引　　例**

"总统"的仪态

　　曾任美国总统的老布什,能够坐上总统的宝座,成为美国"第一公民",与他的仪态表现分不开。在 1988 年的总统选举中,布什的对手杜卡基斯,猛烈抨击布什是里根的影子,没有独立的政见。而布什在选民的形象也的确不佳,在民意测验中一度落后于杜卡基斯 10 多个百分点。未料两个月以后,布什以光彩照人的形象扭转了劣势,反而领先 10 多个百分点,创造了奇迹。原来布什有个毛病,他的演讲不太好,嗓音又尖又细,手势及手臂动作总显出死板的感觉,身体动作不美。后来布什接受了专家的指导,纠正了尖细的嗓音、生硬的手势和不够灵活的摆动手臂的动作,结果就有了新颖独特的魅力。在以后的竞选中,布什竭力表现出强烈的自我意识,改变了原来人们对他的评价。配以卡其布蓝色条子厚衬衫,以显示"平民化",终于获得了最后的胜利。

　　(资料来源:陶应虎、顾晓燕.公共关系原理与实务[M].北京:清华大学出版社,2006 年)

第一节　公共礼仪概述

　　中国具有五千年文明历史,素有"礼仪之邦"之称,中国人也以其彬彬有礼的风貌而著称于世。礼仪文化作为中国传统文化的一个重要组成部分,对中国社会历史发展有着广泛深远的影响,其内容十分丰富,涉及的范围十分广泛,几乎渗透于社会的各个方面。

一、礼仪的含义

(一)关于"礼"和"仪"的概念

"礼仪"作为一个词,是"礼"和"仪"两个词的合成词。然而,这两个词在我国是分别表示两个虽有联系却不尽相同的概念。

"礼"的含义比较丰富,其跨度和差异也比较大。它既有古今意义的区别,又可作广义和狭义的不同理解。"礼"的最初的含义就是供神的仪式。以后,逐步引申为表示敬意的通称。它既可指为表示敬意或隆重而举行的仪式,也可泛指为社会交往中的礼貌,还可特指为奴隶社会或封建社会中贵族等级制的社会规范和道德规范。如朱熹对《论语·为政》中"齐之以礼"加注时,就认为"礼,谓制度品节也"。当然,礼仅仅是社会成员自觉自愿受其制约的行为的规范的一部分,并非社会强加给人的外在的规章法则,更不能与一定历史条件下形成的政治、经济、文化等各方面的体系相提并论。

随着历史的发展,礼的内涵已经有了延伸和扩展,在许多场合,它已成了"礼貌""礼节""礼仪"的代名词。周文柏先生主编的《中国礼仪大辞典》中关于"礼"的定义是可取的:礼,是指特定民族、人群或国家基于客观历史传统而形成的,以确定的维护社会等级制度为核心内容的价值观念,道德规范以及与之相适应的典章制度和行为方式。

这个定义不但对礼的古今意义作了较好的概括,而且对于礼的产生、实质及其具体表现形式也作了高度的概括,因而有助于我们对礼和礼仪的深入探讨。当然对于礼的理解还有很多,如礼是知礼、讲礼、明礼,尊敬别人。还有礼代表礼貌、礼节。但这些礼的含义都没有逃离礼的本意。

至于"仪"的概念,比较而言要单纯一些。其与礼仪有关的含义主要有以下几点:

(1)容止、仪表。如《诗·大雅·烝民》:"令仪令色,小心翼翼。"

(2)典范、表率。如《荀子·正论》:"上者,下之仪也。"又如今天所谓"礼仪先生"和"礼仪小姐"中的"仪"就包含有典范、表率的意思。

(3)仪式、礼节。如《荀子·正论》:"诸夏之国,同服同仪。"又如今天的"司仪"一词,既指掌管、主持仪式的人。

(4)法度、准则。如《管子·任法》:"君子之所以为天下大仪也。"

以上"仪"的这几方面的意义,应该说与"礼仪"都有关联,只是密切程度和使用频率有所不同罢了。但是必须承认,当"礼"和"仪"组合在一起构成一个合成词"礼仪"时,就取得了"仪式、礼节"这个义项。

(二) 公关礼仪的内涵

公共关系礼仪是礼仪的一个重要分支,其实施主体是社会组织,客体是公众,它是组织公关人员在公共关系活动中,为塑造良好的组织形象和个人形象而遵循的一系列行为、规范和程序。即指公关人员在公关活动中应遵循的礼仪要求。在公关活动中,尊重他人、讲究礼节,可以提高公关活动的效率和成功率。

二、礼仪在公关关系中的作用

(一) 公关礼仪是社会组织与公众联系的重要桥梁

公关关系实务活动的要旨之一,就是将社会组织的信息传播给观众,并把公众的有关信息反馈给社会组织的决策层。如何来完成这一任务? 实践证明,除了借助传播事业的信息渠道和信息网络外,一些合乎社交规范和道德行为规范的礼节和仪式,也起着极为重要的桥梁作用。

(二) 公关礼仪是社会组织取得公众信任和理解的重要手段

公共关系从一定意义上来说,就是为了取得公众对组织的信任和理解,而要达到这一点靠什么? 靠有效的发挥公共关系的职能和功能。无论是公共关系的职能还是公共关系的功能,关键之一就在于协调沟通。协调沟通除了动用其他手段外,礼仪不能不说是一个重要的调节手段。因为礼仪调节以尊重双方为前提,同时又是尊重双方的外在表现。一些社会组织之所以不能取得公众的信任和理解,恐怕与没有良好的礼仪手段不无关系。

(三) 公关礼仪是公共关系实务的灵魂

如前所述,礼仪对公共关系实务最大的贡献就是使之较好的发挥各种职能与功能,因而也可以说,公共关系实务的操作水平,就是对礼仪的领悟、把握和运用的程度,公共关系实务,就是对礼仪最合适的应用领域。

三、公关礼仪的职能

(一) 塑造形象

塑造形象是公关礼仪的第一职能。包括塑造个人形象和组织形象两个方面。

(二) 沟通信息

沟通信息是公关礼仪的第二职能。包括三种类型:一种是言语信息;一种是饰物信息;一种是行为表情信息。良好的个人形象和组织形象本身就可以起到传递信息的作用。一个信息的传递＝7％词语＋38％语音＋55％表情 。

(三) 联络感情

联络感情是公关礼仪的第三职能。其中最重要的情感特征是真诚。在公关活动中公关人员要以真诚的心换取他人之心;以真诚的行为款待他人;以真诚的语言取悦他人。真诚可以使公关事半功倍,所以在公关场合需要付出一颗真诚的心,方能收获温暖。

(四) 增进友谊

增进友谊是公关礼仪的第四职能。在社交上投入的时间将带来感情上的收获,如我们与亲戚朋友在一起休闲娱乐,可以增加感情,融洽关系。在日常生活和公关工作中,礼仪能够调节人际关系,从一定意义上说,礼仪是人际关系和谐发展的调节器,人们在交往时按礼仪规范去做,有助于加强人们之间的互相尊重,建立友好合作的关系,缓和和避免不必要的矛盾和冲突。公关活动中也是如此,当公众受到尊重、礼遇、赞同和帮助就会产生吸引心理,形成良好关系,反之,则会产生敌对、抵触、反感,甚至憎恶的心理。

四、公关礼仪的基本原则

(一) 真诚尊重的原则

自尊且尊重他人。真诚是对人对事的一种实事求是的态度,是待人真心真意的友善表现。心底无私天地宽,真诚的奉献才有丰硕的收获,只有真诚尊重方能使友谊地久天长。公关活动要以事实为基础,不能歪曲和掩盖事实真相,一切应本着真诚的原则来开展。

(二) 平等适度的原则

公关人员在交往中表现为不要骄狂,不要我行我素,不要自以为是,不要厚此薄彼,更不要傲视一切,目中无人,更不能以貌取人,或以职业、地位、权势压人,唯有此,才能结交更多的朋友。适度是交往中把握分寸,在与人交往时,既要彬彬有礼,又不能低三下四;既要热情大方,又不能轻浮诡谀。坦诚但不能粗鲁,信人但不要轻信,活泼但不能轻浮。

(三) 自信宽容的原则

信用即讲信誉的原则,与朋友交,要言而有信。在公关场合尤其要讲究,比如要守时守约,与人约定时间的约会,会见,会谈,会议等,决不应拖延迟到。所谓言必信,行必果。宽容是一种较高的境界,容许别人有行动与见解自由,对不同于自己和传统观点的见解要耐心公正地包容。站在对方的立场去考虑是你争取朋友的最好方法。

第二节　日常交往礼仪

日常交往礼仪是社会组织做好公关工作的重要组成部分,公关人员在公共关系活动中,要重视和加强日常交往礼仪的学习,并在公关活动中正确应用。

一、称呼礼仪

称呼看似小问题,其实不然,恰当得体的称呼会给对方留下好印象,反之会使对方不高兴,甚至恼怒。在工作中上,彼此之间的称呼有其特殊性。总的要求是庄重、正式、规范。

(一) 职务性称呼

在工作中,以交往对象的职务相称,以示身份有别、敬意有加,这是一种最常见的称呼方法。

1. 仅称职务。例如:"部长"、"经理"、"主任",等等。

2. 职务之前加上姓氏。例如:"周总理"、"隋处长"、"马委员",等等。

3. 职务之前加上姓名,仅适用极其正式的场合。例如:"胡锦涛主席"等。

(二) 职称性称呼

对于具有职称者,尤其是具有中级、高级职称者,可直接以其职称相称。以职称相称,下列三种情况较为常见。

1. 仅称职称。例如:"教授"、"律师"、"工程师",等等。

2. 在职称前加上姓氏。例如:"钱编审"、"孙研究员"。有时,这种称呼也可加以约定俗成的简化,例如,"吴工程师"简称为"吴工"。但使用简称应以不发生误会、歧义为准则。

3. 在职称前加上姓名,它适用于十分正式的场合。例如:"安文教授"、"杜锦华主任医师"、"郭雷主任",等等。

(三) 学衔性称呼

工作中,以学衔作为称呼,可增加其权威性,有助于增强现场的学术气氛。

称呼学衔,也有四种情况使用最多。它们分别是:

1. 仅称学衔。例如:"博士"。

2. 在学衔前加上姓氏,例如:"杨博士"。

3. 在学衔前加上姓名,例如:"劳静博士"。

4. 学衔具体化,说明其所属学科,并在其后加上姓名。例如:"史学博士周燕"、"工学硕士郑伟"、"法学学士李丽珍"等等,这种称呼最为正式。

(四) 行业性称呼

在工作中,有时可按行业进行称呼。它具体又分为两种情况:

1. 称呼职业

称呼职业,即直接以被称呼者的职业作为称呼。例如,将教员称为"老师"、将教练员称为"教练",将专业辩护人员称为"律师",将警察称为"警官",将会计师称为"会计",将医生称为"医生"或"大夫"……

在一般情况下,此类称呼前均可加上姓氏或姓名。

2. 称呼"小姐"、"女士"、"先生"

对商界、服务业从业人员,一般约定俗成地按性别的不同分别称呼为"小姐"、"女士"或"先生"。其中,"小姐"、"女士"二者的区别在于,未婚者称"小姐",已婚者或不明确其婚否者则称"女士"。在公司、外企、宾馆、商店、餐馆、歌厅、酒吧、交通行业,这种称呼极其常见。在这种称呼前,可加姓氏或姓名。

(五) 姓名性称呼

在工作岗位上称呼姓名,一般限于同事、熟人之间。其具体方法有三种:

1. 直呼姓名。

2. 只呼其姓,不称其名,但要在它前面加上"老"、"大"、"小"。

3. 只称其名,不呼其姓,通常限于同事之间,尤其是上司称呼下级、长辈称呼晚辈之时。在亲友、同学、邻里之间,也可使用这种称呼。

⇨ 案 例 11-1

被拒绝的生日蛋糕

有一位先生为一位外国朋友订做生日蛋糕。他来到一家酒店的餐厅,对服务小姐说:"小姐,您好,我要为我的一位外国朋友订一份生日蛋糕,同时打一份贺卡,你看可以吗?"小姐接过订单一看,忙说:"对不起,请问先生,您的朋友是小姐还是太太?"这位先生也不清楚这位外国朋友结婚没有,从来没有打听过,他为难地抓了抓后脑勺想想说:"小姐? 太太? 一大把岁数了,太太。"生日蛋糕做好后,服务员小姐按地址到酒店客房送生日蛋糕,敲门,一女子开门,服务员小姐有礼貌地说:"请问,您是怀特太太吗?"女子愣了愣,不高兴地说:"错了!"服务员小姐丈二和尚摸不着头脑,抬头看看门牌号,再回去打个电话问那位先生,没错,房间号码没错。再敲一遍,开门,"没错,怀特太太,这是您的蛋糕"。那女子大声说:"告诉你错了,这里只有怀特小姐,没有怀特太太。"啪一声,门被用力关上,蛋糕掉在地上。

(案例来源:http://www.jqzy.com/file_post/display/read.php? FileID=15063)

这个故事,就是因为称呼的错误所导致的结果。在西方,尤其是女性,十分在意称谓的正确与得体性。如果搞错了,引起对方的不快,往往好事变成了坏事。

二、介绍礼仪

介绍是指从中沟通,使双方建立关系的意思。介绍是社交场合中相互了解的基本方法。通过介绍,可以缩短人们之间的距离,以便更好地交谈、更多地沟通和更深入地了解。在日常生活与工作中常用的介绍有以下几种类型,自我介绍、为他人介绍和集体介绍。

(一) 自我介绍

在自我介绍的时候,原则上应注意时间、态度与内容等要点。

1. 时间

自我介绍时应注意的时间问题具有双重含义。一方面要考虑自我介绍应在何时进行。一般认为,把自己介绍给他人的最佳时机应是对方有空闲的时候;对方心情好的时候;对方有认识你的兴趣的时候;对方主动提出认识你的请求的时候,等等。另一方面要考虑自我介绍应大致使用多少时间。一般认为,用半分钟左右的时间来介绍就足够了,至多不超过 1 分钟。有时也可能就是三言两语或仅一句话,时间不到十秒钟,效果却不错。

2. 态度

在作自我介绍时,态度一定要亲切、自然、友好、自信。介绍者应当表情自然,眼睛看着对方或大家,要善于用眼神、微笑和自然亲切的面部表情来表达友谊之情。不要显得不知所措,面红耳赤,更不能一副随随便便、满不在乎的样子。介绍时可将右手放在自己的左胸上,不要慌慌张张,毛手毛脚,不要用手指着自己。

3. 内容

即在介绍时,被介绍者的姓名全称、供职的单位、担负的具体工作等等,被称作构成介绍的主体内容的三大要素。在作自我介绍时,其内容在三大要素的基础上又有所变化。

介绍时的注意事项。

充当介绍人时:对双方的情况要了解;受尊敬的人有优先了解别人的权利;多人介绍时由职位最高的人充当介绍人,介绍顺序由高到低;介绍时保证彼此能称呼对方。

作为被介绍人时:充满兴趣认识对方;眼睛注视对方,面带微笑;可适当辅助自我介绍;适当寒暄。

(二) 为他人介绍

为他人介绍,首先要了解双方是否有结识的愿望;其次要遵循介绍的规则;再次是在介绍彼此的姓名、工作单位时,要为双方找一些共同的谈话材料,如双方的共同爱好、共同经历或相互感兴趣的话题。

1. 介绍的规则

(1)将男士先介绍给女士。如:"张小姐,我给你介绍一下,这位是李先生。"

(2)将年轻者先介绍给年长者。在同性别的两人中,年轻者先介绍给年长者,以示对前辈、长者的尊敬。

(3)将地位低者先介绍给地位高者。遵从社会地位高者有了解对方的优先权的原则,除了在社交场合,其余任何场合,都是将社会地位低者介绍给社会地位高者。

(4)将未婚的先介绍给已婚的。但如两个女子之间,未婚的女子明显年长,则该先将已婚的介绍给未婚的。

(5)将客人介绍给主人。

(6)将后到者先介绍给先到者。

2. 介绍的礼节

(1)介绍人的做法:介绍时要有开场白,如:"请让我给你们介绍一下,张小姐,这位是——","请允许我介绍一下,李先生,这位是——"。为他人做介绍时,手势动作要文雅,无论介绍哪一方,都应手心朝上,手背朝下,四指并拢,拇指张开,指向被介绍的一方,并向另一方点头微笑。必要时,可以说明被介绍的一方与自己的关系,以便新结识的朋友之间相互了解和信任。介绍人在介绍时要注意先后顺序,语言要清晰明了,不含糊其词,以使双方记清对方姓名。在介绍某人优点时要恰到好处,不宜过分称颂而导致难堪的局面。

(2)被介绍人的做法:作为被介绍的双方,都应当表现出结识对方的热情。双方都要正面对着对方,介绍时除了女士和长者外,一般都应该站起来,但是若在会谈进行中,或在宴会等场合,就不必起身,只略微欠身致意就可以了。如方便的话,等介绍人介绍完毕后,被介绍人双方应握手致意,面带微笑并寒暄。如"你好"、"见到你很高兴"、"认识你很荣幸"、"请多指教"、"请多关照"等。如需要还可互换名片。

(三) 集体介绍

如果被介绍的双方,其中一方是个人,一方是集体时,应根据具体情况采取不同的办法。

1. 将一个人介绍给大家

这种方法主要适用于在重大的活动中对于身份高者、年长者和特邀嘉宾的介绍。介绍后,可让所有的来宾自己去结识这位被介绍者。

2. 将大家介绍给一个人

这种方法适用于在非正式的社交活动中,使那些想结识更多的,自己所尊敬的人物的年轻者或身份低者满足自己交往的需要,由他人将那些身份高者、年长者介绍给自己;也适用于正式的社交场合,如领导者对劳动模范和有突出贡献的人进行接见;还适用于两个处于平等地位的交往集体的相互介绍;开大会时主席台就坐人员的介绍。将大家介绍给一个人的基本顺序有两种:一是按照座次或队次介绍;二是按照身份的高低顺序进行介绍。千万不要随意介绍,以免使来者产生厚此薄彼的感觉,影响情绪。

三、名片礼仪

在人际交往中,名片不但能推销自己,也能很快地助你与对方熟悉,它就像持有者的颜面,不但要很好地珍惜,而且要懂得怎样去使用它。现代名片是一种经过设计、能表示自己身份、便于交往和开展工作的卡片,名片不仅可以用作自我介绍,而且还可用作祝贺、答谢、拜访、慰问、赠礼附言、备忘、访客留话等。

(一) 名片的内容与分类

名片的基本内容一般有姓名、工作单位、职务、职称、通讯地址等,也有把爱好、特长等情况写在上面,选择哪些内容,由需要而定,但无论繁、简,都要求信息新颖,形象定位,独树一帜,一般情况下,名片可分以下两类:

1. 交际类名片。除基本内容之外,还可以印上组织的徽标,或可在中文下面用英文写,或在背面用英文写,便于与外国人交往。

2. 公关类名片。公关类名片可在正面介绍自己,背面介绍组织,或宣传经营范围,公关类的名片有广告效应,使组织收到更大的社会效益和经济效益。

(二) 名片的设计

名片语言一般简明清晰、实事求是,传递个人的基本情况,从而达到彼此交际的目的。在现实生活中,我们可以看到有些名片语言幽默、新颖,别具一格。如:

1. "您忠实的朋友——×××",然后是联系地址、邮编、电话,名片没有任何官衔,语言简洁,亲切诚实。

2. 另有一人则写着:"家中称老大,社会算老九,身高一米八,自幼好旅游,敬业精神在,虽贫亦富有,好结四方友,以诚来相求"。

3. 著名剧作家沙叶新的名片有一幅自己的漫画像,自我介绍的文字很幽默、有趣,使人对其了解更加深刻:"我,沙叶新,上海人民剧作家——暂时的;上海人民艺术剧院剧作家——永久的;××委员、××理事、××顾问、××教授——都是挂名的。"在设计上,除了文字外,还可借助有特色或象征性的图画符号等非语言信息辅助传情,增强名片的表现力,但不能有烦琐的装饰,以免喧宾夺主。

(三) 名片的放置

一般说来,把自己的名片放于容易拿出的地方,不要将它与杂物混在一起,以免要用时手忙脚乱,甚至拿不出来;若穿西装,宜将名片置于左上方口袋;若有手提包,可放于包内伸手可得的部位。不要把名片放在皮夹内,工作证内,甚至裤袋内,这是一种很失礼的行为。另外,不要把别人的名片与自己的名片放在一起,否则,一旦慌乱中误将他人的名片当作自己的名片送给对方,这是非常糟糕的。

⇨ **案 例 11-2**

名 片 的 失 误

某公司新建的办公大楼需要添置一系列的办公家具,价值数百万元。公司的总经理已做了决定,向 A 公司购买这批办公用具。这天,A 公司的销售部负责人打电话来,要上门拜访这位总经理。总经理打算,等对方来了,就在订单上盖章,定下这笔生意。不料对方比预定的时间提前了 2 个小时,原来对方听说这家公司的员工宿舍也要在近期内落成,希望员工宿舍需要的家具也能向 A 公司购买。为了谈这件事,销售负责人还带来了一大堆的资料,摆满了台面。总经理没料到对方会提前到访,刚好手边又有事,便请秘书让对方等一会。这位销售员等了不到半小时,就开始不耐烦了,一边收拾资料一边说:"我还是改天再来拜访吧。"这时,总经理发现对方在收拾资料准备离开时,将自己刚才递上的名片不小心掉在了地上,对方却并没发觉,走时还无意从名片上踩了过去。但这个不小心的失误,却令总经理改变了初衷,A 公司不仅没有机会与对方商谈员工宿舍的设备购买,连几乎到手的数百万元办公用具的生意也告吹了。

(资料来源:金正昆.涉外礼仪教程[M].北京:中国人民大学出版社,1999 年)

【分析提示】 A 公司销售部负责人的失误,看似很小,其实是巨大而不可原谅的失误。名片在商业交际中是一个人的化身,是名片主人"自我的延伸"。弄丢了对方的名片已经是对他人的不尊重,更糟糕的是还踩上一脚,顿时让这位总经理产生了反感。再加上对方没有按预约的时间到访,不曾提前通知,又没有等待的耐心和诚意,因此最后丢失了这笔生意似乎也不足为奇。

(四) 出示名片的礼节

1. 出示名片的顺序

名片的递送先后虽说没有太严格的礼仪讲究,但是,也是有一定的顺序的。一般是地位低的人先向地位高的人递名片,男性先向女性递名片。当对方不止一人时,应先将名片递给职务较高或年龄较大者;或者由近至远处递,依次进行,切勿跳跃式地进行,以免对方误认为有厚此薄彼之感。

2. 出示名片的礼节

向对方递送名片时,应面带微笑,稍欠身,注视对方,将名片正对着对方,用双手的拇指和食指分别持握名片上端的两角送给对方,如果是坐着的,应当起立或欠身递送,递送时可以说一些:"我是××,这是我的名片,请笑纳。""我的名片,请你收下。""这是我的名片,请多关照。"之类的客气话。在递名片时,切忌目光游移或漫不经心。出示名片还应把握好时机。当初次相识,自我介绍或别人为你介绍时可出示名片;当双方谈得较融洽,表示愿意建立联系时就应出示名片;当双方告辞时,可顺手取出自己的名片递给对方,以示愿结识对方并希望能再次相见,这样可加深对方对你的印象。

(五) 接受名片的礼节

接受他人递过来的名片时,应尽快起身或欠身,面带微笑,用双手的拇指和食指接住名片的下方两角,态度也要必恭必敬,使对方感到你对名片很感兴趣;接到名片时要认真地看一下,可以说:"谢谢!"、"能得到您的名片,真是十分荣幸"等等;然后郑重地放入自己的口袋、名片夹或其他稳妥的地方。切忌接过对方的名片一眼不看就随手放在一边,也不要在手中随意玩弄,不要随便拎在手上,不要拿在手中搓来搓去,否则会伤害对方的自尊,影响彼此的交往。

(六) 名片交换的注意点

1. 与西方、中东、印度等外国人交换名片只用右手就可以了,与日本人交换用双手。

2. 当对方递给你名片之后,如果自己没有名片或没带名片,应当首先向对方表示歉意,再如实说明理由。如:"很抱歉,我没带名片夹"、"对不起,今天我带的名片用完了,过几天我会亲自寄一张给您的。"

3. 向他人索要名片最好不要直来直去,可委婉示意。

4. 如对方向你索要名片,你若不想满足对方的要求,也不应直言以告。要让对方不失面子,表达要委婉,通常可以这样说:"对不起,我忘了带名片",或是"不好意思,我的名片刚刚才用完了。"

(七) 名片制作

名片的规格:一般长 9 厘米宽 5.5 厘米

名片的色彩:宜选用庄重朴素的白色、米色、淡蓝色、淡黄色

四、交谈礼仪

(一) 交谈视线礼仪

公事目光:双眼为底线、上顶角到前额

社交目光:两眼为上限、嘴为下顶角,即双眼和嘴之间

亲密目光:嘴与下巴及胸间部位

(二) 交谈应注意的问题

在交谈中,有些话题是要小心避免:对于你不知道的事情,不要充内行;不要向陌生人夸耀你的成绩和富有;也不要在公共场合谈论朋友的失败、缺陷和隐私;不要谈容易引起争执的话题;不要像"祥林嫂"那样逢人就诉苦或"阿Q式"地到处发牢骚。

把话语权适当交给对方:在交谈中,有些交谈场合容易出现的坏毛病必须克服。有些交谈者习惯于"以口代耳",唠叨不休,致使对方无发话余地,产生厌倦感。有些交谈者总是在对方说话时频频打岔,去补充、修改对方的意见,致使对方无法充分表达自己的意见。而有些交谈者则喜欢胡乱发问,导致交谈思路混乱,交谈进程缓慢。还有些交谈者刚开始交谈就颇似赤膊上阵的打手,他们或成竹在胸,或语气咄咄逼人,或谈话内容准备不足,导致交谈变成敷衍。

五、握手礼仪

握手礼是在一切交际场合最常使用、适应范围最广泛的见面致意礼节。它表示致意、亲近、友好、寒暄、道别、祝贺、感谢、慰问等多种含意,从握手中,往往可以了解一个人的情绪和意向,还可以推断一个人的性格和感情。有时握手比语言更充满情感。正确的握手方式:距离:75公分;顺序:受尊敬的先伸手;时间:3—5秒,最多不超过25秒;视线:正视对方;用力:适当用力;注意:不能交叉握手,需要积极响应握手;姿势:上半身前倾15°。

(一) 握手礼行使的场合

迎接客人到来时;当你被介绍与人认识时;久别重逢时;社交场合突遇熟人时;拜访告辞时;送别客人时;别人向自己祝贺、赠礼时;拜托别人时;别人帮助自己时,等等。

(二) 握手礼行使的规则

行握手礼时有先后次序之分。握手的先后次序主要是为了尊重对方的需要。其次序主要根据握手人双方所处的社会地位、身份、性别和各种条件来确定。

1. 两人之间握手的次序是:上级、长辈、女士、主人在先;而下级、晚辈、男士、客人应先问候,见对方伸出手后,再伸手与他相握。在上级、长辈面前不可贸然先伸手。若两人之间身份、年龄、职务都相仿,则以先伸手者为礼者。

2. 如男女初次见面,女方可以不与男方握手,互致点头礼即可;若接待来宾,不论男女,女主人都要主动伸手表示欢迎,男主人也可对女宾先伸手表示欢迎。

3. 如一人与多人握手时,应是先上级、后下级,先长辈、后晚辈,先主人、后客

人,先女士、后男士。

4. 若一方忽略了握手的先后次序,先伸出了手,对方应立即回握,以免发生尴尬。

(三) 握手时的注意事项

1. 行握手礼时注意力要集中,不要左顾右盼,一边在握手,一边跟其他人打招呼。

2. 见面与告辞时,不要跨门槛握手。

3. 握手一般总是站着相握,除年老体弱或残疾人以外,坐着握手是很失礼的。

4. 单手相握时左手不能插口袋。

5. 男士勿戴帽、手套与他人相握,穿制服者可不脱帽,但应先行举手礼,再行握手礼。

6. 女士可戴装饰性帽子和装饰性手套行握手礼。

7. 忌用左手同他人相握,除非右手有残疾。当自己右手脏时,应亮出手掌向对方示意声明,并表示歉意。

8. 握手用力要均匀,对女性一般象征性握一下即可,但握姿要沉稳、热情和真诚。

9. 握手时不要抢握,不要交叉相握,应待别人握完后再伸手相握。交叉相握在通常情况下是一种失礼的行为。有的国家视交叉握手为凶兆的象征,交叉成"十",意为十字架,被认为不吉利。

⇨ **案例 11-3**

"左撇子"的尴尬

张女士是商务工作者,由于业务成绩出色,随团到中东地区某国家考察。抵达目的地后,受到东道主的热情接待,并举行宴会招待。席间,为表示敬意,主人向每位客人一一递上一杯当地特产饮料。轮到张女士接饮料时,一向习惯于"左撇子"的张女士不假思索。便伸出左手去接,主人见此情景脸色骤变,不但没有将饮料递到张女士的手中,而且非常生气地将饮料重重地放在餐桌上,并不再理睬张女士,这是为什么?

(资料来源:陆永庆. 旅游交际礼仪[M]. 大连:东北财经大学出版社,2001 年)

六、拜访礼仪

(一) 拜访中的礼仪常识

1. 要守时守约

2. 讲究敲门的艺术

要用食指敲门,力度适中,间隔有序敲三下,等待回音。如无应声,可再稍加力度,再敲三下,如有应声,再侧身隐立于右门框一侧,待门开时再向前迈半步,与主人相对。

3. 主人不让座不能随便坐下

如果主人是年长者或上级,主人不坐,自己不能先坐。主人让座之后,要口称"谢谢",然后采用规矩的礼仪坐姿坐下。主人递上烟茶要双手接过并表示谢意。如果主人没有吸烟的习惯,要克制自己的烟瘾,尽量不吸,以示对主人习惯的尊重。主人献上果品,要等年长者或其他客人动手后,自己再取用。即使在最熟悉的朋友家里,也不要过于随便。

4. 跟主人谈话,语言要客气。

5. 谈话时间不宜过长

起身告辞时,要向主人表示"打扰"之歉意。出门后,回身主动伸手与主人握别,说"请留步"。待主人留步后,走几步,再回首挥手致意"再见"。

(二) 拜访中的注意事项

1. 做客拜访要选择一个对方方便的时间

一般可在假日的下午或平时晚饭后,要避免在吃饭和休息的时间登门。拜访前,应尽可能事先告知,约定一个时间,以免扑空或打乱对方的日程安排。约定时间后,不能轻易失约或迟到。如因特殊情况不能前去,一定要设法通知对方,并表示歉意。

2. 拜访时,应先轻轻敲门或按门铃,当有人应声允许进入或出来迎接时方可入内

敲门不宜太重或太急,一般轻敲两三下即可。切不可不打招呼擅自闯入,即使门开着,也要敲门或以其他方式告知主人有客来访。

3. 进门后,拜访者随身带来的外套、雨具等物品应搁放到主人指定的地方,不可任意乱放

对室内的人,无论认识与否,都应主动打招呼。如果你带孩子或其他人来,要介绍给主人,并教孩子如何称呼。主人端上茶来,应从座位上欠身,双手捧接,并表示感谢。吸烟者应在主人敬烟或征得主人同意后,方可吸烟。和主人交谈时,应注意掌握时间。有要事必须要与主人商量或向对方请教时,应尽快表明来意,不要东拉西扯,浪费时间。

4. 离开时要主动告别,如果主人出门相送,拜访人应请主人留步并道谢,热情说声"再见"

5. 后来的客人到达时,先到的客人可以站起来,等待介绍或点头示意

(三) 拜访的时机选择

1. 拜访应选择适当的时间,如果双方有约,应准时赴约。万一因故不得不迟到或取消访问,应立即通知对方。

2. 到达拜访地点后,如果与接待者是第一次见面,应主动递上名片,或作自我介绍。对熟人可握手问候。

3. 如果接待者因故不能马上接待,应安静地等候;有抽烟习惯的人,要注意观察该场所是否有禁止吸烟的警示。如果等待时间过久,可向有关人员说明,并另定时间,不要显现出不耐烦。

4. 谈话时开门见山,不要海阔天空,浪费时间。

5. 要注意观察接待者的举止表情,适可而止,当接待者有不耐烦或有为难的表现时,应转换话题或口气,当接待者有结束会见的表示时,应立即起身告辞。

6. 拜访时应彬彬有礼,注意一般交往细节。告辞时要同主人和其他客人一一告别,说"再见"、"谢谢";主人相送时,应说"请回"、"留步"、"再见"。

七、馈赠礼仪

在人际交往中免不了礼尚往来,恰当的礼物可以增加友情,建立良好的人际关系。礼品也是一种品牌,馈赠礼品应注意以下几点。

(一) 礼品的选择

1. 了解馈赠对象的有关情况

送礼的对象多种多样,由于各自的阅历、爱好不同,对物品的喜好也各不相同,因此在送礼前必须了解受礼者的年龄、性格特征、身份地位、民族习惯等情况,并针对不同对象的不同情况,选择不同的礼品,满足各自不同的需求。对家贫者,以实惠为佳;对富裕者,以精巧为佳;对恋人、爱人、情人,以纪念性为佳;对朋友,以趣味性为佳;对老人,以实用为佳;对孩子,以启智新颖为佳;对外宾,以特色为佳。

2. 明确送礼的目的

送礼前,要了解因何事送礼,以便选择合适的礼品取得良好的效果。不同的目的,选择的礼品是不一样的。

3. 尊重禁忌

由于各国的历史、文化、风俗习惯及宗教信仰方面的影响,不同国家、不同民族的人对同一礼品的态度是不同的,或喜爱或忌讳或厌恶。如送钟、送伞、送梨、送领带、送药品、送贴身内衣等都是送礼的大忌。

(二) 礼品的包装

精美的包装是礼品的组成部分,它使礼品外观更具有艺术性和高雅情调,也显示了赠礼人的情趣和心意。在美国,几乎所有赠送别人的礼物都要包装起来的,若没有时间包,他们一定会说:"对不起,我没有时间包!"你要为没有包装而表示道歉。有时包装的费用甚至比礼物本身还要贵。因为人们普遍认为,包装本身和礼物一样重要,起码表示了你对这份心情的重视。包装纸的选择也很重要。可不能犯类似以下的错误:朋友结婚,挑了印有"Happy Birthday"的纸;别人生日,挑了印有圣诞树和花的纸……即使这张包装纸非常漂亮,也不能选用。

最注重包装的国家是日本,最会包装的也是日本人。日本人把包装当作一门艺术来看待。在日本,甚至有专门的书籍介绍包礼物的方法和花样。传统的日本人喜欢用做得很精致的木盒子包礼物,更为讲究的还要在外面裹一层印有美丽图案的丝绸。这样的礼物很费心思,更让人觉得郑重其事。

(三) 赠礼的时机

送礼要特别注意及时、准确。生日礼物,结婚礼品,过年贺礼,最好赶在当日;看望病人,最好是病人在医院期间。

(四) 赠礼的场合

一般来说,在大庭广众之下,可以送大方得体的书籍、鲜花一类的礼物。与衣食住行有关的生活用品不宜在公开场合相赠,否则会产生受贿的嫌疑。

(五) 赠送时的礼仪

礼品最好亲自赠送。如果因故不能亲自赠送,要委托他人转交或邮寄时,注上姓名,并说明赠礼原由。

赠礼时,态度要平和友善,举止大方,双手把礼物送给受礼者,并简短、热情、得体地加以说明,表明送礼的原因和态度。

八、授礼礼仪

作为受礼人,双手接过礼品时要表达谢意,而不能显得无动于衷,或随手放在一旁。如果条件允许,受赠者还可当面打开欣赏一番。这样做符合国际惯例,它表示看重对方,也很重视对方赠送的礼品。

"礼尚往来"是我们中国人世代相传的传统美德。接受别人的馈赠后,除办丧事等特殊情况不宜立即还礼,一般都要尽快还礼,或等适当机会给予回赠。

九、送花礼仪

花卉是馈赠朋友的高尚礼品,美丽的鲜花,和你美好的祝福,一定会使对方感动不已。对于什么样的人赠送什么种类的花,其中大有讲究。即送什么人,送什么花,说什么话,一定要心里有数。在选择鲜花作为礼物时,至少要在其品种、色彩和数目等三个方面加以注意。

向外国人送花禁忌:在国外,给中年人送花不要送小朵,意味着他们不成熟;给年轻人又不要送大朵大朵的鲜花。在印度和欧洲国家,玫瑰和白色百合花,是送给死者的虔诚悼念品。日本人讨厌莲花,认为莲花是人死后的那个世界用的花;而要送菊花给日本人的话,又只能送只有15片花瓣的品种。而在拉丁美洲,千万不能送菊花,人们将菊花看作一种"妖花",只有人死了才会送一束菊花。在巴西,绛紫的花主要是用于葬礼,看望病人时,不要送那些有浓烈香气的花。墨西哥人和法国人忌讳黄色的花。与德国、瑞士人交往,送朋友妻子或普通异性朋友,不要送红玫瑰。

十、电话礼仪

电话被现代人公认为便利的通讯工具,在日常生活中,通过电话交谈也能粗略判断对方的人品、性格。因而,掌握规范的、礼貌的打电话方法是非常必要的。打电话时虽然相互看不见,但说话声音的大小,对待对方的态度,使用语言的简洁程度等,这些看不见的风度表现,都会通过电话传给对方。电话虽然是机械的,但使用它的第一件事就是用声调表达出你的诚恳和热情,声音悦耳,音量适中,这是每一位打电话的人都应遵守的最简单、最起码的礼貌。

(一) 电话准备:左手听筒右手笔、列出通话重点、先"清场"

1. 第一声铃声响,深呼吸,调整情绪;

2. 第二声铃响,拿起电话首先自报家门,然后询问对方来电意图;

3. 电话交流要认真理解对方意图,作必要重复和附和;

4. 应备有电话记录本,重要电话应做记录;

5. 电话内容结束,应等对方放下话筒之后,再轻轻放下;

6. 通话时间,一个电话最长不超过3分钟,工作电话通常是2分钟,别浪费别人的时间;

(二) 电话语言表达的礼仪要求

1. 控制语调:适中。过高:生硬、冷淡、尖刻;过低:无精打采;过长:懒散拖拉;过短:不负责任。

2. 掌握音量:过高过低不利于对方接受信息。

3. 调整语速:过快,影响对方接收信息,过慢容易引起对方不耐烦和急躁的情绪。

4. 把握语气:温和、亲切自然。

十一、宴会礼仪

宴请是常见的交际型公关活动模式,举办宴请活动一方面要注意程序:(1)确定宴请目的、时间、地点、名义、对象、形式;(2)发出邀请;(3)订菜;(4)席位安排。

另一方面餐桌上有许多应注意的礼仪,而这些礼仪常被忽视。

(一) 就座和离席

1. 应等长者坐定后,方可入座。

2. 席上如有女士,应等女士坐定后,方可入座。如女士座位在隔邻,应招呼女士。

3. 用餐后,须等男、女主人离席后,其他宾客方可离席。

4. 坐姿要端正,与餐桌的距离保持适宜。

5. 在饭店用餐,应由服务生领台入座。

6. 离席时,应帮助隔座长者或女上拖拉座椅。

(二)香巾的使用

1. 餐巾主要防止弄脏衣服,兼做擦嘴及手上的油渍。

2. 必须等到大家坐定后,才可使用餐巾。

3. 餐巾应摊开后,放在双膝上端的大腿上,切勿系入腰带,或挂在西装领口。

4. 切忌用餐巾擦拭餐具。

(三) 餐桌上的一般礼仪

1. 入座后姿式端正,脚踏在本人座位下,不可任意伸直,手肘不得靠桌缘,或将手放在邻座椅背上。

2. 用餐时须温文而雅,从容安静,不能急躁。

3. 用餐后,须等男、女主人离席后,其他宾客方可离席。

4. 口内有食物,应避免说话。

5. 自用餐具不可伸入公用餐盘夹取菜肴。

6. 必须小口进食,不要大口的塞,食物未咽下,不能再塞入口。

7. 取菜舀汤,应使用公筷公匙。

8. 吃进口的东西,不能吐出来,如系滚烫的食物,可喝水或果汁冲凉。

9. 送食物入口时,两肘应向内靠,不直向两旁张开,碰及邻座。

10. 自己手上持刀叉,或他人在咀嚼食物时,均应避免跟人说话或敬酒。

11. 好的吃相是食物就口,不可将口就食物。食物带汁,不能匆忙送入口,否则汤汁滴在桌布上,极为不雅。

12. 切忌用手指掏牙,应用牙签,并以手或手帕遮掩。

13. 避免在餐桌上咳嗽、打喷嚏、怄气。万一不禁,应说声"对不起"。

14. 喝酒宜各自随意,敬酒以礼到为止,切忌劝酒、猜拳、吆喝。

15. 如餐具坠地,可请侍者拾起。

16. 遇有意外,如不慎将酒、水、汤计溅到他人衣服,表示歉意即可,不必恐慌赔罪,反使对方难为情。

17. 如欲取用摆在同桌其他客人面前之调味品,应请邻座客人帮忙传递,不可伸手横越,长驱取物。

18. 如系主人亲自烹调食物,勿忘给予主人赞赏。

19. 如吃到不洁或异味,不可吞入,应将入口食物,轻巧的用拇指和食指取出,放入盘中。倘发现尚未吃食,仍在盘中的菜肴有昆虫和碎石,不要大惊小怪,宜侯侍者走近,轻声告知侍者更换。

20. 食毕,餐具务必摆放整齐,不可凌乱放置。餐巾亦应折好,放在桌上。

21. 主食进行中,不宜抽烟,如需抽烟,必须先征得邻座的同意。

22. 在餐厅进餐,不能抢着付账,推拉争付,行为不雅。倘若要做客,不宜与主人争抢付账。未征得朋友同意,亦不宜代友付账。

23. 进餐的速度,宜与男女主人同步,不宜太快,亦不宜太慢。

24. 餐桌上不应谈悲戚之事,否则会破坏欢愉的气氛。

⇨ **案 例 11-4**

李鸿章出使德国时出的洋相。李鸿章应俾斯麦之邀前往赴宴,由于不懂西餐礼仪,他把一碗吃水果后洗手用的水端起来喝了。当时俾斯麦不了解中国虚实,为不使李鸿章丢丑,他也将洗手水一饮而尽,见此情形,其他文武百官只得忍笑奉陪。今天东西方人民之间的交往日益频繁,了解餐桌上的礼仪也是十分必要。

(资料来源:http://www.icecream68.com)

第三节 公关人员的仪表、仪容、仪态

一、个人形象礼仪

个人礼仪是其他一切礼仪的基础,是一个人仪容焕发、仪表、言谈、行为举止的综合体现,是个人性格、品质、情趣、素养、精神世界和生活习惯的外在表现。孔子曰:见人不可不饰,不饰无貌,无貌不敬,不敬无礼,无礼不立。公关人员形象礼仪总的规范为整洁清爽、端庄大方。个人形象在构成上主要包括六个方面。它们亦称个人形象六要素。

第一、是仪容。是指一个人个人形体的基本外观。

第二、是表情。通常主要是一个人的面部表情。

第三、是举止。指的是人们的肢体动作。

第四、是服饰。是对人们穿着的服装和佩戴首饰的统称。

第五、是谈吐。即一个人的言谈话语。

第六、是待人接物。具体是指与他人相处时的表现,亦即为人处世的态度。

案例 11-5

有位女职员是财税专家,她有很好的学历背景,常能为客户提供很好的建议,在公司里的表现一直很出色。但当她到客户的公司提供服务时,对方主管却不太注意她的建议,她所能发挥才能的机会也就不大。一位服装大师发现这位财税专家,在着装方面有明显的缺撼:她 26 岁,身高 147 厘米,体重 43 公斤,看起来机敏可爱,喜着童装,像个小女孩,其外表与她所从事的工作相距甚远,所以客户对她提出的建议缺少安全感、依赖感,所以她难以实现她的创意。这位服装大师建议她用服装来强调专家的气质,用深色的套装,对比色的丝巾、镶边帽子来搭配,甚至戴上黑边眼镜。女财税专家照办了,结果,客户的态度有了较大转变,很快,她成为公司的董事之一。

(资料来源:陶应虎,顾晓燕.公共关系原理与实务[M].清华大学出版社,2006 年)

案例 11-6

一位女推销员在美国北部工作,一直都穿深色套装,提着一个男性化的公文包。后来她调到阳光普照的南加州,她仍然以同样的装束去推销商品,结果成绩不够理想。后来她改成穿色彩淡的套装和洋装,换一个女性化一点的皮包,使自己有亲切感,着装的这一变化,使她的业绩提高了 25%。

(资料来源:陶应虎,顾晓燕.公共关系原理与实务[M].北京:清华大学出版社,2006 年)

思 考 题

请问从以上这两个案例中我们可以得到什么启发?

(一) 仪容的含义

仪容是指人的容貌、形体和体态协调美;是一个人内在美的外表体现,内在美是本质。仪容美的基本要素是貌美、发美、肌肤美,主要要求整洁干净。美好的仪容一定能让人感觉到其五官构成彼此和谐并富于表情;发质发型使其英俊潇洒、容光焕发；肌肤健美使其充满生命的活力，给人以健康自然、鲜明和谐、富有个性的深刻印象。但每个人的仪容是天生的，长相如何不是至关重要的，关键是心灵的问题。从心理学上讲每一个人都应该接纳自己、接纳别人。

(二) 个人礼仪规范：服饰

在商务、事务、社交场合，人的仪表不但可以体现他的文化修养，也可以反映他的审美趣味。穿着得体，不仅能赢得他人的信赖，给人留下良好的印象，提高与人交往的能力。相反，穿着不当，举止不雅，会降低你的身份，损害你的形象。由此可见，仪表是一门艺术，它既要讲究协调、色彩，也要注意场合、身份。同时它又是一种文化的体现。

着装原则：TOP 原则、和谐原则、整洁原则、个性原则

T(time)：时间原则（早中晚、四季、时代）

O(occasion)：场合原则（气氛）

P(place)：地点原则（室内室外、环境变化）

和谐原则：年龄、体形、肤色、职业

色彩搭配：主色、同色、相近色（色彩的情感意义）

西装穿着：西装的选择、着装规范、领带的使用领带、鞋袜

女装穿着：女士职业装、首饰佩戴、香水使用

手提包：真皮、配套、造型大方、用包不宜多、不张扬、不乱装、不乱放

二、个人形象规范：举止

(一) 走姿

走姿的基本要求应是从容、平稳的，应走出直线。具体要求：(1)双目向前平视，微收下颌，面容平和自然。(2)双肩平稳、肩峰稍后张，大臂带动小臂自然前后摆动，肩勿摇晃；前摆时，手不要超衣扣垂直线，肘关节微屈约 30 度，掌心向内，勿甩小臂，后摆时勿甩手腕。(3)上身自然挺拔，头正、挺胸、收腹、立腰，重心稍向前倾。(4)行走时应抬头，身体重心稍前倾，挺胸收腹，上体正直，双肩放松，两臂自然前后摆动，脚步轻而稳，目光自然，不东张西望。(5)遵守行路规则，行人之间互相礼让。三人并行，老人、妇幼走在中间。男女一起走时，男士一般走在外侧。走路时避免吃东西或抽烟。遇到熟人应主动打招呼或问候，若需交谈，应靠路边站立，不要妨碍交通。

(二) 站姿

站姿的要求：挺直、舒展，手臂自然下垂。正式场合不应将手插在裤袋里或交叉在胸前，不要有下意识的小动作。女性站立时双腿要基本并拢，脚位应与服装相

适应。穿紧身短裙时,脚跟靠近,脚尖分开呈"V"状或"Y"状;穿礼服或者旗袍时,可双脚微分。

(三) 坐姿

坐姿的要求:入座时动作应轻而缓,轻松自然。不可随意拖拉椅凳,从椅子的左侧入座,沉着安静地坐下。女士着裙装入座时,应将裙子后片拢一下,并膝或双腿交叉向后,保持上身端正,肩部放松,双手放在膝盖或椅子扶手上。男士可以微分双腿(一般不要超过肩宽),双手自然放在膝盖或椅子扶手上。离座时,应请身份高者先离开。离座时动作轻缓,不发出声响,从座位的左侧离开,站好再走,保持体态轻盈、稳重。

(四) 蹲姿

下蹲首先以正确的站姿站好,上体保持直立,目视前方,弯下膝盖,膝盖并拢,臀部向下,双手放于双膝之上或自然垂于体侧。若用右手捡东西,可以先走到东西的左边,右脚向后退半步后再蹲下来。

(五) 上下轿车的姿态

在正常情况下,上轿车应扶着车门,把身体放低,臀部先进入车内坐稳,然后将头和身体进入车内,最后将脚收回车厢,身体坐正,面向前方,双膝双脚并拢。下车时应先将外侧的腿移出车门,着地站稳后,臀部离座外移,同时移动另一只腿,双脚着地。

若女士穿短裙上车时,应首先背对车门,坐下之后再慢慢地将并拢的双腿一齐收入,然后再转向前方;下车时,应首先转向车门,将并拢的双腿移出车门,双脚着地后,再缓缓地移出身子。

三、个人形象规范:谈吐

谈吐即一个人的言谈话语。

1. 注意语言文明、语气诚恳、语调柔和、语速适中、吐字清晰;称呼要多用尊称、敬称,少用爱称、昵称、别称、尽量不要直呼其名。

2. 交谈内容要使对方感到自豪、愉快、擅长和感兴趣,要格调高雅、欢快轻松,不要涉及对方弱点与短处、个人隐私、庸俗下流和怪力乱神之类的东西及小道消息。

3. 发问要适时,要多谈大家,少谈自己,交谈中自吹自擂、说个没完、语言刻薄、逢人诉苦、不言不语都是不受欢迎的。谈话时要有礼有节、尽心倾听有问必答,不要轻易打断别人谈话或随便走开,更不能面带倦容、漫不经心,男子不要加入女士圈内的议论,与异性谈话要简短、谦让,争论有节制,不要随意开玩笑。

▷ **资料连接 11-1**

　　法国形象研究专家给女性的建议:专家调查了 3000 多人,以白领、高端人士为主,核心问题是"对女性魅力影响最大的因素是什么? 结果第一是仪态,第二是表情,第三是体重,第四是语言,第五是穿着,第六是发型,第七是化妆。

▷ **本 章 小 结**

　　本章重点介绍公关礼仪的含义、常用的社交礼仪的方法、仪容仪表等知识。人与人的相识是借助礼貌礼仪开始的。在公关活动中,公关人员代表着社会组织,这是以一定的仪表、装束、言谈、举止及某种行为出现的,这些因素作用于公众的感官,会给其留下深刻的视觉印象,这种印象能产生直接的效果,常常会使人形成一种特殊的心理定势和情绪定势,无形中影响着相互交往的进展与深度。公关人员得体大方的衣着,彬彬有礼的举止,良好的精神面貌,温文尔雅的谈吐,定会给公众留下深刻美好的印象,从而取得信任,建立友谊,有效地进行公关活动。 因此,礼仪不仅起着媒介的作用,也起着"黏合"和"催化"的作用,对于表达感情,增进了解,树立形象是必不可少的,同时也可提升企业、事业和行政单位的形象 。

▷ **复习思考题**

一、名词解释

　　礼仪　　仪容　　仪表　　仪姿　　素质　　形象

二、简答题

　　1. 礼仪的含义? 礼仪的基本特征?

　　2. 公关人员应具备哪些常用的社交礼仪?

　　3. 如何进行自我介绍?

　　4. 握手的次序是怎样的? 握手时应注意哪些问题?

　　5. 交换名片的礼节有哪些?

　　6. 如何塑造良好的个人形象?

三、案例分析

"女士优先"应如何体现

　　在一个秋高气爽的日子里,迎宾员小贺,着一身剪裁得体的新制衣,第一次独立地走上了迎宾员的岗位。一辆白色高级轿车向饭店驶来,司机动作熟练且姿势标准,并目视客人,礼貌亲切地问候,动作麻利而规范、一气呵成。准确地将车停靠在饭店豪华大转门的雨棚下。小贺看到后排坐着两位男士、前排副驾驶座位上坐着一位身材较高的外国女宾。小贺一步上前,以优雅姿态和职业性动作,先为后排客人打开车门,做好护顶关好车门后,小贺迅速走向前门,准备以同样的礼仪迎接那位女宾下车,但那位女宾满脸不悦,使小贺茫然不知所措。通常后排座为上座,一般凡有身份者皆在此就座。优先为重要客人提供服务是饭店服务程序的常规,这位女宾为什么不悦? 小贺错在哪里?

（资料来源:陈刚平,周晓梅.旅游社交礼仪[M].北京:旅游教育出版社,2000 年）

第十一章　公共关系文书

⇨ 学习目标

1. 了解公共关系文书的概念、分类、特点与写作原则。
2. 掌握公关策划书的结构和内容。

⇨ 引　　例

关于参加 2009 年"第 23 届印度工业贸易博览会"的邀请函

冀公关字〔2009〕07 号

各有关企、事业单位总经理、董事长、相关领导：

印度是我国南亚地区最大的贸易伙伴。河北省国际国内公共关系协会与印度西孟邦国家工商会间交往历史悠久，彼此建立了广泛而深入的经贸合作，双方曾于2005 年在河北省石家庄市成功举办了"2005 中国河北企业经贸洽谈会"、"2006 年河北省国际国内公共关系协会以下简称协会组织河北省内企业家赴印举办经贸洽谈会"、2008 年于广东省佛山市成功举办了"2008 印度不锈钢产品采购洽谈会"，为进一步推动中印经贸关系，扩大我省对南亚市场的进出口做出了巨大的贡献。河北省国际国内公共关系协会会同《公共关系》杂志社研究决定：今年继续组织省内企业参加由印度西孟邦国家工商会、印度西孟加拉邦政府、印度贸易促进会于2009 年 12 月 23 日至 2009 年 12 月 29 日在印度第二大城市加尔各答举办的"第23 届印度工业贸易博览会"以下简称第 23 届印博会。特此诚邀省内有关行业的企业及相关领导派员参展及洽谈活动。展会介绍见附件 1，参展行程见附件 2，参展单位申请表见附件 3。

为保证第 23 届印博会的成功举办，为更好地增强省内企业的参展效果，协会在展会专门设立了中国河北展区，并将为前来参展的省内企业组织对口采购商及合作者参加 B2B 合作洽谈活动以及参观当地配套合作意向的工厂，寻求合作伙伴，让参会的各企业不虚此行。凡参展企业均可免费参加此活动，企业需在报名时同时将企业名称，业务范围，参展目的（出口、进口，在印度建立合资、合作企业，在中国建立合资、合作企业）等中/英文资料提供给协会，以便我们有针对性地为参展企业寻找客户。

同时,为了给每家参展企业有针对性地邀请专业客商,促进成交,凡在 8 月 14 日之前报名参展的企业资料可进入在 11 月份印制的《参展会会刊(FAIR CATA-LOGUE)》。

根据国家政策规定,凡参加该展会的中小企业均可申请国家开拓资金补贴,申请企业必须符合以下条件:

(1)具有企业法人资格,拥有进出口经营权或对外经济合作经营资格,上年度海关统计出口额在 1500 万美元以下;

(2)近两年在外经贸业务管理、财务管理、税收管理、外汇管理、海关管理等方面无违法行为;

(3)具有从事国际市场开拓的业务人员,对国际市场有明确的工作安排和市场开拓计划。

如企业有参展意向,请填好《参展单位申请表》并加盖公章后于 8 月 14 日前寄或传真至协会,我们会尽快确认您的申请并与您取得联系,以便顺利地进行筹展工作。有关参展费用,请见《参展单位申请表》。

联系方式:

(1)联系人:李梅珍主编　电话:0311－87017701　手机:13171899222
　　　　　史军爽副主编　电话:0315－2821330　手机:13703152285

(2)《公关世界》杂志社　电话:0311－87017706

(3)河北省公共关系协会　电话/传真:0311－87881775

● E－mail:www. ggsjvip. 126. com

● 网址:www. ggsjzzs. com　　www. hbpra. com

● 地址:石家庄康乐路 35 号(河北省财政厅北院)东二楼 201－210 号

河北省国际国内公共关系协会　　　　《公共关系》杂志社
(盖章)　　　　　　　　　　　　　(盖章)
二〇〇九年六月一日　　　　　　　二〇〇九年六月一日

(资料来源:引自 www. ggsjzzs. com)

第一节　公共关系文书概述

一、公共关系文书的含义与分类

公共关系活动是组织向公众传递消息的过程。这种对内对外的信息传递总是需要一定的信息载体,包括语言的、非语言的、文字的。这种为实现公共关系目的和开展公共关系活动而使用的文字信息载体的总称,称之为公关文书。公关文书是公共关系工作的重要组成部分,是社会组织与公众沟通信息和情感不可缺少的传播载体。随着公共关系活动空间的不断扩大,公关文书的运用日益广泛,掌握公关文书的写作知识具有重要的意义。

公共文书种类很多,主要可分为以下几种。

(一)从公文的来源来划分。可分为对外公文、收来公文、内部公文。对外公文是指单位向外发出的公文,是用来向其他单位请示、汇报、联系有关事宜使用的,如向上级单位所进行的请示和报告,对下属单位的指示,对平级或不相隶属的单位使用的公函等。收来公文是指上级单位、所属单位和其他外部单位发来的公文。内部公文是指本单位拟制的,并且在本单位内部使用的公文,如机关内部使用的通知、计划、总结和会议等。

(二)从公文的行文关系上来划分。可分为上行文件、平行文件、下行文件。上行文件指本单位对上级机关的发文,如请示、报告等。平行文件是指平级或不相隶属机关之间的发文如通知、公函等。下行文件是指本单位对所述机关的发文,如命令、指示、批复等。

(三)从公文的性质划分。可分为行政公文、党务公文、法规公文、司法公文、外交公文、计划公文、军事公文。行政公文是指国家行政机关和企业、事业单位内的行政机构,处理日常工作使用的文件,如通报、请示、报告、会议纪要、函等。党务公文是指由党的机关或组织制定发放的文件,它反映党的领导活动和党的组织建设等,如章程、规定、准则、决定、决议、指示、通知等。法规公文是指由国家权力机关和行政机关制定和颁布的法律、法令和行政法规、条例、规则、制度等。司法公文是指公安、检察、法院等机关,依法处理各类案件中产生和使用的文字材料,如立案报告、破案报告、通缉令、起诉书、笔录、开庭通知书等。外交公文是指外事活动中专门使用的文件,如国书、照会、议定书、备忘录、护照、条约等。计划公文是指由各级政府提请同级国家权力机关审查批准的国民经济与社会发展计划、财政预算、决算等。军事性公文是指军队内部以及与军外单位往来所使用的文字材料,如命令、通令、指令等。

(四)从公文的处理要求划分。可分为三种情况:1、按内容要求划分:可分为需办公文、参阅公文。需办公文是指要求承办答复的。参阅公文则只供阅读和参照使用。2、按时间处理要求划分:可分为急件和平件。急件是指要求急办的,又分特急、紧急和急件等。平件是指在办理的缓急时限上与急件相对而言宽松一些,但不能理解为慢慢办理,同样也需抓紧。3、按机密处理要求划分:可分为机密件和普通件。机密件又分为绝密、机密、秘密三级,机密程度越高,要求越严,阅读范围就限制得越小,并要求专门保管。普通件一般不限制阅读范围。

(五)从公文的使用范围划分。可分为通用公文、专用公文、科技公文。通用公文是指党政军各级机关和人民团体、企事业单位等,在公务活动中普遍使用的公文。专用公文是指在一定工作部门和业务范围内,按特殊需要专门使用的公文,其专业性强,如外交公文、司法公文、军事公文及统计公文等。科技公文是指科技、设计和生产建设部门在自然科学研究、生产技术和艺术建设活动中产生和形成的公文,如设计图纸、说明书等。

二、公共关系文书的写作原则

要写出具有公共关系特点的高质量的文书,除了公关人员要掌握有关政策,并熟悉公关业务外,还必须遵循以下几个原则。

(一) 真实可靠原则

公关文书的写作是以公共关系的实际情况为前提的,必须准确无误,实事求是。因此,真实可靠是提高公共关系写作艺术的一条重要原则。这一原则应具体体现在以下三个方面:一是在内容上必须符合实际,真实地反映客观事物的本来面貌。公共关系是用事实说话的,很多公关文书历来都是建立在"事实胜于雄辩"这一信条上的。二是公关从业人员自身应诚实可靠。很难想象,一个不被公众信任的被认为是不诚实的传播者能够取得良好的传播效果。三是公关文书中的措施、办法要切实可行。一个无措施、无办法的文书,是难以称作公关文书的。

以上三方面实际上是相互联系的。一个诚实值得依赖的社会组织和公关从业人员,在公共关系文书写作时一定会本着对内外公众和领导层负责的精神,在写作中坚持实事求是的原则,在传播内容上确保真实,使用材料时,要实实在在,不允许主观臆断、弄虚作假,一旦发现有关材料是不真实的,在写作时就绝对不能用它;措施办法切实可行,不掺杂任何弄虚作假和想象臆断的成分,在传播技巧的运用上也是以不影响内容的真实性为前提的,宁要内容的真实,也不要技巧的花俏,因为真实性是第一位的,写作技巧也是为内容的真实性服务的。

(二) 着眼公众原则

所谓着眼公众原则,就是在公关文书的写作中,要根据不同公众的不同特点,书写与公众相适应的公关文书。尽管传播方式很多,但是,每一种传播方式都有其适应的具体对象。而且文书对象的数量极大,个性特征、思想状况、心理需要和物质需要千差万别,每一种传播方式不可能适用于所有的不同类型的文书对象。这就要公关文书的写作者必须因人而异,根据具体情况,对症下药,有针对性地应用各种不同的写作艺术。

要贯彻好这一原则应注意以下几点事项:

第一,公关文书写作前,必须进行调查研究,了解公众的具体情况、不同特点和具体要求。具体地说,公众群体的态度怎样,性别和年龄特征如何,受教育程度多高,为人秉性脾气如何,等等。只有深入地了解公众的实际情况,才能做到有针对性地运用公共关系写作的传播艺术。

第二,在调查研究的基础上,要着眼于影响公众的态度。公众的态度是指公众对某一对象的评价及其行为倾向。公共关系活动以影响公众态度为目的,亦把公众态度引导到对公共关系主体的有利方面来。正是这个意义上,公关文书写作的艺术,也必须为影响公众态度服务。着眼公众原则要反对不顾公众的心理要求和心理发展规律,用强制性手段改变公众的态度。总之,影响公众的态度既不要以"不能完全避免"为由,去迎合部分公众的不健康的、不合理的要求,又要尊重公众的心理要求,尊重人的心理发展规律。否则,影响公众态度就会成为一句空话,成为没有实际内容的"空洞的原则"。

(三) 勇于创新原则

公关写作技巧运用的灵活性以及创新性程度如何,是公关写作艺术运用水平高低的重要标志,也是使信息传播畅通的保证。而公关写作者要承担起这样的任务,没有勇于创新的精神是不行的。

公关文书的写作,虽说有前人长期积累的经验,不少文种也有固定的结构格式或套路,但如果缺乏创新意识,没有新的思想、新的框架、新的思路,写出来的文章陈词滥调、了无新意,或者是千篇一律,也是失败的状况。随着现代传播技术的日益更新,传播媒介的多样化,传播功能的扩大化,它必然要求公关文书的写作不断创新。

第二节　公共关系策划书的撰写

一、公共关系策划书的含义

策划,即筹划或谋划。任何一项活动都离不开策划,公关也是如此。公关活动的成功与否,很大程度上取决于公关展开前的策划工作是否周密准确。所以公关要确保理想的公关效果,就必须做好策划工作。

公共关系策划书是以书面文字的形式,把策划者头脑中的构思和创意条理化和系统化,形成具体可供实施的方法和步骤。策划书是策划者思维水平的具体体现。一份理由充分、条理清晰、目的明确、创意独到、开支合理、效果可见又便于操作的策划方案,也是说服和打动决策者、赢得他们拍板认可的先决条件。

二、公关策划的种类与特征

公关策划是公关主体为实现公关目标,对公关客体从战略和策略上进行的整体运筹规划活动。公关策划一般包括两种:一种是单独性的,即为一个或几个单一性的公关活动进行策划;另一种是系统性的,即为大规模或一连串的,为达到同一目标所做的各种不同的公关活动而进行的策划。公关策划作为一个动态系统过程,具有指导性、整体性和事前性特征。

三、公关策划的内容

公关策划是对整个公关活动的全面策划,它包括的内容很广泛。主要的内容是对客体环境进行分析和对公关目标、公关对象、公关媒体、公关事件、广告创意和广告策略等进行策划。

四、公关策划书的撰写

公关策划书的写法并无定式,一般根据实际的需要和策划者的文笔风格来撰写。但是无论方案形式、内容有多大的差别,一份完整的策划书应当具备5W2H1E。"5W":What——策划的目的、内容,Who——策划组织者、策划者、策划所涉及的公众,Where——策划实施地点,When——策划实施时机,Why——策划的缘由;"2H":How——策划的方法和实施形式,How much——策划的预算;Effect——策划结果的预测。这八个要素是一份完整的策划书应具备的基本骨架。写作者可根据自己的需要进行完善和组合搭配。

一份完整的公共关系策划书的基本格式,大致包括下列五项内容。

(一) 封面

策划方案的封面不必如书籍装帧那样去考虑其设计的精美,但文字的书写及排列应大小协调、布局合理,纸张要略比正文厚些。封面的内容一般包括以下内容。

1. 题目。题目必须具体清楚,让人一目了然。

2. 策划者单位或个人名称。如系群体或组织完成,可署名"某某公共关系公司"、"某某专家策划团"或"某公司公共关系部",对其中起主要作用的个人也可在单位名称之后署名,如"总策划某某"、"策划总监某某"等。策划方案如系个人完成则直接署名:策划人某某。

3. 策划方案完成日期。写明年月日甚至时。

4. 编号。比如根据策划方案顺序的编号,根据方案的重要性或保密程度的编号或根据方案管理的分类编号。

5. 在需要的情况下,可考虑在封面上简洁地加上说明文字或内容提要。

5. 如策划方案尚属草稿或初稿,还应在标题下括号注明,写上"草案"、"讨论稿"、"征求意见稿"等字样。如果前有"草稿",决策拍板后的策划方案就应注明"修订稿"、"执行稿"等字样。

(二) 序文

并非所有的方案都需要加序,除非方案内容较复杂,才有必要以简洁的文字作为一个引导或提举。

(三) 目录

这也和序文一样,除非方案头绪较多较复杂,才有做目录的必要,目录是标题的细化和明确化。要做到让读者看过标题和目录后,便知整个方案的概貌。

(四) 正文

正文就是对前述 5W2H1E 八个要素的表述和演绎。主要内容有活动背景分析、活动主题、活动宗旨与目标、基本活动程序、传播与沟通的方案、经费概算和效果预测等。正文的写作需要周到,但应以纲目式为好,不必过分详尽地去加以描述渲染,也不要给人以头绪繁多杂乱或干涩枯燥的感觉。

(五) 附件

重要的附件通常有:①活动筹备工作日程推进表。②有关人员职责分配表。③经费开支明细预算表。④活动所需物品一览表。⑤场地使用安排表。⑥相关资料。这主要是提供给决策者参考的辅导性材料,不一定每一份方案都需要。如完整的专项调查报告、新闻文稿范本、演讲词草稿、相关法规文件、平面广告设计草图、电视片脚本和纪念品设计图等。⑦注意事项。即将策划文案实施过程中应当注意的事项做一重点集中的提示,如需决策者出面对各部门的协调,遇到特殊情况时的应变措施等。

⇨ 范 例 11-1

公共关系策划书——××大学××周年校庆公共关系策划方案

活动背景

2009 年时值××大学××岁的生日,在经历了××年的风风雨雨和历史沉淀后,××大学已形成了自己独特的历史传统和深厚的文化蕴涵。在"建设西北"、"开发西北"的时代呼唤声中,它扎根于杨凌,在"西部大开发""志愿服务西部"的浪潮中,它已桃李满天下。

作为教育部直属全国重点大学以及"985"工程和"211"工程重点建设高校,×

××大学人始终秉着"诚、朴、勇、毅"的校训,始终瞄准高科技前沿,坚持围绕国家和区域性重大战略需求,积极开展面向农业生产实际应用基础性和应用性研究,始终关注"三农",情系民生,××年来,在农业部科技领域,取得了许多傲人的成绩。

举办××大学××周年校庆活动主旨是为了回顾学校历史,展现办学成就,扩大知名度和美誉度。同时,增强学校凝聚力和向心力,推动学校全面、快速发展,成为全国甚至世界知名的高等学府。

活动总主题:回首历史,展现成就,凝聚人心,谋求合作,提升品位,铸造名牌。

活动目标

1. 通过本次公关活动,向社会各界宣传××大学的发展历史,科研成果,教学成就,扩大学校在社会上的影响力,塑造良好的社会形象,提升学校的认知度和美誉度。

2. 通过本次庆典活动,营造出学校特有的丰富的文化氛围和学术风采,加强学生对母校的认识和了解,同时,激发老师和学生的集体荣誉感和自豪感。

3. 提高学校自身的效益,通过校庆活动尽可能地争得社会各界的支持与赞助,为我校广大师生向外学习发展提供机遇和优惠,同时,通过此次公关活动吸引更多优秀人才到本校发展,扩大学校的精英队伍,提升学校内部的"软件"实力,为学校长远发展储备力量。

活动方案

一、启动阶段

1. 成立储备领导机构和工作机构,并确定要安排各机构的任务以及职责范围。如:校庆筹备委员会,联络接待组、活动宣传组、会议演出组、校史材料组、资料捐赠组、后勤保障组、环境与建设组、筹款与经费组、安全保卫组。

2. 研究确定校庆日和名称,如:2009 年 9 月××日——××日。

3. 举办各类营造迎接校庆氛围的活动。

(1)以"今天是你的生日——我的母校"为主题举办征文、绘画、摄影、书法展活动。

(2)为增加喜庆气氛,向校内外发出邀请征集庆贺对联并选择优秀对联进行展览。

(3)校服征集活动,目的是完善学校的文化建设,增强学生的归属感与自豪感,并要求校庆期间学生统一穿校服。

(4)校徽征集活动,目的是增强师生的情感归属,同时,也为了体现学校在社会上的认知程度,并要求校庆期间全校师生佩戴校徽。

(5)以"母校,我为你骄傲"为主题,举办庆祝××大学××周年演讲活动,并将获奖作品编撰成书。

（6）以"××人·事·物"为主题举办 MV 短片征集活动,并将精彩视频放到视频网上公开浏览,宣传××。

（7）征集校庆主题歌,比如"咱们都是××人",并在校庆期间播放。

（8）举办"校史知识抢答赛"活动,加强学生对学校的了解和认识,增强学生的归属感和荣誉感。

4．期待活动经费筹集工作,并接受社会各界的赞助。

5．研究确定规划项目和校园景观项目。

二、筹备阶段

（一）学校内部公关活动

1．建设各地校友联络点,编辑《校友通讯录》,建立并公开校友网站。

2．编撰校史,并编印画册,同时将校史制成专题片。

3．出版校庆主刊,让全校师生以及社会人士关注校庆。

4．涉及校庆宣传佳品,并作为嘉宾的赠送礼品,如:精美时尚的手提袋、书签、皮质公文包、相册、挂历、保温杯等。

5．布置校史陈列馆。

6．编撰学校科研成果大事记,并制作成专辑。

7．组织校园环境美化,校园整修,比如,图书馆、8 号楼、食堂等重修工程,××活动中心、××的换新工程以及校园绿化工程等。

8．制订学术交流活动方案,设立校友论坛、高校论坛、专家论坛等。

9．组织文艺活动排练。

10．开展"昨天、今天、明天"××大学××系的发展历程主题图片收集和编辑工作,并制成专题片。

11．改善全校师生的生活服务设施,相应地开展一些福利性的实际工作,如:

（1）给全校师生发放奖金、助学金等作为庆贺;

（2）与中国移动或者联通合作,开展"迎校庆,送话费"活动,在庆典期间免费赠送广大师生 10～15 元话费。

12．制作来宾签到册。

13．开展各规划项目的具体实施工作。

14．做好来宾住宿安排准备工作。

15．庆典会场的布置工作以及南北校区装扮工作。

（二）学校外部公关活动

1．提前拟定邀请嘉宾名单。如:中央省、市、区领导,一些社会名流(体、影、歌星),国内著名学者,其他高校代表,往届校友(尤其是一些知名的老校友),优秀毕业生代表,海外人士,新闻人士,××组委会领导以及家长代表等,提前半个月～一个月将请柬送达至出席人员手中,并在请柬上写明××大学校区活动时间、地点、方式等具体事项。

2. 利用庆典活动,与更多的企业和单位交流接触,邀请参加××大学××年校庆活动,并向其推荐我们的学生,扩大学校的就业渠道,提高学校的就业质量。

3. 大力宣传,争取新闻报道。通过报纸、电视、广播、杂志、网络等公布网址、联系人、联系方式等,并大力宣传××大学,让更多的社会各界人士关注××大学校庆活动,并争取更多的企业赞助,同时,尽可能争取获得当地地方台的现场直播。

4. 利用庆典活动,邀请常年向学校提供大量高考优秀生的各地区高级中学领导和部分学生代表参加学校的庆典活动,进一步宣传学校的形象,力争吸引更多的高考优秀生,丰富学校的人才资源。

三、庆典阶段(具体方案)

1. 举行隆重而有创意的开幕式。首先进行奏国歌、升国旗仪式和检阅学校仪仗队;接着是"百人激情腰鼓"并伴有舞狮,随后由校长宣布"××大学校庆开幕式正式开始",全场起立,高唱××大学校歌;然后,学校领导,教师代表,知名老校友代表,社会各界代表,学生代表及家长代表们先后上台发言。

2. 举行"××××周年纪念章"颁发仪式,由学生代表以及校友代表为社会各界人士颁发。

3. 举行2009级新生阅兵式,一方面展现新生的朝气与活力,也象征学校的蓬勃发展;另一方面,让新生参与此次庆典活动,并以"阅兵式"特殊形式给母校献礼,不仅能够增强他们的归属感和自豪感,还能给会场增添一道亮丽的风景。

4. 举行一场庄重而盛大的在校优秀生现场入党宣誓活动。

5. 开通热线活动,让更多关注教育,关注××大学的热心人士通过电话传达美好祝愿。

6. 开展"万名学子报平安"活动,即在校园内设置多台免费电话,让学生打电话回家报平安,给学生提供一个与父母双向交流的平台,传达喜悦的气氛,让学生和家长都能真切的感受到学校的人文关怀。

7. 开展各式各样的葡萄酒会、座谈会、茶话会等,如:

①在庆祝活动第一天晚上,举行庆祝酒会,宴请来自各地的校友以及社会各界友好人士,政府单位等,不仅对他们的莅临表示欢迎,同时,也让嘉宾现场看葡萄酒调制全过程,了解本校的特色专业;

②以"成长经历,你我共励"为主题,举行学生代表座谈会,让学生畅所欲言,交流自己在学习生活中遇到的问题和烦恼,共勉共进;

③以"分享生活,畅谈人生"为主题,举行往届校友座谈会,可从1934年后每届学生选一名代表,一直到2005届,畅谈自己的成长;

④邀请各高校领导以及国内外专家学者共聚一堂,召开茶话会,共同探讨新的形势下,高校教育的发展路向等;

⑤以"××——无悔的选择"为主题,邀请××服务的志愿者回校作报告会,并播放他们在××工作、生活的MV,让更多的学生产生共鸣,唤起使命感,志愿投身于××建设中。

8. 举办各种形式的展览会:①学校优秀学术期刊展;②优秀毕业生论文展;③学校历史发展图片展;④学校科研成果图片展;⑤优秀社团活动图片展;⑥××大学大事记;⑦学生优秀科研项目展等。

9. 播放××大学"昨天·今天·明天"专题片。

10. 举办一系列参观活动,邀请嘉宾分批参观××大学的××基地——博览园——实验基地等。

11. 举办记者招待会,精心安排好招待会现场,并向外界发布新闻,宣传好××大学,有力塑造学校的形象。

12. 举办一次人才交流会,邀请各个单位招聘即将毕业的2006级学生,为学生就业创造良好机遇。

13. 举办一次特别的大型联欢晚会,邀请所有嘉宾出席。

14. 举办多台文艺演出,以不同的主题或不同的形式举办,如:"奋斗"、"腾飞"、"辉煌"、"梦想"或"歌唱晚会"、"曲艺晚会"、"舞蹈晚会"、"校友联谊"、"师生共舞"等。

15. 安排一次大型的签名活动,让社会各界人士以及广大师生签名留念。

16. 举办各种师生联谊竞赛项目,如乒乓球、羽毛球、篮球以及其他的体育竞技项目,目的是增强整个活动的欢乐气氛,同时也加强师生情谊。

四、尾声部分

1. 做好活动结束工作,认真安排嘉宾的归程旅途,要善始善终,给嘉宾留下美好的印象。

2. 做好信息反馈工作,可进行电话调查问候,了解他们对此次公关活动的评价,并让其对此次活动提出宝贵意见,以便日后改进。

3. 加强与参与此次活动的企业和赞助商沟通交流,为以后学校的长远发展奠定基础。

五、活动经费预算　略。

六、效果预测　略。

(资料来源:陶应虎.公共关系原理与实务.北京:清华大学出版社,2010年)

⇨ 本章小结

本章首先介绍了公关文书的定义、特点以及分类,然后介绍了公共关系策划的种类与特征、公关策划内容;最后重点介绍了公关策划书的撰写。

复习思考题

一、简答题

    1. 公关文书写作应遵循哪几方面的原则?

    2. 公共关系策划书的撰写包括哪些内容?

第十二章　危机公关

⇨ 学习目标

1. 掌握公共关系危机的概念和特点。
2. 理解公共关系危机产生的原因。
3. 掌握危机公关的处理对策。
4. 掌握危机公关时应注意的问题。

⇨ 引　例

LG 翻新事件

LG 翻新事件起源于 2006 年,在 2007 年上半年愈演愈烈。2007 年 1 月,在地下翻新工厂遭曝光后,LG 声称背后有人敲诈;2 月份又有媒体曝光工商局封存 5 台 LG 疑似翻新空调,随后 LG 承认更换部分产品包装;3 月,湖南省消费者张洪峰披露了湖南省质量检验协会的鉴定结果,确认"其购买的五台 LG 空调都是翻新机器",5 月份张洪峰通过博客再次披露了 LG 空调的质量问题。LG 翻新事件随着全国媒体的不断报道,从 LG 冰箱翻新、LG 空调翻新到 LG 彩电翻新,不断有新的猛料被曝光,LG 品牌一时陷入了空前的品牌危机。

(资料来源:根据《新浪家电,LG 翻新事件》改编,http://tech.sina.com.cn/e/watch_29,2011—8—21)

⇨ 思考题

1. LG 所面临的是什么情况? 为什么会在这个问题上越陷越深?
2. 如果你是 LG 公关部领导,你该怎么做?

第一节　公共关系危机概述

一、公关关系危机的含义和特点

(一) 危机与公共关系危机

1. 危机

危机有三种含义：一是指令人感到危险的时刻；二是指一种产生危险的祸根；三是指严重困难的紧要关头。就社会组织而言，危机是由于组织自身或者公众的某种行为，而导致组织环境恶化的那些突然发生的、危及生命财产的重大事件。这些危机不仅给组织造成人、财、物的损失，而且还会损害组织形象，使组织经营陷入困境。而组织如何处理危机事件，处理能力如何，都会对组织的经营状态产生重大影响。

2. 公共关系危机

它是指影响组织生产经营活动的正常进行，对组织的生存、发展构成威胁，从而使组织形象遭受损失的某些突发事件。公共关系危机现象很多，如管理不善，防范不力，交通失事等引发的重大伤亡事故；厂区火灾，食品中毒，机器伤人等引发的重大伤亡事故；地震、水灾、风灾、雷电及其他自然灾害造成的重大损失；由于产品质量或社会组织的政策和行为引起的信誉危机等，对这些危机事件处理不当，将会对社会组织造成灾害性的后果。

(二) 公共关系的特点

1. 必然性和普遍性

危机的必然性是指危机是不可避免的，只要有公共关系就会有公共关系危机。这是因为：

首先，由于公共关系系统是开放的，而且包括了许多彼此联系的复杂的子系统，是一个多输入，多输出，多干扰的主控系统，不确定因素的复杂性增加了危机产生的必然性，其任何一个薄弱的环节可能因某种偶然因素导致失衡、崩溃，形成公共关系危机。

其次，公关的过程是一种信息传播过程，更是一种控制过程，任何策划和决策都以信息为基础，而且方案的执行过程也是一个信息传播的过程，信息经过多层系、多渠道、多阶段的传输之后，其失真现象必趋严重，导致系统的稳定性减弱，一旦震荡度加大，危机便接踵而至。

2．突发性和渐进性

公共关系危机事件是一种突发性事件，但往往是渐进式的形成，冰冻三尺，非一日之寒。从本质上讲，公共关系危机的爆发是一个从量变到质变的过程。危机从其自身发展来说，一般由五个阶段：前兆期——加剧期——爆发期——处理期——消除期。

3．破坏性

危机事件作为一种公共事件，任何组织在危机中采取的行动和措施失当，将使企业的品牌形象和企业信誉受到致命打击，甚至危及生存。

危机在本质上或事实上对社会组织产生的破坏性是巨大的，必须尽力防范和阻止。但是既然危机爆发了，暴露了组织存在的问题，更是给组织提供了一个检视自我、提升应对风险能力的机会，危机的恰当处理也会带给组织新的收获。从辩证法的角度来看：危机＝危险＋机遇。

4．紧迫性和关注性

公共关系危机总是在短时间内突然爆发，使组织立刻处于备战状态，要求公关人员第一时间全面掌握事实真相。危机爆发所造成的巨大影响，又令人瞩目。它常常会成为社会和舆论关注的焦点和讨论的话题，成为新闻界争相报道的内容，成为竞争对手发现破绽的线索，成为主管部门检查批评的对象。

5．连锁效应与双重性

公共关系危机的影响很少是单一的，比如产品危机往往会连带企业形象和品牌危机，当一个危机的发生引发另一个危机时，就产生了危机的连锁反应。所以公共关系危机的处理必须要及时，尽可能地减少危机的连锁效应，时间越久，发生危机连锁效应的可能性就越大，破坏性也就越大。

公共关系危机在给企业带来危害性的同时，也蕴含着带来机遇的可能性。危机处理得好是契机，也是转机。有些组织在发生危机的时刻，能沉着应付，在危机中找出自身弊端，提高改进，显示出综合实力和整体素质，不但能有效的处理危机挽回损失，还可以借机扩大组织的知名度和美誉度。

总之，组织公共关系危机一旦出现，它就会像一颗突然爆炸的炸弹，在社会中迅速扩散开来，对社会造成严重的冲击；它就会像一根牵动社会的神经，迅速引起社会各界的不同反应，令社会各界密切注意。

二、公共关系危机的类型和成因

(一) 公共关系危机的类型

从不同的角度划分，公共关系危机有以下的类型：

1．按照危机的危害程度，可划分为一般性危机和重大危机。

（1）一般性危机。一般性危机主要是指常见的公共关系纠纷。从某种意义上说，公共关系纠纷还算不上真正的危机，它只是公共关系危机的一种信号、暗示和征兆。只要及时处理，做好工作，公共关系纠纷就不会转向公共关系危机，以至于造成危机局面。

（2）重大危机。所谓重大危机，主要是指企业的重大工伤事故、重大生产失误、火灾造成的严重损失、突发性的商业危机、大的劳资纠纷等。它是公共关系从业人员面临的必须及时处理的真正危机。如产品或企业的信誉危机、股票交易中的突发性大规模收购等，公关人员必须马上应付处理，最好在平时就有所准备。

2. 按照内容划分，可以分为信誉危机、效益危机、综合危机。

（1）信誉危机。信誉危机是指组织由于在经营理念、组织形象、管理手段、服务态度、组织宗旨、传播方式等方面管理不善或操作不当，使企业的信誉在市场中、社会上的威信下降，对企业的经营造成不良影响，使企业处于可能发生危险和损失的状态中。

⇨ 案 例 12-1

卓越网现"价格乌龙"，遭遇信誉危机

"移动硬盘大降价，599 元的只卖 118 元。"2010 年 1 月 23 日晚 18 时，一条移动硬盘超低价促销的信息出现在卓越亚马逊网站，并在各大论坛迅速蹿红。一时间，这款存储量为 320GB 的移动硬盘成了热销品。在当晚 20 时到 22 时之间，卓越亚马逊网出售的这款移动硬盘预订量猛增，不少网友都是一人订了好几个，一名网友甚至在网上发帖称，自己同时订了上百个同款硬盘。

网友老丁：我预定了 5 个移动硬盘。当晚就接到了卓越购物网的电邮，确定了订单号。

但当晚 22 时以后，网友在选择了硬盘并准备下单时，网页却显示出"交易错误"、"全场无货"等信息。至当晚 24 时左右，该款移动硬盘的购货网页再次发生变化，购买链接被删除了。

2010 年 1 月 25 日晚上，卓越亚马逊公关部负责人杨小姐向中国之声解释说，由于工作原因标错了硬盘的价格，所以取消了还没有发货的订单。她还说，面对卓越亚马逊网上数百万的商品，出现差错是在所难免的。

但是，卓越亚马逊"自家乌龙"的解释并没有得到经历这次风波的网友认可，他们认为卓越亚马逊应该兑现卖方承诺，继续付货。网友黄先生说，如果连这点都做不到，那么卓越亚马逊网的诚信将会受到质疑，并进而可能会影响整个网络购物行业的发展。

（资料来源：根据新浪新闻中心《卓越网再现"价格乌龙"遭遇信誉危机》改编，http://news.sina.com.cn/c/2010－01－26/081019547551.shtml，2011－8－22）

讨论题

1. 案例中的"卓越网"遭受的是哪种类型的危机？
2. 你认为卓越官方的处理措施得当吗？为什么？
3. 如果你是卓越公关部负责人，你认为该怎样处理？

（2）效益危机。效益危机是指公共关系危机引发组织在经济效益方面的困境。比如，同行的恶性竞争，引发原材料价格上涨或者同类产品大幅度的降价等，都会引发组织的效益危机；还有上面案例中的卓越网，由于自己定价的失误，如果要满足消费者的要求，面临的也是效益危机。

（3）综合危机。它是指兼具信誉危机和效益危机的整体危机。一般情况是公共关系危机爆发时，首先受到冲击的是信誉危机，组织形象下滑，如果处理不及时不妥当，或者事态发展太快来不及控制，就会影响到产品销售和企业整体利润，成了互相关联的连锁损失，形成了综合危机。在这种情况下，需要公关组织刻不容缓地找到问题的突破口，迅速解决问题，控制事态的发展，不然会危及到组织的生存。

⇨ 案 例 12-2

"回收奶"危机事件：光明乳业如何蒸发两个亿

2005 年是乳业的多事之年。雀巢奶粉事件沸沸扬扬，让消费者大跌眼镜，对乳类产品安全的信心指数急速下滑。风大浪大，乳业同行们个个如履薄冰，小心谨慎，生怕有什么闪失再步雀巢后尘。然而，2005 年 6 月 5 日，厄运再次降临——光明乳业发现回收奶，消费者的心理安全防线再遭重创。

2005 年 5 月 30 日，乔装打扮的记者，来到位于郑州市秦岭路北段的光明乳业应聘当散工。初进厂子，记者就被厂子的狼狈场景所震惊，这哪里是光明乳业的生产基地，分明是一个垃圾场：数千件光明牛奶被露天置放，灰头土脸，有些尚未拆箱，有些连纸箱都已经腐烂，苍蝇满天飞。故作好奇的记者问其他散工这些牛奶的来龙去脉，有经验的散工告诉记者，"那些露天堆放的光明奶，都是过期没人要，而返厂的。"

6 月 1 日，记者再次来到回收奶生产基地，放置回奶罐的车间还是一片忙碌，回奶生产还在如火如荼地进行着，再次加工好的成品被装入开往郑州市区的货车。

这则新闻如同一颗巨石，投入原本就颇不宁静的乳业，引起轩然大波，众多消费者义愤填膺，矛头群指光明乳业，"良心变质"渐成舆论漩涡。危机当前，如何将危机大化小、小化了是关键,但是经过几十年风雨洗礼的光明则显被动和弱智:自6月5日郑州光明"回收奶"事件发生以来,光明仅发布了两条公告和两封致消费者书,内容皆是为自己辩解,且有避实就虚之嫌,完全没有把消费者的疑虑打消。

6月9日,郑州市相关职能部门介入光明"回收奶"事件,成立了由食品安全委员会牵头,联合质监局、卫生局、工商局等部门组的调查小组,专门对此事进行调查,给消费者一个说法,还此事件一个公道。调查发现,光明山盟4月21日到5月20日生产的库存滞销产品光明山盟纯牛奶共37.99吨,其中18吨因超过保质期或被污染而直接作报废处理,经检验合格在保质期内作为含乳饮料原料进行再利用的共计19.99吨。

一波未平,一波又起,光明的"回收奶"刚刚拉开帷幕,"早产奶"事件又接踵而来。6月9日,浙江省质量技术监督局稽查专程前往位于杭州下沙工业开发区的光明乳业杭州生产基地突击检查。此次突击检查也颇有收获,虽然尚未发现加工回收奶,却发现了新事物——早产奶。检查者发现,工人们正在处理的袋装奶中,生产日期竟然标注的是"6月12日",不但袋装奶早产,已经包装好的高钙奶、特浓奶也在早产奶之列。光明牛奶杭州基地如此辩解,"乳品厂都是这么标注的,产品说明的乳品保质期已经带有一定的宽容度,这多出来的几天不会影响牛奶质量。"牛奶关系人的生命健康,厂家单方面擅自将出厂日期改成生产日期,其实已经构成对消费者的欺诈,剥夺了消费者的知情权。

受"回收奶"和"早产奶"事件的影响,光明乳业的股价一路走低。从6月9日开始,光明乳业就开始惨遭市场抛售,连续四个交易日下跌后出现大阴线,最后于6月15日以跌停板收盘,市值蒸发达2亿元人民币。经历连续五个交易日下跌的光明股东损失惨重,王佳芬损失38.9892万元,吕公良损失17万元左右,张华富损失12.28万元,郭本恒损失7.91万元。光明乳业四名高管合计损失76.2872万元。

(资料来源:根据新浪读书《"回收奶"危机事件:光明乳业如何蒸发两个亿》改编,http://book.sina.com.cn/excerpt/sz/2008-05-08/1658235535.shtml,2011-8-22)

讨论题

1. 案例中的光明乳业遭受的是哪种类型的危机?

2. 你认为光明乳业的处理措施得当吗?为什么?

3. 如果你是光明乳业公关部负责人,你认为该怎样处理?

3. 从危机同企业的关系程度以及归咎的对象看,公共关系危机可分为内部公关危机和外部公关危机。

(1)内部公关危机。发生在企业内部的公共关系危机称为内部公关危机。这种危机的发生主要是由该企业的成员直接造成的,危机的责任主要由该企业内部的成员承担。

(2)外部公关危机。外部公关危机是与内部公关危机相对而言的。它是指发生在企业外部,影响多数公众利益的一种公关危机,该企业只是受害者之一。

从这一角度具体划分公关危机的类型时,内部和外部是相对的。因为有些公关危机的发生,内部和外部原因都有,所承担的责任大小也相差不多。故对具体公关危机的划分与处理必须具体分析,恰当处理。比如,谣言引起的危机;政府政策引起的危机;有关团体或机构公布某些信息而导致的危机;由于恐怖破坏活动引起的危机;涉及法律问题(如打官司)而引起的危机;涉及种族、宗教、文化差异、性别歧视等社会问题而引起的危机;涉及一些有争议的问题而引起的危机;敌意收购带来的企业重组危机;组织的计算机网络被"黑客"袭击而导致的危机;自然灾害或其他不可控因素导致的危机;环保问题引起的危机。

4. 根据危机给企业带来损失的表现形态看,公共关系危机有两种,即有形公关危机和无形公关危机。

(1)有形公关危机。这种危机给企业带来直接而明显的损失,凭借肉眼即可观测到这些损失。比如,房屋倒塌、爆炸、商品流转中的交通事故等造成的人员伤亡或财产损失。2011年7月23日,动车追尾事故,造成35人死亡,300多人受伤,上亿元损失,这就属于有形危机。

(2)无形公关危机。给企业带来的损失表现得不明显的危机,称为无形公关危机。给任何一个企业的形象带来损害的危机,皆属于无形公关危机。如果不采取紧急有效的措施给予阻止,已受损害的企业的形象将使企业蒙受更大的损失。

➡ 案 例 12-3

三聚氰胺中的乳企

2008年9月16日晚,中央电视台新闻联播消息,质检总局通报全国婴幼儿奶粉三聚氰胺含量抽检结果,河北三鹿、山西雅士利、内蒙古伊利、蒙牛集团、青岛圣元、上海熊猫、山西古城、江西光明乳业英雄牌、宝鸡惠民、多加多乳业、湖南南山等22个厂家69批次产品中检出三聚氰胺,被要求立即下架。

各当事企业都在商讨紧急应对方案,记者致电其中多家公司,均有值班人员称正在开会中。

讨论题

1. 三聚氰胺事件中的乳企面临着什么类型的公共关系危机?

2. 如果你是其中一家的公关部负责人,你觉得应该怎么处理这次危机?

(二) 公共关系危机形成的原因

1. 企业内部原因：(1)企业缺乏危机意识；(2)经营决策失误；(3)法制观念淡薄；(4)损害公众利益；(5)缺乏公关调研；(6)公关策划不当,公关关系活动缺乏充分的准备；(7)处理摩擦纠纷不当,酿成危机。

2. 外部原因：(1)自然环境突变；(2)企业之间的恶性竞争；(3)政策变化；(4)科技的负面影响；(5)公众误解；(6)全新媒体的出现。

三、公共关系危机的处理

(一) 处理原则

1. 尊重事实

公共关系危机一旦出现,就坦然面对,否定、夸大、诋毁都是不可取的。

2. 冷静、坦诚

在公共关系危机面前,越是急躁、惊慌、掩盖等越是容易造成更大的危机,相反,冷静处理,坦诚面对反而可能换来公众的谅解,为危机公关争取时间。

3. 及时主动处理

在充分了解事实的基础上,冷静坦诚地和公众进行沟通后,针对危机处理的越及时效果越好,危机的影响面也就越小。

4. 全员面对

一旦发生了公共关系危机,面对危机的就不仅仅是公关部的事情了,而是组织内所有的人,这个时候最好的方式是唤起全体员工的危机意识,让每一个员工知道面对危机该如何处理,这时组织可能发现最合适的危机公关的方法。

5. 灵活处理

每个组织可能面对的危机不一样,每个组织自身情况又不太一样,决定了危机公关处理的方式也不尽相同,所以可以借鉴,但是不能照搬,根据别人的经验或者教训,结合自己的实际情况,灵活处理自身的危机。

6. 公众利益至上

在公共关系危机中,一旦发生组织利益和公众利益有冲突的事后一定要遵循公众利益至上的原则,否则,失去的不仅仅是短期的效益,还有长期的品牌和企业形象。

⇨ 课堂讨论 12-1

结合生活中实际的案例,谈谈公共关系危机处理为什么要遵循这些原则?

(二) 处理方式

1. 公共关系危机的预防

显然,任何组织都不可避免地要发生这样或者那样的危机,但是如果能够树立公共关系危机的预防意识,未雨绸缪,防患于未然,会减少危机给组织带来的损失,可以减少危机发生的次数,有的时候甚至可以避免危机的发生。所以在日常的组织工作中,如果能够做到全员树立危机管理意识,建立公共关系危机预警机制,建立公共关系危机管理机构,就可以把公共关系危机发生的隐患降到最低,即使发生了,也能很快地处理,不会因此给组织带来更大的伤害。

2. 公共关系危机处理的工作程序

(1)采取紧急行动。了解危机事件的全部消息,成立临时的危机处理机构,制定危机处理计划。

(2)积极处理危机。积极主动地面对公众,控制危机蔓延态势;收集相关信息,查明危机事件的真相;分析研究,确定对策;及时与媒体联系,发布消息;隔离、转嫁、分解危机事件;高层领导直接面对危机。

(3)事后处理,总结经验教训。危机事件解决方案的达成和实施,并不意味着危机处理过程的结束。对于组织来讲,怎样总结危机处理的经验教训,发现管理中的存在的问题,并且有针对性的进行改进和提高;重建组织与各方面的联系,恢复组织的形象和声誉,这些都是企业危机公关的范畴。

第二节 危机公关的含义与特点

一、危机公关的含义

1. 危机公共关系

从静态的角度来看,指灾难或危机中的公共关系,强调的是对所出现问题的描述。从动态的角度来界定,即是危机公关,是指组织对危机事件进行预测与防范、发现与处理,以及修复与完善组织形象的一系列活动过程,强调的是一种行为过程。

2. 危机公关

它是指公共关系危机发生时,组织对于公共关系的管理活动,即用公关手段减少危机带给组织和公众的影响,进而寻找公众对于组织的谅解,以重新树立和维持组织形象。具体是指由于企业的管理不善、同行竞争甚至遭遇恶意破坏或者是外界特殊事件的影响,而给企业或品牌带来危机,企业针对危机所采取的一系列自救行动,包括消除影响、恢复形象,就是危机公关。危机公关属于危机管理(crisis management)系统的危机处理部分。

二、危机公关的特点

1. 处理的紧迫性

对企业来说,公共关系危机一旦爆发,其破坏性的能量就会被迅速释放,并呈快速蔓延之势,如果不能及时控制,危机会急剧恶化,使企业遭受更大损失。

2. 聚焦性与传播的快速性

进入信息时代后,危机的信息传播比危机本身发展要快得多,媒体对危机来说,就像大火借了东风一样,而且很多媒体同步报道同一事件,甚至有的媒体把过去同类的事件进行回放,增强了危机公关的聚焦性。现在新的媒体传播方式的出现,比如微博,让危机传播的速度更加快捷和方便,同时也增加了企业进行危机公关的成本和难度。但企业也可以借助网络和微博,快速实施危机公关。

第三节 危机公关的原则

一、著名专家提出的危机公关原则

(一) 英国危机公关专家里杰斯特提出"三 T"原则:

• Tell your own tale. (以我为主提供情况);

• Tell it fast. (尽快提供情况);

• Tell it all. (提供全部情况)。

(二) 游昌乔提出的危机公关 5S 原则

1. 承担责任原则(Shoulder The Matter)。危机发生后,公众会关心两方面的问题:一方面是利益的问题,利益是公众关注的焦点,因此无论谁是谁非,企业应该承担责任。即使受害者在事故发生中有一定责任,企业也不应首先追究其责任,否则会各执己见,加深矛盾,引起公众的反感,不利于问题的解决;另一方面是感情问题,公众很在意企业是否在意自己的感受,因此企业应该站在受害者的立场上表示同情和安慰,并通过新闻媒介向公众致歉,解决深层次的心理、情感关系问题,从而赢得公众的理解和信任。实际上,公众和媒体往往在心目中已经有了一杆秤,对企业有了心理上的预期,即企业应该怎样处理,我才会感到满意。因此企业绝对不能选择对抗,态度至关重要。

2. 真诚沟通原则(Sincerity)。企业处于危机漩涡中时,是公众和媒介的焦点,一举一动都将接受质疑,因此千万不要有侥幸心理,企图蒙混过关。而应该主动与新闻媒介联系,尽快与公众沟通,说明事实真相,促使双方互相理解,消除疑虑与不安。真诚沟通是处理危机的基本原则之一。这里的真诚指"三诚",即诚意、诚恳、诚实。如果做到了这"三诚",则一切问题都可迎刃而解。(1)诚意。在事件发生后的第一时间,公司的高层应向公众说明情况,并致以歉意,从而体现企业勇于承担责任、对消费者负责的企业文化,赢得消费者的同情和理解。(2)诚恳。一切以消费者的利益为重,不回避问题和错误,及时与媒体和公众沟通,向消费者说明进展情况,重拾消费者的信任和尊重。(3)诚实。诚实是危机处理关键也最有效的解决办法。我们会原谅一个人的错误,但不会原谅一个人说谎。

3. 速度第一原则(Speed)。好事不出门,坏事行千里。在危机出现的最初 12—24 小时内,消息会像病毒一样,以裂变方式高速传播。而这时候,可靠的消息往往不多,社会上充斥着谣言和猜测。公司的一举一动将是外界评判公司如何处理这次危机的主要根据。媒体、公众及政府都密切注视公司发出的第一份声明。对于公司在处理危机方面的做法和立场,舆论赞成与否往往都会立刻见于传媒报道。因此,公司必须当机立断,快速反应,果决行动,与媒体和公众进行沟通。从而迅速控制事态,否则会扩大突发危机的范围,甚至可能失去对全局的控制。危机发生后,能否首先控制住事态,使其不扩大、不升级、不蔓延,是处理危机的关键。

4. 系统运行原则(System)。在逃避一种危险时,不要忽视另一种危险。在进行危机管理时必须系统运作,绝不可顾此失彼。只有这样才能透过表面现象看本质,创造性地解决问题,化害为利。危机的系统运作主要是做好以下几点:(1)以冷对热、以静制动。危机会使人处于焦躁或恐惧之中。所以企业高层应以"冷"对"热"、以"静"制"动",镇定自若,以减轻企业员工的心理压力。(2)统一观点,稳住阵脚:在企业内部迅速统一观点,对危机有清醒认识,从而稳住阵脚,万众一心,同仇敌忾。(3)组建班子,专项负责。一般情况下,危机公关小组的组成由企业的公关部成员和企业涉及危机的高层领导直接组成。这样,一方面是高效率的保证,另一方面是对外口径一致的保证,使公众对企业处理危机的诚意感到可以信赖。(4)果断决策,迅速实施。由于危机瞬息万变,在危机决策时效性要求和信息匮乏条件下,任何模糊的决策都会产生严重的后果。所以必须最大限度地集中决策使用资源,迅速做出决策,系统部署,付诸实施。(5)合纵连横,借助外力。当危机来临,应充分和政府部门、行业协会、同行企业及新闻媒体配合,联手对付危机,在众人拾柴火焰高的同时,增强公信力、影响力。(6)循序渐进,标本兼治:要真正彻底地消除危机,需要在控制事态后,及时准确地找到危机的症结,对症下药,谋求治"本"。如果仅仅停留在治标阶段,就会前功尽弃,甚至引发新的危机。

5. 权威证实原则(Standard)。自己称赞自己是没用的,没有权威的认可只会徒留笑柄。在危机发生后,企业不要自己整天拿着高音喇叭叫冤,而要"曲线救国",请重量级的第三者在前台说话,使消费者解除对自己的警戒心理,重获他们的信任。

二、危机公关原则

面对危机,组织依据怎样的原则进行危机公关,不仅关系危机公关怎样实施,更关系到危机公关实施的效果。

1. 冷静

无论出现什么样的公共关系危机,面临多么复杂的情况,危机公关首要的原则就是冷静。只有冷静,才能全面的观察和进行客观的事态评价,为后面采取正确的危机公关措施打下最坚实的基石。

2. 公正

无论处在危机中的是组织还是个人,是普通老百姓抑或是权贵,都要做到公正处理;企业在进行危机公关的时候,立场要公正,如果是公司的问题和错误就不能袒护,要进行公正的评价。

3. 全面和准确

危机发生和发展的资料要全面和准确,不能偏颇,不能片面,否则就会被动;事态发展的把握要准确,这样才能准确地抓住组织进行危机公关的要点。

4. 及时和主动

在满足了上述原则之后,危机公关进行的速度越快越好,主动出击要比被公众追着要真相更好,这样才能更快地转"危"为"机";

5. 诚恳

在面对媒体和公众时,态度是诚恳的;公布事实情况时是诚恳的,这样才能获得公众的信任和支持,这是危机公关的关键。

6. 统一

组织的各个部门,所公布的信息和采取的危机公关方式应该是统一和一致的,用一个声音说话。

7. 灵活

公共关系危机的发展是瞬息万变的,危机公关也必须是灵活的,不然是适应不了公共关系的发展趋势;危机公关的处理方式也必须是灵活的,针对不同的受众,可以采用不同的危机公关措施。

8. 防患于未然

所有的处理方式和方法都不能为了应付当前而为未来埋下隐患,不然未来进行危机公关时必然陷入越来越被动的状态。

第四节　危机公关的程序

一、危机公关的程序

各种类型的公共关系危机事件在规模、性质、表现形式、涉及的公众等方面虽有不同,但在处理程序上有其共同点。采取正确的工作程序,对危机事件的有效处理十分重要,本书中论述的一般的危机公关的程序,具体应用时应根据当时情况予以调整。

1. 成立危机管理小组,并视情况设置危机控制中心。

2. 深入现场,掌握第一手情况。

3. 了解公众的情绪和舆论的反应,要尽可能多的、全面的掌握有关信息。

4. 分析信息,确定对策。在掌握公共关系危机第一手资料的情况下,了解公众和舆论的反应基础上,深入研究和确定应采取的对策和措施,这是危机管理的一大关键。对策不仅要考虑危机本身的处理,还要考虑如何处理危机涉及的各方面的关系,如:组织和员工、受害者、受害者家属、新闻媒介、消费者、客户、政府主管部门等关系。

5. 组织力量,落实措施。这是危机管理中心环节,公众和舆论不仅要看企业的宣言,更要看企业的行动。

6. 总结检查,公布于众。这是危机管理结束阶段必不可少的工作。危机管理小组应对危机处理情况全面检查、评估,并将检查结果向董事会和股东公布。有些重大事故也可采取谢罪广告的形式在报上刊登,表明企业敢于承担责任,一切从公众利益出发,认真做好善后处理工作。

二、如何做好危机公关

(一) 积极预防

对危机事件要积极预防,其基本思路是:针对可能发生危机事件的原因,制定和实施预防措施,消除这种原因。

▷ **课堂讨论 12-2**

美国电报电话公司的危机预防

美国电报电话公司曾经实施一次非常成功的预防危机事件的方案。由于该公司的业务具有独占性,最担心引起社会舆论的干涉和责难。为了防止这一危机事件的发生,他们制定了一套预防措施:改造设备,提高服务质量;降低服务价格,取悦公众,引起社会注目;加强与政府及有关业务机构的往来,培养公司与他们之间的关系,使公司有特殊的地位;全部接线人员改由女性员工担任,不准与顾客发生争执;装线人员要特别小心地对待用户的地板和墙壁,尽一切可能不使用户的房间受到损害。以上措施实施后果然见奇效。在美国第一次全国电话电报工潮中,该公司超脱于纠纷之外,继续保持营业专利权而没有受到公众舆论的指责。

(案例来源:改编自世界工厂学堂《危机公关处理的四大方法》,http://edu.gongchang.com/article—19437—314591.html)

讨论题

如果没有危机预防方案,美国电报电话公司会不会发生公共关系危机?

(二) 正视危机

一旦发生危机事件,企业应从思想上予以高度重视,从态度上正视危机并能认真对待。如果置之不理,企图任其自生自灭,必然会引起众怒。

▷ **课堂讨论 12-3**

埃克森公司的危机公关

1989 年 3 月 24 日,埃克森公司的一艘名为"瓦尔代兹号"的巨型油轮在阿拉斯加州威廉太子湾附近触礁,800 多万加仑原油泄漏,形成一条宽 1 公里、长 8 公里的漂油带。这里是美加两国交汇处,风景如画,原油的泄漏严重破坏了这里的生态环境,使水产业也蒙受很大损失。事故发生后,美加两国当地政府敦促埃克森公司尽快采取有效措施处理污染,但公司方面却无动于衷。它既不调查事故原因,也不采取有效措施清理泄漏的原油,更不向两国当地政府道歉。

美加两国当地政府、环保组织及新闻界对埃克森公司这种不负责任、企图蒙混过关的恶劣态度极为不满,发起了一场"反埃克森运动"。经调查,这起恶性事故的原因是船长饮酒过量,擅离职守,让缺乏指挥经验的三副代为指挥造成的。消息一经传出,舆论为之哗然。埃克森公司曾为社会公益事业做过许多贡献,但此时都被公众抛在脑后,人们对埃克森的新印象是"破坏环境,傲慢无理"。埃克森公司一下子陷入极其被动的境地,公司业务大受损失。仅清理泄油一项就花费几百万美元,加上索赔、罚款等,损失达几亿美元。另外,由于公司形象受到损害,欧美的老客户纷纷抵制该公司的产品。

(案例来源:改编自世界工厂学堂《危机公关处理的四大方法》,http://edu.gongchang.com/article—19437—314591.html)

讨论题：如何评价埃克森公司的危机公关？

(三) 查明实情

危机事件发生后，在紧急控制事态的同时，就要展开对事件的调查，这是危机处理工作的基础。调查的主要内容有：危机事件的性质、特点、原因、时间、地点、现状、趋势、后果、影响，各方面公众对事件的反应、情绪、意见，尚存的潜在危机因素，连锁危机事件发生的可能性。

(四) 及时处理

要以"协调现状，利于未来，谦虚自责，坚持原则"为危机处理方针。注意邀请公正性、权威性机构来解决问题，敢于创新解决办法，重视把危机事件当成一个发展的机会。要加强处理问题的针对性，对不同公众应采取不同的策略：

1. 对企业内部员工

要及时通报，号召大家团结一心，共渡难关；奖励有功人员，惩罚肇事者和临阵脱逃者；防止内部人员的逆反行为。

2. 对受害公众

要热情接待，耐心倾听，不自我辩护；致歉、安慰、同情、关怀，领导亲自看望；及时回答问题，提出解决办法；事后保持联系，继续给予关心。

3. 对上级主管部门和领导

要及时、随时汇报，请求指示、指导和支持；主动承担责任，接受批评和处分；吸取教训，防止类似事件的再度发生。

4. 对社区公众

要及时通报，说明情况；防止道听途说和失真扩散；必要时邀请大家参观，请求理解和支持。

5. 对竞争对手

要通过媒体把真实情况告诉他们，防止对手借题发挥，传播失真信息，趁机损害本企业形象；防止对手制造连锁危机；防止对手乘虚而入，占领市场。

6. 对新闻媒体

要有专人热情接待；公开真相，防止失真报道；利用报道宣传自己，进一步提高自己的知名度和美誉度。

⮕ 本 章 小 结

本章主要论述了公共关系危机的发生以及如何做好危机公关。首先，阐述了公共关系危机的概念、特点及种类，公共关系危机不可避免，但是可以采取多种措施进行预防,树立危机预防意识,可以减少公共关系危机发生的次数和降低其破坏性,甚至可以避免发生,即使一旦发生了,也能够迅速地采取有效措施进行处理,即危机公关;随后讲述了危机公关的含义和特点,危机公关最明显的特点就是处理的紧迫性、聚焦性与传播的快速性;在进行危机公关时要遵循一定的原则和工作程序,比如遵循冷静、公正、全面和准确、及时、主动、诚恳、统一以及灵活的危机公关原则,遵循积极预防的措施,使公共关系危机的隐患消失在萌芽状态中,一旦危机爆发,要正视危机,遵循危机公关的处理程序,这样在进行危机公关时才有的放矢。

⇒ 复习思考题

一、简答题

1. 公共关系危机的含义及其特点?
2. 危机公关的特点是什么?
3. 危机公关应遵循哪些原则?

二、论述题

1. 论述如何处理公共关系危机?
2. 阐述危机公关的程序。

三、案例分析题

35 次紧急电话

一次,一位名叫基泰丝的美国记者,来到日本东京的奥达克余百货公司。她买了一台索尼牌唱机,准备作为见面礼,送给住在东京的婆家。售货员彬彬有礼,特地为她挑了一台未启封包装的机子。回到任所,基泰丝开机试用时,却发现该机没有装内件,因而根本无法使用。她不由得火冒三丈,准备第二天一早就去"奥达克余"交涉,并迅速写好了一篇新闻稿,题目是《笑脸背后的真面目》。

第二天一早,基泰丝在动身之前,忽然收到"奥达克余"打来的道歉电话。50分钟以后,一辆汽车赶到她的住处。从车上跳下"奥达克余"的副经理和提着大皮箱的职员。两人一进客厅便俯首鞠躬,表示特来请罪。除了送来一台新的合格的唱机外,又加送蛋糕一盒、毛巾一套和著名唱片一张。接着。副经理又打开记事簿,宣读了一份备忘录。上面记载着公司通宵达旦地纠正这一失误的全部经过。

原来,昨天下午4点30分清点商品时,售货员发现错将一个空心货样卖给了顾客。她立即报告公司警卫迅速寻找,但为时已迟。此事非同小可。经理接到报告后,马上召集有关人员商议。当时只有两条线索可循,即顾客的名字和她留下的一张"美国快递公司"的名片。据此,奥达克余公司连夜开始了一连串无异于大海捞针的行动:打了32次紧急电话,向东京各大宾馆查询,没有结果。再打电话问纽约"美国快递公司"总部,深夜接到回电,得知顾客在美国父母的电话号码。接着又打电话去美国,得知顾客在东京婆家的电话号码。终于弄清了这位顾客在东京期间的住址和电话,这期间的紧急电话,合计35次!

这一切使基泰丝深受感动。她立即重写了新闻稿,题目叫做《35次紧急电话》。

（选自:张岩松,王艳洁,郭兆平.公共关系案例精选精析[M].经济管理出版社,2003年1月）

⇨ **思 考 题**

通过阅读这个案例,你得到什么启发?

第十三章 公共关系专题活动

⇨ 学 习 目 标

1. 掌握新闻发布会的作用、特点和程序
2. 掌握举办展览会的操作要点和方法
3. 掌握庆典活动的类型、特点和方法
4. 掌握赞助活动的类型、特点和方法
5. 掌握公关广告的含义和类型
6. 掌握政府公关的含义、意义和原则等

⇨ 引 例

上海世博会：政府主导的活动策划

2010 年很多人会问："你去上海了吗？"继北京奥运会后上海世博会成为又一个在中国举行的世界级活动盛会。世博会全称世界博览会，如果从 1851 年伦敦万国工业博览会算起，世博会有着长达 159 年的悠久历史了。中国 2010 年上海世界博览会(Expo2010)，是第 41 届世界博览会。于 2010 年 5 月 1 日至 10 月 31 日期间在上海市举行，这也是首次在发展中国家举行的世界博览会。此次世博会以"城市，让生活更美好"(Better City，Better Life)为主题，总投资达 450 亿人民币，创造了世界博览会史上最大规模记录。上海世博会应该说取得了圆满的成功，它再一次将中国的形象展示给了世界，给世界增添了一道代表中国色彩的景色。

（资料来源：翟志远.2010 年十大广告营销焦点事件.中国传播网）

举办各种公关活动是公众参与性最强的一类公共关系传播方式。通过举办各种活动，如新闻发布会、展览活动、庆典活动、赞助活动、服务活动，与公众形成水乳交融的关系，创造组织与公众直接沟通的环境和气氛，有利于增进感情，提高声誉，扩大影响，树立形象。

第一节　新闻发布会

一、撰写新闻资料和新闻稿

新闻资料是提供报社、电台、电视台编写新闻消息的文字材料,它不直接同公众见面,要经过记者的加工。

新闻资料的撰写要求不高,只要把新闻五要素(即五个 W)表达完整即可,五个 W,即何时(When)、何地(Where)、何事(What)、何因(Why)、何人(Who)。

新闻稿是直接提供给报社、电台和电视台对外发布的文字材料,它的写作基本要求是:主题突出、简明扼要、生动活泼。

要写好新闻稿,应掌握以下三个要点:

1. 新闻稿的结构

常见的新闻稿结构有三种:倒金字塔结构;并列结构;顺时结构。

其中,最常见的是倒金字塔结构。倒金字塔结构由导语和事实两大部分组成,导语是新闻稿的灵魂,最新、最重要的内容包含在其中。导语之后是一般的新闻事实,按照重要的内容在前、次重要在后的原则排列,倒金字塔结构如图 9-2 所示。

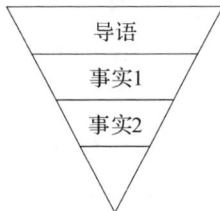

新闻稿的结构并不难掌握,无论哪一种结构,都有导语和新闻事实这两部分内容,而导语是整篇新闻的灵魂,是抓住读者注意力的精华所在。导语写好了,新闻稿也就基本成功了。

2. 导语的写作

突出"何时"(When)的写法:

"从明天(2010 年 12 月 31 日)起,'千年虫'会'咬'人吗?"

突出"何地"(Where)的写法:

"珠海市满城歌舞迎回归"、

"广州科交会吸引 600 博士"。

突出"何事"(What)的写法:

"恐怖主义令美国惊魂不断,西雅图取消迎千年庆祝晚会"。

突出"何因"(Why)的写法：

"为解决生存危机,澳女足全体拍裸照制挂历"。

突出"何人"(Who)的写法：

"刘德华、张信哲、王菲、赵薇,共唱 2000 年主题曲"。

3. 新闻背景材料的运用

新闻背景材料是对新闻人物和新闻事件起衬托补充、说明等辅助性作用的材料。

二、策划具有新闻价值的事件

策划具有新闻价值的事件也叫做"策划新闻",是组织争取新闻宣传机会的一种技巧。即在真实的、不损害公众利益的前提下,策划、举办具有新闻价值的事件或活动,吸引新闻界和公众的注意力,制造新闻热点,争取被报道的机会,使本组织成为新闻的主角,以达到提高知名度、扩大社会影响的目的。这需要公关人员具备"新闻脑",富于创造性和想象力。

三、新闻发布会

新闻发布会是组织与公众沟通的例行方式。它是两级传播。新闻发布会的工作程序包括确定主题、邀请记者、会前准备、主持会议、收集反馈信息。这里主要介绍在协调公共关系、扭转舆论倾向时,如何运用发布新闻的方式。

(一) 确定主题

研究和分析是否有值得广泛传播的信息,传播的信息是否有新闻价值,是否有新闻传播紧迫性,是否是新闻传播的最佳时机等。一般来说,有新产品问世、有新技术开发、有新项目合作、开业或倒闭、合并或转产、重大纪念活动、重大危机事故等,都具有一定的发布价值。

(二) 确定邀请对象

确定邀请的对象,应根据新闻发布会的主题,有选择地邀请有关的新闻记者参加,如经济类、文化教育类、体育类、社会生活类、法制类等,都有不同的媒介工具或不同的媒介记者;还要根据消息发布的范围来确定记者的覆盖面和级别,考虑如何选择报纸、杂志、广播、电视等媒介记者,以及考虑媒介是地方性、区域性还是全国性的。邀请对象一经确定,应提前 7～10 天发出邀请,临近开会时还应打电话联系落实。

(三) 会前准备

根据会议的主题收集有关信息,写出准确生动的有关资料,如主持人的讲话提纲、发言人的发言稿、答记者问的备忘提纲、新闻统发稿、会议报道提纲、所发新闻的有关背景材料和论据材料，以及有关的图片、实物、影像等辅助材料。这样，既为会议的主持人和发言人提供有益的参考提示，也为记者们充分了解所发新闻信息及有关问题提供帮助，并为记者们的采访报道提供方便和参考。需要特别注重的是，会前应将会议主题、发言稿和提纲等在组织内部通报一下，以防止会上口径不一而引起记者猜疑和混乱。

(四) 主持会议

由于记者的职业要求和习惯，他们大都会提出一些尖锐深刻甚至很棘手的问题。这对主持人和发言人提出了很高的要求。主持人和发言人除应具有较高的文化修养和专业水平外，还要思维敏捷、口齿伶俐。主持人一般由组织公共关系机构的负责人担任，首先介绍会议基本情况和议程，再由发言人作详细发言。发言人应由组织的高层领导担任，因为他们熟悉组织的整体情况和方针、政策，发布消息和回答问题具有权威性。不论主持人和发言人，都是组织形象的化身，其外表形象的设计也应下一番功夫，服饰仪表、言谈举止都应该给人以礼貌真诚的感受。

(五) 收集反馈信息

新闻发布会后应尽快整理出新闻发布会上的记录材料，对会议的组织、布置、主持和回答问题等方面工作的经验和不足做出评价和总结，归档备查。同时搜集到会记者在报刊、电台、电视台上发表的新闻报道，对这些报道的内容及倾向做定性定量的分析，检查是否达到了新闻发布会的预定目标，是否有由于失误而造成的谬误，如果出现不利于组织的报道，确定是组织自身行为引起的，应虚心接受并致歉意，是记者方面的问题则应采取行动说明真相，要求媒介更正。对于检查出的问题要分析原因并设法弥补。还要搜集记者及其他与会代表对新闻发布会的反应，了解接待、安排、提供方便等方面的工作是否欠妥，并对照签到簿看哪些记者作了报道，以此作为以后举行新闻发布会时邀请记者范围的参考依据。

(一) 主动传递本组织信息，真诚坦率地提供情况，维护本组织和新闻媒介的良好信誉。

(二) 尊重记者和新闻单位，为他们的工作提供方便，无论大报小报，名记者或一般记者，都要一视同仁，不能厚此薄彼。

(三) 指定专人负责，密切同新闻界人士的联系。

第二节　展览活动

所谓展览，是指通过实物、文字和图表等来展现成果或问题的一种宣传形式。

它属于缩微了的、综合性的传播媒介。办好各种展览会是公共关系部门的日常工作和基本技能之一。

一、展览会的特点

（一）直观性。展览活动是一种非常直观、形象的传播方式。它把实物直接展现在公众面前，并有现场操作表演，给人以"亲眼目睹"、"眼见为实"的感受。

（二）双向性。展览活动不仅可以当面向公众展示自身形象，同时还可以收集公众反馈意见，有针对性地就个别公众或某种特殊情况进行交谈，做到良性的双向沟通。

（三）复合性。展览活动是一种复合性的传播方式，它通常用多种媒介进行交叉混合传播，往往以实物展出为主，配以文字宣传资料、图片、幻灯、录相、电脑等媒介，再加上动人的解说、友好的交谈、优美的音乐、生动的造型艺术，综合了多种媒介的传播优势，具有很强的吸引力。

（四）高效性。展览活动可以一次展示许多行业的不同产品，也可以集中同一行业的多种品牌来展示，是一种高度集中和高效率的沟通方式，它为参观提供了更多的机会并节省了大量的时间和费用。

（五）新闻性。展览活动是一种综合性的大型活动，除本身能进行自我宣传外，往往能够成为新闻媒介追踪的对象，成为新闻报道的题材。通过新闻媒介的报道传播，展览活动的宣传效应将大大扩展。

⟹ **资料连接 13-1**

庆祝新中国成立 45 周年期间，中共中央办公厅和国务院办公厅邀请了全国七个省、市到北京举办"建国 45 周年经济社会成就展览"，应邀的上海、天津、山东、辽宁、四川、陕西、广东除了在北京展览馆参加集中展览外，还分别在中山公园、劳动人民文化宫、北海公园、天坛公园举办了各具特色的展览。上海的展览高雅清新，蕴含着"海派"文化的格调；北京、天津的展览恢弘大气，显示出一种"大家风范"；山东的展览兼有粗犷豪气与秀美别致；辽宁的展览厚重精巧，传统与现代浑然一体；四川的展览温文尔雅，玲珑细腻；陕西的展览浑厚朴实，"土"得别具一格；而广东则无比新潮，声、光、电手段尽情使用。这次展览成为当年国庆节期间北京人的一个"看点"和新闻媒介的一个"卖点"。参观这样的展览，不仅可以形象直观地了解到建国以来各地经济和社会方面的辉煌成就，还可以从中感受到各地不同风格的布展创意和制作手法，学到多方面的知识和经验。

二、举办展览会需要注意的问题

（一）明确展览主题。主题如同一根红线贯穿展览会的始终，在主题思想的指导下去精心挑选、制作展览的实物,如图表、照片、文字、录像及音响等,合之可以成篇,独立可以成章。

（二）展览内容结构严谨,层次分明。要使各分篇之间环环相扣,互相呼应并注意版面、实物、解说词之间的合理配置,使整个展览会融为一体,和谐协调。

（三）精心设计好主题画或展览物,设计不落俗套的会徽和纪念品。

（四）编印介绍展览会的宣传小册子,撰写好精练的、深入浅出的前言、解说词和结束语。

（五）培养讲解、示范操作人员。通过讲解人员的生动讲解、操作,赋予生命的实物与图表等,以展现生机与活力。

（六）做好环境布置以及照明、音响、影像等设置。

（七）做好观众的组织、接待和信息反馈。

三、展览会的类型

展览会的类型大致可以这样划分:

1. 根据性质可以分为贸易型展览和宣传型展览;

2. 根据内容可以分为综合型展览和专题型展览;

3. 根据规模可以分为大型展览、小型展览和微型展览;

4. 根据场地可以分为室内展览、露天展览和巡回展览;

5. 根据时间可以分为长期展览、定期展览和一次性展览。

▷ **资料连接 13-2**

2011 第二届中国青岛国际酒文化博览会暨葡萄酒烈酒展览会

随着我国经济长期平稳较快发展,国民生活品质不断的提高,对一些特色酒品,高品质的物质追求也越来越广泛。酒水在国务、政务、商务、公关、社交等社会经济活动中广泛运用。而酒水特色工艺是各地最具特色的有利资源;同时也是发展地方经济、传播各地酒文化的城市名片。如今酒产业进入良性化发展阶段,各大酒企也都以开发地方特色来带动企业发展,但由于众多原因,各种各样的地方特色酒品缺乏有效的权威品牌和市场推广,一度鱼目混珠、良莠不齐,使得优质纯正的特色酒品蒙受了市场损失。

中国青岛国际酒文化博览及葡萄酒烈酒展览会已经成功举办第一届,也得到来自全国及世界各地的参展商、参观商的好评。2011 年青岛国际酒文化及葡萄酒烈酒展又迎来了第二个春天,并且由中国一流的展览公司—广东博昌展览服务有限公司与旗下青岛博泰展览贸易有限公司联合强大的组织机构,得到了相关政府部门的鼎力支持,秉承"国际化、专业化、品牌化"的办展模式,隆重举办"2011 第二届中国青岛国际酒文化博览会及葡萄酒烈酒展览会"。2011CQILCE 预设展位 1000 个,展出面积 20,000 平方米,预计邀请专业观众到会 37,000 人次;CQILCE 以卓越的服务,推动了国内外酒企业及相关企业的文化与交流,为参展企业创造良好的贸易洽谈、连锁加盟的商业机会,给采购商搭建一个全方位信息平台,为更多中国特色酒水畅销国内外,国外特色酒水进入中国市场提供良好的现场交流合作机会;将 CQILCE 打造成一个高层次国际性盛会。同期举办的"第 12 届中国青岛国际酒店博览会"更是体现出资源共享、全力保障展商的参展效果。2011CQILCE 举办地—青岛,是 2008 奥运会帆船赛分会场、2014 世界园艺博览会举办地、国家级海滨旅游城市、中国"最具经济活力的城市"之一、环渤海经济圈的中心城市、中国五大外贸口岸之一、中国北方最重要的对外贸易窗口,与世界上 130 多个国家和地区的 450 多个港口有贸易往来,是国内日韩客商最大的集散地,城市风光秀丽、景色旖旎、气候宜人。

(资料来源:2011 第二届中国青岛国际酒文化博览会暨葡萄酒烈酒展览会,http://www.wines—info.com/html/2010/10/8—34498.html)

第三节　庆典活动

隆重的庆祝典礼谓之庆典。作为组织的公共关系人员,对外是本组织的代表,对内又是最高决策者的替身,实际掌握该组织的礼宾职能,理应通晓重要庆典的规范要求和庆祝仪式。

一、国旗悬挂

国旗是一个国家的象征和标志。人们往往通过悬挂国旗,表示对本国的热爱和对他国的尊重。在国际交往中的悬挂国旗惯例,已为各国公认,实际已成为一种重要的礼宾仪式。

二、节庆活动

节庆,为节日或共同的喜事而举行的、表示快乐或纪念的庆祝活动。

百里不同风,千里不同俗。不同的国家,甚至一个国家的不同民族和地区都有自己独特的节日和庆祝活动。节庆日是公共关系部门特别是宾馆等接待服务单位开展公共关系活动的极好时机。如何恰到好处地开展节庆活动并达到预期效果?庆典活动的形式并不复杂,时间也不多,但要办得隆重热烈和丰富多彩,给人强烈深刻的印象并不容易。要使活动达到预期目的,公共关系人员应有冷静的头脑和充分的准备,善于用热情的举止鼓动公众,有序地指挥调度现场。在程序安排和具体接待中稍有不慎,不但使典礼扫兴,还会影响组织整体形象,其内涵的损失是难以估计的。比如,上海第一百货商店在 40 周年店庆时,提出了"不惑之年,赤诚之心"的主题口号,并通过各种媒介广泛传播,增强了职工的归属感和荣誉感,也使社会公众重新认识了"上海一百"。

三、开幕典礼

开幕典礼又可称开幕式,是指为第一次与公众见面的、具有纪念意义的事件而举行的庄重而又热烈的活动形式。其过程可归纳为:准备工作、开幕活动、结束工作三项内容。

1. 开幕典礼的准备工作:①邀请嘉宾;②为领导人拟好开幕词、致词的提纲,确定致贺的宾客名单并提出相应的要求;③拟好开幕典礼的程序,对开幕式环境、会场、照明、音响等应作仔细的准备。

2. 安排仪式程序:①专人负责宾客签到接待;②确定剪彩人员,一般安排嘉宾中地位、名望较高的人物剪彩;③摄影、录片、录像的安排;④回答记者或嘉宾提出的各类问题。

3. 开幕典礼的结束工作:视各类专题活动的规模和需要,或安排必要的余兴节目、锣鼓、礼花、礼炮等以助兴,或立即组织参观、座谈、或宴请招待。但是,不论何种规模的开幕式,活动结束做好嘉宾的送别、征求意见、感谢致意等,都是必不可少的。

四、签字仪式

安排签字及签字仪式,是一项细致的工作。

第一,要做好文本的定稿、翻译、校对、印刷、装订、盖火漆印等工作;

第二,准备好写字用的文具、国旗等物品;

第三,与对方商定签字人员,并由双方的助签人员洽谈有关细节;

第四,关于参加签字仪式,原则上是双方参加会谈的人员出席,或为表示重视,安排较高级别的领导人出席签字仪式,另一方也应予同意。

我国举行的签字仪式,一般在签字厅内设置长方桌一张,作为签字桌。桌面覆盖深绿色台呢,桌后放两把椅子,为双方签字人员座位,主左客右。座位前摆的是各自保存的文本,上端分别放置签字文具。如果是国与国之间的协议,中间摆一旗架,同样按主左客右的原则悬挂签字双方的国旗。签字后,由双方签字人员互换文本互握手。有时还备有香槟酒,共同举杯庆贺。

第四节　赞助活动

　　赞助活动:赞助英文为 Sponsorship,含义为"对他人义务担保、资助的一种行为"。赞助活动指组织无偿出资出力参与的社会活动。赞助是组织搞好公众关系的有效方式之一,是组织向社会表示其承担责任和义务的最好方式之一。

　　现代企业不但要盈利,还需要承担一定的社会责任和社会义务,以表明他们是社会的一员,要为社会贡献一份力量。反过来,企业通过一定的社会责任和义务,得到政府和社区的支持。企业也就获得生存和发展的可行保障。而赞助正是企业向社会表示其承担责任和义务的最好方式之一。因此企业应该重视赞助活动。

▷ **案例 13-2**

可口可乐赞助上海世博会

　　2010 年上海世博会是奥运之后在中国举办的又一国际盛事。时值喜迎世博倒计时一周年之际,可口可乐公司联手上海世博局,在北京正式启动了迎世博倒计时一周年的盛大新闻发布会,携手体育明星姚明、刘翔,演艺明星林俊杰、张韶涵及超人气组合飞轮海等,以自己不同的方式表达了对 2010 年上海世博会的热情期待和美好祝愿,助力 2010 年上海世博会,共同倡导"以点滴改变,创造城市新精彩",积极实践世博会"城市,让生活更美好"的理念。作为全球最大的饮料公司,可口可乐与世博会的渊源可以追溯到为纪念纽约建城 300 周年而举办的 1964 年纽约世界博览会上。而八十年前可口可乐进入中国之际,第一个瓶装厂就设在上海,可口可乐由此和上海结缘。2007 年 12 月,可口可乐公司正式成为 2010 年上海世博会的全球合作伙伴。近年来,可口可乐一直不遗余力地关注涉及国内教育、环保、救灾、扶贫、就业等公益项目,捐资总额超过 9000 万人民币。此次携手世博会以"推行环保理念,创造城市新精彩"为概念,再次印证了可口可乐公司加大对公益事业投入的承诺。可口可乐公司总裁及首席执行官穆泰康在随后的声明中特别强调,在四川地震一周年之际,可口可乐承诺继续追加捐资 8000 万元人民币,帮助受灾学校的重建,从而使公司向受灾地区的捐赠达 1 亿元人民币。问题:可口可乐公司是如何通过赞助活动提升在中国的形象的?

　　(资料来源:郑里. 可口可乐牵手上海世博会 共同打造最难忘的一次博览盛会 http://www. expo2010. cn/expo/sh _ expo/zlzx/sbzz/node2121/userobject1ai48472. html 20)

一、开展社会赞助活动应注意的问题

（一）目的应十分明确：应有助于增进公众对组织的了解和产生好感。

（二）范围选择恰当：要以最有利于达到预定目的为宗旨。

（三）考虑到被资助者的声誉：应考察被资助者或被资助项目是否纯正，有无良好声誉。

（四）考虑自身经济承受能力：要以组织自身的经济实力和可能达到的目标为依据。

（五）考虑形式的别具一格：应努力设计出富有创意的赞助活动表现形式，以达到信誉投资的效益最大化。

二、赞助活动的基本类型

(一) 赞助体育活动

赞助体育活动是最常见的一种赞助形式。体育活动的影响面大，公众参与程度强烈，并且超越了民族、国界和政治因素的影响，特别是奥运会和世界杯足球赛这样的世界范围的大型体育比赛，其影响是十分巨大的。如果社会组织赞助这一类的体育活动，会扩大自身的知名度和美誉度，增强自身的广告效果。韩国三星电子借汉城奥运会契机赞助国际奥林匹克运动委员会；联想国际成功赞助了 2008 夏季北京奥运会；蒙牛乳业有限公司赞助湖南电视台的 2005 年超级女生总决赛，在全国观众中引起广泛影响，其产品销售全面飘红；健力宝集团、李宁有限公司赞助中国奥委会等。通过赞助国际奥林匹克运动会，成为奥运会顶级赞助商，可极大提高企业形象和产品档次，可使企业由此真正走向国际化，使企业销售翻番，成为行业老大。

(二) 赞助文化活动

赞助文化活动，不仅可以培养组织与公众的友好感情，还能通过知名度的扩大来创造良好的社会效益，许多组织对电影、电视剧、文艺演出、音乐会、演唱会、画展的赞助已经获得了成功。无论是对文化活动本身的赞助，还是对文化艺术团体的赞助，都是既繁荣和发展文化事业，又建树良好组织形象的有效形式。比如，2003年国庆期间在中央台 11 套戏曲频道举办的第二届全国京剧票友大赛就是由东阿阿胶集团赞助的。脑白金曾赞助了 CCTV 全国模特大赛等。

⇨ 资料连接 13-3

"蒙牛—超女"轰动效应

2005 年中国的演出市场上，最为引人注目的现象就是湖南卫视的"第二届超级女声大赛"。然而,湖南卫视举办的第一届超级女声虽然产生了一定的影响力,但并没有引起太大的关注。

可这一次却达到了轰动全国的地步。除了早期的春节联欢晚会,估计还没有哪一个电视节目会像"超级女声"这样,让那么多的中国家庭的电视机同时集中到一个电视台,让那么多媒体跟踪报道,成为全国城乡那么多百姓的街头巷尾议论的话题。两届超级女声大赛为什么会有如此大的差异呢?关键就是在第二次大赛的背后,出现了一个中国商界的巨人——"蒙牛乳业集团"。问题:从"超级女声"的疯狂到蒙牛酸酸乳的相伴成功,我们能够学到什么东西呢?

(资料来源:陆季春,田玉军.公共关系实务教程[M].经济科学出版社,2010年)

(三) 赞助教育事业

赞助教育事业是一种效益长远的活动。它不仅有利于教育事业的发展,有利于全民族素质的提高,也有利于赞助者自身的人才培养和选拔,为组织建树良好形象。其形式有:设立奖学金、成立基金会、捐赠图书设备,出资修建教学科研楼馆、赞助科研项目等。近几年,不少外资企业纷纷把赞助目光投向了大学校园,选择大学生作为赞助对象,既获得了支持教育事业的好名声,又为自己日后选拔人才奠定了基础。松下、西门子、索尼、杜邦、奔驰、摩托罗拉等大公司纷纷派出了公共关系部的得力干将"登陆"中国高校。

(四) 赞助慈善福利事业

赞助慈善福利事业是组织与社区、与政府搞好关系,赢得良好社会声誉的重要途径。它能表明组织的社会责任感和高尚品格,容易引起社会公众的好感。常见的做法有:救济残疾人,资助孤寡老人,捐助灾区人民,捐赠儿童福利等。

(五) 赞助纪念活动

赞助重大事件和重要人物的纪念活动,可以树立组织的独特形象,展示组织的文化内涵。比如,建国周年庆典、大型社会经济成就展览、历史伟人的事迹展览和纪念活动等。

(六) 赞助特殊领域

赞助某一特殊领域,可以使组织在某一方面获得一定的知名度或美誉度,增强在这方面的形象竞争力。比如,赞助学术理论活动和学术著作的出版,赞助生态资源保护和文物古迹的开发等。金种子集团就赞助了河南省营销协会年会和颁奖大会。

除以上几种赞助类型外,还有赞助社会培训,赞助竞赛活动,赞助宣传品的制作等形式。

三、赞助活动的基本步骤

(一) 明确赞助目的

每次赞助活动都有它的目的。赞助活动的目的一般有以下几种:

1. 追求新闻效应,扩大社会影响;
2. 增强广告效果,提高经济效益;
3. 联络公众感情,改善社会关系;
4. 提高社会效益,树立良好形象。

(二) 选择赞助对象

社会组织可以主动选择赞助对象,也可以请求决定赞助对象。不论是什么情况,都要依据组织自身的发展战略和公共关系目标来选择和确定。要选择组织形象好、讲信誉的组织,反之赞助对象选择不慎,不但不能给组织增添正面的形象,反而会抹黑。

(三) 制定计划与具体实施

提供赞助的社会组织要由赞助委员会根据赞助方向和政策,根据组织的经济实力等,提出年度赞助计划,写明赞助对象的范围、经费预算、赞助形式、组织管理办法等,以做到有计划、有控制地进行活动。计划制定好以后,要派专门的公共关系人员负责各项赞助方案的具体实施,运用公共关系技巧去扩大组织的社会影响。如果遇到不正当赞助要求和摊派,应坚决拒绝,必要时可诉诸社会舆论和法律。

⇨ **案 例 13-2**

赞助使健力宝插上了腾飞的翅膀

被称为"中国魔水"的健力宝饮料,在中国家喻户晓。它不仅名气大,经济效益更令人吃惊。1991年上缴利税达5亿元人民币。健力宝取得如此经济效益,与其采取的恰当的公共关系赞助活动密不可分。事实上,健力宝三次大规模的赞助活动,直接促成了经济效益的飞跃。1984年洛杉矶奥运会,健力宝集团抓住时机开展攻势,以实物赞助的形式,使其成为重返奥运大家庭后,首次参加国际最大规模体育盛会的中国体育代表团的首选运动饮料。十五枚金牌的巨大成功,使健力宝随中国体育走向世界,并确立了其"中国魔水"的地位和美誉。原本只有几百万产值的小酒厂,一举成名,即刻产品供不应求。以此为契机,扩大生产后的健力宝,迅速跃入了现代化大企业的行列。1987年的广州第六届全运会,健力宝集团再次以雄厚的经济实力,赞助250万元人民币,换取了全运会运动饮料专用权。集团当年的销售额猛增到 3 亿元人民币,产品出口到 9 个国家和地区。1990 年北京亚运会,健力宝以 600 万的赞助,又一次获得指定运动饮料专用权,同时以 260 万元赞助亚运会火炬接力活动。中国首次举办大型国际体育盛会的空前成功,使健力宝再一次腾飞。

巨大的社会效益,直接带动企业经济效益的增长。三次大型体育盛会的成功,使人们认识到健力宝的贡献,也使社会认识到健力宝是中国体育事业支持者,健力宝促进了中国体育的发展。健力宝集团认为,赞助活动达到了社会和经济效益的双丰收。它集公共关系、广告、推销于一体,不仅提高了企业的知名度、信任度和美誉度,而且确立了企业的市场地位。健力宝集团从赞助体育事业中获得了巨大的经济效益。健力宝集团选择了中国体育事业为赞助对象,迎合了国人对"增强人民体质,振兴中华体育"的美好愿望。这不仅赢得了公众的好感、信任,增强了健力宝对公众施加影响的广度和深度,并且最终得到了社会的支持与合作,也使消费者的选票(货币)投向了健力宝。

(资料来源:www2. gxtc. edu. cn/gxx/zttl/200909/53540. html)

讨论题

健力宝集团赞助第二十四届奥运会中国代表团的公关价值?

■ 健力宝集团赞助第二十四届奥运会中国代表团计划

■ 赞助目标:第二十四届奥运会

■ 赞助对象:中国体育代表团

■ 赞助形式:提供健力宝运动饮料

■ 重点传播对象:中国消费者和经销商

■ 选定传播方式:四大新闻媒体

■ 具体实施方案:先征得国家体委和中国奥委会同意,其次争取媒体的支持,通过媒体求得公众的支持

■ 物质准备:生产高质量的饮料,最后把饮料运抵比赛会场

(四) 检测赞助效果

赞助活动结束之后,组织应对赞助效果进行调查检测。可以对照计划检测指标完成情况,可以搜集社会公众、新闻媒体和收赞助者的看法,找出差距,评定效果,写出报告,存档备查。

四、赞助活动的基本原则

社会组织无论是主动选择赞助对象,还是接到赞助请求时考虑是否赞助,都应当遵循以下基本原则。

(一) 社会效益原则

赞助活动要着眼于社会效应,即赞助对象和赞助项目具有较强的社会意义和社会影响,具有良好可靠的社会背景和社会信誉。如社会救灾、希望工程、残疾人福利等。

(二) 传播效益原则

赞助活动直接提供了资金或物质,因此必须讲究传播效果,所赞助的项目和对象应该有利于扩大本组织的知名度和美誉度。同时要调查和分析社会公众和新闻界是否关注、关注程度如何等。

(三) 合乎实力原则

社会组织无论开展什么形式的赞助活动,都应当量力而行,不要超过自己的承受能力;赞助经费的支出也要留有余地,以备意外之用。

(四) 合理合法原则

赞助者和赞助对象都应符合法律道德,符合社会利益和公众利益,坚持原则,严格按条件办理,杜绝人情赞助、人情广告等不正之风。

[相关连接]"新"、"奇"、"特"其实并不只是对周年庆典活动的要求,其他类型的专题活动也应该以此为策划出发点。在此,有一点要特别注意,那就是在追求"新"、"奇"、"特"时,不能忽视了公众的心理承受能力,不能引起公众的反感,否则将会事与愿违。

第五节 公共关系广告

一、公共关系广告的含义

公关广告是一种设法增进公众对组织的全面了解,提高组织的知名度和美誉度,从而赢得公众信任和合作的广告。运用公关广告,可以起到塑造组织形象、强化品牌形象、宣传组织宗旨、引导公众观念等作用。与传统商业广告不同,公关广告多以新闻事件为背景,借媒体、舆论对新闻事件的关注度来进行宣传活动,达到提高知名度等效果,因此成本较商业广告低廉,但需要有合乎时机的新闻事件为载体。

▷ **案 例 13-3**

我国国家形象广告宣传片在美国纽约时报广场亮相

中国到底是一个怎样的国家呢? 60 多年来,世界对中国的印象,大多是来源于以西方媒体为主的国际媒体的报道。而在这 60 年里,随着中国社会的巨大变化,中国在西方世界的形象几度起伏,有时候甚至可以说是剧烈摇摆。2010 年中国向世界交了一份满意的答卷,中国成为了世界上的第二大经济体,举办了史上规模最大的世博会,创造了世界上最快的"和谐"号和运行速度最快的"天河"超级计算机。这一切都让世界惊叹。而惊叹的同时,世界对中国的敌视少了,重视多了。然而,重视中却免不了有一些误读。怎么样才能够减少误读?怎么样才能够向世界呈现一个真实的中国?美国当地时间 2011 年 1 月 17 日晚上 8 点零 4 分,一抹亮丽的"中国红"出现在美国最繁华的商业区——纽约时报广场。六块巨型的电子显示屏同时播放《中国国家形象片人物篇》。宣传片的开头,以醒目的红色为背景,以白色书写中英文"中国"两字。中国各领域杰出代表和普通百姓在片中逐一亮相,人物包括了杨利伟、姚明等各领域优秀代表以及普通百姓,旨在向全世界展示立体的中国,将最真实的一面展现在美国人眼前,吸引了许多路人驻足观看。该宣传片全长 60 秒,17 日开始,在纽约时报广场首播,每小时播放 15 次。从每天上午6 点至次日凌晨 2 点,播放 20 小时,共 300 次,并将一直播放到 2 月 14 日,共计播放 8400 次。同时,美国有线电视新闻网,也从 17 日起,分时段陆续播放该片。

(资料来源:中国中央电视台.《环球视线》,2011 年 01 月 19 日 09:17)

讨论题

这一次以"中国人"为主题的国家形象的广告宣传片在美国会起到什么效果?

二、公关广告与商品广告的区别

我们日常生活中见得最多的是商品广告,这是一种宣传某种具体商品或服务以促进销售的广告。尽管公关广告和商品广告都是广告,但它们实际上是有区别的。

(一) 广告目的不同

商品广告是直接宣传产品名称或性能,其目的就是诱发消费者的购买动机,促进产品或服务的销售。如"华力牌电蚊香,默默无闻的奉献","威力洗衣机,献给母亲的爱"。

公关广告则不直接宣传产品,而是传播产品之外的各种与组织形象相关的信息。如"中国杭州——平静似湖,柔滑似丝"——杭州旅游公关广告。"不要让别人说你没有来的时候,这里的一切都是美好的。那么,对你来说是一种耻辱。"——坦桑尼亚国家公园广告。对于这两者的区别,人们的形象地说,商品广告是要公众买我,公关广告是要公众爱我。

(二) 宣传模式不同

同样是通过传递信息去影响公众,两者还是有不同之处的。商品广告是让公众先认识产品然后再认识企业组织,而公关广告则是让公众先认识组织再认识产品。这两者的模式如下所示。

公共关系广告:公众——组织——产品。

商品广告:公众——产品——组织。

如"生命的电池"——日本松下电器公司的电池广告,是一个商品广告;"不要把问题留给下一代! 现在做,来得及"——台湾哥林电器的公益广告,是一则公关广告。

(三) 感情色彩不同

商品广告注重引导人们的购买行为,商业色彩较浓;公关广告则重视与公众进行情感交流,引发公众好感,所以较少商业色彩,而融入了更多的对人性、对社会的关怀。如恒源祥公司那个备受争议的广告(恒源祥、羊羊羊,来回念三遍)就纯粹是一种广而告之的商业行为。但深圳南方制药厂在中央电视台的公关广告呈现给观众的是他们与灾民同舟共济的真情:在黑白天地间,一边是一只可怜的被洪水困在山坡上的小狗,一边是孩子们设法营救小狗的真挚感人、令人心动的画面。小狗得救后,推出广告语:滔滔里,风雨同舟。

(四) 广告主体不同

商品广告的主体是工商企业,而公关广告的主体则可以是政府部门、非盈利组织等各种类型的组织。比如,美国政府的征兵广告"美国需要你";国外某交通安全广告:"阁下驾驶汽车,时速不超过 30 公里,可以欣赏本市的美丽景色;超过 60 公里,请到法院做客;超过 80 公里,请光顾本市设备最新的医院;上了 100 公里,祝您安息吧!"

三、公关广告的类型

(一) 观念广告

观念广告是通过提倡或灌输某种观念和意见,试图引导或转变公众的看法,影响公众的态度和行为的一种广告。观念广告可以是宣传组织的宗旨、信念、文化或者是某项政策,也可以是传播社会潮流的某个倾向或热点。比如,美国西屋电气公司曾在《时代周刊》上刊登岁末广告,把本年度有关公司的各种新闻和报道汇集在一起,并冠以总标题"一年来本公司的一切好消息"。

□→ **资料连接 13-3**

美国总统里根访华期间,在北京长城饭店举行答谢宴会,到会的五百名外国记者对此作了实况报导,这对长城饭店来说,无疑是做了一次世界性的免费公关广告。而且据国外一项调查显示,公关广告对企业股票价格的正影响率为 2%。假定某公司拥有 2 亿元股票的话,上涨 2%,就等于增收 400 万元。可见,良好的公关广告可给企业或组织带来显著的经济和社会效益。

(资料来源:胡锐.现代公共关系案例评析[M].浙江大学出版社,2007 年)

(二) 信誉广告

信誉广告是社会组织通过公众对其优质产品、优质服务的良好信誉以及在国内外评优获奖情况进行宣传的广告。此类权威机构的认定、消费者的认可和客观评价,对公众来说有着较高的可信度,也可以是社会组织直接向消费者征求意见的方式,表现其服务至上、信誉第一的宗旨。

(三) 谢意广告

节日、纪念日之际,或社会组织举办某种活动圆满结束时,向消费者公众或社会各界公众表示衷心的感谢。社会组织的表达谢意之举,更加增进其与公众的情感交流,维系了与公众的关系,烘托了友谊的氛围。比如,日本亚细亚航空公司 15年庆典之际,做了一个公关广告。标题是:"每一次相遇,我们都心存感激,未来,就从此刻延续。"正文是:"由于您的关爱,使我们拥有今日成果,对于您的知遇,我们由衷感激。而今 15 年的相处,我们更加了解您的需求,当您走入亚航的新天地,您将感受到由内而外的焕然一新,更典雅的风貌,更体贴的关怀,让您拥有最舒适的航程。新的亚航天地,更加精致温馨,诚恳期待您的到来。"

(四) 祝贺广告

节日、纪念日之际,社会组织向公众贺喜,或在兄弟单位开业庆典时表示祝贺,可以增加一份亲情;向公众表示与公众携手合作、献上爱心的情意。

(五) 致歉广告

社会组织就自身工作不足之处或自身过错向公众致歉,表示诚意,或以致歉的方式表达已获得的进展和进一步发展,以退为进,出奇制胜。

(六) 解释广告

在社会组织形象被歪曲、造成公众误解时,及时向公众解释事实真相,阐明态度,宣传其政策、方针,澄清混淆视听的传言,以矫正被损害的形象,维护声誉。

(七) 倡议广告

以社会组织名义率先发起一项对社会有重要意义和影响的活动,或倡议一种新观念,显示其社会责任感、伦理道德观、创新精神等,显示其良好的社会风范,显示其率先开拓、领导潮流、敢为天下先的胆识,为公众所瞩目和称道。比如,2002年为"科学消费"年,由包括周光召(中国科学院院士)、王大珩(中国科学院士、工程院院士)等在内的75位中国科学院院士、中国工程院院士和153位科技专家签名并发出倡议,倡导科学消费。

四、公关广告的特点

公共关系广告除具有一般商品广告有偿性、自主性、真实性和艺术性特征外,还具有区别于一般商品广告的特点:"商品广告是要人们买我,公关广告是要人们爱我";"一般广告是推销商品,公关广告是推销形象"。具体而言,公关广告的特点做如下表述:

1. 广泛性。公关广告的内容十分广泛,各种组织都可以运用公关广告做宣传,以引起社会公众对组织的注意,激发起社会公众的兴趣,达到"推销"组织机构的形象,显示出企业自身的能力和实力,扩大组织知名度和美誉度的目的。

2. 长期性。一个组织,无论生产何种产品或提供何种服务,其自身都需要长期稳定地发展下去,这就决定了公关广告的目标要着重于长期的、长远的利益。

3. 间接性。公关广告并非直接劝告人们去购买商品或享受服务,而是通过间接的手段让公众了解组织并产生好感。

五、公关广告的要求

1. 政策性。公关广告宣传要遵循政策性原则要求,表现在两方面:一是广告承办单位要遵循国家颁布的广告法规来组织广告业务活动,抵制和拒绝刊登违法广告;二是组织或企业做广告宣传时,必须严格遵守国家法令要求,不能搞违法经营和违法宣传。

2. 真实性。公关广告的真实性要求是其生命所在,必须以事实为依据。要展现企业的真实面貌,不能浮夸,更不能造假。

3. 针对性。明确向谁做广告。在某种意义上讲,公关广告的针对性要求比商品广告的要求更为迫切。

4. 整体性。社会上任何一类组织的生存和发展都是团结协作作用的体现、整体努力的结果。在公关广告中,对组织所获得的成功要作为整个社会、内外公众,特别是广大员工齐心协力、共同奋斗的结果来加以体现。

5. 独特性。一个企业在制作公关广告时,应明确其信念、行动宗旨、经营方式、服务措施及企业标志等,并运用文字推敲、象征比喻、情感调动等表现方式来达到形成组织独特风格的目的,以引起社会公众对企业的注意,加深公众对企业的印象。

六、公关广告的制作技巧

广告的艺术创作技巧在广告活动中占有重要位置。公共关系广告和商业广告一样,都需要极高的创作技巧。在这一方面,美国奥美广告公司的创办人大卫·奥格威有独到的见解。他认为,广告的内容比表现内容的方法更重要;若你的广告的基础不是上乘的创意,它必遭失败;讲事实……消费者不是低能儿,他们需要你给他们提供全部信息;使你的广告宣传具有现代意识;若是你运气好,创作了一则很好的广告,就不妨重复地使用它直到它的号召力减退;千万不要写那种连你也不想让你的家人看的广告;形象和品牌,每一则广告都应被看成是对品牌形象这种复杂现象在作贡献;不要当公文抄……模仿可能是"最真诚不过的抄袭方式",但它也是一个品德低劣的人的标志。关于广告的标题,他认为,标题是大多数平面广告最重要的部分,它是决定读者是不是准备继续读正文的关键所在;读标题的人平均为读正文的人的 5 倍。换句话说,标题代表着一则广告所花费用的 80%。

▷ **资料连接 13-4**

奥巴马演讲受袭:裸奔扔书的另类广告

西方的政治已经明显开始娱乐化,从克林顿到小布什,再到如今的奥巴马,他们无不将自己的身影置入到当今最为惹人关注的媒体前台、娱乐前沿。也正是由此,才被无数的商人盯上,不惜冒险突破 FBI 特工的重围让自己的产品沾上总统的气息。2010 年 10 月 10 日,奥巴马和副总统约瑟夫·拜登在费城的一场中期选举上发表演说,一本书突然飞向正在演讲的奥巴马,所幸并未击中他的身体。事后才知道该事件是一个富翁所发起的,英国亿万富翁阿尔基·戴维前段时间在自己运营的网站上宣布,他将向首个在奥巴马面前裸奔的人提供 100 万美元奖赏。戴维自称是奥巴马粉丝,认为裸奔是一种有效的吸引注意力方式。他说,获奖者必须喊他运营网站的名字 6 次,赢得总统瞩目。纽约市男子罗德里格斯在重金下成为"勇夫"。道格拉斯·凯尔纳说,"媒体奇观是名人文化,它为受众提供了时尚、外形和人格的角色模型。"也正是媒体有意无意的塑造,为大众塑造了具有理想化的名人形象,他们骄人的气度和完美的形象成为受众所极力关注和仿效的对象。但凡有人给予关注的事物或人物都会成为商人作为广告的载体,因为只有广告才能助长这种名人的生涯。注意力经济由此连绵不断,广告通过媒体为人们创造着一个又一个奇观,一个又一个梦想,为了这个奇观和梦想,消费的欲望就被助长了,也被完全正面化了。广告是创造消费的工具,因为有消费所带来的金钱支撑,所以广告手段总能在挣脱束缚的那一瞬间爆发奇观。

（资料来源：2011 十大公关事件[J]. 公关世界，2011 年第 1 期）

第六节　政府公共关系

一、政府公共关系含义

政府公共关系是政府与社会公众之间的传播管理。从动态上看，政府公共关系即政府机构与社会公众之间的双向传播沟通活动；从静态上看，政府公共关系是发生在政府与公众之间的一种信息交流、沟通与传播的行为和状态；从管理学角度看，政府公共关系是一种组织职能，政府公共关系管理即对政府组织与社会公众之间的传播行为与状态进行管理。即国家的行政管理机关运用各种传播和沟通手段与广大公众建立相互理解、信任合作的持久关系，以便在公众中塑造良好的政府形象，争取公众对政府工作的理解、谅解和支持的一种行政管理职能。

这个定义至少包含着以下三层含义：(1)政府公共关系是政府与公众之间的关系；(2)政府公共关系的目标是塑造良好的政府形象；(3)政府公共关系的途径和手段是传播。

⇨ 资料连接 13-5

从救灾看政府公共关系机制

汶川大地震发生后，中央和地方政府所采取的一系列果断有效的举措，让世人看到了我国政府公共关系机制的健全和应急能力的增强，使国家和政府在国际上的形象得以大幅度提升。目前所形成的一方有难、八方支援，万众一心、举国赈灾的局面，从某种意义上说，亦可视为我国政府公共关系机制运作的新成效。

政府作为特殊的社会管理组织，能否与公众保持良好关系，树立服务型政府的良好形象，意义尤为重大。平时如此，危机时期更是如此。这就需要相应的机制上的保证，一旦遭遇突发事件，能够切实做到快速反应、信息透明，并体现出对社会对民众高度负责的积极态度，最大程度地得到公众的广泛理解和支持。

各级政府机构应更好地了解和重视公共关系，组建相应的职能部门来处理各类公共关系事务，在对政府机关人员尤其是领导干部的培训中，应增加公共关系方面的内容。"5·12"汶川大地震，使我国政府和人民遭遇了一场前所未有的严峻考验。中央和地方政府在这场突发性自然灾害发生后所采取的一系列果断有效的举措，让世人看到了我国政府公共关系机制的健全和应急能力的增强，使国家和政府在国际上的形象得以大幅度提升。现代公共关系的要义,就是各类社会组织与其利益相关的公众之间建立和维持互相信任、支持的良好关系,使社会组织始终具有良好的信誉和形象。它是战略管理的重要组成部分。无疑,政府作为特殊的社会管理组织,能否与公众保持这样一种良好关系,树立服务型政府的良好形象,其意义更为重大。平时如此,危机时期更是如此。这就需要相应的机制上的保证,使政府一旦遭遇突发事件,能够切实做到快速反应、信息透明,并体现出政府对社会对民众高度负责任的积极态度,从而最大程度地得到公众的广泛理解和支持。

在我国,研究公共关系虽然只有20余年的历史,但自我国加入WTO后,尤其是进入新世纪以来,这一事业发展迅速,涌现出一批专业公共关系咨询公司,许多企业也先后组建了专门的公共关系部门,逐步形成了现代服务业中一个重要的行业。但是,以往我国的公共关系运作,大多还限于商业领域。相比之下,政府公共关系似乎起步较晚。但这一状况自从SARS事件后已大有改观。因为正是有鉴于SARS事件初期政府有关部门公共关系运作的不到位,近年来,我国中央政府和地方政府先后制订了各种突发事件的应急预案,并在此基础上,于2007年颁布了《中华人民共和国突发事件应对法》,有关部门在应对诸如"中国制造"问题等危机中,亦有不少可圈可点之处。在信息公开化方面,各级政府部门逐步建立和完善了新闻发言人制度,以切实保障社会公众的知情权。已实施的《中华人民共和国政府信息公开条例》,更是将信息公开作为政府的一项义务规定了下来,体现了观念与制度的一大进步。

在"5·12"汶川大地震中,这一机制充分显示了它的作用。胡锦涛总书记立即做出指示,要求尽快抢救伤员,保证灾区人民生命安全;温家宝总理第一时间赶赴震灾现场指挥救灾工作;各级政府和军队应急预案立即启动,应对有序。信息披露的迅速及时和高度透明,以及有关部门通过媒体及时与公众进行沟通和互动,都体现了政府积极行动、取信于民、高度负责的态度,体现了"以人为本"的理念和"构建社会主义和谐社会"的方针,从而凝聚了民心,感动了社会,使政府和民众的心贴得更近,既有效地维护了政府在国际社会和我国公众中的良好形象,也激发了各类组织和个人参与救援活动的不断高涨的热情。目前所形成的一方有难、八方支援,万众一心、举国赈灾的局面,从某种意义上说,亦可视为我国政府公共关系机制运作的新成效。这一突破,极大地提升了整个国家的软实力。

也许,关键在于思维方式的转变。就以突发事件的信息公开化来说,实践证明,让公众及时了解事件真相,只会提高政府的公信力,增强民众的凝聚力,而决不是相反。随着社会步入网络时代,信息传播的透明化程度已越来越高。如果不转变观念,不重视公共关系,不建立相应的传播机制,直接的后果就是政府公信力的下降,政府的行动得不到公众的理解,更谈不上积极支持和参与。这显然不利于和谐社会的构建和安定团结局面的维护。

之所以要强调这一点,是因为政府的公共关系机制在这次抗震救灾中的出色运转,不等于这一机制在平时也一直能如人所愿;中央政府在思维和行为方式的转变,亦不等于众多地方政府和职能机构都能实现这一转变。旷日持久的"华南虎"事件,以及近年来某些地方政府在处理一些公共事件时的进退失据,似乎可以为人们的这一担心做出诠释。显然,在政府运作公共关系这一问题上,不能只看到"灾时应急体制",而同时也应该寄希望于各级政府部门及主管领导公共关系意识的增强,政府公共关系机制在日常工作中的健全和完善。为此,提出几点不成熟的建议。

首先,政府部门要更好地了解和重视公共关系。事实上,公共关系的职能,已经在许多社会组织的品牌管理、信誉管理、传播管理和危机管理方面发挥了重要作用,但它看不见、摸不着,不易受到重视,乃至有些人士至今对其还抱有某种误解和偏见。这一观念不改变,政府的公共关系机制就不可能真正建立起来。

其次,各级政府机构可根据需要,组建相应的职能部门,来专门研究公共关系问题,处理各类公共关系事务。从现在的情况来看,需要研究的问题还是很多的,包括政府在新形势下如何有效地对外开展公共关系工作,也包括政府如何与各类社会公众尤其是 NGO(非政府组织)这一新兴群体更有效地沟通和合作。眼下,高校和科研机构中虽不乏关注这类课题的人员,但鲜有政府部门直接出面组织的研究项目,亦导致了某些研究"知"与"行"的脱节。

最后,在对政府机关人员尤其是领导干部的培训中,应增加公共关系方面的内容。事实上,某些地方政府的公共关系问题,往往就是由于政府部门某些人员言行失当而引发的。据悉,国家人事主管部门早就有意在公务员中开展相关培训,以有效地提升政府机关人员的公共关系意识。

(资料来源:毛经权,叶茂康.从救灾看政府公共关系机制.文汇报,2008 年 6 月 18 日)

二、政府公共关系的特征

政府公共关系是公共关系的一种形式,它既具有一般公共关系的基本属性,另一方面又具有区别于其他公共关系的特征。

(一) 公关目的特殊性

与其他一些社会组织,特别是企业相比,政府公关不以盈利为目的,其直接而根本的目的是通过树立良好形象提高行政效率。

(二) 公关主体的特殊性

政府公关的主体是国家行政机关。它不仅在性质上根本不同于各种经济、文化组织,而且也不同于其他政治组织。

(三) 公关客体的特殊性

政府公关其客体是社会各界,受众广,影响范围大。

(四) 公关手段的特殊性

与其他组织的公关工作相比,政府公共关系的传播条件具有无可比拟的优势。

1. 政府拥有巨大的信息资源。
2. 政府直接或间接掌控着大众媒介。
3. 政府拥有严密而迅速的组织传播。
4. 政府公共关系经常综合、交叉使用各种传播渠道、传播手段和信息载体。
5. 政府信息传播的效果具有天生的优势。

三、政府公共关系的意义与职能

(一) 政府公共关系的意义

政府公共关系是政府机构在特定环境中通过传播来协调其与公众关系的行政管理行为,这种行为的目的是为了充分发挥政府的效能。

1. 有利于树立良好的形象。政府的良好形象是一个政府治理国家或地区的根本条件。

2. 有利于决策的制定。政府制定政策,特别是一些重大的方针政策和改革措施的出台,关系到千家万户,涉及千家万户的利益,必须通过公共关系活动了解人民的愿望和要求,调查舆论,体察民情,并对原决策做出修改或调整。

3. 有利于政令的实施。要使政府决策的实施取得最佳效果,必须依靠公众的理解、信任和支持。一项新法律、新政策要得到社会公众的接受和承认,往往要通过向公众做大量的宣传工作才能实现。

4. 有利于内外关系协调。政府公共关系的实质就是通过传播来协调其与社会公众之间的关系,因为行政管理效能的提高与外部的社会环境和内部的组织环境有很密切的关系,如果一个行政机关处在与各种社会组织、政党、新闻媒介、权力机关、司法机关、其他政权机关不和谐的状态下,它的任何行政管理行为都会遭到各方面的制约,那么它的行政活动是不会有任何成效的。

作为与公众沟通的强有力手段,公关正越来越受到各级政府的重视。众所周知,北京申奥成功,良好的公关功不可没。事实上,政府公关,不仅被当成政府从事管理活动的一个重要方法,也被看成是社会政治生活民主化程度的一个标尺。政府公关从幕后走向前台,折射出一个信号,一个现代化的政府将是一个互动的政府,是一个注重民众参与与沟通的政府。

(二) 政府公共关系的职能

1. 信息交流职能。政府公共关系的信息交流职能主要表现在以下几个方面:组织信息的交流;政策信息的交流;机构设置和办事效率的信息交流。

2. 咨询建议职能。它包括公众的一般情况咨询;公众的专门情况咨询建议;公众心理变化和趋势咨询。

3. 沟通协调职能。政府与公众沟通的意义在于,民主政治的需要,增加政府透明度的需要,增强政府职能的需要。

4. 形象塑造职能。通过政府公关人员的设计和策划,运用必要的公关手段,提高政府在公众中的良好形象。良好的政府形象是推进经济体制顺利转型的巨大的无形资产。

⇨ 案例 13-4

广州非典危机处理不当

在 2003 年的非典疫情危机中,信息传播的失真现象普遍存在。以广州的情况为例,2002 年 11 月广东出现第一例非典病人,直到 2003 年 2 月 8 日,"广州发生致命流感,春节以来在几家医院有数位患者死亡"的消息开始悄悄传播,手机短信和口耳相授是这个消息的主要传播渠道,此时恐惧开始滋生。这个时候,人们期待的官方信息始终没有出现,倒是在 2 月 10 日上午,有媒体模糊地报道:近期广州患"感冒"和"肺炎"的病人增多……10 日中午,南方网谨慎地发布了官方信息:广东省部分地区先后发生部分"非典型性肺炎"病例,该病主要表现为"急性起病,以发热为首发症状,偶有畏寒,有明显的呼吸道症状,该病有一定的传染性"。预防措施包括保持空气流通、醋熏、勤洗手和谨慎接触病人。

掩藏的恐惧终于爆发:一时间,大半个广州都动起来了。"买药了吗?"和"买醋了吗?"成了广州人的见面语。板蓝根和抗病毒药物成为人们哄抢对象。从 2 月 10 日起,相同景象几乎同时出现在国内各大中城市,北京、武汉、长沙、海口……板蓝根、抗病毒药物、白醋热销。

2 月 11 日,广州市政府和广东省卫生厅针对非典恐慌分别召开新闻发布会。会上主要是说明的确有一种病毒引起了"南方网型肺炎",并且公布了患病人数,总共有 305 例,其中广州 226 例,医务人员感染发病的有 105 例。在新闻发布会上,政府官员和传染病专家承认,病源和病因还没有分离出来,病原鉴定工作尚未能做出确切的结论,而且到目前为止,还没有特效药可以治疗,临床上采纳的主要是对症治疗。另外,专家还介绍了一些预防措施和患病的特征表现等。尽管这些情况并不算是好消息,但是通过这次电视直播的新闻发布会,广州市民对非典型肺炎的认识逐渐清晰起来。

但是,由于传播中诸多因素的失控,新闻发布会并未达到预想的效果。有一位广州市民说:"2月11日,广州市政府召开了新闻发布会,电视台现场直播,大伙丢下工作在看电视,恐慌的心理开始缓解,但还是有一些人不太相信死亡数据。晚上我回到家,打开电视看新闻,一位医生正在接受本地电视台采访,说我们医院一共收治了十几个病人,愈合率99%,这病不可怕之类的。我琢磨:十几个病人怎么可能算出99%的愈合率?这真让我害怕,体会身体的感觉,立刻觉得嗓子疼、胳膊酸。看看带的药,有环丙沙星和感冒胶囊,立刻弄出几粒,按最大剂量吞下去。"

(资料来源:何姗,周琼,禄兴明,欧大明.《关注非典型肺炎:肺炎风波中的三大门户网站》,新传播资讯网(http://www.woxie.com)2003年2月22日)

⤵ 思 考 题

根据政府公关的知识分析"非典"失控对政府形象的影响?

四、政府公共关系原则

政府公关的基本原则是指政府在开展公共关系活动时必须遵循的准则和所要达到的基本要求。在前文对政府公共关系含义、职能、意义等理论问题已作了阐述的基础上,概括出政府公共关系以下几条基本原则。

(一) 求实原则

西方公共关系学界曾经提出过一个命题:先有事实,后有公共关系。这个思想和我们社会所提倡的实事求是的精神实质也是相吻合的。政府公关应坚持以事实为依据,不能掩盖事实真相,更不能歪曲事实。实事求是地传递信息,树立政府在公众中的良好信誉和形象。

(二) 公开原则

政府公关应做到公开、公平、公正、透明,在政府公关活动中,一切信息传播都必须以真实公开为前提,为原则。只有这样才能与公众实现良好沟通,得到公众的信任。

(三) 利益原则

政府组织的一切活动都必须奉行公众利益、社会利益至上的原则,以服务公众和社会为其行为的根本出发点、落脚点。

(四) 整体原则

要求政府进行具体公关时需注意以下几点:

1. 在思想上确立整体形象意识,在政府内部提高整体公关形象意识,发挥全员公关效应;

2. 坚持从整体形象出发,制定统一的公共关系政策,统一行动和步调,密切合作;

3. 正确处理好政府公共关系中个人与组织、下级与上级、局部与全局的关系,注重大局和整体目标。

▷ 思 考 题

你是如何看待这一事件的?

五、政府公共关系的方式

政府在公关活动中采用的公关方式是否得当,直接影响到政府在公众中的形象和公关效果。由于政府的公关对象不同,公关的具体目标不同,因此公关的方式也多种多样。概括起来,可供政府选择的常用的公关活动方式有以下几种类型。

(一) 宣传型公关方式

1. 新闻发布会

它是指以某一社会组织的名义邀请新闻机构的有关记者参加,由专人来宣布有关重要信息,并接受记者采访的一种特殊会议。

2. 运用新闻媒介进行宣传

从传播学的角度来看,使用广播、电视、报纸、网络等新闻媒介,是目前使用信息传播范围最广、影响力最大的传播手段。

3. 政府公关广告

它是指政府机构依靠购买印刷媒介物的篇幅或在电子媒介上购买时间,以语言或其他形式,不受编辑人员干涉地宣传自己。

4. 举办展览会

展览会是政府公关活动中经常采用的形式。它综合运用各种文字、图片、实物、模型、讲解、幻灯、录像、音响、环境布置、现场示范、现场咨询等传播手段来宣传政府的方针、政策、法律和法令。

(二) 征询型公关方式

征询型公关方式,是指政府主要通过征求和询问内外公众对自己的意见和建议,了解社会信息而开展的一种公关方式。

1. 民意调查

它是一种运用现代化科学方法及数理统计手段,及时、准确地搜集、整理、统计、报告民众意见,测定社会舆论变化的活动。

2. 信访工作

它是指社会公众到政府部门走访,或给它们写信,其内容包括批评、建议,或提出要求、申诉、检举或控告。

3. 访谈。

它是社会调查中最古老、最常用的方法之一,在政府公关中也被广泛应用。它是通过与调查对象进行交谈,收集口头资料的一种调查方法。

(三) 交际型公关方式

交际型公共关系活动方式,是指政府主要通过与公众之间的人际交往而开展的一种公关方式。

(四) 防御型公关方式

防御型公关方式,又称为危机管理型公关活动,是指政府针对自身情况或外部情况,分析预测可能发生的危机,然后制定出针对性措施,一旦发生危机,就能有条不紊地将危机化解,重新恢复良好形象和信誉的一整套机制。

(五) 矫正型公关方式

矫正型公共关系活动,又称为补救型公共关系,或危机处理型公关。它是指政府对已经发生的影响到公众关系或利益的问题,采取正确对待、及时纠正、妥善解决的一种公关方式。

矫正型公关方式的工作程序由以下三个步骤构成:

1. 深入现场,了解情况。这是政府进行矫正型公关的第一步,也是中外政府成功处理事故的共同特点。

2. 分析情况,寻找对策。事故发生后,要深入现场在了解具体情况之后,政府紧接着要做的就是对情况进行具体的分析,找出问题的症结,然后立刻会同有关部门或人员制定出对症下药的补救措施。

3. 实施对策,化解危机。如果说前两个步骤是为政府处理事故、扭转在公众中负面形象做铺垫、做准备的话,那么实施对策,化解危机,就真正进入了行动阶段。

(六) 网络公关

塑造形象是公关最基本的功能。政府形象,作为政府公关工作的核心要素,已经普遍受到了各级政府的重视。随着信息技术的不断发展,网民数量的增多,在电子空间的沟通、互动、交流已经成为网络时代政府树立现代理念与亲民形象的最佳途径,政府开设官网进行宣传营销已成为常态,发挥网络对政府公关的正效应,是政府公共关系活动必须重视与研究的课题。

▷ **资料连接 13-6**

香港赝品事件

2011年3月31日,央视"经济半小时"在《香港购物,暗埋圈套》的节目里曝光香港个别旅行团、店展售卖赝品,诈骗内地游客的事件,节目播出后,在香港和内地产生强烈反应,不少误买赝品的内地游客来港退货,引发"赝品风波"。而在节目播出的第二天,香港特区政府的相关各方就灵敏地做出反应,香港有关部门立即赶赴北京搜集材料,回港展开深入调查,香港消费者委员会则表示,将彻查事件始末,香港旅游事务署和香港旅游发展局也纷纷做出表态,这些第一时间发表的声明,不仅表明了政府对当前事件严正处置的决心,而且提出了杜绝相似事件产生的具体办法,有效地遏制了赝品事件可能引发的市场恐慌,给来港游客吃了颗"定心丸"。

一个负责任的政府,都应当勇于承担义务,而不是掩罪躲恶,推卸义务只能使得政府公信力下降,对于事件的解决毫无益处。在香港赝品事件产生后,香港政府并没有采用"鸵鸟政策",而是直面现实,正面回应。香港立法会经济事务委员会委员李华明请求港府尽快"救火",挽回内地旅客信念,特区行政长官曾荫权表示,"不能将就或容忍任何有损香港'购物天堂'美誉的行动";香港旅游业议会总干事董耀中表示,央视的记者可自动跟他联络,若查明真的有店展卖赝品,事件性质属非常严重,必定会认真处置。香港政府部门和官员勇于承担义务的态度,得到了公众和媒体的支撑。

(资料来源:2011年3月31日,CCTV"经济半小时"栏目)

讨论题

政府如何通过网络塑造良好的形象?

▷ **案 例 13-5**

杭州飙车案

2009年5月7日晚,25岁浙大毕业生谭卓在走过斑马线时,被快速行驶的跑车撞死。红色三菱跑车中的驾驶员胡斌,19岁,杭州师范学院体育系大二学生。"富家子"撞死"平凡上进青年"、警方最初关于车速"70码"的错误认定、"交通肇事"与"危害公共安全"罪名的争议,都激发了人们的关注。事发后,西湖交管部门召开新闻发布会,初步认定肇事车辆时速是70码,依据是当事人的陈述及相关见证人的陈述。这引起了网民强烈的质疑。15日,鉴定机构报告称,肇事车辆时速在每小时84.1公里至101.2公里,肇事车辆被改装或部分改装。肇事者"富二代"背景和受害者"平凡上进青年"的形象两相比较,极大地刺激起网友的情绪。网民纷纷猜测肇事者以及飙车同伴家庭背景,并对其"人肉搜索",以至于杭州市政府不得不专门回应称,肇事者同伴翁振华与杭州市领导没有任何的亲属关系。人们期待一个公平、正义的调查结果以及司法裁断。当地警方也向媒体坦言,办案压力较大。因为事故受到很高的社会关注度,该案的办理过程受到了全国范围的舆论监督。当地警方在第一时间得出肇事跑车时速70公里的初步判断,立马受到目击者和网友质疑,此即可视为佐证。交警部门的初衷是想及时通报事故的进展,但是新闻发布会上,并不严谨的表述,引发了一轮舆论热潮。马丁·路德金的著名演讲《我有一个梦想》。"我有一个梦想,就是遇到公共事件,公众无需质疑,只需静静等待政府的调查结果,然后平静地接受,真正做到相信政府。"(改编自杭州富家子飙车夺命案引发公信危机 http://www.chinanews.com/9n/news/2009/05—13/1690749.shtml)

讨论题

谈谈你对该事件的看法?

⇨ 本 章 小 结

本章重点介绍各类公共关系专题活动的步骤和注意事项。通过一些基本概念的识记,了解和掌握公共关系业务活动的主要形式、内容和具体方法,熟悉公共关系实际操作的技巧和本领,为提高公共关系的实际工作能力打下基础。

⇨ 复习思考题

一、名词解释

1. 公关专题活动

2. 社会赞助

3. 公关广告

4. 新闻发布会

5. 政府公关

6. 把关人

二、简答题

1. 新闻发布会有什么特点?如何开好新闻发布会?

2. 展览会有什么特点?如何办好展览会?

3. 赞助活动的基本类型有哪些?基本原则是什么?

4. 开幕典礼应注意的事项?

5. 公关广告含义及类型?

6. 政府公共关系的含义与特点?

7. 政府公共关系的基本原则?

8. 政府公共关系的方式?

三、案例分析

假如我是广州市长

广州市委、市政府先后举办过直接为市长作参谋的"假如我是广州市长"征文活动(后定名为"市长参谋活动"),为政府职能部门出谋献策的"房改方案千家谈"、"菜篮子工程千家谈"等千家谈系列活动,讨论广州市风和广州人精神的"羊城新风传万家"和"羊城居委新形象"等大型公众活动等,运用报纸、杂志、广播、电视等媒介,动员了成千上万的市民参政议政,各抒己见,都收到了良好的社会效果,提高了政府对市民的凝聚力。

(资料来源:考试大网校,www.233.com)

⇨ 思 考 题

试运用公共关系学中的相关知识分析评点这一案例。

第十四章 网络公关

⇨ 学 习 目 标

1. 了解网络公关发展历程
2. 理解网络公关的含义和特点
3. 掌握网络公关的功能
4. 掌握网络公关的形式

⇨ 引 例

封杀王老吉

近日,一则"封杀"王老吉的帖子在网络热传,几乎各大网站和社区都能看见"让王老吉从中国的货架上消失!封杀他!"等帖子。"王老吉,你够狠",网友称,生产罐装王老吉的加多宝公司向地震灾区捐款一亿元,这是迄今国内民营企业单笔捐款的最高纪录。"为了'整治'这个嚣张的企业,买光超市的王老吉!上一罐买一罐!"(2009年5月22日《广州日报》)

"封杀"王老吉,显然是正话反说,目的是鼓励大家都去购买王老吉。但是这次采用的不是正面的在其他媒体上大肆宣传,而是采用网络进行传播,不愧为网络公关的高明之作。

⇨ 思 考 题

加多宝公司如果采用电视等传统媒体进行宣传,会取得如此好的公关效果吗?

第一节 网络公关概述

一、网络公关的发展历程

公共关系在中国属于一个新兴行业,从1984年美国伟达公关公司进入中国市场算起,至今仅二十二年的历史。中国的公关行业,无论是从数量还是规模上,发展速度都令人感叹。网络媒体的出现是最近几年的事情,它比公关行业在中国的历史还要短。但是,网络媒体在传播上的影响力是以惊人的速度在增长的,成为公共关系一个新平台,二者逐渐整合形成了一个新的子学科——网络公共关系(以下简称网络公关)。因为这个子学科出现的时间太短,同时由于网络公关的特点与传统媒体公共关系的差异太大,而且处于变化当中,所以至今仍然还没有完全成熟的理论架构体系。

网络公关起源于因特网和电子商务的发展,网络传播方式较之传统传播方式有了很多创新,加上公关关系业务发展的需要,借助于互联网和电子商务的发展,网络公关也飞速发展起来了。

传统公关的发展需要新的平台,互联网具有个性化、互动性、信息共享化和资源无限性等传播优势,集个人传播(如 QQ、ICQ 电子邮件)、组织传播(如 BBS、新闻组)和大众传播于一体,具备强大的整合性,并且网络媒体的运作目前正在逐渐规范、成熟,已拥有相当大的媒体影响力,互联网正在成为各界人士获取信息的主要通道。据统计,(CNNIC 发布《第 28 次中国互联网络发展状况统计报告》)截至 2011 年 6 月 30 日,中国的网民总人数为 4.85 亿,其中 54% 的人为 20—39 岁的年青人,56.1% 的人是高中以上学历。这类网民年轻、教育程度高、收入高,是最具活力的市场消费群体,同时也是各类社会组织梦寐以求的公众资源,是组织形象、品牌塑造的理想主力公众。并且电子商务也在迅速发展,截至 2011 年 6 月底,中国经常上网购物人数已达 17266 万人,已经有 35.6% 的网民经常在网上购物;19497万人开通并使用了微博,而且半年增长率达 208.9%,微博的传播效应已经慢慢凸显,其网络公关的潜力也不可低估。

网络媒体在公共关系传播中的影响力不断增强,如何有效地利用网络媒体的传播力,塑造组织尤其是企业良好的形象,促进企业产品、服务的销售,以及有效预防网络公关危机,成为组织必须面对的一个重要话题,也是网络公关兴起的重要原因之一。

网络公关(PR on line)又叫线上公关或 e 公关,它利用互联网的高科技表达手段营造企业形象,为现代公共关系提供了新的思维方式、策划思路和传播媒介。"e公关"概念虽然在美国刚刚兴起;但中国公关业不甘人后,此概念在"2000 年中国国际公共关系大会"上成为热门话题,到 2001 年则开办了"中国公关网",而企业自身的公关网络更是如雨后春笋般生长起来,中国公关业和企业有了自己的门户网站和宣传平台,可以以最快捷的速度向国内外交流企业的信息。

公关界敏感人士看到,因特网的普及宣告了传播方式的革命,这正是 e 公关的生长点。网络传播与传统传播相比,非常突出的特征在于个性化、互动性、信息共享化和资源无限性。由此可见,网络信息传播的方式是全新的,它已集个人传播(如电子邮件)、组织传播(如电子论坛)和大众传播为一体,e 公关也正是对这些传播方式重新进行的整合公关方式。

二、网络公关的含义及特点

(一) 网络公关的含义

1. 广义的网络公关

笼统地说,网络公关就是以互联网为主要手段(包括 Intranet 企业内部网、EDI 行业系统专线网及 Internet 国际互联网)开展的公关活动。

2. 狭义的网络公关

它是指组织或个人基于开放便捷的互联网络,对产品、服务所做的一系列经营活动,从而达到满足组织或个人需求目的的全过程。

3. 整合网络公关

2002 年资深网络公关实践者敖春华提出整合网络公关概念:网络公关是企业整体公关战略的一个组成部分,是为实现企业总体经营目标所进行的,以互联网为基本手段营造网上经营环境的各种活动。这个定义的核心是经营网上环境,这个环境是为整合公关所提出的一个创造品牌价值的过程,整合各种有效的网络公关手段制造更好的公关环境。

4. 网络公关的概念

综合以上信息,所谓的网络公关,又叫线上公关或 e 公关,是指组织和个人为了塑造或者改善企业形象,推广产品或者服务,创造顾客对于产品的需求,建立与顾客方便快捷的联系或者解决企业经营环境遇到的问题,在网络环境下实现组织内部与外部的双向信息沟通,协调组织与公众的关系,以互联网为主要手段开展的一系列的公关活动的过程。

(二) 网络公关的内容

1. 利用组织网页,树立组织形象。

2. 利用网络新闻公告,拓展公共关系业务。

3. 通过网络舆论,创造良好的社会舆论氛围。借助网络,为舆论的传播提供便利的途径,使得与公众各方面的意见及时、广泛、深入地进行交换。

4. 进行电子商务,追求公共关系整合效益。在电子商务条件下,公关职能与销售管理职能紧密结合,寻求与 ERP、CRM 的相互联结,力求取得最佳的公关效果。

(三) 网络公关的特点

网络公关和传统公关的目标是一致的,都是为了建立公司或产品更有利的形象,将产品推广给更多的公众,在目标顾客中增强形象、提供信息,并创造对产品的需求、和新顾客建立关系,巩固和老顾客之间的关系,等等。相对于传统公关,网络公关具有互动性、形式多样、效果易于评估、有效影响终端消费者的特点。

1. 互动性强

网络公关最显著的特征就是实现组织与公众之间的双向沟通与交流。传统公关,无论是平面媒体、电视媒体还是网络新闻,对客户的信息传递都是单向的。而在网络公关中,用户不仅仅是信息的被动接收者,而且是信息的制造者,他们的信息内容不仅可以为厂商提供真实的反馈,更有可能成为二次和多次传播的素材。

2. 形式多样性

网络公关的形式多样,突破了传统公关的文字和广告类的图片,进入多媒体综合运用的时代。

3. 效果易于评估

对于传统媒体的效果评估,无论是报纸的发行量和阅读量,还是网络新闻的点击量都无法有效地评估出公关的传播效果,而在网络公关的形式中,不仅可以精确测量出是否投放到目标用户中,而且互动性的交流为传播效果提供了更加准确的评估标准。

4. 有效的影响终端消费者

网络公关相对于传统公关,可以更有效地影响终端消费者。传统公关只能够给目标受众留下品牌和产品的印象,但是网络公关,不仅具有前面提到的互动性,而且可以根据不同客户的需求和产品的特征,精准锁定目标受众,从而将信息最优化地传达给想要传达的人群,以有效地影响终端消费者。

三、网络公关的功能

(一) 塑造企业形象

网络公关的首要职能是塑造企业的优美动人形象。塑造企业形象的方法有很多,目前主要是靠新、奇、特、优的方法。在商业经济发达、公众生活水平提高的今天,"经久耐用"已不再是衡量产品的唯一标准,新奇特优的综合效应才是企业和公众的共同追求。

新,指产品内容和形式的新颖。名牌产品都是通过刻意创新树立起来的,不断有新产品推出,从另一方面证实企业研发实力比较强,企业实力雄厚。

奇,是指产品或经营方式的出奇制胜。

⇨ **案 例 14-1**

你能抠下千元金币么?

香港一家商店出售一种新产品"强力万能胶",店主将一枚价值数千元的金币用胶贴在墙上,扬言谁能抠下来金币就归谁。顾客云集店外,都来试手气,但是金币牢固的粘在墙上,一个上午过去了,没有一人将金币抠下。金币犹存,"强力万能胶"却打开了销路。

(资料来源:改编自百思论坛《创意思维在企业中的运用》http://www.baisi.net/thread—1054958—1—1.html,2011年8月27日)

讨论题

你还有没有更好的方法?

特,是指产品有自己的独特之处。凡名牌都有自己的特殊优点和款式,比如,云南白药、山西陈醋、贵州茅台、湖南湘绣、山东风筝、北京御膳等。

优,是指产品或服务质量上乘,包括耐用、方便、安全、周到等。随着技术的成熟,很多产品虽然不同公司生产,但是质量差别非常小。所以在产品同质化的今天,企业之间的竞争,除了品牌,就是服务了。在网络普及的今天,企业可以采用更加快捷和方便的方式来服务顾客,网络就是一个非常符合消费者使用习惯的途径。比如,现在几乎所有的企业在自己的官方网站上都有 FAQ,解答用户使用过程中常见的问题,节省了自己的资源,还方便了顾客。

⬛➔ 资料连接 14-1

FAQ

FAQ 是英文 Frequently Asked Questions 的缩写,中文意思就是"经常问到的问题",或者更通俗地叫做"常见问题解答"。

为保证 FAQ 的有效性,首先要经常更新问题,回答客户提出的一些热点问题。其次是问题要短小精悍,对于提问频率高的常见的简单问题,不宜用很长的文本文件,这样会浪费客户在线时间。而对于一些重要问题应在保证精准的前提下尽可能简短。

FAQ 被认为是一种常用的在线顾客服务手段,一个好的 FAQ 系统,应该至少可以回答用户 80% 的一般问题以及常见问题。这样不仅方便了用户,也大大减轻了网站工作人员的压力,节省了大量的顾客服务成本,并且提高了顾客的满意度。因此,一个优秀的网站,应该重视 FAQ 的设计。

(二) 树立组织良好的信誉

信誉是企业和产品的生命,网络公关的职能之一就是建立信誉。建立信誉除了借助传统的媒体之外,网络已经成为企业树立信誉的另一大利器。

⇨ **案 例 14-2**

双汇"瘦肉精"事件

2011 年 3 月 15 日,有媒体以《央视"3·15"特别行动:瘦肉精猪肉流入双汇公司》为题,报道了有猪贩将喂食有"瘦肉精"的生猪销售给济源双汇食品有限公司的内容。

3 月 15 日下午开盘后双汇发展应声放量跌停,雨润食品(01068. HK)大跌5.85%。分析人士表示,"瘦肉精"猪肉事件将对双汇发展近期股价带来较大负面影响,对公司未来长远发展影响有待观察。

一位不愿意透露姓名的分析师认为,此事作为一个负面新闻,短期会对双汇的业绩有一定影响,整个行业的收入也可能因此而被拉低。未来对双汇公司及肉制品行业都将会带来较大冲击。

(资料来源:根据网易财经《双汇遭遇"瘦肉精"地震:复制三鹿还是抄底良机?》改编,http://money. 163. com/special/shsrj/,2011—9—1)

讨论题

如果你是双汇公关部的负责人,你认为 3 月 15 日应该做什么?

(三) 信息反馈

在经济全球化的条件下,网络使得一个企业市场调查变得更广泛、深入而快捷,而且成本低廉。运用网络公关进行社会调查和信息传播往往是企业成功策划与竞争制胜的法宝。目前网络调查已经不是临时运用的方法,而是长期运用的日常性的信息管理方法了。在这方面,中国公关也在努力实践。据悉,一套名为"企业公关信息管理平台解决方案"的系统已经由北京博能顾问公司隆重推出,并已成功运行于一家知名跨国企业的市场部。这个系统的功能在于改善大型高科技企业公关信息流程与控制系统,以实现企业统一化、延续性与高度一致的公共关系传播活动。

当然,对大量中小型企业及社会组织来说,依靠自己的力量建立信息网络是不现实的;但信息的社会化、职业化将弥补其不足,通过咨询,任何组织或个人都可以间接地利用网络获得所需信息。

(四) 沟通协调

在 e 时代,网络公关成为组织与内外公众沟通的主要方式。通过网络,组织可以及时向内部发布各方面的运作情况,并广泛征求员工的意见和建议,及时反馈给领导决策层,从而大大增强员工的主人翁责任感和组织的凝聚力。

组织的外部公众会随着组织规模和经营范围的扩大而越来越难以把握和沟通;但因特网的广泛运用使这个问题迎刃而解。现在不少大企业如海尔、长虹、上海宝钢集团、上广电等都建立了自己的销售服务信息库,利用计算机对售后服务进行一对一管理,顾客如有什么问题,只需打个电话或发一个E-mail,就会立刻得到厂商的热情帮助。在网络上,企业与公众是一对一的关系,采用的是"面对面"的销售,由于减少了营销中的环节(如免除产品新闻发布会、样品展览会、商品广告费等)节约了时间、通讯成本、人工成本,降低了价格,企业和公众岂不是两全其美、皆大欢喜吗? 当然,组织还可以通过网络聊天、网络发表、链接等方式嵌入公众的网站,增加企业与公众之间的交流。

▷ **案例 14-3**

双汇"瘦肉精"事件进展

[3月31日] 双汇召开万人职工大会,部分专卖店倒戈

[3月30日] 农业部称瘦肉精属个案,双汇承诺逐头检验

[3月30日] 双汇否认强制要求瘦肉率指标

[3月29日] 知情人曝双汇要求瘦肉率须达70%

[3月22日] 双汇确认17头生猪含瘦肉精

[3月22日] 河南二轮大排查扩展至普通生猪养殖户

[3月22日] 济源双汇公司无限期停产整顿

[3月20日] 河南首次通报:双汇冷鲜肉检测出"瘦肉精"

[3月16日] 北京全面封存河南进京生猪产品

[3月16日] 北京京客隆已下架双汇问题产品

[3月16日] 商务部赴河南督察"瘦肉精"生猪事件

[3月16日] 河南查封16家"瘦肉精"问题养猪场

[3月16日] 河南严查"瘦肉精"涉及县市畜牧局长停职

[3月16日] 河南紧急查封涉嫌"瘦肉精"等猪肉产品

[3月16日] 双汇发表声明 济源厂停产整顿

[3月16日] 双汇被曝卷入瘦肉精丑闻 广州部分超市下架

[3月16日] 农业部赴豫查双汇"瘦肉精"

[3月15日] 双汇发展16日起将停牌核查

(资料来源:根据网易财经《双汇遭遇"瘦肉精"地震:复制三鹿还是抄底良机?》改编,http://money.163.com/special/shsrj/,2011年9月1日)

讨论题

从 3 月 15 起,双汇公司做出了很多沟通协调工作,你认为哪种方式效果最好?

(五) 危机处理

网络是一把双刃剑,由于网络的介入,使得危机造成的负面影响也极易扩散,造成严重后果。因此,之前有一个预警系统是必不可少的。在这个系统中,可以设想一下企业可能会发生什么样的危机,并在其中做好什么预防准备。有了这个系统,企业便能面对突如其来的公关危机,有条不紊地拿出应对策略;使组织迅速摆脱危机。

⇨ 案 例 14-4

致癌果汁

1996 年 10 月,欧瓦拉果汁公司生产的一批苹果汁不慎被"0517"大肠杆菌污染后流入市场,导致 61 人中毒,其中一名儿童死亡。传媒竞相报道此事,该公司的良好形象受损。面对这突如其来的危机事件,公司决策层想到了强大的因特网。他们聘请网络专家在事故发生后 24 小时内架起了该公司的全球信息网站,清楚地向公众传达了公司的道歉、声明以及补救措施,并向顾客提供有用的网络资源,帮助焦急的消费者连上相关的医药保健站,寻找有关大肠杆菌的最新医学信息,终于在很短的时间里将事件的危害性降到最低程度,从而避免了更大的负面影响。

(资料来源:改编自《网络公关的双刃剑》,http://cn. china. cn/article/d137437,844b74,d1076_2716,1. html,2011 年 8 月 27 日)

讨论题

如果没有采用网络危机公关,后果会是怎样?

由此可见,要尽一切努力避免企业陷入危机,一旦遇到危机,就应该接受它,采用合适的方法化解它。财富 500 强中的 IBM 公司,将危机公关最基本的经验归为六个字,说真话,赶快说。如何赶快说,通过网络公关不失为一条捷径。

(六) 可监测的公关效果

因为网络媒体具有可监控的特点,这不仅反应在网络信息的及时性和快速调整上,也反映在对于网络公关活动效果的可监测上。企业可利用互联网技术准确统计参与活动的人数、地域,有效反馈情况,甚至可以获得参与受众更多的个性信息,企业应注意收集相关的统计报告,以对今后的公关活动开展提供有价值的参考信息。

第二节　网络公关的形式

目前,网络技术的不断成熟和众多网络服务商锲而不舍的应用开发,网络向它的用户提供着越来越多的服务空间,从早期门户网站的新闻、电子邮箱、聊天室、BBS 社区,到现在的网上商城、网络音视频节目、数码互动杂志、网络游戏、网络会议、网上虚拟展览、网络无线应用等等,这也为企业公关行动的开展提供了多种多样的渠道和形式。从目前来讲,企业应用比较多的网络公关形式主要有下述几种。

一、企业站点的宣传

1. 使用脱机手段宣传企业站点。
2. 通过站点注册宣传企业网站。
3. 通过友情链接宣传企业站点。
4. 通过电子公告板、新闻组等宣传企业站点。

二、网上新闻发布(网络媒体新闻)

(一) 公关形式:网上新闻发布

企业有重大事件发布或者是举行线下新闻发布会,也可邀相关媒体,或与媒体合作,同期举办网上新闻发布会或设立新闻专题,向更广泛的受众全面传达企业信息。由于网络信息容量大,不受篇幅限制,同时也可兼有音、视频等效果,并可即时与网民(受众)互动,因此,网上的新闻发布会可达到更佳的公关效果。

1. 选择专业网站或者门户网站媒体

企业可以选择多种媒体作为新闻发布媒体,一般来说各种类型的媒体对企业新闻有不同的发布规则,需要企业认真了解。企业应与相关的重要网络媒体建立直接的、密切的联系,以便随时向媒体反馈企业动态信息,媒体也需要加深对企业的了解与认识,才能采写出更加深入的报道。企业还应认识到,网络媒体发展到今天,其重要性已经不容忽视,不论专业网站还是门户网站,他们对企业来说都应是平等的,都很重要,他们相互促进,相互带动,因此企业也不应厚此薄彼,应平等对待。另外,网络媒体处理新闻的感觉与敏锐度,已经到了相当的高度,忽视网络媒体就是浪费资源。

2. 第三方媒体

企业可选择第三方有关媒体发布的专业服务,这种形式一般是付费的。比如,中国商业电讯(www.PRnews.cn)是向企业提供新闻发布、定向分发、媒体监测等服务的信息发布和公关服务平台。企业市场公关人员,将最新的企业新闻信息,发布到中国商业电讯的互联网平台之上,然后,通过 PRnews,就可在第一时间里,将企业新闻广泛发布到全国数十家门户网站、新闻网站、财经金融网站、投资家网站之上。

企业可根据自己的需求和预算选择合适的新闻发布及公关方案,向媒体、潜在客户群以及社会公众定向传播企业信息,并可对传播效果进行监测。

3. 一些品牌企业在自己的网站上开设媒体入口,专门提供企业相关资料或记者访问空间,便于记者及时了解企业动态,这是一种很好的媒体公关方式。

比如,通用汽车的媒体留言板块;宝洁公司的媒体公关似乎更到位,网站向所有受众提供免费新闻及品牌信息,而获得这些资料,用户需要进行相关的注册,留下一些必要的信息。

(二) 网络平台:网络门户或网络媒体

1. 综合性门户网站

比如,搜狐、新浪、网易、TOM 等,这类媒体网站的特征是知名度高、网站各类信息比较全面、访问量大,覆盖面广。缺点是专业性不够突出。比较适合目标客户相对广泛的企业和产品。比如,手机、电脑、汽车、数码产品、快速消费品、保险等。

2. 行业性门户网站

比如,太平洋电脑网、中国仪器网、中国美容网等,这些媒体或门户网站锁定某一行业,具备较强的专业性,在同行业中具有较大的影响力,访问人群比较集中,比较适合专业性要求比较高的企业或产品。比如,仪器仪表、医疗器械等。

3. 新闻媒体的网络版

比如,新华网、人民网、中青网、南方网、CCTV.com 等,这些网站依托传统媒体的资源优势,也吸引了一定的访问人群,具有权威性高、受众群比较稳定等特点,但这部分媒体的受众访问情况有待考证。

4. 网络出版物

比如,数码杂志、电子书籍、网络音、视频节目等,这类出版物带有明显的网络特征,娱乐性、互动性比较强、传播快速、受众面宽,也是比较好的网络媒体。

三、BBS 论坛或社区公关

(一) 公关形式

1. 论坛公告

在相关的专业论坛发布有关企业的宣传信息,或者发布引导公众讨论的主题贴,与社区中的公众进行互动交流。

2. 社区服务

企业利用网上论坛或社区向目标受众提供服务，或者解答问题等，加深与目标客户的联系与沟通，以提升企业的认知度和形象。比如，装修装饰企业可以创建关于该企业品牌的团购社区，向团购用户提供服务。

3. 主题论坛/社区

企业与相关社区服务商合作开办主题论坛或企业专题论坛，以借助相关社区网站的影响力，聚集人气，吸引社区受众关注企业论坛，与受众建立并保持长期的联络与互动。

4. 网络社区公关

目前，一些比较专业的行业如 IT、房产、装修等，在网上形成社区圈子的情况比较多，人们也比较喜欢通过这种社区化的交流与信息共享分享专业信息与经验，或者组织团购等。而且这些社区的信息由于出自网民或业界领袖，往往对网民的影响比较大。因此，企业应该关注利用网上社区的形象公关以及有关社区的信息或活动对企业的影响，及时采取相应的对策。

(二) 主要平台：门户网站专业 BBS 论坛及专业社区网站等

1. 门户网站或行业门户的专业 BBS 论坛

比如，新浪、搜狐、TOM、QQ 等综合门户网站均开设有不同专业角度的论坛。这些论坛一般具有较集中的人气。一些区域综合门户开设的论坛，也具有比较好的人气，比如上海热线社区、齐鲁热线社区等。行业门户社区如 IT 行业的天极社区、医药行业的三九健康网社区等。

2. 专业社区网站

比如，西陆社区、天涯社区、榕树下、西祠胡同等，这些网站专业从事社区服务，受众群相对稳定，专业性比较强。

3. 网络媒体开设的论坛

比如，人民网的强国社区、千龙网的千龙社区、大洋论坛等。另外，还有一些其他形式的论坛，在此不再一一列举。

四、网上公关活动

与线下的公关活动相对应，网上的公关活动主要是指企业在网络上开展或组织的企业公关活动。

(一) 公关形式

1. 网上沙龙

它是一种典型的网上互动交流活动，常常由网上媒体组织，就某个热点主题展开讨论,或者由企业与媒体合作组织,就企业开展的某项业务或某个网友关注的某个热门问题进行讨论,活动往往邀请一些嘉宾(与主题有关的相关人士)参与。这类活动的优点是,主题明确,网友可以有针对性地参与或浏览相关信息,主办者(企业)也可就某个主题展开深层次和多角度的讨论,并可与参与网友进行深入探讨与互动,是一种很好的网络公关形式。

2. 主题访谈

我们之前在电视或者广播节目里看到或听到过访谈节目,现在这种形式也可以在网上进行,比如针对网友普遍关心的某企业的大事件对该企业的管理层进行访谈,或者就某一时段的社会热点,对相关人士的访问,等等。网上访谈的形式为政府或公益事业应用比较多,比如新华网组织的"两会"网上特别访谈,媒体邀请"两会"代表通过网络访谈与网民即时交流,传递更多的"两会"信息,也有很多公益组织,借助网络访谈向网友宣传某项工作或就某公益事业发出呼吁,等等。访谈的形式较沙龙更为正式一些,可与新闻发布会结合进行,一般应用于企业对外界披露某个事情,或者发布企业的重要新闻等。

3. 网上媒体组织的主题活动的参与或赞助

与线下媒体相似,一些主流的网上媒体也会在某个时段,推出一些吸引网民参与或关注的主题活动,也可能是就某些社会热点问题,在网络上组织相关活动,请广大网民积极参与。企业可选择性地参与或者赞助这些活动,借助这些活动增进网民对企业的了解,展示企业热心社会公益事业的形象,或推广企业品牌。

4. 网上新闻发布会或网络路演

网上互动交流,新闻发布,音,视频演示,专题报道等多种手段的立体组合,适合于新产品上市、企业形象推广、招商引资、网上会议、人才招聘等。这种集合了多种宣传手段的活动形式,能够使企业与公众之间达成更深层次的交流与互动,使每一个参与公众都能得到更全面的关于企业或产品的信息。

5. SNS社区主题活动,根据各SNS社区的资源,注册用户的爱好结合产品及服务的特点开展对应公关活动,结合六度关系理论树立企业品牌。

(二) 主要平台:重要媒体网站、门户网站、SNS社区等

重要媒体或门户网站由于担当着重要的网络信息传播途径,人气比较集中,相对而言,在其平台上组织的各种活动比较容易引起网友的参与和互动。因此,一方面大多数企业会选择这些网站开展公关活动或者为线下的活动作宣传;另一方面,网络媒体也通过这种途径,丰富其平台的内容提供,吸引更多的网络受众。

当然,网上的公关活动绝不仅止于上述几种形式,网络这个庞大的信息世界和娱乐世界,每天都在上演着形形色色的剧目,新鲜的形式永远层出不穷,关键是企业应认真考虑自己的公关策略,采取适合自己特点的公关执行方案。

⊡▷ **案例 14-5**

味千拉面身陷"骨汤门"

2011 年 7 月 19 日,味千拉面猪骨汤被曝出所用汤底并非猪骨头现熬,而是用浓缩液兑成。这则消息一出现,立即被各大论坛转载,接着各大门户网站上也出现了味千拉面的骨汤事件的相关报道。

7 月 24 日,味千拉面在中国官网上发布了一个官方说明。

声明中首次明确说:"味千汤料是通过熬制工艺生成了高品质的味千汤料浓缩液,随后配送到餐厅通过一定的比例还原成味千白汤。"

但汤料浓缩液具体是由谁生产的,如何分配到各门店,进入门店后又是如何调配成面汤的,味千方面在这一回复中只字未提。

记者联系上味千拉面浙江地区负责人潘峰先生,他表示,一切以官网的说法为准。

当问及生产原料的工厂的地址和名称,潘先生表示这是商业机密,不能透露。

(资料来源:根据浙江在线《味千拉面承认汤料由浓缩液制成　原料如何调配避而不谈》改编,http://news. zjol. com. cn/08ms/system/2011/07/26/017712670. sht-ml,2011 年 8 月 28 日)

讨论题

你认为味千拉面的公关方式是否有效? 为什么?

⊡▷ **案例 4-6**

微博质疑声多,网友开"拒食联盟"微博

尽管味千拉面已经公开多方的猜测,不过此次"骨汤门"事件似乎让不少消费者对其的诚信经营打上了很大的问号。

截至 7 月 25 日下午 18 时,新浪微博上关于"味千拉面"的微博已经有171590 条。

从微博信息看,网友质疑声较多,演员陈坤也在其微博上发表说:"味千拉面,无良。"还有网友索性将微博名字改成"味千拉面拒食联盟",以此来抗议味千拉面的不诚信。

另外,网络上有一份针对"味千拉面骨汤门"的调查,总共 4757 人参加。其中,93%的网友选择"不会去就餐,味千信誉受损,谁知还有什么问题。欺瞒消费者,属于商业欺诈"。

(资料来源:根据浙江在线《味千拉面承认汤料由浓缩液制成 原料如何调配避

而不谈》改编,http://news.zjol.com.cn/08ms/system/2011/07/26/017712670.shtml,2011 年 8 月 28 日)

讨论题

针对消费者的网上"微博"围攻,你认为最有效的网络公关方式是什么?

第三节 网络公关实务

一、网站网络公关策略

截至 2011 年 6 月底,中国的网络新闻得到快速发展,网络新闻的使用率较 2010 年增加了近 2.6 个百分点,网络新闻用户达到 3.62 亿人[①]。面对如此汹涌的趋势,越来越多的企业将建立自己的企业网站提上日程。

网站建设有什么要求呢?

(一) 信息完整

这是企业"为了满足顾客需求"的基本出发点的时代选择,访问者可以找到自己需要的信息。

(二) 页面简洁

从心理学的角度来看,人们对杂乱的信息往往耐心不够,因此站点设计特点之一就是便于顾客使用。在主页上设置不同窗口,可以使访问者快速进入他感兴趣的部分。

(三) 及时更新

当公众发现企业主页上最新信息仍是几个月前的时候,企业信息公开化的形象将受到质疑。而企业设立专门网络公关部门、培养网络公关人才将很好地避免这种危机。

(四) 生动新颖

提供多媒体信息,设立电子公告板、留言簿、电子邮箱、用户调查表等已很常见,建立虚拟社区如今成为很多企业的新宠。如何从同质化的服务中脱颖而出将是企业网站公关目前亟待解决的问题。

---

① 2011 年 7 月中国互联网络发展状况统计报告,www.cnnic.cn.

二、搜索引擎危机公关

(一) 搜索引擎危机公关

互联网已经成为非常重要的一大媒体,其信息传播速度之快之广的属性是任何媒体无法比拟的。很多负面信息也随着互联网迅速传播。而现在很多网民都是通过搜索引擎来搜索某企业或品牌的相关信息,当搜索这些品牌以及产品时出现一些负面信息将对该企业带来不良影响。搜索引擎危机公关是指利用搜索引擎能对企业的相关品牌形象进行公关。尽可能的避免在搜索企业的相关人物,产品服务出现负面信息。

(二) 搜索引擎危机公关重点

1. 关键词

搜索引擎使用最关键的一个条件就是搜索关键词,搜索引擎危机公关要根据企业出现的负面信息来规划关键词,一般是以公司品牌和事件名称为主要关键词。

2. 搜索结果

根据搜索引擎的特性和网民的浏览习惯,搜索引擎一般会把最新的信息体现在搜索结果的前三页。所以在我们对搜索引擎进行公关时将把目标锁定在搜索结果前三页。

3. 信息来源

搜索结果中的数据不是来自搜索引擎本身,而是来自各个独立的网站。负面信息往往来自媒体网站、博客网站、论坛网站和分类信息网站等。媒体网站往往比较集中,公关难度不大,后面的三种来源,数量众多,发布人、发布时间不可控制,处理起来相当困难。

(三) 搜索引擎危机公关方法

危机公关是场持久战。负面信息的发布者通常有两类人,一类是竞争对手雇用的枪手,他们有强大的后盾和装备,需要更强的力量才能打败;另一类是情绪高涨的网民,他们有足够的时间和精力,不遗余力地发布和转载负面信息,要打败他们,需要坚持不懈地巩固好正面阵营。搜索引擎不只一家,确保各家都没问题,需要付出巨大的劳动。分析负面信息源头,对症下药,对于来自媒体和知名博客的负面信息,首先采用公关手段,说服其消除负面信息页面,若说服无效,再采用正面信息优化和网站公关等手段。

1. 制作标准软文

软文操作的初级阶段,建立自己的企业软文库,当然这个软文库全部都是企业的正面报道以及信息了。如果出现负面信息,及时将这些消息通过互联网迅速地传播出去,最好是一些在搜索引擎中权重比较高的站点,软文的标准件就是把企业给外界说的话统一起来,避免重复性的工作。

2. 网站标准

在我们对外发布信息的同时,自己的网站也坚决不能忽略,因为网站是公司在互联网上的唯一官方出口。如果这里没有办法统一,我们谈什么公关都属于纸上谈兵。网站标准其中包括以下几个模块:在做标准的时候,必须使企业的网站在搜索引擎中就是按照 SEO 的标准进行的,只有这样才能影响到一些搜索结果。我们可以花大力气加强企业历史、企业规模、企业产品、企业认证、企业规划等方面的内容建设,给人一种可信的专业平台感觉。

3. 执行

执行绝对不是一项简单的操作,上文说过,搜索引擎危机公关的特性是持久性,所以我们要将一些简单的工作重复执行。

搜索引擎危机公关是一项综合性很强的工作,其中包括人员公关、搜索引擎优化、文案策划、分布式查询等,需要多种技术的全能人才或专业的网络营销推广公司进行全面配合。

三、营造企业网络社区

在网络公关中.网上企业利用业务关系和新闻组论坛等工具形成以企业站点为中心的网络商业社区。如果形成社区的主题是共同的兴趣爱好,或是网上企业站点这一利益中心(指围绕它的各个成员均可获得自己的利益)。各个成员都会密切关注社区活动,这类网络社区对网络营销有直接意义。通过创建满足多方利益要求的站点可以把这个社区组织得更紧密,企业从而获得更多利益回报。网络社区形成后,企业在社区中要掌握公关的主动权,注意在对公众产生直接影响的同时与新闻记者建立良好关系。企业可以通过网上新闻服务商,企业站点及与本公司有关的网络论坛发布公司新闻稿,可以不定期将公司资料发给编辑、记者及其他网站,如万方数据。

经营管理网络社区的重要人物,可以借以巩固和提高公司与这些公众的关系,还可以多利用网上会议的形式,举办网上新闻发布会、网上年会,积极参与网上论坛。为论坛提供有价值的判断和见解,这有助于提高公司知名度,增强凝聚力。总之,营造企业网络社区,增强网络社区的知名度与凝聚力,并利用网络改进与完善企业公关活动,是新时代公关的一个重要方面。

四、科学合理地利用邮件清单

邮件清单是一种允许公司将信息发送到清单上的 E-mail 地址信箱中的工

具。企业客户众多,与外界联系密切,E-mail具有在不同的网络系统中传输文本、图片和音频信息的优势,可以满足企业客户众多的特点,为企业提供服务。企业在采用邮件清单策略时,一方面要注意网络礼仪,正确的语法和拼写,详略得当的标题以及真实的署名,都会给对方留下较好的印象;另一方面,企业可以创建双向邮件清单,允许成员之间交流,让成员之间相互帮助,解决问题。

五、巧妙地借助网络论坛

网络论坛,聚集着许多有共同话题的人们。企业营销人员可利用这些场所发现新的顾客.研究市场动态、为网络社区提供有价值的信息等。但这些场所绝大多数厌恶商业推销,要想在这些场所的聚集者中,达到销售商品的目的,须在遵守网络礼仪的前提下进行巧妙的软营销。营销技巧的运用得当,可以为企业发现潜在的市场机会,建立起良好的公共关系。

六、快速地化解企业危机

随着经济的全球化,企业外部环境不确定因素大量增长,由于信息不完备与非对称分布,则使企业经营风险进一步加大。网络带给企业的最大好处是信息的数量增加和快速传递。在这一显著的特征下,任何事情都能通过网络迅速地传递到每一个受众面前,并通过互联网得以成倍地放大。

由此可见,企业不仅要充分利用网络信息的正面影响,而且更应该注意网上信息的负面作用,加强企业的危机公关策略研究。对企业而言,危机的构成包括产品、资信状况以及环保等因素。在网络出现以前,企业在这些方面出现问题,由于信息的封锁,对企业的影响较小。由于网络这一新的信息传播方式的出现,加快了企业经营信息的传播速度。一旦企业经营出现危机,网络的介入会加大危机对企业的负面影响。因此,强化企业的危机公关意识是十分必要的。

网络公关作为一个新生事物,与有30多年发展历史的传统公关相比,还要面临着许多成长中的问题,如何让客户更加了解网络公关、网络公关的操作方式和收费模式等,这些都是在提供网络公关服务的各个公关公司的共同探索和努力中才能得到一个趋近成熟的解答。

⇨ 本 章 小 结

本章首先叙述了网络公关的发展历程,概述了网络公关概念的发展,网络公关相对于传统公关所具有的鲜明特点比如互动性强、形式多样性、效果易于评估、可以有效地影响终端消费者等,网络公关具有可以塑造企业形象、树立组织良好的信誉、信息反馈、沟通协调、危机处理和对公关效果进行监测等功能;目前企业进行网络公关的形式也很多,主要有企业站点的宣传、网上新闻发布会、BBS 论坛或社区公关和网上公关活动等;目前组织应用比较多的网络公关策略是网站公关策略、搜索引擎危机公关、营造企业网络社区、科学合理地利用邮件清单、巧妙地借助网络论坛等,最终的目的都是借助于网络公关迅速地化解危机。

⮞ 复习思考题

一、简答题

    1. 网络公关的含义是什么?

    2. 网络公关具有哪些功能?

    3. 网络公关的内容有哪些?

二、论述题

    试论述如何营造企业网络社区?

三、案例分析题

王石十元捐款门

    自"5·12"震灾发生后,不少企业纷纷解囊,更有不少企业捐出数千万巨资。地震发生当天,万科集团总部捐款数目为人民币 200 万元。

    万科对集团内部慈善的募捐活动中,有条提示:每次募捐,普通员工的捐款以 10 元为限。其意就是不要慈善成为负担。王石还表示,他主要关注地震波及严重的成都万科小区的住宅耐震情况,还会协助有关部门对成都的建筑进行安全鉴定。

    自此王石被网友炮轰,主要有两条:第一,200 万元与年销售额 1000 亿元的万科形象不相称,一些帖子还举出捐款超 1000 万元的企业名单,呼吁万科多捐点;第二,对自己员工要求不超过 10 元的捐款有意见。

    网友观点一:普通的职工捐款的承受能力在王石看来有一个上限,那就是不能超过 10 元,万科怎么说也是一个上市公司,而且是一个市值庞大的上市公司(最好能有佐证),作为一个在上市公司工作的员工,如果 10 元以上捐款,就会沦为负担的话,我相信,万科的财务报表欺骗了全国股民。

    网友观点二:60 岁乞讨老人为地震灾区捐款 105 元,王石要求他的员工捐 10 元。中国商人你的良心何在?

    网友观点三:可能某些网友误会了万科的 10 元的含义,以为是王石针对地震抗灾而专门设置出来的,这里面的理解可能会有歧异,而我则将我所了解的情况告诉大家。

    《万科周刊》的员工内部版,里面的引子就说了这么一个小故事:王石的大女儿有一天告诉王石,她在她工作的单位捐了 200 元的款,王石问女儿,那她女儿的主管呢？她女儿说不清楚。王石说了，你要是捐了200元，你主管好意思捐100元吗？肯定要比200元高，那再高一层的主管呢？就要更高……如此下去，捐款就失去了其本来的慈善目的，而变了味。

有人愤怒，有人理解，有人反对，有人支持，一时间，王石被推到捐款的风口浪尖上……

网友炮轰后，王石在其博客上贴出博文《毕竟，生命是第一位的》，回应了网友这一质疑。王石说，"对捐出的款项超过1000万元的企业，我当然表示敬佩。但作为董事长，我认为万科捐出的200万是合适的。这不仅是董事会授权的最大单项捐款数额，即使授权大过这个金额，我仍认为200万是个适当的数额。中国是个灾害频发的国家，赈灾慈善活动是个常态，企业的捐赠活动应该可持续，而不应成为负担。

结果招来网友更多的炮轰……

（资料来源：根据报纸和网络资料编写：http://news. xinhuanet. com/employment/2008－05/19/content_8205662. htm，2011/8/21；http://www. xcar. com. cn/bbs/viewthread. php？tid＝7629497，2011/8/21；http://dzh. mop. com/shzt/20080608/0/3O5SFI80a3e48a8F. shtml，2011/8/21）

思考题

1. 你怎样理解"王石身陷十元捐款门"风波？
2. 王石和万科的网络公关是否有效？如果你是万科的公关部负责人，你认为该如何做？

【实践与训练】 网站网络公关策略
目的：通过实践了解一些公司的网站网络公关策略
步骤：
1. 登录一些企业官网；
2. 了解这些企业的网站网络公关策略的开展情况；
3. 写出总结报告。

第十五章　国际公共关系

学习目标

1. 熟悉国际公共关系的概念
2. 了解国际公共关系的影响因素
3. 认知国际公共关系的处理原则
4. 掌握国际公共关系的策略
5. 了解国际公共关系的发展趋势

引　例

奥运会入场式中的小林浩

2008 年 8 月 8 日,第 29 届夏季奥运会在北京奥林匹克公园内的国家体育场 "鸟巢"举行。中国代表团的旗手是著名篮球运动员姚明,走在姚明身边的是获得 英雄少年光荣称号的四川省阿坝州映秀镇渔子溪小学二年级学生林浩。"这个小 男孩是谁?"当中国队最后出现在国家体育场的跑道上时,全场中国观众在鼓掌、大 声叫好之时,不少人也都在四处打听"与旗手姚明一起,走在整支队伍前面的小男 孩是谁?"这位小"旗手"就是来自四川地震灾区汶川县映秀小学的学生林浩,他的 头上,还有地震带来的伤痕。在 2 米 26 的巨人面前,林浩显得更小了,但大家知道 这个孩子的经历后,爆发出更长时间、情感真挚的欢呼! 他双手分别举着鲜红的五 星红旗和奥林匹克五环旗,交叉挥舞。虽然走在姚明身边,但一点都不怯场,泰然 接受全世界 40 亿观众的注目。身边的美联社记者问,他是不是姚明的孩子? 当得 知林浩来自四川地震灾区时,他感动了。当汶川 5·12 大地震发生时,小林浩和很 多同学没有及时跑出,被压在了废墟下。但年仅 9 岁的林浩展现了超越年龄的成 熟与冷静。他爬出废墟后并没有逃离,而是再次钻到废墟里开始救助自己的同学。 艰难地救援后,他把两名同学背出了废墟,自己也受了伤。林浩被评为抗震救灾优 秀少年。他是汶川大地震中年龄最小的救人英雄。

北京奥运会开幕式前,大家都在猜测如何展现汶川元素,如今,林浩以这种方 式亮相,感动了世界。那场对于我们国人难以忘怀的大地震,虽然灾后处理工作已 经结束,灾后重建工作也已经展开,各类关于灾难的信息也慢慢地淡出人们的视线,但是大地震的震撼我们没有忘记,爱好和平的人们不会忘记,崇尚和平的奥林匹克也不应该忘记,四川汶川发生了特大地震后,国际奥委会三次来函来电,对地震灾区表示慰问,并慷慨捐款,充分体现了国际奥委会对中国人民的友好情谊。据悉,为了进一步鼓励和祝福四川汶川等灾区人民重建家园,国际奥委会已经批准了北京奥运会开幕式内容中增加汶川元素的申请。

"同一个世界、同一个梦想"集中体现了奥林匹克精神的实质和普遍价值观——团结、友谊、进步、和谐、参与和梦想,表达了全世界在奥林匹克精神的感召下,追求人类美好未来的共同愿望。汶川地震后,更是得到了世界很多国家的帮助,北京奥运会既是中国的,也是世界的。"同一个世界,同一个梦想"表达了北京人民和中国人民与世界各国人民共建美好家园,同享文明成果,携手共创未来的崇高理想;汶川元素的加入,可以让全世界人们更好地了解中国,了解汶川人民,把汶川精神加入 2008 奥运,汶川精神展示的是世界人民和国际组织对于灾难中的人们所表现出的国际主义精神和人道主义精神。

奥林匹克运动旨在促进全民健身,健身应该是一种生活方式,在这种生活方式中包含了身体的健康,情感的和谐,人与人的交流,人与社会和自然的融合。汶川元素加入 2008 奥运,体现了中国传统哲学中天人合一的思想:天与人相辅相成,可以说是开幕式的点睛之笔,一定非常感人也一定很精彩。

(资料来源:根据《奥运开幕式中的汶川元素:林浩赢得世界喝彩》整理,原文地址:http://171102439.blog.163.com/blog/static/32469442008710211422794/)

⇨ **思 考 题**

1. 结合案例,你觉得在北京奥运会中加入汶川元素合适吗?
2. 奥运会开幕式向世界展现了中国怎样的公共关系形象?

第一节　国际公共关系概述

一、国际公共关系的内涵

国际公共关系是指一个组织在与他国公众交往中,通过国际间各种信息传播活动,增进本组织与他国公众之间的了解和信任,维护和发展本组织的良好形象。国际公共关系与国内公共关系不同,它是对外交往中的公共关系,进行跨国界的活动。虽然它在应用上的基本原则与方法上与国内公共关系基本相同,但国际公共关系并不是国内公共关系的简单延伸,它包括两个层次,即国际公关界的交流与合作和跨国的公关活动。

(一) 国际公关界的交流与合作

国际公关界之间的交流与合作,主要是指世界各国公关组织、公关人员之间的联系、交往、沟通和协作。成立于1955年的国际公共关系协会就是致力于开展国际公关活动,以推动国际公关事业的向前发展。除了国际公共协会之外,还有不少区域性的公关组织,在推动国际公关事业的发展方面,也发挥着相当重要的作用。这些区域性公关组织包括欧洲公共关系联盟、非洲公共关系联合会、亚洲公共关系联合会、泛美公共关系协会联合会和泛太平洋公共关系联合会等。

(二) 跨国的公关活动

跨国的公关活动,是指公关组织针对国外公众组织开展的公关活动或其所进行的对国外有着显著影响的公关工作。

外国许多公关企业协助大公司展开商业及生产活动。随着我国市场经济的不断发展,我国公关公司进行的跨国公关活动也日益多起来,比如,博雅、伟达以及其他一些公关公司。

跨国的公关活动,除了围绕塑造企业在海外的形象和帮助它们的产品进入国际市场之外,还常见于各国政府的外事活动或对外宣传、大型的国际招商活动和国际产品展览会、国际性危机事件的处理,跨国公司与当地各类公众关系的协调等。它的内容广泛,形式各样,可谓丰富多彩。

理解国际公共关系的含义必须把握以下几点内容:

1. 国际公关面临的公众是复杂的公众,即在宗教信仰、文化背景、教育程度、语言文字和风俗习惯上各不相同的公众。

2. 国际公关中存在的不仅是组织利益,还有国家利益,组织不仅要确立在国际公众中的良好形象,还要关注国家的形象。

3. 国际公关的跨国界活动,与外交有相似之处,特别是使用的调查研究方法和活动方式与民间外交有相同之处,但两者也不完全相同。外交工作是以国家和国家关系为对象,但国际公关工作的对象是他国公众而不完全是国家。

4. 国际公关注重遵循统一的国际惯例,但对不同国家的公众对象,还需照顾其民族文化、宗教信仰特点,这也是国际性与地方性的统一。

二、国际公共关系的分类

国际关系分类方式包含多种,有按照主客体、关系性质等划分,各种分类方式内容有重叠和交集。在这里主要介绍按主客体划分的国际公共关系的分类。

(一) 国际公共关系主体

国际公共关系的主体,是指与国外公众发生交往关系的各种组织机构,主要指

的是各种不同的经济组织。根据我国的实际情况,这些经济组织,大体上可以归纳为下列几大类:

1. 国际金融类。这是指存储、借贷外汇的银行系统,如中国银行及其在在世界各地的分行、中国投资银行、中国国际信托投资公司、中国工商银行国际业务部等。这些国际金融机构已经广泛地与国际客户进行业务交往,在为其充当国际贸易信用中介和业务咨询方面,国际公共关系是一个极为重要的环节。

2. 对外贸易类。外贸部门是我国涉外经济的主体部分。它经营品种繁多,因而其机构设置也呈现出较多层次,如粮油进出口公司、畜产品进出口公司、纺织品进出口公司、工艺品进出口公司,等等。这些公司直接参与国际市场的经济活动,广泛地接触外商和外销产品的消费者,国际公共关系无疑是其经营取胜的一大法宝。

3. 国内外向型企业类。从 20 世纪 80 年代初开始,国内的中外合资合营企业发展迅速,在这些企业的经营管理活动过程中,中方不仅要与外商或参与管理的外国企业家协调好关系,而且还要间接地参与外销活动,与国外客户打交道,这就不可避免地要运用国际公共关系;以生产外销产品为主的国内企业,它们生产的产品,从质量、造型到包装设计,都要符合国外用户的要求,这同样少不了国际公共关系;一些条件较好的国内企业,急待寻求与外商合资合营,它们也要依靠国际公共关系来取得对方的信任。

4. 旅游服务类。包括各种旅行社、旅游公司、高级宾馆和饭店、友谊商店、民航交通部门等。这些组织主要分布在各旅游城市中,其服务对象多为外国游客、港澳同胞、华侨等。国际公共关系是这些组织吸引国外游客的重要手段。

5. 其他对外经济管理机构。地方政府和有关对外经济行政管理部门,也在独立地进行国际公共关系活动,如各省的商务厅、发改委外资处外资处等。这些组织机构具有一定的管理权和审批权,所以不仅与国外高阶层的公众相沟通,也同一般的外国企业家进行交往。

6. 专业从事国际经济信息咨询以及公共关系服务的机构,如近年来出现并不断增加的国际经济信息咨询公司、国际广告公司以及国际公共关系公司等。

(二) 国际公共关系客体

国际公共关系的客体是指与涉外组织的跨国活动相关的国际公众。这就是说,并不是所有非本国国籍的外国人都是国际公共关系的客体,只有当外国人同本国的特定组织发生交往关系时,才成为公共关系的客体,即成为该特定组织的国际公众。我国各种类型的经济组织所接触的国际公众主要包括下列几种类型:

1. 外国旅游者。来华观光、旅游的外国人及港澳同胞、海外侨胞,是旅游业国际公共关系活动的主要公众,是旅行社、各旅游点、宾馆饭店、旅游商业部门及交通运输部门的国际消费者。

2. 国际金融及投资者。国际金融公众主要指与中国有金融借贷关系的国际金融机构,如国际货币基金组织、世界银行及亚洲开发银行等,同时也包括在中国银行或中国其他银行储蓄外汇的外国人或港澳同胞和华侨。国际投资者公众指欲与或正在与中国企业进行合资、合营或在中国境内独资经营的外国投资者。这些公众一般是企业家,多数来自发达国家和地区,他们是我国企业引进外资、先进技术和管理经验的主要公众对象。

3. 外商及外销产品的消费者。外商主要包括外国贸易商和中间商。我国的外销产品与国外消费者见面,一般是通过外商这一中间环节实现的,因而,外商是我国外贸机构国际公共关系的重要公众。我国产品通过销售进入国际市场后,就有可能为国外消费者所购买,这些消费者公众的规模相对来说是巨大的,是我国企业为数最多的国际公众。

4. 国外行政、司法机构。组织的对外交往活动涉及到国际法及对象国法律,须接受对象国政府机构及司法机构的管理和监督。组织的涉外活动如果违反了当地法律,立即会受到当地行政及司法机构的干涉与制裁。相反,组织的涉外活动如果遵守当地法律,则会受到当地政府的保护。因此,国外行政、司法机构也是国际公共关系不可忽视的重要公众。

5. 外国驻华机构。包括外国大使馆、领事馆、新闻处、商务办事处及其人员,以及一些国际组织或民间团体的驻华机构及其人员,他们是最稳定、最有权威的国际公众。

6. 国外新闻媒介。企业组织的大量信息需要通过新闻媒介来传播,国外新闻媒介是一个能影响其他公众的特殊公众。

7. 华侨、华人及华裔外国人。华侨指的是长期旅居海外的中国公民,华人及华裔是有中国血统的外国人,他们在当地政治、经济生活中的地位在新中国成立后有极大的提高。特别是在经济领域,许多华人商人及企业家已经在经济生活的各个部门起着举足轻重的作用。由于同一文化渊源或同一民族,加之中华文化特有的凝聚力和向心力,华人及华裔已成为我国涉外活动中的一支可以依靠的重要力量,在发展海外业务时,涉外组织应尽力发挥他们的积极作用。

上述关于涉外经济组织的国际关系的划分,并没有把国际关系中所有的种类囊括无遗,随着涉外经济活动的不断深入,国际关系的种类将会不断增加。

三、实施国际公共关系的意义

随着各国之间的开放程度的加深和社会主义市场经济的深化,"让世界了解中国,让中国了解世界"的改革开放政策,为我国国际公共关系的产生和发展提出了迫切的要求,也为搞好这项工作开辟了更加广阔的前景。可以说我国正规化系统化的公共关系,首先是以国际公共关系为起点,而且由特区蔓延到内地,由合资企业发展到国内一般企业。在当前形势下,我国大力发展国际公共关系具有非常重要的现实意义,具体表现在以下几个方面。

(一) 开展国际关系是对外开放的需要

从现在起到本世纪末,我国的经济将更加蓬勃地发展。要尽量利用国际信贷市场引进外资,以缓解我国资金不足的困难。要做到这点,首要的任务是让外商和公司了解中国的市场状况和消费状况。我国的投资环境如何呢?这正是外国投资者以及广大侨胞和港澳台胞所普遍关注的问题。由于过去的长期隔离,他们对中国大陆这块潜在的巨大市场既生疏,又颇感兴趣。因此,通过国际公关活动,给外国投资者提供中国的市场投资环境、市场潜力以及其他有关信息,已成为吸引外资的先行步骤。正如美国《公共关系手册》所言,"打算进入外国市场的美国商人发现,他们面临的首要问题是公共关系"。外国公共关系机构看到这一紧迫的需要,世界最大的国际公共关系咨询公司——伟达亚洲有限公司,捷足先登在北京设立了办事处,为外国投资者提供信息服务。1980—1981年,我国也先后设立了有关的咨询公司,帮助外国和港澳客商了解中国有关的政策和法令。所以,进行国际公共关系活动是对外开放中的当务之急。

(二) 开展国际公共关系是促进对外贸易的发展需要

努力发展外向型经济,提高中国产品在国外市场的竞争力,使更多的商品打入国际市场,是我国经济发展的重大战略方针,企业要促进对外贸易的发展,就要广泛采集国际市场的信息资料,针对特定的市场环境,深入了解有关国家的政治、经济、社会、文化等方面的情况,掌握国际市场公众的需求及其变化,以生产出符合国外消费习俗的产品。

另外,要疏通外贸中商品流通的渠道,特别需采用促销策略,利用外国的新闻媒介和有关机构进行广告宣传,树立产品和企业的信誉。毫无疑问,外向型企业经济的发展,势必将国际公共关系放在极为重要的位置上。

(三) 开展国际公共关系是促进民间科学技术和文化交流的桥梁

近年来,我国和世界各国互派各类研究人员和留学生,互相学习他国的科技和文化,还有大量社会团体开展形式多样的文化交流,比如文艺演出和体育竞赛等,各大单位的外事工作,就是某种意义上的国际公共关系活动,这些工作为促进本地区本单位的科技和文化发展起到了很重要的作用。总之,发展我国国际公共关系是整个对外开放中必不可少的一项工作,被生动形象地喻为国内企业了解外部世界的"耳目"、走进国际市场的"名片"。随着对外开放的进一步深入,外向型经济规模的扩大,国际公共关系将显示出越来越大的生机和活力。

四、国际公共关系的影响因素

国际公关的对象是外国个人或组织,因此对国际公共关系的方式和效果产生影响的因素主要来自他国,特别是他国的宏观环境直接影响着国际公共关系的计划制定以及计划的贯彻实施,关系到国际公共关系活动的成败。他国环境包括他国的经济环境、政治环境和文化环境。

(一) 他国的经济环境对国际公关的影响

一国的经济环境主要包括该国的人口、气候等自然条件,公民的收入,该国的经济政策等。这些经济因素会影响国际公众对组织或产品的接受度,如一些经济条件落后的发展中国家的国际公众对高档家电的购买力不强,国家经济政策较宽松的国际公众对外国产品的接受度相对要高。所以组织在开展国际公关活动时,只有对他国的经济环境及其变化前景做深入的了解和正确的分析判断,才能制定出行之有效的国际公共关系策略,顺利实现国际公共关系目标。在组织缺乏对他国经济环境了解的情况下制定国际公共关系策略,往往无法实现国际公关目标或收效甚微。

(二) 他国的政治环境对国际公关的影响

一国的政治环境主要是政局稳定与否以及他国的法律制度、政策规章等。一国政局的稳定性是判断一国公关环境好坏的主要标准,也是组织顺利开展国际公共关系活动的必要条件,是国际公关得以全面实施和实现的保证。自党的十一届三中全会以来,我国坚持改革开放基本国策,大量外国政府机构、企业集团纷纷来华进行直接或间接投资,发展经贸往来,加强经济、文化合作与交流,实现了"双赢"的目的。反之,若国家政局动荡不稳,组织在该国的国际公共关系活动就很难展开。

同时,为保证组织的国际公共关系活动的合法性,避免引起不必要的麻烦,对所在国法律的了解也是必不可少的。不同国家对同一方面事务的法律规定极有可能是背道而驰的,因此,在运用国际公共关系传播手段时,必须先研究该国的法律。如同样是对广告宣传的限制,英国禁止贬低他人的广告内容,禁止在晚上九点之前播放烈酒广告,允许儿童做广告但应有利于儿童保护;法国禁止在广告中采用任何比较的做法,完全禁止烈酒广告且对儿童做广告有严格限制,在播放之前必须进行严格的检查和筛选。由此可见,只有了解不同国家的法律规定,才能有的放矢地运用不同的公共关系手段,实现国际公共关系活动的目的。

(三) 他国的文化环境对国际公关的影响

一国的文化是包含了社会公众的精神面貌、语言、教育和风俗习惯等多种因素的综合体。跨国文化的差异以及差异程度对国际公共关系的开展有着明显的影响。人是社会文化的产物,不同质的文化造就了不同质的公众,不同质的公众需要不同的公共关系手段。如果忽视他国公众的文化差别,不加区别地开展国际公共关系,只会增加公关活动的盲目性,降低国际公关的活动效果。所以,组织在开展国际公共关系活动时只有注意增强活动的针对性,才能提高公共关系的实效。美国列维公司生产的名牌牛仔裤畅销许多国家和地区,拥有上至七十几岁、下至十几岁的庞大的顾客群,但就是这一品牌在进入日本市场时却遇到了很大的阻力,大部分日本公众对"Levis"牛仔裤都持比较低调的态度。后来经过调查发现,原来这与日本的文化传统有关。日本是一个推崇集体意识、不强调展示自我个性的社会,这种价值观念与提倡个性解放、崇尚自我实现价值观念的美国社会是截然不同的。因此只有日本的年轻人出于猎奇心理,才穿牛仔裤。从这一原因分析,列维公司认识到日本的青少年才是组织的重要目标公众,为此开展了一系列针对青年公众的公共关系活动,收到了良好的效果。

⊟▷ **案 例 15-1**

沙特阿拉伯的危机公关

长期以来,阿拉伯国家作为阿拉伯民族的载体,留给国际社会的整体形象常与"愚昧落后"、"恐怖主义"和"无赖邪恶"等贬义词联系在一起,这无疑不利于阿拉伯民族在国际社会中的形象。因此,扭转国际社会对阿拉伯国家的负面印象,树立积极正面的"富裕发达、有责任感"的国家形象,已成为一些阿拉伯国家公关战略的共识。沙特奉行独立自主、温和务实的外交政策,主张国与国之间相互尊重、和平共处、互不干涉内政。沙特是世界能源大国,也是最重要的阿拉伯—伊斯兰国家,可以说沙特的国家形象与国家公关因为与美国的亲密关系而走在了阿拉伯国家的前列。

一个国家和政府的风格过于低调,则会影响世界人民对其进行全面认知,尤其当突发事件发生的时候,这种认知缺失会使先前的国家形象发生 180 度逆转。2001 年"9·11"事件发生后,美国政府迅速锁定 19 名劫机嫌疑犯,其中 15 人是沙特人,这使沙特在美国人心目中的形象一落千丈。美舆论抨击沙特,把恐怖主义的根源归咎于沙瓦哈比教派的"圣战"思想。美在展开反恐斗争之后,沙特同美国拉开距离,反对美国在伊拉克(沙特并未反对阿富汗战争)的军事行动,而美国在沙驻军问题也使沙特王室面临来自国内外越来越大的压力,沙美关系面临前所未有的挑战。沙特政府没有坐视事态的发展,而是采取了一系列的外交公关活动:

1,2001 年 9 月 13 日法赫德国王致电美国总统,对"9·11"事件受害者表示慰问并谴责恐怖事件。

2，2001 年 9 月 20 日沙特外交大臣费萨尔访美与美就反恐问题进行磋商。

3，2001 年 9 月 22 日沙特协商会议副主席访美，就"9·11"事件及沙特反恐立场向美通报，并支持美国反恐斗争。

4，2001 年 10 月美国防部长拉姆斯菲尔德访问沙特并会见法赫德国王和阿卜杜拉王储。

5，2001 年 11 月沙特外交大臣费萨尔访美，布什总统与之会晤；沙特政府在美国各主要电台和电视台上做了数百个商业广告，并在《人物》杂志等各种出版物上刊登广告。这些广告无一例外地赞美沙特与美国之间数十年的盟友关系，并重申沙特政府打击恐怖主义的决心。

6，2002 年 9 月"9·11"事件周年纪念日，沙特在美国 26 个城市进行新一轮电视广告宣传；沙特王室将王子萨勒曼的爱驹，送给"9·11"遇难者家属。

为转变美国人的态度，沙特政府可谓用心良苦，不惜动用美国政客参加竞选时所采用的全套公关策略。为了能给美国人留下一个开放的形象，沙特还允许更多的美国人访问沙特，有时甚至还邀请美国记者参加王室的宴会。此外，根据美国司法部的文件，沙特政府还雇用美国最著名的公关公司游说美国政府官员，就此项活动沙特政府花费了 500 多万美元。沙特利用美国本土公关公司进行游说，更易与美国人民产生共鸣，从政府高官入手，为之后的其他公关活动顺利展开作了一个很好的铺垫。整个过程中，沙特还在美国各大媒体上刊登或播放广告，一再重申沙特数十年来一直是美国的盟友，以及沙特政府打击恐怖主义的决心。媒体，尤其是大众媒体，在公众中的影响力可想而知，因此，沙特利用这样的平台来表态，无疑是公关进程中的一个加分点。此外，整个过程中，沙特一直承受着美国各方面的压力，如美国兰德公司的一份报告称沙特是"美国的敌人"，是"中东的邪恶中心"，建议美国政府要求沙特停止资助伊斯兰原教旨分子，冻结和查封沙特在美国资产；部分"9·11"遇难者家属向沙特王室提出诉讼，要求索赔数万亿美元等。但沙特在沙美双方存在危机的情况下，能够诚恳、理智地面对，并努力从各方面改善形势以确保二者关系的良好发展。在危机出现时，沙特政府做到了危机沟通的"5S"原则：及时承担了责任，真诚地沟通，当机立断以政府为主体及采用了系统的公关手段。这些积极而有效的公关举措，在一定程度上说明了事实真相，修正了陷于危机中的沙特的国家形象，并有效化解了沙美之间的隔阂，在政府危机公关方面积累了实践经验。

（资料来源：于朝晖，焦妹.沙特阿拉伯的国家公关战略探析.阿拉伯世界研究，2010 年第 6 期）

⇨ 思 考 题

结合案例，并综合所学知识谈谈你对国际危机公关的认识。

第二节　国际公共关系实务

一、开展国际公共关系的基本原则

国际公共关系是一种跨国界的公共关系活动，它绝不是国内公共关系的延伸，因此，开展国际公共关系活动应当注意掌握以下基本原则。

(一) 维护国家利益原则

任何企业或政府部门在开展国际公共关系活动时，虽然是独立的，但它毕竟是国家的一个部门，因此必须顾及国家的整体利益和尊严，因为没有国家的尊严和声誉，也就没有企业的尊严和声誉。

(二) 互相尊重原则

世界上不同国家、不同地区、不同民族的人，在价值观念、思维方式、心理特征直至宗教信仰、民俗风情、语言习惯上都各不相同。只有相互尊重，才能正确和有效地开展国际公共关系活动。

(三) 平等互利原则

在国际公共关系中，不论国家或社会组织大小，应一律平等，既不嫌贫爱富，也不恃强凌弱。平等互利是国际公共关系的基础，既要考虑本组织的利益，又不损害他国公众的利益，使双方互惠互利。如果只顾本组织的利益，不顾对方利益，甚至使其蒙受损失，即使勉强建立合作关系，也不会持久和牢固。

(四) 遵守国际惯例

每一个行业都有其成文和不成文的行规，国际公共关系领域自然也不例外。遵守与公关活动工作有关的国际惯例，这是国际公关活动必须遵循的基本原则。

国际公关协会早在 1961 年就已制定了《国际公关协会行为准则》，1965 又在雅典通过了《国际公共关系道德准则》。这两个准则对国际公关从业人员的行为规范提出了一些原则性的要求。比如，注重信息的真实性和充分的交流，尊重和维护人类的尊严，对社会和公众利益负责等。所有国际公关工作者都应遵守这两个准则。另外，国际公关领域还有些不成文的国际惯例。比如，在社会公众广泛传播信息的过程中，要注意保守组织或客户的商业机密；公关职业性服务机构要在公平竞争上寻求公关项目，不得向自己已有客户的竞争对手提供服务等。这些都是通过人们长期的公关事件所形成的国际惯例，同样必须为国际公共工作所遵守。

中国公关事业发展的时间还不长，我们对公关工作中的国际惯例了解还不多。随着中外公关市场的逐步接轨，我们急需与外国公关界展开进一步的交流和开展更广泛的国际公关活动,熟悉和掌握有关国际惯例。

(五) 重视地方特色

地球是一个变化的世界,变化的世界带来多样性的世界。以为国际公共关系只是一种模式来开展工作,这不仅是不科学的,而且也是不现实的。承认世界的这种多样性,尊重各地区、各国的地方特色,这是开展国际公共关系活动的另一个基本原则。

所谓地方特色,一般指政治制度、法律法规、生活水平、文化传统、风俗习惯、交往语言、宗教信仰、礼俗禁忌等。了解和研究各地区、各国的地方特色,对于完成国际公共关系活动至关重要。要做到这一点,国际公关从业人员应该注意这样几个方面的问题:

1. 要承认人类社会的多样性和差异性,善于在求同存异的基础上,开展各方面的工作。

2. 要本着理解和包容的态度,深入研究和平等对待各种地方特色,防止和避免受原文化的影响而产生这样或那样的偏见。

3. 要通过实践活动来摸索、积累经验,以增长知识。

尊重地方特色,要求国际公共关系应重视地方特色。凡真正具有民族特色的,往往也最具有世界性。我国近几年来在各地举办的种种带有浓厚地方文化特色的"节"、"会",如潍坊的国际风筝节、上海的国际电视节、哈尔滨的冰灯节等,它们之所以能成为一种颇为有效的国际招商活动,对外宣传了地方的经济优势,大大提高了地方的知名度,就是因为它们开发、利用和突出了地方的特色。

(六) 具备全球眼光

当今的世界是一个变化的世界。在这个变化过程中,国际社会的相互依存和彼此影响,要比以往任何时候都深刻和广泛。国际公共关系作为在国际领域内开展的公关活动,要以全球性的眼光来思考和看待公关工作所涉及和参与的问题。这不仅是国际公共关系得以存在的先决条件,也是开展国际公关活动的一个基本原则。

从事国际公关工作的机构和人员,怎样才能具备全球眼光呢?

1. 要充分了解国际政治、经济形势的变化和发展趋势。

2. 要关注人类社会共同面临的重大问题,如全球经济发展的不平衡、国际金融市场的波动、生态环境的保护、恐怖组织的活动、威胁人类生存的艾滋病的传播等。

3. 要重视现代科学技术发展,尤其是新传播媒介和技术的运用。

4. 要掌握公关理论研究的新成果和公关实务发展的新动态。

⬡▷ **案例 15-2**

在网上搜索"波音郑和号"这个关键词就会发现，2005 年 6 月波音将 777—200LR 飞机命名为"郑和号"的新闻事件已经变成众多公关教材的案例。这个在短短一周内完成操作的公关活动，不仅让受众了解到波音最新的技术和价值，还有效进行了品牌传播。

波音依靠公关实现销售，公关能力在业内一直以"翘楚"著称。在国外专门研习传播社会学的刘江，现任波音中国公司主管传播事务的副总裁，在公关行业有着丰富的经验。

1. 用公关协调需求。在波音，公关的作用是识别和协调、满足需求。这个需求不仅包括乘客对便捷、舒适的需求，航空公司降低成本的需求，还包括民航总局的安全需求以及政府促进贸易往来的需求。

"去年恰逢中国政府纪念郑和 600 周年。波音 777—200LR 是目前航程最远的民用飞机，它正在做环球飞行的首航。本来首航没有中国站，但我们把这架飞机请到中国来，命名为郑和号，参加郑和下西洋 600 周年的纪念活动。"刘江说，郑和宝船和波音的民用飞机都是它们所处时代最先进和方便的交通工具，郑和的和平探索精神与波音的品牌理念"探索无止境"也有高度的一致性。

波音"郑和号"活动不仅宣传了品牌，还加深了波音与相关政府部门的合作与友好关系，成功协调和满足了各方需求。

2. 实事求是，要有重点。公关的作用对每个公司来讲是共通的，波音的与众不同之处是在操作手段上的章法。波音比较突出的公关手段有两点：一个是实事求是、先做后说；另一个是在实事求是的基础上讲究技巧，在对外公布信息时选择重点，保护公司的形象。

说到实事求是的公关原则，刘江举了一个例子：年初，波音公布去年的净订单是 1,002 架，并且到去年 11 月底，其竞争对手的订单是 600 多架，波音看起来赢定了。就在波音志在必得的时候，它的竞争对手公布了去年业绩：1,055 架。

怎么回事呢？原来，在航空业谈到订单，一般有两个数据：总订单和净订单。"这就好比总收入和纯利润一样。净订单是指航空公司与飞机制造商签署了协议并把首付交到银行账户之后的确认订单。"刘江说，有国外媒体经过调查发现，竞争对手公布的订单里面，有 150 架应该排除在净订单之外；而波音公布的是净订单。

"波音的创始人威廉·波音是一位工程师，波音公司的文化是工程师文化。我们一直恪守着这个文化并以之为傲，对外公布的信息从来不会夸大。"刘江说，实事求是不仅体现在日常的工作行为上，甚至当危机发生时，波音首先做的也是向公众坦诚自己的问题。去年公司 CEO 的性丑闻事件就是这样的一个例子，虽然在很多国内公司看来,这样的自曝家丑有点不可思议,却反映了波音公司内部管理和自我约束上的严格。

实事求是是波音的公关原则,不过也不意味着把公司的机密和盘托出。一件事情发生以后,怎样跟公众讲、讲哪些内容、重点是什么等都需要技巧。有些虽然要讲,但要通过强调另一个东西去平衡。

另外,由于国别文化差异,一些国外看来很平常的事情,到了中国也许就不被接受,所以波音的公关也会注意把信息翻译成中国人可以接受的语言,并且雇用本地人代表公司和当地的消费者进行沟通。

(资料来源:根据《波音的内外公关》整理,原文地址:http://www.ceconline.com/internet_etrade/ma/8800044940/01SB/? pa_art_1)

思 考 题

结合案例综合所学知识谈谈波音公司是如何尊重中国特色,来达到良好国际公关效果的。

二、国际公共关系策略

国际公共关系的对象是国际公众。国际公众是指一个组织的产品、人员及其活动进入国际范围,对别国的公众产生影响,并需要了解和适应对象国的公众环境时,该组织所面对的不同国家、地区的公众对象。这一类公众跨越了国籍或国界,有在中国从事各种活动的外籍公众,也有到国外开展各种活动因而需要打交道的外国公众。这些国际公众由于所处的社会环境、文化氛围以及自身生存习惯各不相同,与国内公众差异较大,因此对国际公众的公共关系工作就有一定的特殊性,就要有一定的策略。

(一) 目标策略

国际公共关系目标是国际公关活动所追求和渴望达到的一种状态或标准,是国际公共关系全部活动的核心。确立公共关系目标是策划公共关系活动和指导、协调、评价公共关系工作的依据。

国际公共关系的基本目标在于通过国际间的信息沟通与传播,在国际范围内寻求积极、和谐而有利的国际环境,建立并保持本组织与海外公众间良好的公共关系状态。国际公共关系的目标确立要与组织的总体目标相一致,符合组织发展的现状和前景,公共关系目标一经确定可以说为组织的国际公共关系活动指明了方向,为成功地发展国际公关活动奠定了基础。

(二) 公众策略

确定目标公众，了解目标公众的特点，有针对性地提供服务，设计公共关系方案。

国际公共关系所涉及的公众主要是国外的公众，公众对象所在国的国情，包括政治、经济、法律制度、历史文化、道德规范、价值观念、风土人情、生活方式以及语言习惯等与一般国内公众不同，因此国际公众具有社会文化背景特殊，利益取向、兴趣、态度、信仰复杂，稳定性差等特点。开展国际公共关系必须充分了解目标公众的情况，认真研究和把握国际公众的特殊性，基于各国、各民族、各地域内不同性质的国际公众所具有的不同状况，设计公共关系方案，开展内容与形式都切合其国情、民情特点的公共关系活动，才能有效地开展工作。

(三) 传播策略

国际公共关系的媒介是国际信息传播方式。由于国际公共关系的主、客体在不同的社会文化背景下，作为实现它们相互之间关系沟通的媒介形式的信息传播，在性质上更加复杂。国际公关关系活动的成功，一方面将依赖于主体对目标国公众文化的深入了解和准确把握，另一方面还有赖于主体对这种文化的主动适应或必要诱导。

选择公众所在国经常接触的传媒进行传播。不同的公众一般都有其接受信息的特殊渠道，了解国际公众接受信息的习惯，选择合适的传媒，可使公关传播达到理想的效果。

加强接触公众所在国政府、社会知名人士、公众代表的社会交流，通过他们沟通与当地公众的关系。主要借助他们已有的权威，已经取得的知名度、美誉度及在社会上的巨大影响，来扩大组织的知名度、美誉度。

三、开展国际公共关系时的注意事项

(一) 开展国际公关要遵循国际交往的国际惯例、当地的法律法规和我国对外开放的总原则

这是开展国际公关活动的大前提。国际惯例虽然没有法律强制的约束力，却是国际上的通用规范。现代社会是原则社会，任何不遵守规则的行为必将被淘汰。为顺利开展公共关系，实现公关目标，必须遵循与公共关系工作有关的国际惯例。这样的公关活动才能为国际主体所接受。同时，以客体身份在他国开展公共关系活动，必须遵守当地的法律法规，不进行任何违法操作，为组织树立良好的外部形象。作为我国的经济实体和政府机关，在开展涉外公关活动中，应该遵循我国对外开放的一些基本原则，如平等互利、互相尊重等，做到在国际交往中坚持原则、不卑

不亢,在国际交流中维护自身形象的同时,维护国家形象。

(二) 要尊重当地的文化和风俗习惯,力求实行本土化策略

不同国家的文化是异质的、独特的,文化的区别使得不同国家的公众有着不同的观念和行为特点。国际公关作为一种跨国界、跨文化的传播活动,它所针对的是与国内公众完全不同的公众形象,所以,国内公关策略并不一定适用于国际公关。同时,不同国家的公众受不同的政治、经济和文化环境的影响,有着不同的语言、风俗习惯和生活方式,他们对信息的接受程度和接受方式也不尽相同。如在中国是吉祥物的白象,在欧美人眼里却是一种愚笨的动物,不受他们的欢迎,导致标有"白象"商标的白象电池在欧美国家出现严重滞销。因此,公共关系人员在进行公共关系运作时,一定要从当地的实际出发,考虑目标公众所在国家特有的语言、文化和风俗习惯,尤其要注意他们在这方面的禁忌,以免引起公众的反感;以本土化战略增强公共关系的效果,顺应本土文化,适合本土公众,获取本土认可,谋求在当地的生根与发展。有的组织在这方面给我们作了很好的榜样。如丰田汽车在中国的广告语"车到山前必有路,有路必有丰田车",麦斯威尔咖啡的"滴滴香浓,意犹未尽",非常符合中国消费者的习惯,听上去亲切、自然,使人印象深刻。

(三) 要注意不同的组织在开展国际公关时应运用不同的方法

不同性质的组织面临的目标公众是截然不同的,因此,不同组织针对不同的国际公众应采用不同的方法,如旅游部门的涉外公共关系活动就不同于工商企业、政府部门的国际公共关系活动。他们采用的方法应是大相径庭的。旅游部门的公众主要是外国游客,他们的公关任务主要是通过新闻媒介介绍旅游区的特色或举办各种旅游优惠活动等。政府部门在开展国际公关时,主要目的是提高组织的知名度,增进国际社会对组织的了解,扩大组织在国际上的影响力,进而改善自己与一些国际主体的关系。因此,他们的公关活动在具体方法上常常表现为在各地建立组织的新闻信息处,编制介绍组织的杂志或拍摄专题性的录像片在其他国家发行或播放,安排当地的新闻工作者、记者团到当地参观等。

⇨ 案 例 15-3

SK-Ⅱ 9 款产品查出含有违禁物质之后

自从 SK－Ⅱ9 款产品查出含有违禁物质之后,各商场要求退货的消费者络绎不绝。其中,有人发现,退货时不仅要备齐购物凭证、产品,还得签订一份"霸王协议"。有消费者在工作人员的指导下填写了名为《非健康相关非产品质量问题投诉快速退货处理简易协议书》,协议书中赫然写着:"尽管产品本身为合格产品,不存在质量问题,但本着对消费者负责的态度,我们决定为您做退货处理,经双方协议

同意退款××元。此处理方案为本案例一次性终结处理。"

北京市律师协会消费者权益保护专业委员会主任邱宝昌告诉记者——国家已经认定了产品存在一定的质量问题,而宝洁方面却希望通过协议来要求消费者跟他们一同"指鹿为马",一同承诺产品无质量问题,这种协议条款是没有任何法律效应的。另外,宝洁将退货通过协议订立为"一次性终结处理"方案,企图对日后消费者发生的问题进行免责也是行不通的。根据我国法律规定,如果因产品问题造成人身伤害,厂家不仅要进行退货处理,还要给予赔偿,企图通过合同约定来免责是行不通的。邱宝昌建议消费者拒签该"霸王协议"。

1. 消费者须认同该产品"非健康相关非产品质量问题"。自从本月15日本报爆出 SK—Ⅱ品牌9款产品含有违禁物质之后,京城各大商场就陆续对这些问题产品进行了下架处理。而据记者最新了解到的消息,包括百盛、世都在内的13家经 SK—Ⅱ授权的北京专柜均已将这9款产品下架停售。

"虽然宝洁公司没有发函要求,但是商场方面考虑到消费者的利益,决定先行停售。"在谈及 SK—Ⅱ产品下架原因时,各商场的负责人不约而同地这样对记者解释道。有业内人士称,所有专柜在没有得到公司统一要求的情况下如此大规模下架商品,对于化妆品品牌来说还是第一遭。

2. 调查门槛混乱退货金额专柜决定。自从宝洁方面承诺接受问题商品的退货之后,京城各专柜就没少接待有退货需求的顾客。而记者发现各商场接受退货的门槛却不尽相同。

赛特 SK—Ⅱ的导购人员告诉记者,只要消费者拿着销售凭据和产品,就可以办理退货,但是产品所剩含量必须在1/3以上,如果少于1/3,则无法办理退货手续。而翠微大厦 SK—Ⅱ专柜的工作人员则表示,只要产品所剩含量多于1/4,商场就可以帮助退货,只是所剩含量多于1/3的商品可以全款退还,所剩含量在1/4到1/3之间的产品,只能按照具体含量来计算退款。而位于东方新天地的 SK—Ⅱ的工作人员则称,剩余含量低于1/3的产品究竟能否办理退货手续还得征求宝洁公司的意见,建议记者留下联系方式,以便另行通知。

随后,记者致电宝洁 SK—Ⅱ客户服务中心。工作人员表示,公司规定空瓶绝对不能进行退货,而具体的退款金额将由各专柜自行决定。

另据了解,目前国家并没有出台关于化妆品退货的统一流程和规定,按照12315客服人员的解释是,退货将由双方协商解决。而目前市场上的通行方法是,消费者需持有由卫生部指定医院出具的过敏凭证,凭该证明、产品及销售凭据到购买地进行退货,具体退货金额亦没有明确规定。

3. 影响信任危机所有专柜销售遇冷。虽然只有9款产品被检验为问题产品,但记者了解到,几乎 SK—Ⅱ在京的所有专柜都面临着销售停滞的窘境。京城某商场负责人告诉记者,上个周末 SK－Ⅱ专柜可以说是"颗粒无收",这是 SK－Ⅱ进驻该店以来的第一遭。

而销售停滞仅仅是 SK－Ⅱ面临品牌信任危机的一部分表现。一位到专柜退货的消费者告诉记者,本打算把所有 SK－Ⅱ的化妆品都退了,无奈只有 9 款商品接受退货。她表示,以后不会再使用 SK－Ⅱ的产品了。记者在知名化妆品论坛看到,有此想法的网友不在少数。一则名为"用什么品牌代替 SK－Ⅱ"的帖子一时间成了热门帖,回复帖子总量达到数百条。

此外,瑞丽执行出版人赵亦靓也告诉记者,SK－Ⅱ"违禁门"事件必将影响到SK－Ⅱ品牌近期的广告投放。依照以往的经验,从 11 月份起到明年 1 月份,SK－Ⅱ在各大媒体上的产品广告将会锐减。

(资料来源:根据《宝洁 SK－Ⅱ公关失败 宝洁退货坚决不认错》整理,原文地址:http://www.ce.cn/cysc/mass/ryp/200609/20/t20060920_8645381.shtml)

➪ 思 考 题

结合案例,并综合所学知识谈谈宝洁公司在对中国市场公关中犯的错误,。另外,说说你的建议。

第三节 中国国际公共关系的发展

一、中国国际公共关系的发展历程回顾

1991 年 4 月 26 日,中国国际公共关系协会在北京成立,前任美国大使柴泽民任会长,并提出了"让世界了解中国,让中国走向世界"的宗旨和"知道、协调、服务、监督"的工作方针。1991 年,伟达公关受中国政府所聘,负责在美国国会游说,争取美国给予中国最惠国待遇,成为第一家服务中国政府的外国公关公司。1993 年起,由中国国际公共关系协会主办了中国最佳公共关系案例大赛,每两年举行一届。1994 年 9 月 6 日,"中国公共关系市场高级研讨班"在北京举办。同年《中国经验报》刊登"中国公共关系市场探索"专版,引起中国公共关系市场讨论热潮。2000年 12 月 3 日,首届全国公关员职业资格统一考试进行,24 个省市自治区的近 7000人参加了初、中、高三个等级的公关员职业资格鉴定考试。公关作为一个专门职业被社会认可,公共关系也成为一个求职热点。2002 年,中国申奥成功、国足出线、入世成功使该年度成为了世界的中国公关年。2003 年公关的最高奖项"环球杯"授给了北京 2008 奥运会申办委员会。

二、中国国际公共关系的发展特点

纵观中国国际公共关系二十余年的发展历程,与国际同行比较,中国国际公共关系突出地呈现出以下三个鲜明的主要特点:

1. 中国国际公共关系已经得到政府部门的高度重视,一些权威的中国国际公共关系组织均挂靠在中国的相关部门,如统战部或外交部。

2. 中国国际公共关系发展不平衡。公共关系是现代社会经济高度发展的产物,改革开放为我国公共关系创造了良好的发展环境。但是,由于中国经济发展的不平衡,导致了中国国际公共关系发展的不平衡。

3. 中国国际公共关系学科定位不仅在新闻传播层面,更定位在企业管理层面。这种学科定位的趋势反映出中国公共关系在技术和应用层面上更重视应用,追求实效性和应用性是中国公共关系的普遍要求。

随着中国国际公共关系的发展,公共关系市场的发展也带有以下四方面的中国特色:

1. 中华民族的传统文化对公共关系市场的形成产生直接影响

中华民族是具有深厚文化底蕴的民族,传统文化在公众头脑中根深蒂固。市场国际化后,外来文化和本土文化的冲突、融合,会是这一时期的显著特点。中国的公共关系需要穿越深厚的传统文化层次实施传播。

2. 中国公共关系市场发展不平衡

现代公共关系在中国的发展历史只有 20 余年。公共关系市场的形成也是短暂的,其不平衡主要表现为:第一,公共关系在沿海城市和中心城市发展较快,而在西部或其他非中心城市发展较慢。第二,公共关系从业人员专业能力参差不齐,较大的公共关系公司和年资较长的公共关系公司以及中心城市的公共关系公司专业能力较强,反之较弱。第三,公共关系服务主要在技术层面为多,而进入决策服务的较少。

3. 媒介对公共关系市场的发展具有导向作用

重视舆论导向是本土公众十分明显的倾向,往往一则报道会导致轩然大波。媒介在传播中占据了极其重要的地位,因而媒介关系也成为了公共关系中极为重要的关系。随着消费分层和市场细分,大众媒介也已经开始区域化和分众化,因而在媒介选择方面公共关系要有的放矢。

4. 公共关系市场潜力巨大但有待发展

中国公共关系市场潜力巨大,但目前发展并不成熟,主要表现为:第一,公共关系的社会基础仍然较为薄弱,社会大众对其仍不了解。第二,专业公共关系服务的目标公众对公共关系缺少全面准确的理解,影响了公共关系专业水平的发挥。第三,公共关系市场运作的秩序有待规范。

三、国际公共关系的发展趋势

国际经济格局的重大变化和全球传播信息时代的到来,使国际公共关系日益崛起。主要表现为日趋频繁的国际公关活动、逐步拓展的国际公关市场以及日臻重要的国际公共关系。

(一) 国际公共关系的发展趋势

1. 环保运动和环境公关

环境公关,又称绿色公共关系和环境传播。它是指社会组织为避免在环境问题上出现失误,由此损害自己在公众中的形象,而针对有关公众开展的传播、沟通和协调工作。

2. 危机公关与问题管理

危机公关是指树立危机意识,分析潜在危机,制定预防措施和应急方法,确定影响公众,疏通有效传播和沟通渠道。问题管理的过程是识别问题,分析问题,确定问题的核心和重点,制定行动战略,采取行动,评估效果。

3. 金融公关与财经传播

主要指针对投资者、金融机构、新闻媒介及其相关公众开展公共关系工作,其目的在于确保企业股票的市场价格能准确反映企业现有业绩和发展前景。

4. 营销公关与整合营销传播

营销公关,是对公共关系所提供的营销作用的进一步肯定,也是公共关系与市场营销整合运作的产物。整合营销传播,包括对广告、公共关系、大型活动、促销、包装设计、企业识别系统、直效行销的整合。

(二) 中国国际公共关系的发展趋势

1. 公共关系越来越趋向于战略化。

2. 形象管理已经成为公共关系实践中特殊的领域。

3. 现在公关的功能越来越趋向于关系的建立和理解的构建。要建立企业和公共关系之间的相互理解需要一个模式来实现。

4. 危机传播和危机管理的重要性越来越凸显。

5. 诉讼公关即将粉墨登场。

6. 传播技术以惊人的速度发展和普及,乃至正在改变公共关系实践操作的方法。

7. 公共关系的发展越来越趋向于全球化。

(三) 为适应国际公共关系的新形势所需的新对策

1. 为适应新形式,求得公共关系自身的生存和发展,要充分利用现代信息技术改造和处理传统的关系问题。

2. 全球经济一体化要求公共关系首先要注意传播的国际化、一体化、多元化，追求"有效传播"。

3. 新世纪的公共关系运作需要改革，提高档次，重视信誉形象，树立高效、公正、专业化、优质服务的全球形象。

4. 中国公关界在新世纪面临的挑战和问题还要注意同信息产业相结合，研究公共关系在信息产业化革命和现代工业化进程中如何发挥作用，在信息化社会和知识经济时代所带来的机遇和挑战中去充分展现公共关系的价值。

⮕ 案例 15-4

沙特阿拉伯的世博公关

最昂贵的造价之一、始终占据最具人气场馆榜首、王子亲临世博参观……沙特阿拉伯在 2010 上海世博会期间成为了各方关注的焦点；2010 上海世博会无疑为所有国家提供了极佳的展示机会，而一直低调的沙特及时抓住了这一机遇，揭开其神秘的面纱，展开紧锣密鼓的国家公关。由于民族和宗教的特殊性，沙特一直在世界人民心目中是神秘和保守的代名词，而此次上海世博会，人们看到的却是一个敞开心扉、融入全球和彰显友谊的沙特。

在上海世博会众多的外国国家馆中，沙特馆是唯一由中国人担任总设计师的展馆。沙特馆呈"月亮船"造型，"月亮船"在古阿拉伯象征"幸福而美好的祝愿"，是一个充满喜庆和希望的字眼。这艘"船"行驶的方向正是中国与沙特友谊的纽带——海上丝绸之路。当年，海上丝绸之路正是由海湾地区前往北非和东非，沙特也因此成为古代中国通往世界的一个重要驿站。无论是外观还是寓意，沙特馆都在向中国人民伸出友谊的橄榄枝。除了不同的民族文化特色外，沙特还以科技创新和绿色理念为题眼，描画了对绿色图景和幸福明天的期待。现代高科技是人类追求幸福生活的工具，绿色未来更是全人类的共同诉求，人与自然如何达到和谐统一决定着人类未来的命运。沙特馆利用"月亮船"的内侧作为 360 度曲面荧幕，参观路线架在半空中，将游客融入整个影像中，从而感受到更强烈的视觉冲击。沙特馆主体建筑没有一扇门和窗户，但光线十足，空气畅通，这是利用并转化了光能的结果。风则是从悬空的底部缓缓吹来，实现能源的环保利用；考虑到 5—10 月上海的高温天气，展馆采用架空的设计，以缩短游客在无遮蔽状态下排队的时间，等候区喷泉的设计还起到降温的作用。与此同时，展馆的屋顶花园种植着沙特的国树——椰枣树，绿洲对沙漠国家来说意义重大，而绿色未来也是全人类共同的诉求。在沙特馆，人与自然再一次达到和谐统一，人们也会很快记住这个沙漠里的绿洲之国。

在这次世博会上,沙特还向世人大方地展示了麦加"米纳帐篷城",这也是沙特首次向全世界公开、完整诠释麦加的创新城市实践。案例中的每一个帐篷都是按1∶1的比例复制麦加帐篷的真品。观众不仅可以看到帐篷城的总体模型,还能通过墙上的全景屏幕欣赏介绍朝觐历史的纪录短片,领略世界上最大的人工蓄水池的独特风貌,了解沙特政府如何解决帐篷城内人民的健康和环境问题,这无疑是沙特向世界敞开心扉的最佳案例。

我们可以从以下几个方面看沙特的上海世博公关。

第一,在场馆建设方面,沙特可谓倾注匠心与财力。"阿拉伯之城"由沙特自建,展馆面积6100平米,与中国馆遥相呼应,是园区内仅次于中国馆的第二大国家馆。沙特馆13亿元的造价,也是世博园区最贵展馆,是沙特参加世博会有史以来规模最大的一次。

第二,从时间维度来看,沙特时刻配合上海世博会的发展进程,于2006年11月6日就确认参展(对比同样在世博A区的以色列确认参展时间2007年12月,整整相差一年之久),2008年4月14日签署合同。

第三,枣椰树是沙特国徽的组成之一,深受沙特人民的重视,本次沙特馆共需要150棵枣椰树,虽然可以通过海运从沙特长途引进,但由于枣椰树对环境非常敏感,引种成功的难度非常大,但中国科研机构在中国南方找到了一种枣椰树并移植到上海。对于这一点,沙特十分感激中国政府的帮助,无疑为中沙两国的友谊进一步添上浓重一笔。值得一提的是,沙特馆开馆仪式当天(2010年5月1日),第一次来到中国的阿尔瓦礼德王子亲自到场剪彩。王子的亲临体现出的不仅是对上海世博会的肯定,更是对中沙友谊的重视。

综上可见,沙特在各方面都对中国举办的上海世博会表示支持。开馆仪式后,沙特王子举行了简短的记者见面会,他坦言:"我对中国印象非常好,上海也是一座非常美丽的城市,希望能够第二次、第三次并且很多次的再来中国。"短短几句话却将中沙两国关系紧密拉近,这不仅是一次记者见面会,更是意味深长的公关。不论是王子的开馆揭牌、世界顶级的三维影院、150棵枣椰树,还是志愿者们的服务,沙特馆得到了国内外主流媒体的广泛关注。单单从影响力层面上来说,沙特就成功了;就成为人们茶余饭后的议论话题并得到诸多积极评价来看,沙特馆成功了;人们对沙特的另眼相看,对沙特馆趋之若鹜,表明沙特已从一个石油"大老粗"完成了成功的转型。

国家形象是一国最大的品牌。沙特政府已经认识到。在21世纪全球化浪潮的背景下,国家之间、民众之间的沟通与交流还需要进一步扩大。2010年上海世博会沙特向全世界完美呈现了不一样的沙特,向中国展示了更深厚的友谊。自开馆以来,沙特馆每日都是世博园区内访问量最高的场馆之一,深受海内外游客瞩目。人们曾经对沙特单纯的石油国"大老粗"形象的思维定势渐渐转变成了一个追求艺术与生活质量的国家形象。

（资料来源:于朝晖,焦妹.沙特阿拉伯的国家公关战略探析[J].阿拉伯世界研究,2010年第6期）

▷ 思 考 题

结合案例,并综合所学知识谈谈你对国际公共关系发展趋势的认识。

▷ 本 章 小 结

国际公共关系是指一个组织在与他国公众交往中,通过国际间各种信息传播活动,增进本组织与他国公众之间的了解和信任,维护和发展本组织的良好形象。国际公共关系与国内公共关系不同,它是对外交往中的公共关系,进行跨国界的活动。虽然它在应用上的基本原则与方法与国内公共关系基本相同,但国际公共关系并不是国内公共关系的简单延伸。本章着重讲述了国际公共关系的分析方法和实务操作要点,展望了国际公共关系的发展趋势,特别是对中国国际公共关系的发展策略进行了介绍。

▷ 复习思考题

一、名词解释

1. 国际公共关系
2. 国际公共关系主体
3. 国际公众
4. 国际传播

二、简答题

1. 国际公共关系的内涵包括哪两个方面?
2. 按照主体和客体分类,国际公共关系可以归纳为哪几类?
3. 国际公关的影响因素包括哪些?
4. 简述开展国际公共关系的基本原则
5. 简述国际公共关系策略

三、案例分析题

强生"致癌门"危机公关

2009年3月13日《华盛顿邮报》报道,一个名为"安全化妆品运动"的美国组织检测了美国市场上 48 种婴儿洗浴、护肤和化妆品等。检测结果显示,过半美婴儿卫浴品或含致癌物,其中包括强生天然香精夜用乳液香波、强生婴儿香波、强生保湿婴儿沐浴液、强生婴儿燕麦沐浴露等强生旗下多款婴幼儿用品。该消费者组织发言人对媒体称:"检测发现的有毒物质含量确实较低,但问题是我们在许多产品中都发现了这些有毒物质,而其中许多产品我们每天都会使用,这导致我们反复而频繁地暴露在这些低剂量的化学物质中。"她表示:"我们无意引起父母的恐慌,但我们要让父母们知道相关情况。"这一新闻发布后,在中国的消费者中间引起了极大的反响。部分超市开始对强生相关产品进行下架处理,中消协也建议停用强生相关产品。

针对上述报告,强生公司在第一时间内发表声明称,其所有产品均符合各项规定,检测出的有毒物质含量均在安全范围之内,并称报告对其产品的安全性"做出了错误的描述,与科学界和政府机构一致的看法相违背,也引起了家长们不必要的恐慌"。

同时,强生集团也及时采取相关措施。紧接着,奇怪的事情就接踵而至。在国外检测出强生含有毒物质后一周,3 月 20 日和 3 月 21 日前后两天,国家质检总局和国家药监局分别公布了中国区强生产品的检测结果。3 月 20 日,国家质检总局发布消息称:2008 年至今,我国没有进口过美国强生公司的此类产品,目前在国内市场销售的强生产品都是强生(中国)有限公司在国内生产的产品。与此同时,国家质检总局通告称,已经组织国家化妆品质检中心对强生(中国)有限公司生产的婴幼儿洗浴用品产品进行检验,检验结果显示,26 种 31 个批次产品中,仅有一种产品——婴儿香桃沐浴露的一个批次检出含有微量二噁烷,每千克 3.27 毫克。在国家质检总局发布消息后的第二天,3 月 21 日,国家药监局网站上发布了一则情况通报:"经国家医药监督局保健食品审评中心和上海市食品药品监督管理局审核,未发现上海强生(中国)有限公司的 3 个婴幼儿用国产特殊用途化妆品和 30 个婴幼儿用国产非特殊用途化妆品配方中添加甲醛和二噁烷。

国家质检总局、国家药监局,两个权威部门在两天内,却先后开出了不同的检测结果,前者称一个批次检出微量二噁烷,而国家药监局却称,产品检验未发现添毒。与此同时,国家药监局在网站上的贴士中介绍,强生产品中被国家质检总局检出的二噁烷含量每千克 3.27 毫克,低于各国认定的安全含量每千克 30 毫克。质检部门还表示,会提请有关部门组织专家进一步分析,含有微量二噁烷是否会影响健康。及时采取相关措施。就在国家质检总局与国家药监局公布对强生婴儿产品调查结果后,3 月 22 日,强生(中国)公司在北京召开发布会表示,经国家有关部门检验,证实强生婴儿护理产品是安全的,没有必要下架,也没有必要召回。

(案例来源:强生"致癌门"危机公关,http://cj.39.net/cjyczl/2010121/

1132789. html)

⇨ 思考题

1. 从案例中看,强生此次公关的最大失误是什么?

2. 在当地政府与跨国企业进行公关时,哪些问题是值得注意的?

3. 媒体在公关事件中应发挥什么作用?

参 考 文 献

[1] 杨加陆.公共关系学教程[M].上海:复旦大学出版社,2007年.

[2] 居延安.公共关系学[M].上海:复旦大学出版,2009年.

[3] 陶应虎,顾晓燕.公共关系原理与实务[M].北京:清华大学出版社,2006年.

[4] 张玲莉.公共关系原理与实务[M].北京:高等教育出版社,2007年.

[5] 陈丽清,李志平.公共关系学[M].北京:经济科学出版社,2010年.

[6] 中国国际公共关系协会.最佳公关关系案例[M].北京:清华大学出版社,2007年.

[7] 吕维霞.案说公共关系[M].北京:对外经济贸易出版社,2002年.

[8] 杨晨.现代公关案例精选[M].北京:高等教育出版社,2005年.

[9] 曾琳智.新编公关案例教程[M].上海:复旦大学出版社,2010年.

[10] 廖为建.公共关系学简明教程[M].广州:中山大学出版社,2004年.

[11] 熊卫平.现代公关礼仪[M].北京:高等教育出版社,2007年.

[12] 何修猛.现代公共关系学[M].上海:复旦大学出版社,2007年.

[13] 史有春.公共关系学[M].南京:南京大学出版社,2002年.

[14] 中国国际公共关系协会.最佳公关关系案例[M].北京:清华大学出版社,2007年.

[15] 周瑜弘.组织行为学案例精选精析[M].北京:中国社会科学出版社,2011年.

[16] 胡秀花.公共关系实务[M].哈尔滨:北方妇女儿童出版社,2008年.

[17] 乜瑛,郑生勇.公共关系学[M].杭州:浙江大学出版社,2007年.

[18] 吴东泰,张亚.实用公共关系学[M].北京:北京交通大学出版社,2007年.

[19] 翟年祥.中国现代公共关系学[M].合肥:安徽人民出版社,2008年.

[20] 秦东华.公共关系基础[M].北京:人民卫生出版社,2008年.

[21] 张岩松,孙顺华.公共关系学[M].青岛:青岛出版社,2002年.

[22] 杜创国.公共关系实用教程[M].北京:清华大学出版社,2007年.

[23] 许成钦.公共关系实务[M].武汉:华中科技大学出版社,2006年.

[24] 龙新明.公共关系原理与实务[M].北京:中国传媒大学出版社,2008年.

[25] 吴友富,于朝晖.现代公共关系基础教程[M].上海:上海外语教育出版社,2006年.

[26] 张亚,战晓华.新编公共关系学[M].北京:首都师范大学出版社,2009年.

［27］刘太刚.公共关系原理与实务［M］.长沙:湖南科学技术出版社,1999 年.

［28］齐家福,栗宗祥,杨红波.公共关系学教程［M］.北京:中国物资出版社,
2004 年.

［29］方宪轩.公共关系学教程［M］.杭州:浙江大学出版社,2004 年.

［30］李秀忠,等.公共关系学［M］.武汉:武汉大学出版社,2010 年.

［31］罗建华,等.公共关系学［M］.北京:机械工业出版社,2009 年.

［32］丁军强.公共关系原理与实务［M］.北京:清华大学出版社,北京交通大学出
版社,2009 年.

［33］王培才.公共关系理论与实务［M］.北京:电子工业出版社,2009 年.

［34］蒋楠.公共关系原理与实务［M］.北京:中国人民大学出版社,2006 年.

［35］张美清.现代公共关系原理与实务［M］.北京:北京大学出版社,中国林业出
版社.2007 年.

［36］秦启文.现代公关礼仪［M］.成都:西南师范大学出版社,2001 年.

［37］李欣,司福亭.现代交际礼仪［M］.北京:北京交通大学出版社,2009 年.

［38］金正昆.社交礼仪［M］.北京:北京大学出版社,2005 年.

［39］麻美英.现代实用礼仪［M］.杭州:浙江大学出版社,2005 年.

［40］陆季春,田玉军.公共关系实务教程［M］.北京:经济科学出版社,2010 年.

［41］朱燕.现代礼仪学概论［M］.北京:清华大学出版社,2006 年.

［42］阮可等.公共关系理论与实务［M］.北京:北京工业大学出版社,2009 年.

［43］李道平.公共关系学［M］.北京:经济科学出版社,2000 年.

［44］胡锐.现代公共关系案例评析［M］.杭州:浙江大学出版社,2000 年.

［45］王培才.公共关系教程［M］.北京:中国科学技术出版社,2008 年.

［46］姚群,李红霞.商务文书与公关礼仪［M］.北京:北京大学出版社,2007 年.

［47］吴国章.公共关系原理与实务［M］.北京:北京理工大学出版社,2009 年.

［48］潘红梅.公共关系学［M］.北京:科学出版社,2009 年.

［49］陶应虎.公共关系原理与实务［M］.北京:清华大学出版社,2010 年.

［50］宋鲁禹.e 时代的危机公关［M］.北京:中国纺织出版社,2010 年.

［51］上海申尼邦德公共关系咨询有限公司.危机公关诊所［M］.上海:文汇出版
社,2007 年.

［52］吴光芸.公共关系学［M］.天津:南开大学出版社,2008 年.

［53］黄德林.公共部门公共关系学［M］.武汉:武汉大学出版社,2009 年.

［54］杨明娜,陈敏,王凤.公共关系学［M］.成都:电子科技大学出版社,2007 年.

［55］赵晓兰,赵咏梅,缪春萍.最新公共关系学［M］.北京:中国社会科学出版社,
2008 年.

[56] 张丽威,黄荣生.公共关系学[M].沈阳:东北财经大学出版社,2009年.

[57] 徐键忠.实用公共关系学[M].青岛:中国海洋大学出版社,2008年.

[58] 王维平.公共关系原理与应用[M].兰州:兰州大学出版社,2007年.

[59] 中国公共关系协会.中国公共关系二十年理论研究文集[M].北京:北京大学出版社,2007年.

[60] 邓月英.公共关系[M].上海:上海复旦大学出版社,2009年.

[61] 丁桂兰.公共关系学[M].武汉:华中科技大学出版社,2010年.

[62] 龚荒.公共关系:原理·实务·案例[M].北京:清华大学出版社,2009年.

[63] 黄忠怀,邓宏武,张堃.公共关系学[M].上海:华东理工大学出版社,2010年.

[64] 纪华强,杨金德.公共关系的基本原理与实务[M].厦门:厦门大学出版社,2007年.

[65] 李道平.公共关系学[M].北京:高等教育出版社,2010年.

[66] 李付庆.公共关系学[M].南京:南京大学出版社,2008年.

[67] 李泓欣,冀鸿,冯春华.公共关系理论与实务[M].北京:北京大学出版社,2011年.

[68] 蔺洪杰.公共关系原理与实务[M].北京:中国人民大学出版社,2009年.

[69] 柳宝珠.公共关系学[M].上海:立信会计出版社,2008年.

[70] 张践.公共关系学[M].北京:中国人民大学出版社,2008年.

[71] 张克非.公共关系学[M].北京:高等教育出版社,2007年.

[72] 郑逸芳,纪新青.公共关系学[M].北京:中国农业出版社,2007年.

[73] 郎群秀.公共关系学[M].北京:科学出版社,2007年.

[74] 曹洪珍.公共关系学[M].北京:中国科学技术出版社,2010年.

[75] 乜瑛,郑生勇.公共关系学[M].杭州:浙江大学出版社,2010年.

[76] 陆季春,田玉军.公共关系实务教程[M].北京:经济科学出版社,2008年.

[77] 李祚,张东,等.公共关系学[M].北京:中国劳动社会保障出版社,2007年.

[78] 余明阳.公共关系学[M].北京:北京师范大学出版社,2007年.

[79] 袁凯锋,刘敏.公共关系学[M].沈阳:东北大学出版社,2004年.

[80] 任正臣.公共关系学[M].北京:北京大学出版社,2011年.

[81] 丁乐飞,翟年祥.中国现代公共关系学[M].合肥:安徽大学出版社,2008年.

[82] 周安华,苗晋平.公共关系理论、实务与技巧[M].北京:中国人民大学出版社,2010年.

[83] 陶应虎.公共关系原理与实务[M].北京:清华大学出版社,2010年.

[84] 唐雁凌,姜国刚,等.公共关系学[M].北京:清华大学出版社,2007年.

[85] 弗雷泽·P.西泰尔(Fraser P. Seitel),潘艳丽(译者),公共关系实务(第10

版)［M］.北京:清华大学出版社,2008 年.

［86］(英)菲利普斯.陈刚,袁泉(译者).网络公关［M］.北京:北京大学出版社,
2005 年.

［87］(美)斯科特.赵俐,谢俊,张婧妍(译者).新规则:用社会化媒体做营销和公关
［M］.北京:机械工业出版社,2011 年.

［88］品牌中国网:www. brandcn. com;MBA 智库百科:危机公关.

［89］中国广告协会网、首都经贸大学《公共关系学》网络课程等相关资料.

［90］中国公关网、国际公关网、中国企业形象管理网、正保职业培训教育网.

［91］乔春洋.危机公关［EB/OL］.http://prm. manaren. com/wjgg/show－1413－1/

［92］晓峰.危机公关处理程序.［EB/OL］http://www. 17pr. com/html/16/t－
8416. html,2011/8/11

［93］网络公关.［EB/OL］［2011－08－14］http://baike. baidu. com/view/
1046461. htm

［94］王朝霞.网络公关模式与技巧.［EB/OL］http://www. mie168. com/read. as-
px

［95］搜索引擎危机公关,［EB/OL］http://www. 17pr. com/html/88/114388－
103412. html